古代歷史文化研究輯刊

十六編

王明蓀 主編

第 23 冊

從沼澤到桑田：
唐代以來湖州平原環境變遷研究

周晴 著

國家圖書館出版品預行編目資料

從沼澤到桑田：唐代以來湖州平原環境變遷研究／周晴 著
-- 初版 -- 新北市：花木蘭文化出版社，2016〔民 105〕
目 4+292 面；19×26 公分
（古代歷史文化研究輯刊 十六編：第 23 冊）
ISBN 978-986-404-768-0（精裝）
1. 區域研究 2. 環境經濟 3. 中國
618   105014275

古代歷史文化研究輯刊
十六編　第二三冊　　　　　　　ISBN：978-986-404-768-0

從沼澤到桑田：
唐代以來湖州平原環境變遷研究

作　　者　周晴
主　　編　王明蓀
總 編 輯　杜潔祥
副總編輯　楊嘉樂
編　　輯　許郁翎、王筑　美術編輯　陳逸婷
出　　版　花木蘭文化出版社
社　　長　高小娟
聯絡地址　235 新北市中和區中安街七二號十三樓
　　　　　電話：02-2923-1455／傳真：02-2923-1452
網　　址　http://www.huamulan.tw 信箱 hml810518@gmail.com
印　　刷　普羅文化出版廣告事業
初　　版　2016 年 9 月
全書字數　265332 字
定　　價　十六編 35 冊（精裝）台幣 68,000 元

從沼澤到桑田：
唐代以來湖州平原環境變遷研究

周晴　著

作者簡介

周晴，湖南長沙人，2005 年畢業於雲南大學人文學院歷史學基地班，獲學士學位。2005 至 2011 年在復旦大學歷史地理研究中心攻讀碩士、博士學位。2011 年至 2013 年，在華南農業大學從事科研博士後工作，2012 年在華南農業大學人文與法學學院獲歷史系講師職稱。2013 年至今任職於廣東省科學院廣州地理研究所。在《自然科學史研究》、《植物生態學報》、《中國歷史地理論叢》、《中國農史》等期刊發表學術論文十餘篇。

提　　要

　　太湖南岸的平原地區是漢唐以後通過圍墾太湖南緣低地而形成。本書以位於太湖南部的湖州平原為中心，解析 9 到 17 世紀該地區從湖沼濕地生態系統向以蠶桑為主要特徵的農業生態系統轉變的動態歷史過程。本書內容分為四大部分。第一部分考證了今太湖水域完全形成之時，嘉湖平原存在一條溝通古長江水與錢塘江的古河道，並且直到 3 ～ 8 世紀，嘉湖平原仍是以湖沼地貌為主。本書分析了 9 ～ 13 世紀太湖南岸圓弧形湖岸、太湖南部平原的淺碟型地貌特點及其形成的歷史過程，在此基礎上研究了平原區中水利工程建設特點、水環境特徵、橫塘縱溇式水系結構形成的歷史；第二部分分析了宋至明末清初嘉湖平原濕地農業開發的大致過程，探討了平原區在積水環境下的不同開發模式。以桑基魚塘與桑基稻田為中心，分析了人類農業活動如何對平原微地貌進行改造的歷史過程，分析了濕地中形成的村莊特點，以及人們通過築壩處理水流，興建市鎮聚居的過程；第三部分以濕地生物為中心，對晉以降嘉湖平原的主要植物群落進行了分析，以及洪澇環境中人們如何利用水生植物進行農業開發的技術，在此基礎上解析了明清時期蠶絲業於太湖南部沼澤濕地中興起的原因；第四部分主要以植桑業為中心，對明清時期嘉湖平原與桑樹種植有關的農業生態問題進行分析，通過對本地區內一些特有的農業技術如湖桑育苗、湖桑種植、湖羊飼養等技術細節及其農業生態背景進行分析，討論了農業生產技術與農業生態之間的關係。

目次

圖目次

前　言

　　位於太湖以南、天目山以東、錢塘江和杭州灣以北的杭嘉湖平原是一個四周略高、中部較低的淺碟形窪地。平原上水網稠密，密度居全國之冠，且東南西北四個方向都排水不暢。但明清及近代以來，太湖南部的杭嘉湖平原卻是全國蠶桑業最發達的地區，這個地區輸出的「湖絲」對近代的中國經濟帶來了很大的影響，明清時期嘉湖地區的有機農業生態系統一直爲國內外所關注，桑基圩田、桑基魚塘等一系列生態農業經營模式是傳統中國農業生態系統的典範。本書的總體目標是以自然科學與史學相結合，對 9～17 世紀太湖南岸平原的歷史地貌變遷、河網水利生態、農業生態等相關問題進行考察，探討這一地區成爲中國最經典的生態農業區域背後長時段的生態歷史演化過程。本書研究的太湖南岸平原地理範圍包括：西至東苕溪，東至江南運河吳江至嘉興段，南抵今滬杭鐵路，北達太湖南岸的平原地區；京杭古運河與今滬杭線之間大體屬桐鄉縣的平行四邊形區域也是本書討論的範圍；錢塘江北岸的喬司平原、袁花塘以西的地區，杭州灣北部的濱海高平原區域則不在本書討論的範圍之內。以太湖流域爲中心的江南地區是目前區域史研究的熱點區域，而太湖南岸嘉湖地區又是江南的一個核心區域，這個區域長期是經濟史研究中重點關注的地區之一，也是農學史、水利史、社會史學界關注的中心區域，於這一區域內已有豐厚的研究成果出現。

一、關於開發模式的探討

　　首先，社會經濟史學界對太湖南部地區的農業經濟及開發問題較早進行了深入的探討，其中研究成果最爲顯著是李伯重和日本學者斯波義信。李伯重是最早對江南的農業問題進行系統研究的中國學者。他用經濟史學界的定

量分析方法，對唐代江南農業中水稻種植制度、農戶耕田數、副業情況及農民年勞動日數、農戶年產值等問題都做了估算，他提出唐代的江南，包括嘉湖平原在內的地區，有一場農業變革，正是唐代江南農業的迅速發展，使得江南經濟實力明顯增強，改變了江南經濟在全國的地位。但是，他也承認研究的難度：「由於史料缺乏，我們在對唐代江南農業發展進行定量研究時遇到很大困難，在許多情況下，我們不得不通過複雜而曲折的折算來得出結果，而在另外一些情況下，不得不用全國性的數據作為江南的數據。以唐代文獻為資料基礎，很難進行精密的數量分析。」〔註1〕

在後期的研究中，李伯重對於宋以降至明清時期杭、嘉、湖、蘇、松、常、太倉為中心江南地區的農業經濟特點進行了更為細緻具體的研究。〔註2〕他的研究奠定了後期社會經濟史學界探討江南專業化問題的基礎，比如，他所提出的：「明代後期江南已初步出現了分別以水稻、桑樹和棉花為主的三個大作物區，而在清代前中期，這些作物區的專業化程度又有進一步的提高。」〔註3〕他的許多研究成果，如江南大致可以劃分為「稻作區」（包括常州府屬諸縣，松江府屬西部縣及蘇州府諸縣）、「蠶桑區」（湖州府東部諸縣、嘉興府西部諸縣、蘇州府屬南部諸縣）、「棉稻區」（太倉州大部，松江府東部諸縣、蘇州屬沿江諸縣），這個觀點現在已經成為江南研究中的一個常識。〔註4〕

按照歷史學界一般的看法，一個地區的開發順序，總是從平原開始，然後才是丘陵山地，日本學者斯波義信總結江南的開發不是這樣的一個模式。他根據高穀好一對湄蘭河三角洲開發模式的研究，將太湖流域為中心的江南地區分為三個部分。斯波義信分析江南的開發順序是遵循如湄蘭河三角洲一樣的開發次序：（1）河谷扇形平地→（2）三角洲上部→（3）三角洲下部。〔註5〕按照

〔註1〕李伯重：《唐代江南農業的發展》，北京大學出版社，2009年。

〔註2〕李伯重：《理論、方法與發展趨勢：中國經濟史新探》，清華大學出版社，2002年；李伯重：《發展與制約：明清江南生產力研究》，聯經出版公司，2002年；李伯重：《多視角看江南經濟史：1250～1850》，生活·讀書·新知三聯書店，2003年；李伯重：《千里史學文存》，杭州出版社，2004年；李伯重：《江南農業的發展：1620～1850》，王湘雲譯，上海古籍出版社，2007年。

〔註3〕李伯重：《多視角看江南經濟史：1250～1850》，生活·讀書·新知三聯書店，2003年，第341頁。

〔註4〕李伯重：《明清江南農業資源的合理利用》，《農業考古》1985年第2期。

〔註5〕（日）斯波義信：《宋代江南經濟史研究》，江蘇人民出版社，2001年，第190～206頁。

他的分析，太湖地區最先開發的是海拔高的浙西山地中的河谷平原，其次是東部平原上的高田地帶，最後才是江南平原上的低田地帶。斯波義信在《宋代江南經濟史研究》一書中開篇就提出：

> 本書從生態系（ecosystem）的視野進行觀察，歸納成若干可具體操作的假說，用之於研究。據高穀好一教授的研究，稻作灌溉農業的發展與擴大，與水利的性質和定居地形這一生態因素密不可分，互相關聯。從泰國的湄蘭河流域來看，稻作農業的發展是從上游的山谷地區日益向中游的三角洲平原不斷發展的歷史。……在泰國，稻作農業區歷史性的擴大過程與生態系變化的模式有關。在中國宋代長江下游流域的農業開發史上，將其技術指標、定居方式指標、社會制度指標進行復合考察時，將兩者進行若干重要比較，可為我們提供一些啟示。〔註6〕

斯波義信首先提倡對江南的研究要用「生態系統的視野」進行觀察，然而他在具體的個案研究中，主要還是使用社會學、計量史學交叉的方法來分析一個區域的開發史。對於本書研究的區域，斯波義信在《宋代江南經濟史研究》中，專闢一節，首先以湖州為例，力求從時間和空間兩方面探索迄於宋代浙江湖州定居史的沿革，他力圖通過提取地方志中的相關資料進行統計分析，尤其是對田地山蕩面積、戶口統記、圍田數目、村鎮市坊名稱等進行定量的分析，以此復原宋至明湖州地區開發的特點，討論中還涉及到一些地區開發與社會結構的變化等問題。他認為：

> 唐、五代、宋掌握了圍、壩、堰、塘的技術後，才有了營造所謂「新田」的能力，也許，這種技術可以說是起源於吳越舊制的古代傳統技術的演進和發展。但如把這種新田營造與低濕地上的排水造田、向低濕地的大量移民、村落定居、集約化土地利用等方面聯繫起來綜合考慮，這標誌著劃時代農業革命時期的來臨。

斯波義信試圖通過水利設施數量的增加、人口的增加、村落普及、產業分化、市鎮的增加等一系列數據來說明，在湖州沿湖及東鄉的低濕地帶，這場「劃時代農業革命」宋代已經來臨。實際上，斯波義信選擇以湖州為典型例子，是嘗試著去解釋好戰易發的吳越文化如何向農本主義、文化主義的漢

〔註6〕（日）斯波義信著，方健，何忠禮譯：《宋代江南經濟史研究》，江蘇人民出版社，2001年，第1～31頁。

族文化演化的過程，〔註7〕但斯波義信的分析中，使用的仍是那個時代史學界流行的計量方法。關於生態環境與文化演變之間的關係，國際學術界特別是人類學領域早已在許多研究中進行過探索，在此過程中，生態人類學研究的學科理念、方法逐漸形成。

美國生態人類學界在考察文化與生態環境之間關係方面的研究成果最為突出，以這些成果為基礎，1980 年代以來，美國的一些學者開始對生態人類學研究的相關理論和方法上進行總結。艾倫（Ellen.R）是一位美國著名的人類生態學家，長期致力於人類生態學理論與研究方法的探討，他認為：

> 如要理解某些生態系統之中各類人群的不同特點，考察這個生態系統中與其它生態系統的不同點可能是比較重要的，同時也應考察這些不同點在多大程度上影響一些事件的發生，特殊的生態環境背景是如何影響當地人分配他們的資源和物產，以及考察如何影響人們對耕作地點的選擇等問題。此外，人們並不直接對他們周圍的整個環境，或者說人們並不直接對其所生存生態系統中的全部資源直接施加影響，人們對生態的作用過程一般是通過一些常見的物種，通過一些比較簡單的經營方式來進行的。〔註8〕

生態人類學的研究過程中，多以利用生態學相關學科的知識和研究思路為主，詳細考察與當地人生計休戚相關的各類資源的利用情況，研究時一般也從考察某地區生態環境的特殊性出發。如斯圖爾德早在 1930 就調研了大盆地地區的肖松尼族人，記錄了當地原住民如何極大程度的依賴矮松果樹過著狩獵採集的生活。斯圖爾德證實了在人口密度低地區矮松果樹分佈稀疏的狀況，從而印證了人口密度和資源之間的直接關係。斯圖爾德的研究是以地域群體為中心的細研究，他開啟的文化生態學研究涉及對環境與生產技術之間、行為模式與開發技術之間的關係以及行為模式對文化的影響程度等問題。斯圖爾德首先證明了文化形貌與環境特徵是如何協變的過程，從而將以前較粗糙的環境決定論研究推進到一種更細緻的研究思路上來。斯圖爾德的目的就是為了解釋各具特色的地方文化形貌和模式的起源，他強調研究首先

〔註7〕 （日）斯波義信著，方健，何忠禮譯：《宋代江南經濟史研究》，江蘇人民出版社，2001 年，第 375～399 頁。

〔註8〕 Roy Ellen：《Environment, Subsistence and System: The Ecology of Small-Scale Social Formations》, Cambridge University Press, 1982.

必須對地域群體生存的環境進行生態學的概述。〔註9〕

　　斯波義信在分析湖州地區乃至整個太湖流域長江三角洲地區的開發歷程時，首先借鑒了高穀好一對湄蘭河熱帶河口三角洲開發模式來進行長江三角洲的研究。斯波義信認爲，太湖流域長江三角洲的農業開發模式如同湄蘭河三角洲，水利技術和開發模式有一個從山區向平原複製的過程，「農業核心區域從上部三角洲向下部三角洲的轉移，與其說是農業基礎的基本性質發生了根本的變化，不如說是已在上部三角洲經過驗證的行之有效的水利工程技術和開墾方式，伴隨著比較有計劃的大規模資本、勞力的投入，適用於廣闊強濕水網地區，因而一舉解決了糧食供給和定居地的供給。」〔註10〕

　　太湖流域開發的大體空間進程雖與斯波義信所提出的開發模式在宏觀過程上可能有一定程度的相合之處，但在具體地域的生態環境歷史變遷過程，尤其太湖流域內部各亞區的開發歷程絕非與湄蘭河三角洲開發進程模式雷同。兩個區域地理差異巨大。首先，從總體上說太湖流域的地理特徵與湄蘭河三角洲完全不同，湄蘭河三角洲是熱帶河谷平原，太湖流域是亞熱帶河口三角洲與平原的複合體；再者，太湖流域氣候上屬於北亞熱帶南部向中亞熱帶北部過渡的季風氣候區；最重要的是，太湖平原的地形特點與湄蘭河三角洲完全不同。太湖平原的地勢是四周高，中部低，周圍的水易向中部彙集，在太湖平原中部，水網稠密，河湖縱橫，雨季排水不暢、洪澇多災。〔註11〕

　　太湖流域地形地貌複雜。如圖 1 所示，西部低山丘陵占總流域面積的20%，東部平原占總流域面積的80%。平原西北部爲丹陽、武進高亢平原，地面高程 6～8 米（吳淞基面，下同）；江陰至太倉的沿江平原地面高程 4.5～6 米；海寧、海鹽一帶沿杭州灣平原地面高程 5～7 米，上海市沿長江口和杭州灣一帶的地面高程爲 3.5～5 米，中部沿太湖周圍平原，高程爲 2.5～3.5 米，太湖流域是一個典型的碟型窪地。特殊的地理環境背景使太湖流域的農田水利開發過程必定與泰國湄蘭河熱帶三角洲完全不同。

〔註 9〕唐納德·L·哈迪斯蒂著，郭凡、鄒和譯：《生態人類學》，文物出版社，2002年，第 8～9 頁。

〔註10〕（日）斯波義信著，方健，何忠禮譯：《宋代江南經濟史研究》，江蘇人民出版社，2001 年，第 1～31 頁。

〔註11〕孫順才、黃漪平主編：《太湖》，海洋出版社，1993 年，第 1 頁。

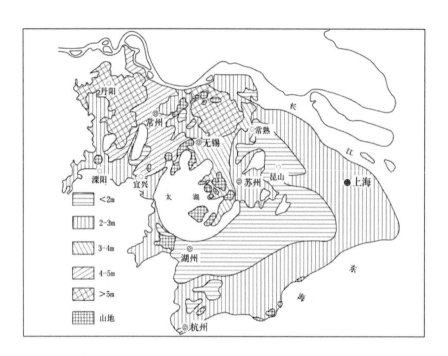

圖 1：太湖平原地形分區略圖

改繪自：孫順才、黃漪平主編：《太湖》，海洋出版社，1993 年，第 4 頁，圖 1-2-1。

　　本書選取太湖南部平原為研究中心區域，本區域是太湖流域平原區中地勢最為低窪地區。這片低窪平原地形大略如圖 2 所示，西南背靠天目山，東北面向太湖，地面高程平均在 1.5～5m 之間，平原東南的濱海高平原西起杭州，東達乍浦，為一條長約 100km 狹長的、不連續的高地，高程 5～7 米；這種平原地形不僅易受浙西山洪的威脅，在洪水期又受太湖高水位壓境影響，向北排水困難，南部高平原區由於錢塘江湧潮的威脅，沿杭州灣一線排水條件也不理想，平原區中洪澇水只能從嘉興東北向東進入蘇松平原區，所以整個嘉湖低平原的排水情況直接受制於其下游蘇松地區的水利條件。總體來說，嘉湖平原的水流主要是流向嘉興東北的低窪區中，嘉興東北部地區地面高程 2.5～3.0m，又受到江潮水頂托，來自浙西山區的水流與平原區中自身的洪澇水，從平原最西的德清到達黃浦江、吳淞江上游再到出海口，距離長達 180km，水面坡降達 1/300,000，這種地理環境背景使湖洲平原成為太湖流域中排水最困難的區域。〔註12〕

〔註12〕黃宣偉編著：《太湖流域規劃與綜合治理》，中國水利水電出版社，2000 年，第 8～10 頁。

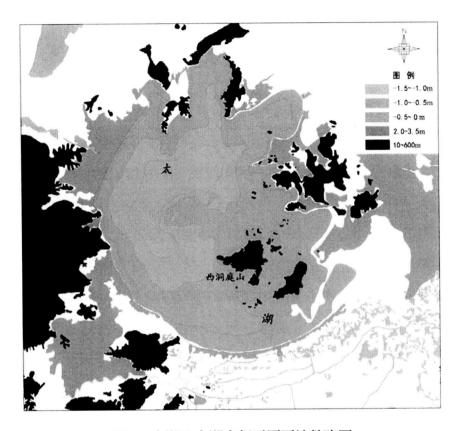

圖 2：太湖及太湖南部平原區地勢略圖

改繪自：中國科學院南京地理研究所，水利部太湖流域管理局：《太湖流域水系與地
形圖》，1：20 萬，1987 年。

　　本書將研究區域鎖定於太湖南部的湖州平原，主要目的之一是致力於探
索以下問題——即明清時期，中國最發達的蠶桑經濟在太湖流域中這片地勢
最低窪、排水條件最困難的區域中興起的原因，尤其是植桑業是怎樣在這種
旱地稀少，不利於植桑的濕地生態環境中得以進行的。要解決以上問題，首
先要弄清楚在明清時期太湖地區蠶桑經濟大盛之前的時段內，湖洲平原的歷
史地理狀況、農業發展情形究竟是怎樣，所以，宋至明末清初這段歷史時期
是本書中所關注的核心時段。有別於傳統經濟史學界在江南研究中的計量化
分析模式，本書將首先對歷史時期人們改造低濕地的水利技術和低窪平原區
中的桑樹栽培技術進行深入的研究，長期以來，歷史地理學界、水利史學界、
農史學界、生態環境史學界在太湖流域農田水利開發史、河道變遷、作物栽
培等研究中積累了豐碩的成果。

二、研究回顧

太湖流域農業歷史的研究成果主要由中國農業科學院南京農業大學中國農業遺產研究室（現名中華農業文明研究院）所貢獻，該單位比較重要的成果有《太湖地區農業史稿》、《太湖地區農史論文集》等著作。〔註13〕《太湖地區農業史稿》主要側重對太湖流域水稻、麻葛棉花、蠶桑、茶葉、果樹、蔬菜、園林和林業、漁業等方面農業歷史的資料彙編與整理工作，這些工作為太湖流域生態環境史的研究提供了比較全面的資料。本書的編寫者葉靜淵、章楷、張芳、王達、閔宗殿等都是研究農業史的專家，他們在各自的研究領域都對太湖流域農業方面的相關問題進行了研究。葉靜淵畢業於南京農業大學園藝學專業，她系統研究了太湖流域果樹、蔬菜栽培的歷史，〔註14〕並提出今天最常見的蔬菜大白菜是明清時期在杭嘉湖地區首先培育成功的；〔註15〕農業遺產研究室的章楷長期致力於蠶桑歷史方面的研究，他撰有《中國古代養蠶技術史料選編》和《中國栽桑技術史料研究》，兩書是迄今為止蠶桑技術史方面最詳盡的史料彙編性專著，其中對蠶桑書籍中的技術史料分門別類，並做了簡要的分析。〔註16〕

太湖地區農史研究的一大優勢是文獻資料十分豐富，其中蠶桑業方面的專業文獻資料尤其豐富。華德公的《中國蠶桑書錄》收錄了從西漢末期到清後期包括蠶桑內容的著作266種，專門記載蠶桑內容的蠶桑書大部分產生於明清時期的太湖流域；1960年代，對一些重要蠶桑業文獻的點校、整理工作就已經進行。現代的蠶業教育家鄭闢疆等對《廣蠶桑說輯補》、《蠶桑輯要》等蠶桑技術的蠶書進行了整理；〔註17〕蔣猷龍是一位蠶桑業研究專家，他對反映湖州地區桑樹種植、家蠶飼養的最關鍵的蠶書《湖蠶述》進行了整理與校釋的工作。蔣

〔註13〕中國農業科學院、南京農業大學中國農業遺產研究室，太湖地區農業史研究課題組編著：《太湖地區農業史稿》，農業出版社，1990年；《太湖地區農史論文集》，編印本，1985年第1輯。

〔註14〕葉靜淵：《我國水生蔬菜栽培史略》，《古今農業》，1992年第1期；葉靜淵：《蒪菜小史》，《中國農史》1981年。

〔註15〕葉靜淵：《明清時期白菜的演化與發展》，《中國農史》1991年第1期。

〔註16〕章楷編：《中國古代栽桑技術史料研究》，農業出版社，1982年；章楷、余秀茹編注：《中國古代養蠶技術史料選編》，農業出版社，1985年。章楷：《清代蠶桑業歷史資料長編》，未刊本。

〔註17〕（清）沈練著，仲昴庭輯補，鄭闢疆，鄭宗元校注：《廣蠶桑說輯補》，農業出版社，1960年；（清）沈秉成著，鄭闢疆校注：《蠶桑輯要》，1960年，農業出版社。

猷龍還對浙江地區的桑樹品種以及家蠶起源與分化進行了研究，他的研究爲日本蠶業研究的同行所認可；〔註18〕周匡明是中國科學院蠶業研究所的專家，他長期致力於中國蠶業歷史的研究，對嘉湖地區的桑樹豐產技術、嫁接技術等方面做了的研究；〔註19〕鄭雲飛對嘉湖地區的植桑技術亦做過一些考察；〔註20〕南京大學的范金民在他的專著《江南絲綢史研究》一書中利用豐富的史料，從歷史和技術角度全面探討了江南絲綢業的發展歷程，書中對明清時期嘉湖地區蠶桑業的狀況也有十分詳細的描述，他在有關研究中還討論了明清時期江南地區農村經濟結構、社會等問題。〔註21〕

　　太湖地區是明清時期中國蠶桑業最發達的區域之一，傳統的農史研究中多側重於農業經濟史或技術史的分析，但也留給後人許多值得深入思考的問題：中國最繁榮的蠶桑經濟爲什麼會在太湖南部這樣一個地勢低窪、經常遭受洪澇災害、不適宜桑樹種植的狹小範圍內興起，爲什麼僅在這個方圓不及百里的區域內能產出大量優質的蠶絲以供整個帝國上層的需要，甚至輸往國際市場？顯然，這些問題答案的解開，首先需要研究者先對明清時期嘉湖地區產生這種高度繁榮蠶桑經濟背後特殊的環境有深入的瞭解與分析。本書致力於這種環境背景的分析。

　　太湖地區生態環境史研究還有其資料上的優勢。《沈氏農書》、《補農書》是反映明清時期嘉湖的農業生產技術、經驗的綜合性農學著作。王達對這兩

〔註18〕　（清）汪日楨撰，蔣猷龍注釋：《湖蠶述注釋》，農業出版社，1987 年；蔣猷龍：《浙江桑品種的形成和分化》，《古今農業》1987 年第 1 期；蔣猷龍：《中國古代對家蠶生理生態的認識》，《江蘇蠶業》1984 年第 2 期；蔣猷龍：《家蠶的起源和分化研究》，《農業考古》1987 年第 2 期。

〔註19〕　周匡明的主要研究論文收於《蠶業史論文選》，中國文史出版社，2006 年。

〔註20〕　鄭雲飛：《中國桑樹夏伐的起源及其發展》，《古今農業》1989 年第 2 期；鄭雲飛：《「荊桑」和「魯桑」名稱由來小考》，《農業考古》1990 年第 1 期；鄭雲飛：《宋代浙江蠶業的開發》，《中國農史》1990 年第 1 期；鄭雲飛：《明清時期的湖絲與杭嘉湖地區的蠶業技術》，載《中國農史》1991 年第 4 期；鄭雲飛：《吳中蠶法》研究，載《古今農業》1992 年第 1 期。

〔註21〕　范金民、金文：《江南絲綢史研究》，農業出版社，1993 年；范金民：《明清杭嘉湖農村經濟結構的變化》，《中國農史》1988 年第 2 期；范金民：《明到清前期江南蠶桑生產述論》，《古今農業》1992 年第 2 期；范金民：《清代前期江南織造的幾個問題》，《中國經濟史研究》1989 年第 1 期；范金民：《明代江南絲綢的國內貿易》，《史學月刊》1992 年第 1 期；范金民：《江南重賦原因的探討》，《中國農史》1995 年第 3 期；范金民：《明清地域商人與江南市鎮經濟》，《中國社會經濟史研究》2003 年第 4 期。

部農書的地域特色進行了分析。〔註 22〕南京農業大學農業遺產研究室的學者
在 1950 年代就啟動了對這兩部農書的研究，這些研究對嘉湖地區明末清初的
生態環境與農業技術都研究到了極高的水平，成果集中體現在陳恒力、王達
對兩部農書的校釋與研究中。〔註 23〕陳恒力、王達於 1950 年代深入嘉興地區
農村，通過對當地農業生產的實際調查，著《補農書校釋》與《補農書研究》，
書中結合《補農書》對當地農業技術的考察、總結與分析，是研究嘉湖地區
農業經驗十分重要的成果。陳恒力、王達在《補農書校釋》與《補農書研究》
中所運用的研究方法，相當於一種傳統的人類學、社會學調查方法：「先是 1956
年 4 月，我曾跟中共中央農村工作部王觀瀾同志到嘉興做過農村的典型調查，
王達同志也曾於同年 9 月到 12 月住在嘉興的農村，因而我們對嘉興一帶的農
業生產狀況已有了一般的瞭解。」〔註 24〕

　　《補農書》是清初嘉興桐鄉楊園村張履祥補湖州漣川沈氏之《沈氏農書》
所作，《補農書》與《沈氏農書》一起收錄在張履祥的《楊園先生全集》中。
《沈氏農書》和《補農書》討論的地域都位於嘉湖平原之中，但是兩部農書
所側重的區域地理環境還有所不同，《沈氏農書》主要反映湖州東部璉市一帶
的農業生產情況，《補農書》中有許多內容集中反映的是嘉興桐鄉地區的農業
生產情況。張履祥的《補農書》中雖然輯補了《沈氏農書》，但他仍不忘提出
兩部農書的地域性問題：「沈氏所著，歸安、桐鄉之交也。予桐人，諳桐業而
已，施之嘉興、秀水，或未盡合也。」〔註 25〕張履祥當時就提出《沈氏農書》
中所說的情況，如果推行到嘉興、秀水等縣未必合適。陳恒力、王達在《補
農書研究》中也關注到了這種區域內的差異，並對因地理背景的不同帶來的
農業經濟差異做了討論：

　　　　湖州處於長江三角洲下游水網地區，原歸安縣的西境多山，東
　　　　境多水，地勢低窪，人與水爭地，田地特別寶貴。沈氏即在原歸安

〔註 22〕王達：《簡述〈補農書〉及其在嘉湖地區農史之地位》，《中國農史》1990 年第
　　　　1 期。
〔註 23〕（清）張履祥輯補，陳恒力校釋，王達參校增訂：《補農書校釋》（增訂本），
　　　　農業出版社，1983 年；陳恒力編著、王達參校：《補農書研究》，農業出版社，
　　　　1958 年。
〔註 24〕（清）張履祥輯補，陳恒力校釋，王達參校增訂：《補農書校釋》（增訂本），
　　　　農業出版社，1983 年，第 1 頁。
〔註 25〕（清）張履祥輯補，陳恒力校釋，王達參校增訂：《補農書校釋》（增訂本），
　　　　農業出版社，1983 年，第 99 頁。

縣東境的璉市附近，桐鄉地勢比湖州東境爲高。張書「總論」第四
段說：「吾鄉視海寧爲下，既不憂旱；視歸安爲高，亦不憂水。」因
爲兩縣地勢不同，所以對於作物種植方面亦稍有差異。〔註26〕

　　陳恒力、王達著重分析了兩部農書中關於水稻種植、桑樹種植、春花種
植方面的不同特點。但是他們研究與調查的重點還是在嘉興地區：

　　　　整理「補農書」必須與現在當地的農村生產情況相對照。桐鄉
　　楊園村是張履祥的家鄉，我們在該村做了一些典型的調查，用該村
　　的現實情況與「補農書」做比較，這是必不可少的。另外，我們對
　　嘉興縣建成農業社的材料也引用了不少；因爲該社的農業經濟現狀
　　在全縣是中等的，又因我們在該村做過幾次典型調查，對該社各方
　　面的情況也比較熟悉，所以在一般經濟與技術的今昔對比時，就以
　　該社的材料做根據。〔註27〕

　　陳恒力、王達對兩部農書的分析都是以嘉興地區實地調查獲得的信息爲
主，關於湖州地區的農業特點討論，他們獲取信息更多地是來自於同治《湖州
府志》、民國時期的《烏青鎮志》、《南潯志》這樣較晚期的歷史文獻。〔註28〕
後來的研究者已經通過地方文獻將《沈氏農書》的研究往前推進。游修齡通過
仔細比勘《沈氏農書》與明代嘉湖地方文獻《烏青志》中的記載，認爲《沈氏
農書》的內容基本上是提取自明李樂所編《烏青志》。《烏青志》是對當地農民
行之有素的經驗技術簡要而精鍊的總結，而沈氏又在此基礎上添加了他的實際
經營心得，《沈氏農書》起了注釋和補充《烏青志》的作用。〔註29〕通過游修齡
的研究也可以發現，在陳恒力、王達研究的基礎上，通過把梳嘉湖地區豐富的
歷史文獻，可以將《沈氏農書》與《補農書》的研究工作繼續往前推進。

　　史學界中諸多學者對江南農業的研究，特別是在文獻資料上所做的努力
讓人十分敬佩。日本學者川勝守在1980～1990年代，數字化資源不如今天便
捷、大型叢書出版事業不如今天興盛的情況下，長期在國家圖書館的檔案中
查找、抄錄關於江南農業方面的資料，他對明清江南地區的農業如水稻種植、
棉花種植、水稻品種等方面的研究中都進行了十分細緻的資料搜集、整理與

〔註26〕陳恒力編著、王達參校：《補農書研究》，農業出版社，1958年，第18頁。
〔註27〕陳恒力編著、王達參校：《補農書研究》，農業出版社，1958年，第2頁。
〔註28〕陳恒力編著、王達參校：《補農書研究》，農業出版社，1958年，第2頁。
〔註29〕游修齡編著：《農史研究文集》，中國農業出版社，1999年，第189～197頁。

分析；王加華對近代江南地區的農事節律、物候、農諺與農事活動的運行周期等問題進行了探討，他曾著力搜集嘉湖地區有關民國時期的地方報紙、地方文獻資料，並將這些資料運用到博士論文的分析中。〔註30〕歷史時期關於生態環境變遷的記載存在於大量的地方文獻、文人文集資料中，這就需要研究者具備一定的知識結構，從浩如煙海的歷史文獻中提取生態環境史相關的信息；同時，還需要研究者對所研究區域地理環境特點十分熟悉，所以，深入當地進行實地考察是研究中必需的工作。

南京農業大學農業遺產研究室的陳恒力、王達先生在嘉湖地區創建了很好的研究傳統，即進行深入的鄉村調查。但是自陳恒力、王達進行鄉村調查的1950年代末期到今天，江南經過幾次大規模的農田改造運動，傳統鄉村的景觀已經基本上被徹底改變，尤其是1980年代之後，長江三角洲地區城鎮化的迅速發展，在填浜築路，鄉村工業化大浪潮中，大多數地區江南水鄉的鄉村面貌與與陳恒力、王達先生在1950年代調查時所處的鄉村環境相比，已經面目全非。所以對現代研究者來說，通過一兩次短時間的考察所得到的映像，可能並不是傳統時代江南鄉村的面貌。筆者在對這個區域數年的關注與考察中，已經深刻體會到實地調查過程中瞭解真實情況的難度。另外，因為當地老人經過一些政治運動，他們的許多話語需要研究者結合目前的研究進行仔細辨別之後，才可能從訪談中提取到有關傳統時代與史料結合的正確信息。最重要的是需要與一些村民交上朋友，特別是需要與當地七、八十歲左右的當地老人進行長時間、多次的交流，才可能更多地瞭解到江南鄉村傳統時代的生活內容，筆者自2006年開始多次赴嘉興、湖州調研，對湖州菱湖鎮查家斷村、嘉興桐鄉縣的老人進行了為期三年長期聯繫與深入訪談。

實地調查之外，當地縣、市的檔案館還保存有大量1950年代農業方面的檔案資料，這些檔案為理解傳統時代的鄉村技術、生產有關方面提供了更直接的文獻資料。一些檔案資料陳恒力、王達先生當時在嘉湖地區並沒有顧及到，同時許多鄉村農民的農作技術、習慣、土詞等，傳統農書記載得並不詳細，這些技術知識也往往被地方文人所忽略，但是這些方面的內容在1950年代的檔案中卻被詳細記錄，深入挖掘這些資料，可以更細緻地解讀傳統時代嘉湖鄉村的許多特點。

〔註30〕王加華：《近代江南地區的農事節律與鄉村生活周期》，復旦大學博士學位論文，2005年。

　　明清時期的嘉湖地區已經形成一種水稻種植、池塘養魚與圩岸植桑相結合的經典生態農業方式，陳恒力、王達在對《沈氏農書》、《補農書》的校釋與研究工作中，已經在許多方面談到了嘉湖地區作物栽培，特別是水稻、桑樹種植與生態環境之間的關係。從農業生態學的角度對嘉湖地區典型生態農業模式進行分析的代表人物是聞大中和俞榮梁。聞大中是一位生態學家，他對《補農書》所反映的嘉興地區的農業生態系統中各子系統的基本情況做了分析，並對農業生態系統中各單元的能量流動做了數字化的分析；〔註31〕俞榮梁將《補農書》與嘉湖當地農業生產的實際相結合，對嘉湖地區生態系統的循環做了初步分析；〔註32〕章楷也以《補農書》爲中心對浙西農民的施肥技術做了探討。〔註33〕

　　《沈氏農書》與《補農書》所反映的農業生態特徵都只在明末清初一個較短時段內，明末清初以前，嘉湖平原的生態環境曾發生過巨大的變化，因此，《沈氏農書》和《補農書》的許多內容也應該放在以嘉湖平原環境變遷的整體歷史中來進行理解與分析。湖州在隋唐時期還是太湖南部的湖灘地。當時太湖南部還沒有形成像今天一樣圓弧狀平滑的湖岸線，這種地理特點是伴隨著唐末以後對太湖流域進行農田水利開發過程中的圍墾所形成的。因此，要深入瞭解《沈氏農書》、《補農書》中講述的農業生態的歷史背景，還必須關注水利史學界對本區域的相關研究。

　　水利工程是江南地區生態環境改變過程中最重要的技術手段。鄭肇經、繆啓愉首先對太湖南部地區農田水利開發問題進行了研究，他們初步分析了人們通過農田水利改變這個地區歷史地貌的過程。鄭肇經是20世紀初期以來中國最有名的水利專家，他主編了《太湖水利技術史》一書，這本著作按照水利學的學科思路，採用水工門類作專題論述的體例，集中而系統地反映了歷史時期太湖流域各方面的技術成就和經驗教訓，全書分別就太湖水利發展的歷史、主要水系的變遷、丘陵平原區的水利開發、下游水網圩田的形成、環湖溇港圩田的開拓、圩區水利規劃、治圩技術措施、人工運河的開鑿、海

〔註31〕聞大中：《三百年前杭嘉湖地區農業生態系統的研究》，《生態學雜誌》1989年第3期。

〔註32〕俞榮梁：《建立生態農業是農業現代化的必由之路——《補農書》的啓示》，《農業考古》1989年第1期。

〔註33〕章楷：《從《補農書》看三百年前浙西農民的施肥技術》，《浙江農業科學》1962年第2期。

塘及其工程技術以及歷代水旱災害分析等問題，作了比較系統的闡述。本書
的研究內容多是以水利工程與農田水利開發相結合，在第五章中，特別對太
湖東緣、南緣、西緣的溇港圩田系統的創建過程及其與農田開發之間的關係
進行了討論，第五章第一節中還大致介紹了嘉湖地區農田水利開發進程中，
苕溪 74 溇的開拓、橫塘開挖的技術過程以及與太湖南部農田開發之間的關
係。〔註34〕

　　汪家倫、繆啓愉也是《太湖水利技術史》一書的主要編寫者，他們各自
在太湖流域的農田水利史研究中做出了重要貢獻。汪家倫與張芳合著的《中
國農田水利史》中有大量關於太湖水利問題的討論；〔註35〕汪家倫還整理出
版了太湖流域幾種重要的水利書，如明代姚文灝的《浙西水利書》，〔註36〕青
浦人孫峻於嘉慶年間所著的《築圩圖說》和明代耿橘的《築圩法》，但整理時
他也略去了原書中的一些內容；〔註37〕此外，汪家倫對太湖流域的水利書如
北宋單鍔的《吳中水利書》、郟亶的《水利書》，以及古代太湖地區的洪澇問
題、東晉南朝時期太湖流域的農田水利開發問題等等都有過研究；〔註38〕繆
啓愉對太湖地區的圩田水利史研究成果集中體現在《太湖塘浦圩田史研究》
一書中，此書在 1965 年初稿就已完成，書中對太湖流域農田水利開發進程中
的一些重要問題作專篇論述，如對早期沼澤地中的圍田、東部地區的塘浦圩
田系統、沿太湖低地湖漊圩田的獨特形式以及太湖主要水系的歷史變遷過
程，都進行了開創性的研究，〔註39〕此外，繆啓愉對徐光啓《農政全書》中
東南水利的內容也有自己獨特的解讀；〔註40〕張芳在繆啓愉研究的基礎上，
對明清時期太湖流域排洪主幹由吳淞江轉爲黃浦江之後的圩田水利技術做了
研究，她還討論了明清時期太湖地區的大水災、減災對策，以及海塘修築等

〔註34〕鄭肇經主編：《太湖水利技術史》，農業出版社，1987 年。

〔註35〕汪家倫、張芳：《中國農田水利史》，農業出版社，1990 年。

〔註36〕（明）姚文灝編輯、汪家倫校注：《浙西水利書》，農業出版社，1984 年。

〔註37〕（清）孫峻，（明）耿橘撰，汪家倫整理：《築圩圖說及築圩法》，農業出版社，
1980 年。

〔註38〕汪家倫：《郟亶和他的〈水利書〉》，《中國水利》1983 年第 4 期；汪家倫：《北
宋單鍔〈吳中水利書〉初探》，《中國農史》1985 年第 2 期；汪家倫：《古代太
湖地區的洪澇特徵及治理方略的探討》，《農業考古》1985 年第 1 期；汪家倫：
《東晉南朝江南農田水利的發展》，《古今農業》1988 年第 2 期；汪家倫：《東
吳屯田與農田水利的開發》，《中國農史》1989 年第 1 期。

〔註39〕繆啓愉編著：《太湖塘浦圩田史研究》，農業出版社，1985 年。

〔註40〕繆啓愉：《試論徐光啓的治水營田見解》，《中國農史》1983 年第 3 期。

相關問題，這些研究成果集中在《明清農田水利研究》一書中。〔註41〕

　　農史學界研究的主要特點在於將水利事業放在農業發展的視野之下，這有利於理解一些大型水利工程、水利政策在地區農業開發進程中所起的作用，農史學界研究的內容也以長時段宏觀視野的農田水利史研究爲主，同時又集中對一些太湖流域開發史中一些關鍵問題如塘浦圍田、溇港圍田與水利的關係進行了系統研究。河海大學水利史專家所編寫的《太湖水利史稿》則是一本較純粹的區域水利工程技術史方面的著作，〔註42〕本書採取編年紀事體裁，斷代分章，按具體水利事業分節，對若干重要的工程，則不受斷代限制，在有關章節中專題論述。該書對與太湖流域水利史有關的重大問題，都有討論，例如，對太湖地區的圩堤修築技術和圩田治理技術，進行了十分細緻的研究，並根據史料復原了圩堤設計、施工、管理的一些細節，比如位子大小、圩堤規格（堤高、頂寬、邊坡標準）、施工技術（取土、土質、夯實、防滲、維修與補漏）、圩田排水佈局、圩堤護坡防浪等，許多技術細節都可以爲今天平原水網圩田區的治理提供有益的參考。不僅如此，該書還對太湖流域一些重要的水利史問題提出了自己的看法，研究也更深入，如鄭肇經主編的《太湖水利技術史》中認爲唐宋時期太湖東南部圩圩相接、溝渠交錯的塘浦圩田區範圍包括北自無錫、常熟，南至嘉興、平湖、奉賢以南的濱海區域，而《太湖水利史稿》中認爲五代塘浦圩田僅分佈在吳淞江、元和塘兩岸。〔註43〕

　　史學界的學者也對太湖流域的農田開發史的一些基本問題做了探討，寧可對宋代圩田問題做過探討；〔註44〕日本學者周藤吉之通過詳實的文獻資料，對宋元時期與浙西圍田相關的一系列問題都進行了研究，他分析了北宋時期浙西的水利與圍田開發、南宋和元代浙西地區圍田的分佈等問題；〔註45〕日本學者森田明對江南局部的水利與社會進行了初步的研究；〔註46〕濱島敦俊對大、小圩的變化和明清小圩的狀況做過一定的描述；〔註47〕日本學者長

〔註41〕　張芳著：《明清農田水利研究》，中國農業科技出版社，1998年。

〔註42〕　《太湖水利史稿》編寫組：《太湖水利史稿》，河海大學出版社，1993年。

〔註43〕　鄭肇經主編：《太湖水利技術史》，農業出版社，1987年，第82～85頁；《太湖水利史稿》編寫組：《太湖水利史稿》，河海大學出版社，1993年，第99～101。

〔註44〕　寧可：《宋代的圩田》，載《史學月刊》1958年第12期。

〔註45〕　（日）周藤吉之著：《宋代史研究》，東洋文庫，昭和44年發行。

〔註46〕　（日）森田明：《清代水利史研究》，亞紀書房，1974年。

〔註47〕　（日）濱島敦俊：《明代江南農村社會の研究》東京大學出版会，1982年。

瀨守所作的《宋元水利史研究》〔註 48〕對宋元時期江南水利的水利社會型態
作了一定的研究。與日本水利史學術界對江南進行的大力研究相比,同時段
國內對太湖流域水利史的研究卻長期沒有大的突破,特別是目前農業科技
史、水利技術史方面的學術研究力量更加薄弱。

　　環境史是近年來歷史學界熱門研究方向,其中許多研究成果涉及嘉湖地區
生態史相關問題的探討。馮賢亮以水環境為主要內容,對明清時期江南環境史
的一些比較重要的問題進行了研究,他也討論了一些關於嘉湖平原地區環境變
遷過程中的水利與社會問題。〔註 49〕總體而言,江南地區的生態環境史研究的
時段多集中於明清時期,同時缺乏專業化較強的研究。比如說景觀方面的研究,
就比較薄弱。這首先是由研究方法的限制所決定的。因為歷史文獻中關於生態
環境變遷的直接描述往往較少,只有研究者具備了十分敏銳的眼光和專業的視
角,才能讀出一些常見史料所蘊含的生態環境史信息。近十年來,王建革致力
於太湖流域農田水利史的研究,他以宋以降吳淞江流域水流環境的變化為中
心,對與太湖東部吳淞江流域水環境變化相關的一系列生態環境問題,如涇、
浜體系的發展、水稻土形成、水利社會史等問題都有深入細緻的研究。他的研
究植根於農業史與技術史,比如他通過研究傳統時代江南農民對水稻苗情與環
境的認識,呼籲環境史的研究中應該深入挖掘一些獨特的地方土著知識,這些
地方土著知識直接反映當地歷史時期農民與環境之間的關係,然而文集及志書
往往對這些地方知識沒有直接記載,但這些知識可從地方檔案館所保存的大量
1950 年代檔案中進行提取,他通過對 1950 年代嘉湖地區土壤調查檔案的分析,
研究了傳統時代圩田水稻土的水環境和土壤環境之間的聯繫。實際上嘉湖地區
1950 年代的檔案資料除土壤調查之外,還有許多方面的信息,通過這些檔案可
以對陳恒力、王達在《補農書校釋》中的研究做一些補充,同時也可以挖掘更
多的地方性知識,豐富江南生態環境史研究的內容。在王建革的新著《江南環
境史》研究一書中,其中心區域已從吳淞江流域轉至杭嘉湖地區。〔註 50〕

〔註 48〕 （日）長瀨守:《宋元水利史研究》,國書刊行會,昭和五十八年。
〔註 49〕 馮賢亮:《太湖平原的環境刻畫與城鄉變遷(1368～1912)》,上海人民出版社,
　　　　 2008 年;馮賢亮:《明清江南地區的環境變動與社會控制》,上海人民出版社,
　　　　 2002 年;馮賢亮:《近世浙西的環境、水利與社會》,中國社會科學出版社,
　　　　 2009 年。
〔註 50〕 王建革:《水鄉生態與江南社會》,北京大學出版社,2013 年;王建革:《江南
　　　　 環境史研究》,科學出版社,2016 年。

太湖流域的東部、南部地區也是沼澤地集中分佈的地區。唐宋以降人文薈萃之地的嘉湖地區也具備大量的文集、方志資料可供研究者去發掘，這就需要研究者具備一定的歷史學與自然科學的專業素質去深入理解史料中所隱含的生態史信息。宋元以來的嘉湖地區農業開發加強，沼澤地在人類的干擾下，被開闢成農田的區域增多。沼澤濕地生態環境變遷的過程稻田面積、桑地面積增多，區域中植物群落的巨大變化同樣也反映在許多文人的詩詞歌賦之中。通過細緻地解讀歷史文獻資料，可以對沼澤濕地中幾個關鍵時段的典型景觀進行復原研究。

景觀和植被的研究不僅是生態史研究中的關鍵，同時也是歷史地理研究中的主要內容。〔註 51〕英國歷史地理學家克利福德・達比（Clifford Darby）認為，歷史地理學的任務是重建過去的地理，重現某一地區地理景觀變化的過程，達比在劍橋大學攻讀博士期間就致力這樣的研究。他選擇了 The role of the Fenland in English History 作為自己的博士論文題目，將研究焦點轉向區域地理環境的變化，力求達到揭示一個特殊區域內地理條件如何對歷史產生影響的目的。〔註 52〕達比的兩本著作 The Draining of the Fens 和 The Changing Fenland 都是以博士論文的研究作為基礎的，The Changing Fenland 集中表達了達比的思想。劍橋東北沃什海灣以西的地區歷史上曾經是一個湖沼密佈的區域，達比對這個地區歷史時期的環境變遷過程做了全面復原。他還對歷史時期森林、湖泊、河流的空間分佈，人工排水渠道、農田、聚落等在空間上擴展的特點進行了分析和描述，同時講述沼澤地排乾技術的變化，即人類從使用風力、畜力疏濬沼澤到後期利用蒸汽、電力疏濬的巨大變化過程。〔註 53〕達比通過一種水平剖面的方式描述人類對沼澤地環境產生影響的過程，通過一系列「地理剖面」的復原來重現某一地區地理景觀變化的過程。但目前為止，國內的景觀史研究、歷史地理的相關研究遠沒有達到如達比那樣細緻的水平。

從唐宋到明清，太湖南部的平原區經歷了一個巨大演變過程。桑基魚塘、

〔註 51〕王利華主編：《中國歷史上的環境與社會》，生活・讀書・新知三聯書店，2007 年。

〔註 52〕鄧輝：《論克利福德・達比的區域歷史地理學理論與實踐》，《中國歷史地理論叢》，2003 年第 3 期。

〔註 53〕H・C. Darby, The changing of Fenland, Cambridge: Cambridge University Press, 1983.

桑基稻田等經典農業生態系統從沼澤濕地中脫胎而出，精細的農耕文化滋養著高度繁榮的江南文明。本書的研究中，力圖學習借鑒達比的研究方法，對宋以降湖州平原沼澤中水利和農業開發進程的幾個典型時段進行研究，展示明清時期中國最經典的生態農業模式得以在太湖南部平原區中脫胎而出的歷史地理過程。

第一章 太湖南部的古地理環境

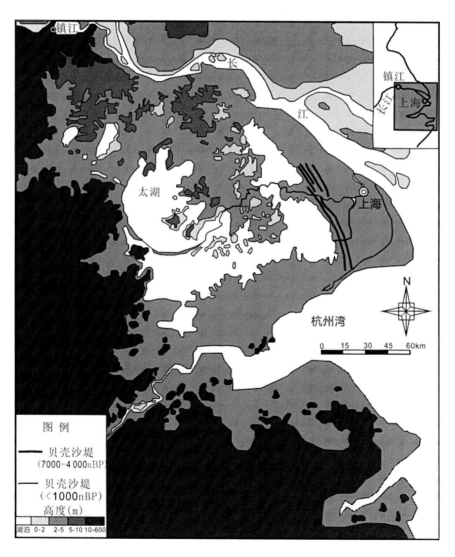

圖3：太湖流域地勢與古地理環境略圖

一、關於《禹貢》南江的討論

　　太湖流域的河道、水利研究有深厚的歷史傳統，即來源於經學的傳統。《尚書‧禹貢》有：「三江既入，震澤底定」，對《禹貢》三江的解釋，漢以來經學家們進行了長期的爭論，明清時期關於太湖東部的傳統水利之學被稱爲「三江水學」。就整個以太湖流域而言，歷史地理研究中也一直以太湖東部地區吳淞江流域及長江口的演變爲關注重點，1950～1980 年代，上海市以復旦大學爲中心的幾所高校的歷史地理工作者對吳淞江河道、岡身變化和其它主幹河道的變化做過研究。褚紹唐的研究成果主要集中於《上海歷史地理》一書中；〔註 1〕復旦大學歷史地理研究中心在長江三角洲歷史地理變遷的相關問題研究中，積聚了大量成果，特別是在長江三角洲的海陸變遷、河道變遷等問題上，研究極爲深入，其中以張修桂、王文楚、魏嵩山等成果最爲突出。張修桂對長江三角洲上海以及周邊地區的歷史地貌演變過程已經進行了比較全面的研究；〔註 2〕王文楚對吳淞江與黃浦江的歷史變遷、上海市大陸地區城鎮的形成與發展、江南運河的形成和演變過程都有精闢的論述，他還考察了江南運河最早通航的時間，對古三江問題也有過探討。〔註 3〕魏嵩山先生對太湖水系的歷史變遷進行過總括性質的研究，他的著作《太湖流域開發探源》對於本書研究的區域嘉湖平原開發史都具有開拓性質的研究。〔註 4〕華東師範大學地理系自 1950 年代以來，也曾組織多方力量對長江三角洲的地貌進行了大規模的普查工作，爲長三角地區環境史的研究奠定了科學基礎；華東師範大學河口海岸研究所在長江三角洲自然地理的研究方面也是一支重要的力量，他們對長江三角洲江口段的地形、地貌發育、動力過程以及杭州灣的形成過程、地貌形態特徵、動力條件、泥沙流運動及地貌變形等內容都進行了細緻的科學分析，這些成果主要集中在陳吉餘等人的著作中。〔註 5〕1980 年代到現在，

〔註 1〕褚紹唐：《上海歷史地理》，華中師範大學出版社，1996 年。

〔註 2〕張修桂：《中國歷史地貌與古地圖研究》，社會科學文獻出版社，2005 年。

〔註 3〕王文楚：《古代交通地理從考》，中華書局，1996 年。

〔註 4〕魏嵩山：《太湖水系的歷史變遷》，《復旦學報（社會科學版）》1979 年第 2 期；魏嵩山：《太湖流域開發探源》，江西教育出版社，1993 年；此外還有李志庭：《浙江地區開發探源》，江西教育出版社，1997 年。

〔註 5〕陳吉餘著《中國河口海岸研究與實踐》，高等教育出版社，2007 年；陳吉余著：《陳吉余（伊石）2000──從事河口海岸研究 55 年論文選》，華東師範大學出版社，2000 年；陳吉餘、沈煥庭、惲才興等著：《長江河口動力過程和地貌演變》，上海科學技術出版社，1988 年。

華東師範大學的陸健健等在繼承陳吉餘先生等人河口海岸研究成果的基礎上，在長江三角洲的河口生態、濕地生態方面有一系列的著作和研究，特別是在濕地生態學的理論研究方面成果最顯著。〔註6〕

但是，長期以來太湖南部地區是「三江水學」關注的邊緣區域。直到今天，歷史地理學界研究中仍有一個定論，認為太湖下游的婁江、吳淞江、東江為《禹貢》三江。〔註7〕這種觀點的延續也導致了對太湖南部嘉湖地區的河道、水系研究長期以來缺乏深入討論。王建革在他的研究中分析了這種傳統的研究思路和觀點之所以長期延續，是因為唐代之後隨著太湖東部地區的開發，太湖下游三江被附會成禹貢三江，唐以後流行的「三江」之概念絕不是《禹貢》三江的概念。〔註8〕實際上，在清代乾嘉學派的主流觀點中，已經考證出《禹貢》三江不是太湖下游的三江，乾嘉學者普遍認為《禹貢》三江是古長江三角洲之三江。以阮元為代表，他們認為古長江口鎮江、揚州以下存在一條經過今太湖，過嘉湖平原，溝通長江與錢塘江的古河道，並認定這條古河道就是《禹貢》中的三江中「南江」，阮元將這種觀點闡述得最清楚：

> 南江自北魏時石門、仁和流塞，唐初築海塘以捍潮，其流始絕。
> 今吳江、石門、仁和數百里內皆為沃土，惟一線清流自北新關通漕
> 達於吳江，猶是浙江故道。然則浙江者，乃岷山導江之委，即由吳
> 江、石門、仁和、海寧至餘姚入海數百里之地之專名也。〔註9〕

阮元認為《禹貢》三江即《漢書·地理志》中揚州之下的北江、中江、南江，並認為南江即浙江，南江是一條溝通古長江與錢塘江的古河道，這條河流在《漢書·地理志》中仍有記載。《漢書·地理志》記載石城之下有一條分江水，這條河流當時在鎮揚以下的長江古河口分長江水，並取道今太湖，過嘉湖平原，尾閭在餘姚入海，阮元分析這條古河道是《禹貢》三江中實指之「南江」，因為《水經》中也記有一條從石城東至餘姚入海的水

〔註6〕 陸健健：《河口生態學》，海洋出版社，2003 年；陸健健等：《濕地生態學》，高等教育出版社，2009 年。

〔註7〕《太湖水利史稿》編寫組：《太湖水利史稿》，河海大學出版社，1993 年，第31 頁。

〔註8〕 王建革：《從三江口到三江：婁江與東江的附會及其影響》，《社會科學研究》2007 年第 5 期。

〔註9〕（清）阮元：《揅經室集》卷 12，浙江圖考上，中華書局，1985 年，第 239頁。

道。阮元分析酈道元為《水經》作注時有誤，酈道元因為《漢書・地理志》
會稽郡吳載：「南江在南，東入海，揚州川。」遂將《漢志》丹陽郡石城下
的這一條河道與會稽郡吳下所載之南江對上，認為這是一條從石城入太
湖，又出太湖經松江入海的河流，否認酈道元的這種說法的還有戴震、趙
一清、王先謙等人，他們都認為酈道元對「南江」的論述，既不是本《禹
貢》三江之跡，也與《漢書・地理志》所記不合。〔註 10〕阮元久居揚州，
督學浙省，經常往來吳越間，對長江三角洲至杭州灣一帶的地形地貌特徵
都極為熟悉，他分析這條古河道分長江水流之後流經太湖，至嘉湖平原南
部的海寧一帶入海，因為海寧地勢較高有所阻，所以導致河道逐漸壅塞，
並且他推論這條河道必經過今湖州城東南、德清與石門之中的低地，在上
圖 3 太湖流域的地勢略圖中，我們可以看到深綠色的區域為海拔最低的區
域，其中有一塊深綠色的低窪區向南伸向杭州灣，德清東部州泉鎮即位於
這個低窪區的中央。

阮元還提到不能根據今天太湖流域的地理、地形、地貌、水系來分析
古三江，分析禹貢三江必須與古長江三角洲的環境背景相聯繫。但是，當
時沒有現代的科學知識，他只能本乾嘉學派所推崇之許慎、鄭玄之說以及
《漢書・地理志》的考訂出發，再加上自己的一些地理認識進行推論，他
對三江問題亦不能從古長江口的地質、地貌形態變遷上作出合理的解釋。
上個世紀初丁文江則從長江下游地質特點的分析入手，對《禹貢》之三江
問題有獨到的見解。1919 年丁文江先是於《揚子江下游之地質》一文中首
先推翻了李希霍芬所提出的古長江三角洲的頂端從蕪湖開始的論點，〔註
11〕隨後提出古長江口在鎮揚以下存在三條入海河道，就是《禹貢》記載的
三江。這三條河道應是在今天的太湖地區分流入海，後期由於入海江口泥
沙的淤積，沙嘴逐漸在今太湖所在地區的平原上圍合，今天太湖的水域就
是在這個過程中逐漸形成。

丁文江本著對古長江三角洲地質背景進行分析，認為對《禹貢》三江的
解釋不能離開彭蠡以下的長江古河口——鎮揚以下的河道特徵來討論，他不
僅肯定了《禹貢》三江之北江為當時長江的主泓，也認定鎮揚以下分流之中

〔註 10〕　（北魏）酈道元撰，陳橋驛校：《水經注校釋》卷 29，沔水注，杭州大學出版
　　　　　社，1999 年。
〔註 11〕　丁文江著，汪胡楨譯：《揚子江下游之地質》，《揚子江水道整理委員會月刊》
　　　　　1929 年第 1，2 期。

江必流經今太湖由吳淞江東流入海，《漢書‧地理志》中所記載的《禹貢》之南江也是存在的，但是《漢書‧地理志》記載蕪湖一帶的分江水不可能成為長江的支流，丁文江認為「南江」應係從古長江鎮揚分流。但是丁文江沒有對「南江」進行深入分析，也沒有從太湖平原的地質地理背景探討古河道發育的背景及可能性等問題。1950 年以後，地理學界對太湖流域及錢塘江流域的地質地理的深入研究也證明，這樣一條河道溝通長江與錢塘江流域的古河道可能是存在的。這樣一條重要的河道如果存在，那麼它的堙廢、消失不但對嘉湖平原地貌的發育和形成，同時對於太湖水域的形成、太湖的形態，太湖平原歷史地貌的變遷過程，無疑都會產生極大的影響，這條古河道可能也是解開早期吳越地區歷史地理的一個鑰匙。下面就將借助現代地理學的一些研究，分析這條古河道在嘉湖平原流經的大致位置及其堙塞對嘉湖平原歷史地貌變遷所帶來的影響。

二、溝通長江與錢塘江水系的古河道

　　1950 年代以來，地理學界對太湖流域及浙江北部的地質背景進行較細緻研究的是華東師範大學地理系的嚴欽尚教授。他更細緻地研究了太湖流域及錢塘江流域的地貌發展過程，他提出今天的浙江西北部即浦陽江流域、金衢盆地、浙西丘陵和太湖流域，本為一地質上的整體。杭州灣兩岸的平原，在吳淞零點 9 公尺，至零點下 7 公尺為連續一片沙質黏土，此層沙質黏土將下面各種疏鬆沉積層全部埋覆，說明地質時代包括歷史時期杭州灣兩岸的平原區屬同一地貌單元，1955～1956 年期間，浙江省地質勘查隊在杭嘉湖平原區，如杭州拱宸橋、西湖、寧波姜山區、望春區、橫溪區及杭州市郊、餘姚橫河區等地，在地表 3 公尺的深度內，常發現泥炭層。泥炭層層理清楚，成水平狀，繼續分佈，厚自幾公分至一公尺不等。泥炭層純者幾全為植物殘體所組成。由於泥炭層的存在，平原上往往有天然氣冒出。〔註12〕姚江平原以北的地區成陸時間較晚，本身不可能產生這樣的泥炭層。這條泥炭層從姚江平原延伸至寧紹平原，向北過餘姚，與嘉湖平原西部與州泉、大麻所在的低地相連接，州泉、大麻地區也是嘉湖平原泥炭層富集的地區。這條泥炭層的富集帶可能就是南江之古河道的下游河道所經過的位置。

〔註12〕嚴欽尚：《浙江省錢塘江及太湖流域地貌發展過程》，華東師範大學學報編輯
　　　　委員會編：《地理集刊》第一輯，華東師範大學出版社，1958 年，第 27 頁。

　　隨著對太湖南部平原的地質特點及沉積地貌的演變過程的研究更加深入，1980 年代的研究中，嚴欽尚與洪雪晴認為，在晚更新世末，太湖流域為一溝谷切割的陸地。其古地面為一緻密的硬土層。組成硬土層的物質多為粉砂質黏土、黏土質粉砂和粉砂等，一般上細下粗，物源與寧鎮一帶的下蜀土類同。從土層組結構特徵推斷，太湖流域原為低山丘陵區，在乾冷氣候條件下，土層長期暴露地表，平原上也分佈有河流和湖泊，但後經脫水黏結，土層普遍經歷過成壤過程。硬土層一般厚 2～6 米，最厚處可達 8 米，在杭嘉湖平原、蘇錫常平原以及兆滆平原基本上連續分佈，太湖底部甚至有大片出露。太湖及其四周平原區在晚更新世末期大體上為一微微高起的丘陵區，高出長江、錢塘江約 50 米，並有外流的支谷和小溝谷。如圖 4 所示，-5 米等深線的範圍圈圍了杭嘉湖平原的大部、吳江、青浦、嘉善以及大部分太湖水域。在此丘陵區除了矗立的石山外，高出-2 米等深線的高阜也有一定面積，又因與小溝谷下切和侵蝕，一般有 5～10 米的起伏。在丘陵區外緣起伏增大，特別是在湖州與杭州之間，即沿今東苕溪及附近湖沼地帶有一低谷溝通錢塘江與太湖西南部，低谷區硬土層埋深為-15～-25 米，可能上溯到兆滆平原；〔註 13〕據趙為民等的研究，太湖北部常州的滆湖地區晚更新世晚期就已存在這樣一條可與低谷銜接的北東向長江汊流河谷，晚更新世末，滆湖處仍有西北─東南走向古河道，現今滆湖湖底寬達 300m 的全新世古河道，呈北東向延伸。〔註 14〕

〔註 13〕嚴欽尚、洪雪晴：《長江三角洲南部平原全新世海侵問題》，載《海洋學報》
　　　　　1987 年第 6 期。
〔註 14〕趙為民等：《江蘇南部滆湖成因演化的初步認識》，載《江蘇地質》2006 年第
　　　　　2 期。

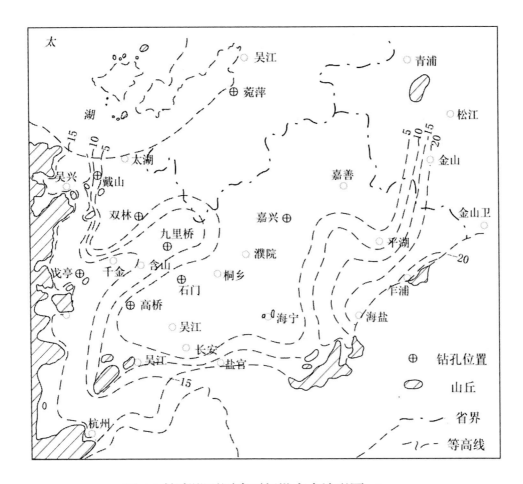

圖4：杭嘉湖平原晚更新世末古地形圖〔註15〕

　　洪雪晴分析這一支谷海灣的南部灣口在杭州與喬司之間，向北繞過半山，經德清、戈亭、東林、荻港、吳興、塘甸，穿越大、小雷山之間，繞平臺山西北，北抵馬圩，西出大浦、洋溪、沿東、西汜自溧陽折向金壇，這說明今天的太湖平原上，曾經有多條古長江汊流河道分佈，這些汊流河道流經今天的太湖，在杭州灣一帶的地區入海。〔註16〕古河道河床發育的位置位於這一低谷之中。古河道流經的嘉湖平原西部地區本身爲一古河口灣地帶。嘉湖平原的硬土層上部有一套基本上呈連續分佈的一般厚3～6米的河流湖沼沉

〔註15〕圖片引自：嚴欽尚等：《杭嘉湖平原全新世沉積環境的演變》，載《地理學報》1987年3月第43卷第1期，圖3.晚更新世末古地形圖。

〔註16〕洪雪晴：《太湖的形成和演變過程》，載《海洋地質與第四紀研究》1991年第4期。

積物，沉積物在嘉湖平原西側的丘陵地帶和東南部之間的低谷中埋深最大，
達 20～30 米，如此規模的古河道沉積物在太湖區域中只有長江這樣平原大河
的河流相才能與之匹配。但硬土層之上的河流湖沼沉積物厚度往南逐漸變
淺，至桐鄉古臺地西南局部地區埋深多不超過 5 米，在地貌上表現爲古臺地
與西部丘陵之間的低谷中，於德清及桐鄉、湖州交界處存在一個天然的低地，
再往南至海鹽以東杭州灣北岸一帶和錢塘江口附近時，河流湖沼沉積物在這
裏卻局部缺失，這一帶因位於古河道的入海口，海水沿河口灣低地內侵，致
使硬土層之上的沉積物消失。〔註17〕

太湖流域的湖泊在平原上發育而成，平原區自成陸以來曾發生過湖泊眾
多、水域擴大、水面縮小和沼澤發育地貌演變的多次更迭。在豐水環境下，
水生動植物繁育，極易形成腐泥層。太湖南部普遍存在的腐泥層埋深約 50 釐
米，厚約 20～40 釐米，質地爲黏土，腐泥層經碳 14 斷代，嘉興郊區雙喬鄉
的爲 1835±127 年，湖州郊區菱湖的爲 1955±32 年。〔註18〕太湖水域的形成
與古河道出海口的淤塞有關。首先要提出的是，太湖形成的瀉湖假說在上個
世紀末已經被推翻。被沙崗和沙嘴包圍的古太湖平原本是一塊古陸，不是海
灣瀉湖。太湖及太湖平原的古地形條件完全能提供當時長江口以下古河道在
此發育的條件。

南京地理與湖泊研究所的研究團隊曾對太湖及太湖平原大、中型湖泊及
湖底地形進行了系統測量，澄清了湖底地形上的誤差，並運用了深鑽、淺鑽
及淺層剖面儀對湖底地層及第四紀沉積進行了研究，發現太湖湖底基本上爲
堅硬的黃土層所組成，覆蓋在黃土層之上的現代淤泥厚僅幾釐米至 20 釐米。
太湖湖底地形十分平坦，平均坡度僅 0°19.66'，湖底 72.3% 的地形處於水深僅
1.5～2.5 米。太湖形成之前，和杭嘉湖平原的大部分地區一樣曾是廣泛覆蓋著
黃土物質的平原地形。對太湖水域之下地層測量的結果表明太湖底質中淺層
的湖相沉積物之下至 5.56 米是一層明顯的黃色黏土。這種黏土層在從太湖底
層一直到杭嘉湖平原上都是連續分佈。全新世中期高海面時，長江口曾位於
鎮江、揚州一帶，鎮揚以下，太湖與杭嘉湖地區的黃土物質在分佈上，與北
部金壇、常州一帶的下蜀黃土也是連成一片。他們總結：

〔註17〕 嚴欽尚、黃山：《杭嘉湖平原全新世沉積環境的演變》，《地理學報》1987 年第
1 期。

〔註18〕 張益農等：《浙北嘉湖平原水稻土中的古土壤層》，《土壤通報》，1993 年第 3
期。

太湖雖鄰近東海，但它並不是由全新世海侵所形成的海灣、潟湖演變而來，而是近期人類歷史時期，河道淤塞，人類圍墾，洪澇泛濫，宣泄不暢，積水成湖，並逐步擴大，成為大型淺水湖泊。第四紀沉積，湖泊形成演變與現代沉積特徵亦清楚地表明，太湖及太湖平原是一個獨立的地貌沉積單元，它和長江三角洲的發育、演變，沒有內在聯繫。〔註19〕

據考古發掘，平坦的太湖湖底黃土層上有一些被淹沒的河道和窪地，這些河道多呈東西向分佈，西太湖中一些島嶼如竹葉島上，尚發現有河流礫石的分佈，說明太湖原為有橫貫河流分佈的沖積平原環境，西太湖河道兩側尚見殘留的階地。在這片廣袤的沖積平原上，除在東太湖局部地區見有1～2米厚的淤泥及夾薄的泥炭層之外，幾乎無現代湖泊淤泥，許多地方淤泥厚尚不到5釐米，湖水直接淹沒在黃土層之上。〔註20〕自4000年前以來，太湖流域的環境演變主要表現為岡身以東濱海平原向海快速推展，杭嘉湖平原南沿的支谷海灣以及岸外沙壩後緣的潟湖淤積為潮上帶平原；西側湖州—杭州間的河口灣淤淺為淡水湖沼平原；西太湖隨之封閉成淡水湖泊。〔註21〕

古河道的河口段因海潮的影響，搬運來的泥沙必有大量的堆積。古河道河口葑淤之後，錢塘江河口段在古河道的入海口泥沙堆積的河床上發育，可從錢塘江河口段北部平原的微地形特徵來分析古河道河口段的某些特點。洪雪晴認為灣口應在杭州與喬司之間。〔註22〕但是今錢塘江河口段地形歷史時期經歷了巨大的改變。錢塘江河口段主河槽曾在古河道河口沙洲中南北頻繁擺動，變動的總體趨勢是南漲而北坍。〔註23〕然而錢塘江主河槽最北的位置，大致只到過鹽官、鹽倉、翁家埠、范家埠、喬司、塘灣里、白石廟、彭浦、新塘、清泰門外、望江門外、南星橋、閘口一線，對應著今天滬杭鐵路線以

〔註19〕孫順才等：《太湖形成演變與現代沉積作用》，《中國科學B輯》1987年第12期。

〔註20〕中國科學院南京地理與湖泊研究所：《太湖》，海洋出版社，1993年，第1～69頁；陳清碩等：《太湖平原地區土壤物質形成新探》，《土壤通報》，1994年第1期。

〔註21〕洪雪晴：《太湖的形成和演變過程》，《海洋地質與第四紀研究》1991年第4期。

〔註22〕洪雪晴：《太湖的形成和演變過程》，《海洋地質與第四紀研究》1991年第4期。

〔註23〕錢寧：《錢塘江河口沙坎的近代過程》，《地理學報》，1964年第2期。

南，鹽官、喬司、丁橋一線以北的這片平原區，且擺動至此線的年代大致在
唐以後。〔註 24〕錢塘江河道擺動過的地方，可以從地形圖上判別出來。從太
湖流域標高地形圖上可以看出，這一條線，正好是錢塘江北部高亢平原中一
條很明顯的地形分隔線，此線以南海拔較北部高，《餘杭縣志》中對這片灘塗
的地理特徵有詳細的描述：「北與水網平原漸變過渡，呈北東東向帶狀分佈。
地勢平坦，微向北傾，因成陸時間遲早，構造微異。小林至亭趾一線，海拔
2.5～5.7 米，其間孤丘 3.59 萬畝，水域 0.89 萬畝，水系長度 183 公里，水微
鹹，土層深厚，成土母系多為海相沉積或海湖相沉積物。喬司至下沙一線，
海拔 5.5～7.7 米，水域 0.32 萬畝，水系長度 153.5 公里，土壤以小粉土或黃
鬆土為主。」〔註 25〕在海拔 2.5～5.7 米北部平原地區，附近的地層中卻仍普
遍保留著濱海相的沉積物，可見歷史時期錢塘江主河道並沒有擺動到這片區
域。

　　從泥沙沉積量看，錢塘江及其支流也不可能帶來泥沙沉積在這個區域中。
錢塘江本身是挾沙量非常小的河流，閘口以上錢塘江淤積平原的面積是十分小
的。錢塘江流與潮汐作用以杭州閘口附近為一重大轉折點，在閘口以上，錢塘
江兩岸平原的堆積主要受錢塘江洪水位後淤積的影響，閘口以下，潮汐的侵蝕
和堆積作用明顯超出錢塘江的淤積左右，尤其是小尖山以下，江流作用微不足
道，主要為潮汐侵蝕和堆積左右。外輸的泥沙與杭州灣的潮汐作用對杭嘉湖寧
紹平原的演變有著決定性的影響。〔註 26〕阮元提到的老鹽倉數十里的東北鐵板
沙，就是《餘杭縣志》中所提到的土層深厚的濱海相沉積物：

> 　　自尖山至海寧州以西，堤雖險而地勢高，惟老鹽倉西南至杭州
> 府城東北數十里中，地勢低平，潮汐往來，活沙無定。有朝為桑田，
> 暮成滄海者。且加築隄塘，難施椿石，濬之愈深，則沙性愈散，不
> 如老鹽倉東北鐵板沙之堅固。然此數十里中，非古浙江沙淤故道之
> 明證乎？非即《禹貢》南江乎？〔註 27〕

〔註 24〕吳維棠：《杭州的幾個地理變遷問題》，《歷史地理》第五輯，上海人民出版社，
　　　　1987 年。
〔註 25〕餘杭縣志編纂委員會編：《餘杭縣志》，浙江人民出版社，1990 年，第 48 頁。
〔註 26〕嚴欽尚：《浙江省錢塘江及太湖流域地貌發展過程》，華東師範大學學報編輯
　　　　委員會編：《地理集刊》第一輯，華東師範大學出版社，1958 年，第 28 頁。
〔註 27〕（清）阮元：《揅經室集》卷一二，浙江圖考上，中華書局，1985 年，第 240
　　　　頁。

　　上文中阮元已經根據錢塘江河口北岸平原區土壤特性不同提出，小尖山以下的今錢塘江河道，其縱面可能爲古南江河道所穿過的位置。錢塘江河口有一個頂部高出上下游河底約 10m 的巨型沙坎，錢寧、陳吉餘等對錢塘江河口段的縱剖地形特點進行過科學分析。陳吉餘鑒定沙坎形成的時間爲杭州灣形成以後的 3000～4000 年前，錢寧等認爲錢塘江沙坎的泥沙來自於這段時間內杭州灣外長江口的輸沙。〔註28〕但參照沙坎形成時期長江口南北兩岸的岡身淤漲情況，張修桂研究結果是 3000 年前段上海岡身地帶，東西寬度僅 4～10 千米，其建造過程歷時長達四千年之久，這一長時段內上海成陸過程極其緩慢，平均每年的淤張速率只有 1～2.5 米。究其原因，一是這一時段海面相對穩定，自出現全新世高海面之後，整個海面雖有波動下降趨勢，但幅度很小；二是當時長江輸出的泥沙，雖有隨主流南北遷移的堆積變化，但大量泥沙主要用於鋪墊岡身以東的原始坡度較大的淺海地區，建造新的水下邊灘，此後三千年來，上海岡身以東地區才迅速成陸。〔註29〕故沙坎形成的這段時間內，長江口南岸此時並不存在豐富的泥沙以輸送到東南的杭州灣，繼而供給沙坎的發育。

　　沙坎的縱向幅度特長，體積巨大，組成物質爲分選極爲優良的粉砂，這些都與錢塘江的流域特性不相適應，在海寧，錢塘江現代河槽面寬度爲 10 千米，而沙坎形體的橫向幅度達到 27 千米，沙坎的規模在流域面積、來水、來沙上都與長江河口攔門沙極爲相似。〔註30〕從地理位置上而言，沙坎的規模、橫向延伸的寬度，正好能與位於這條古河道的河口灣低地的寬度相匹配，古河道河口的河床填充砂體推移進入河口灣內，在這種大型徑流下泄作用下，原河口攔門沙坎逐漸外移。〔註31〕今浙江一帶的山溪性且挾沙少的河流，都不具備塑造出錢塘江北部高亢平原中從北往南微地形差異的徑流動力。今錢塘江北部的高亢平原及錢塘江河口段的泥沙，必來源於古長江口的分叉河道，上文所述古河道的河口段河床，正與這片高亢平原相接。杭嘉湖平原南

〔註28〕陳吉餘等：《錢塘江河口沙坎的形成及其歷史演變》，《地理學報》，1964 第 2 期；錢寧：《錢塘江河口沙坎的近代過程》，《地理學報》，1964 年第 2 期。

〔註29〕張修桂：《中國歷史地貌與古地圖研究》，第 260～262 頁，社會科學文獻出版社，2005 年。

〔註30〕陳吉餘等：《錢塘江河口沙坎的形成及其歷史演變》，《地理學報》，1964 第 2 期。

〔註31〕李春初：《長江河口三角洲問題述評》，《地理學報》1991 年第 1 期。

沿在 7000～4000 年前也有斷續分佈的岸外沙嘴和潟湖，沙嘴是在繞岸西進的漲潮流蝕積作用以及近岸區散佈的石質島嶼所起擋潮流作用下形成的。古沙嘴內側呈弧形向陸內凹，乍浦至澉浦段早期沙嘴內側起自獨山，繞經元通至惹山，澉浦以西至大尖山，石山叢立，成為聯繫沙嘴的島嶼群，自袁花鎮以西經丁橋至鹽官（或更西），該時期內也曾發育沙嘴。〔註32〕後期隨著杭州灣動力條件的改變，這些沙嘴的泥沙被逐漸侵蝕、搬運，一部分沉積到杭州灣南岸地區。

太湖水域的擴張，太湖的形成與流經太湖平原上的古河道的淤塞有密切關係。據中國科學院南京地理與湖泊研究所孫順才等的研究結果，據太湖底部被淹沒的春秋戰國時期的文化遺址分析，太湖最後成湖也應起始於這一時期；根據太湖湖底地形及淤泥層堆積厚度和現代泥沙沉積速率計算，如果太湖自形成之後沒有完全乾枯而受到侵蝕，按現在的沉積速率計算，西太湖的歷史也就是 2ka 左右，東太湖則不過 1.0～1.5ka 左右。也就是說，西太湖成湖於春秋戰國時期，東太湖成湖於唐宋時期。〔註33〕

三、3～8 世紀太湖南部平原的湖沼地貌

漢代嘉湖平原上古河道的入海口已經嚴重淤塞，據魏嵩山研究，位於古河道入海口的杭州灣一帶，西漢時已經成陸，〔註34〕但古河道下游的分叉支流仍在嘉湖平原上擺動。在這種情況下，太湖與嘉湖平原的湖界仍是不明確的。當淤塞嚴重的古河道流經嘉湖平原區之後，水流在嘉湖平原西部受到莫干山山麓的阻擋，主流只能向東部地勢較高的古臺地平原上擺動，如遇臺地中微地形較低之部分，水流在嘉湖平原的地勢低窪處中彙聚成較大型的湖泊，《水經注》中保留了有關秦漢時期嘉湖平原上湖泊形成過程的神話：

> 《神異傳》曰：由拳縣，秦時長水縣也。始皇時，縣有童謠曰：
> 城門當有血，城陷沒為湖。有老嫗聞之，憂懼，旦往窺城門，門侍
> 欲縛之，嫗言其故。嫗去後，門侍殺犬，以血塗門，嫗又往，見血，
> 走去不敢顧，忽有大水長，欲沒縣，主簿令幹入白令，令見幹，曰：
> 何忽作魚？幹又曰：明府亦作魚。遂乃淪陷為谷矣。因目長水城水

〔註32〕錢寧：《錢塘江河口沙坎的近代過程》，《地理學報》，1964 第 2 期。
〔註33〕中國科學院南京地理與湖泊研究所：《太湖》，海洋出版社，1993 年，第 83 頁。
〔註34〕魏嵩山：《杭州城市的興起及其城區的發展》，《歷史地理》創刊號，1981 年。

日穀水也。《吳記》曰：谷中有城，故由拳縣治也。即吳之柴辟亭，故就李鄉橋李之地。秦始皇惡其勢王，令囚徒十萬餘人汙其土，表以汙惡名，改曰囚卷，亦曰由卷也。吳黃龍三年，有嘉禾生卷縣，改曰禾興，後太子諱和改爲嘉興。《春秋》之橋李城也。穀水又東南逕嘉興縣城西，穀水又東南經鹽官縣故城南，舊吳海昌都尉治，晉太康中分嘉興立。〔註35〕

　　上述神話故事中消失的湖泊都曾位於今天的嘉湖平原東南部區域中。谷湖、三泖、柘湖、當湖這些在古臺地區域突然形成的湖泊也可能是由於這條河流的注入。據酈道元的記載，嘉湖平原上有一條有名的水流，就是穀水。穀水經過由拳縣故城下，也就是沿今嘉湖平原的濱海平原高地中嘉興至杭州運河附近的地區，再擺動到今嘉興縣城東南部的低地地區，並繼續向東，到達鹽官縣故城南部後入海。穀水可能不是一條固定的河道。長江來水古河道尾閭在嘉湖平原上的入海口不斷淤塞過程中，水流尾閭於平原上擺動頻繁，嘉湖平原許多湖泊的形成過程中可能都與這條攜帶長江來水的古河道注入有關，其河道尾閭水流大部分注入嘉湖平原上的低窪沼澤地中形成一些積水的湖泊，並且這個過程到漢代仍在持續。漢代在嘉湖平原上仍有一些湖泊的形成。並且這些湖泊形成時間也是有次序的，東部形成時間早，西部形成時間晚：「東出五十里有武原鄉，故越地也。秦于其地置海鹽縣。《地理志》曰：縣故武原鄉也。後縣淪爲柘湖，又徙治武原鄉，改曰武原縣。王莽名之展武。漢安帝時，武原之地，又淪爲湖，今之當湖也，後乃移此。」〔註36〕這些湖泊的形成時間是依據古河道在平原的擺動規律而定的，因爲長江來水的減少，太湖水域的形成、擴張，使得達到嘉湖平原東部地區的水流逐漸減少。張修桂認爲太湖的形成過程是因爲太湖東部出海口堵塞所導致，他對唐以前太湖東南部平原區湖沼地貌的變遷過程有過論述：

　　　　近2000來，由於地體下沉，東江淤廢，吳淞江萎縮以及海平面變化等因素的綜合影響，區內局部地區再次發生較大的水陸演變。上海西部的澱山湖遺址，有良渚文化、馬橋文化、戚家墩文化類型的堆積，說明在距今4000～2000多年前，該地區已屬平原地

〔註35〕　（北魏）酈道元注，（民國）楊守敬、熊會貞疏，段熙仲點校，陳橋驛復校：《水經注疏》卷29 沔水下，江蘇古籍出版社，1989年，第2447～2449頁。
〔註36〕　（北魏）酈道元注，（民國）楊守敬、熊會貞疏，段熙仲點校，陳橋驛復校：《水經注疏》卷29 沔水下，江蘇古籍出版社，1989年，第2450頁。

貌景觀。其後平原沉淪，湖沼再次擴展，遺址遂陷入湖中。直至北
宋後期，該區仍有不少村落和大片低地淹沒於湖、漊、蕩、港之中。
〔註 37〕

　　張修桂根據考古研究成果與歷史文獻資料，結合上述地理學界的研究成
果，對太湖形成的歷史過程進行了研究，他認為，今日太湖的形態塑造在魏
晉南北朝時期已經開始。〔註 38〕

　　太湖是在沼澤窪地上因積水擴大而形成的淺水湖泊，太湖水域的擴大首
先是因漢以後，長江古河道出水口在嘉湖平原的淤塞有關，古河道在東漢時
期可能還沒有完全堵塞，《漢書・地理志》中於會稽郡吳下仍記有：「南江在
南，東入海，揚州川。」《宋書》記載 445 年吳興大水，揚州刺史王濬建議在
今德清以東開鑿河道從錢塘江入海，這次工程施行之前進行了為期近二十年
的勘測工作，最後河道開鑿的工程卻沒有成功，梁朝時又有大臣建議開鑿大
河往錢塘江排嘉湖平原的積水，〔註 39〕可以看出南朝時官方還一直在致力於
尋找這條已經接近消亡狀態的古河道，以求向南排出積水。秦漢時期，今南
太湖地區，可能是太湖平原區的一部分，湖州太湖岸邊至水域 1 公里左右發
現秦漢時代的瓦當以及合抱粗的古柏樹，〔註 40〕但六朝至唐宋是太湖水域的
擴展時期，今天太湖南部大面積的平原區是太湖水漫蓋的範圍，《越絕書》云：
「太湖，周三萬六千頃，其千頃，烏程也。」〔註 41〕東漢時期，太湖的面積
小於今日太湖，並且今湖州東部的低窪平原區屬於太湖的一部分。總之，六
朝以降太湖流域的水域面積整體來說不是日漸縮小，而是不段擴大。張守節
《史記正義》言：「五湖者，菱湖、遊湖、莫湖、貢湖、胥湖，皆太湖東岸，
五灣為五湖，蓋古時應別，今並相連。」〔註 42〕說明唐以前今太湖東部的五
個湖灣都是獨立的水域，但是唐代這幾個水域已經連成一片。唐代杜佑的《通
典》中指出當時太湖的主體在今天太湖水域的南部，主體位於今天嘉湖平原

〔註 37〕 張修桂：《中國歷史地貌與古地圖研究》，中國社會科學出版社，2005 年，第
　　　　 267 頁。

〔註 38〕 張修桂：《太湖演變的歷史過程》，《中國歷史地理論叢》2009 年第 1 期。

〔註 39〕 （漢）司馬遷撰：《史記》卷 2，中華書局，1963 年，第 59 頁。

〔註 40〕 景存義：《太湖的形成與演變》，《地理科學》1989 年第 4 期。

〔註 41〕 （東漢）袁康、吳平輯錄，樂祖謀點校：《越絕書》，上海古籍出版社，1985
　　　　 年，第 16 頁。

〔註 42〕 （梁）沈約撰：《宋書》卷 99，列傳第五十九，二凶，中華書局，2008 年，
　　　　 第 2435 頁。

北部到太湖南岸之間的區域，「震澤，吳南太湖名，今吳興郡界，底，致也。」
〔註43〕

　　從太湖名稱的變化可以看出太湖地區水體的變化過程。孔安國始將震澤
解釋爲「吳南太湖」，從「澤」到「湖」，名稱上即可說明西漢開始，太湖地
區就存在從沼澤到的湖泊形態的形成過程，並且漢唐時期太湖湖泊水域主要
集中在吳郡南部的低窪區之中。到晉時李顒《涉湖》的中曾寫道：「旋經義興
境……震澤何爲在，今惟太湖浦。」〔註44〕說明當時太湖南部湖濱地區已經
有農田水利的開發。太湖之名稱最後形成應是在魏晉南北朝時期。從東漢孔
安國開始一直到唐代，今太湖南部包括湖州東部低窪平原的區域被認爲是震
澤所在的區域。杜佑《通典》言：「震澤，吳南太湖名」，〔註45〕杜佑是本孔
安國之說，唐末經常往來於太湖南部地區的當地人陸龜蒙曾言：「震澤之東曰
吳興」〔註46〕，說明唐代太湖水域的南界應延伸至今嘉湖平原北部的整個低
窪平原。顏眞卿在其《湖州石柱記》中稱「太湖周迴四萬八千頃」，〔註47〕描
述的就是積水漫盈在嘉湖平原低地中的大規模水域景觀。《元和郡縣圖志》將
太湖列入湖州之下，這些都說明今天嘉湖平原北部的低窪平原至少在東漢至
唐末尚未成陸，是太湖主體的一部分。今太湖南部、西南部圓弧形的湖岸線，
是唐末以來，隨著對太湖的圍墾、農田水利的建設而形成的。這種地貌特點
是太湖水流規律與人工作用共同塑造的。

　　宋以降太湖仍逐漸擴大的另一個主要原因是太湖東部出水河流堙塞，太
湖蓄積量增加。北宋單鍔言：「熙寧八年，歲遇大旱，切觀震澤水退數里，清
泉鄉湖乾數里，而其地皆有昔日丘墓、街井、枯木之根。在數里之間，信知
昔爲民田，今爲太湖也，太湖即震澤也。以是推之，太湖寬廣，愈於昔時，
昔云有三萬六千頃，自築吳江岸，及諸港瀆堙塞，積水不泄，又不知其愈廣
幾多頃也。」〔註48〕單鍔指出宋以後太湖下游的開墾，是太湖水域擴展的主
要原因，太湖東南部因吳淞江下游泄水不暢，也發育了大量的淺水湖泊。唐

〔註43〕　（唐）杜佑：《通典》卷181，州郡十一，古揚州。

〔註44〕　（唐）徐堅：《初學記》卷第七，漢水第二，中華書局，2010年，第142頁。

〔註45〕　（唐）杜佑：《通典》卷181，州郡十一，古揚州。

〔註46〕　（唐）陸龜蒙著，宋景昌、王立群點校：《甫里先生文集》卷19，記稻鼠，河
　　　　　南大學出版社，1996年。

〔註47〕　（唐）顏眞卿：《顏魯公文集》卷5，湖州石柱記，文淵閣四庫全書本。

〔註48〕　孔凡禮點校：《蘇軾文集》卷32，進單鍔吳中水利書狀并書，中華書局，2008
　　　　　年，第921頁。

宋以來整個太湖流域都是處於豐水環境之下，並形成了許多常年積水的湖泊，這種情況是由太湖東部的農田開發所導致的。

太湖是一個淺水型湖泊，風浪、湖流對湖岸的侵蝕，也可導致太湖水域的擴展。太湖水自西向東通過吳淞江排出的過程中，在湖流作用下水流所攜帶的泥沙沿著湖泊南岸沉積，形成一條吞吐流沉積帶，逐漸塑造出太湖南岸一條弧狀的濱湖高地，張雪林認為這條高地白土的成土時間是在宋元時期。〔註49〕在太湖南岸的這條濱湖沉積帶沒有完全塑造成形以前，太湖水體可以隨時漫溢到南部的平原區中來。這種地理特點也決定了當時縣級行政區劃的一些特點，當時太湖的水域的主體部分在今天的湖州境內，如唐時吳興郡管縣五：「烏程、長城、安吉、武康、德清。」〔註50〕這幾個縣中，烏程位於太湖南岸，宋以前是太湖湖水隨時能覆蓋到的範圍。

然而，明清時期中國最繁盛的蠶桑經濟中心，正是在太湖流域嘉湖平原中這樣一個多水、植桑所必需的旱地資源極其缺乏的環境中興起的。從唐宋時期到明清時期，嘉湖平原中以太湖南部為中心的低窪湖沼地區，真正地經歷了一個「滄海桑田」的歷史變遷過程。本書致力於探索以下問題：嘉湖平原區中以蠶桑業為主要特色的農業生態系統是怎樣從濕地生態系統中孕育脫胎而出，這個複雜的生態歷史過程究竟是如何一幕一幕地上演，人類活動又是如何在各個層面推動這個生態歷史進程。以下將首先就唐宋時期沼澤地中人工水系的結構與功能、濕地開發進程中的水利治理的特點等相關問題進行分析。

〔註49〕張雪林：《太湖南岸古白土層的形成》，《浙江師範大學學報（自然科學版）》，1999 年第 4 期。
〔註50〕（唐）李吉甫撰，賀次君點校：《元和郡縣志》卷 25，江南道一，湖州，中華書局，1983 年，第 605 頁。

第二章　水利與平原人工水系

　　嘉湖平原低地北濱太湖，南瀕杭州灣和錢塘江，西止天目山，東鄰蘇松平原，從整體上看地形猶如一個四周略高，中部爲低的淺碟型窪地：「其地形凹，西左右南突，西北群山自天目來，咸大盡背負震澤，東南平曠一望。」〔註1〕平原區北部是一條環形狹長縱深約 1.5～2.5 千米的濱湖平原高地，海拔爲 4.4～1.8 米（黃海高程，下同），地勢略高；南部杭州灣一帶爲濱海平原臺地，海拔 4.5～5.5 米，地形也相對高爽，平原中部從湖州東南部菱湖、德清鍾管到東部南潯一線，是一條東西向的地質斷裂帶，〔註2〕這條斷裂帶周圍的地區爲平原中地勢最爲低窪的區域，海拔在 2 米以下，如《嘉泰吳興志》所稱：「本郡北距太湖，眾谿交流，地勢平下，素號澤國。」〔註3〕嘉湖地區位於太湖南部的低平原區，自然狀態下是天目山山溪河流的泛濫原，天目山所來的山溪河流出山區之後，坡度驟減，水流湍急，多雨季節洪流直泄東部低平原之中。

第一節　水流與塘路

　　總體來說，嘉湖平原的水文狀況受制於太湖東部吳淞江流域水環境。入宋以後，由於太湖東部地區的圍墾，太湖出水主幹吳淞江淤塞的過程就已開

〔註1〕崇禎《烏程縣志》卷1，疆域。
〔註2〕（原）湖州市土壤普查辦公室：《湖州市土壤志》（初稿），1984 年 6 月，編印
　　　　本；姜月華等：《浙江湖州及鄰區地貌與環境地質問題分析》，載《資源調查
　　　　與環境》2003 年第 1 期。
〔註3〕《嘉泰吳興志》卷 20，物產，嘉業堂刻本，成文出版社，1983 年。

始，直到明中後期太湖出水乾道由黃浦江取代吳淞江，在 9～16 世紀的長時段內，因太湖東部吳淞江排水不暢，嘉湖平原又處於太湖流域地勢最低之處，西部直接承接浙西所來山洪，所以嘉湖平原中的沼澤濕地長期處於洪澇交加的狀態。唐後期開始，已經加強了對天目山南麓流出的山溪河流的控制，東苕溪人工導流的水利工程建設也已初具規模，將水流向北引到湖州附近，天目山南麓泛濫平原中的水流開始得到有序的控制，東、西苕溪水流在湖州城附近匯合然後入太湖的格局在唐末已經形成。

一、苕溪水系的水文

東、西苕溪是嘉湖平原區中的骨幹水系，也是太湖的主要水源。清初地理學家顧祖禹準確地描述了東、西苕溪水系的水流情況：

> 苕溪有二源：一出天目山之陽，經杭州府臨安縣西繞縣南而東，入餘杭縣界，又東流經餘杭縣治南，又東流二十七里入錢塘縣界，自源徂流凡八十里始通舟楫，又東北入湖州府德清縣境，經縣城東南，又北經府城南合諸溪之水，匯爲城壕，此苕溪之東派也；其一源出天目山之陰，經孝豐縣東南，又北流經安吉州西折而東，經長興縣南境，至府城西亦謂之苕溪，此苕溪之支派也。兩溪匯流，由小梅、大錢二湖口入於太湖。〔註4〕

今天人們將發源於天目山北麓和南麓分別命名爲西苕溪、東苕溪，但從上面所引顧祖禹的描述來看，直到清初，還沒有出現「東苕溪」的水流名稱，當時天目山南麓所出經德清縣東南，至湖州城南的水流，顧祖禹一概稱之爲「苕溪之東派」；天目山北麓所出溪水經孝豐、安吉、長興南部到達湖州城西部的水流，顧祖禹稱之爲「苕溪之支派」。顧祖禹將天目山所出的水流統稱爲苕溪，但他的命名還點出了東、西苕溪流域不同的水文背景：西苕溪在湖州城南與東苕溪匯合，過湖州城，入太湖，自源頭至湖州城南約長 143 千米；東苕溪主流自天目山南麓向南入臨安盆地，折向東，在瓶窯又折向北，在嘉湖平原中沿山前低地北流，至湖州城南與西苕溪匯合，全長約 150 千米，兩條溪流長度雖相差不大，但因東苕溪沿途匯合南苕溪、中苕溪、埭溪等幾條較大山溪，所以東苕溪集水面積要大於西苕溪。從顧祖禹的描述中可以看

〔註4〕 （清）顧祖禹撰，賀次君，施和金點校：《讀史方輿紀要》卷91，浙江一，湖州府，中華書局，2005年，第4109～4110頁。

出，從苕溪的水流量大小來看，到 17 世紀左右西苕溪的只是苕溪的一條支流。〔註5〕

這種水文狀態形成也有其歷史過程。首先，東、西苕溪水流在湖州城南會合，一方面是湖州地區本身地勢低窪，水流輻輳於低地；另一方面也是人們對天目山水流進行引導利用的結果。顏眞卿《江外帖》有：「江外惟湖州最卑下，今年諸州水並湊此州入太湖。」〔註6〕在 8 世紀中後期的多雨年份，周圍州縣水流順地勢而下，匯聚於湖州這個低窪地區。湖州地區農田水利建設中，要解決的最根本問題就是對發源於天目山的水流進行有效的引導，並建立起防洪水利工程。由於發源於天目山的河流以源短流急的溪流爲主，加之平原區及山區都位於浙西的暴雨中心，太湖流域的最大徑流和最大降雨量均產生在附近區域，尤其是天目山南麓與杭嘉湖平原的交界地帶，天目山的山洪下泄，天然的淺河道容泄不了，洪水向東部平原泛濫，因此，與天目山南麓銜接的德清、湖州一帶的平原區雨季成爲洪澇重災區；西苕溪水流入太湖路程較東苕溪短，所以西苕溪下游小平原的洪澇災害不及東部平原區嚴重。總之，天目山南麓、北麓以下的平原低地地區在進行農田水利開發過程中，修建防洪堤埂尤爲重要。尤其是緊鄰天目山南麓的嘉湖平原低地，只有通過修建堅厚的堤岸，才能將天目山所來的山洪一部分導流入太湖，一部分導流入東部澱泖低地排入海，這樣太湖南部這片廣袤的低濕地才能有效地解決雨季中的洪澇威脅。

從天目山北麓發源，入湖州西北部平原區中的西苕溪流域堤防的修建，一般通過築東西向的塘路來解決攔擋分洪問題；天目山南麓所出東苕溪流域的多東西走向梳子狀的源短流急的小溪流，沿線都需建南北向或東北—西南向的堤岸防洪。東、西苕溪水流在平原區中得到有序的規導，並於湖州城附近合流的水流格局在唐中後期已經正式形成。《中國歷史地圖集》第五冊唐開元二十九年太湖南部地區歷史地圖中將大致相當於今天東、西苕溪規模的兩條水流繪出（如圖 5），但是當時的東苕溪水系總體名爲餘不溪，圖中還繪有雪溪，相當於今天的西苕溪水系。

〔註5〕黃宣偉著：《太湖流域規劃與綜合治理》，中國水利水電出版社，2000 年，第 6～9 頁。

〔註6〕（唐）顏眞卿：《顏魯公文集》卷3，文淵閣四庫全書本。

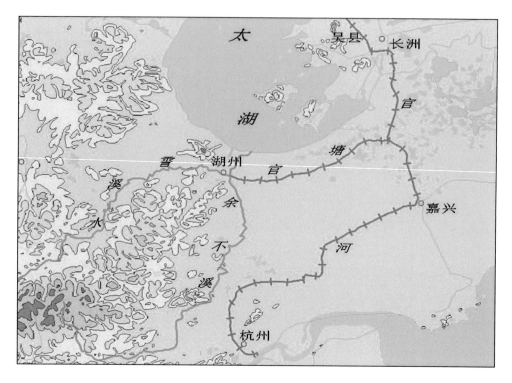

圖5：唐代太湖南部平原區水系示意圖〔註7〕

　　發源於天目山的東、西苕溪兩條水流水文泥沙狀況有所不同，宋時人們
對當時東、西苕溪兩條河流的水文、泥沙狀況已經有很清晰的認識。《方輿勝
覽》這樣記載：「自清源門入曰苕溪，其溪濁；自定安門入曰雪溪，其流清。」
〔註8〕據《嘉泰吳興志》的記載：「《舊編》云：天目山南來之水，自臨安餘杭
至郡南門，二百六十餘里，又地多湫泊，故其勢緩而流清；北來之水，自安
吉至郡西門，百四十里，又岸多山迫，故其勢急而流濁。故司漏者權其重輕，
獨取南來水。」〔註9〕西苕溪水流攜帶泥沙多，每到雨季或暴雨時，從天目山
北麓急駛出來；而天目山南麓東苕溪流域的山溪水流挾帶的泥沙，一般在河
谷地帶或者靠近河谷泛濫的沿途湖泊中沉積，至湖州城附近的水流清澈。唐
代營建湖州城時，西苕溪水流已經被控制從湖州城西部、北部排入太湖，當

〔註7〕圖片改繪自：譚其驤主編：《中國歷史地圖集（隋・唐・五代十國時期）》，中
　　　國地圖出版社，1996年，第54頁，唐開元二十九年太湖南部地區歷史地圖。
〔註8〕（宋）祝穆撰，祝洙增訂，施和金點校：《方輿勝覽》卷4，安吉州，中華書
　　　局，2010年，第76頁。
〔註9〕《嘉泰吳興志》卷5，水，嘉業堂刻本，成文出版社，1983年。

時湖州城所利用的水流多是天目山南麓所來的東苕溪水流。

東、西苕溪的水流在湖州城附近被分流，因兩條水流歷史時期泥沙水文狀況不同，使太湖南部、西南部的沿湖沉積也表現出不同的特點，在此基礎上沿湖的土壤朝不同形態發育。張雪林對太湖南部兩種白土土壤發生特性的研究中發現，〔註 10〕太湖南岸有兩種不同類型的白土，東苕溪下游水流入太湖之處發育成湖成白土，湖成白土集中分佈於湖州城東部地區；西苕溪下游入太湖之處發育成汀煞白土，汀煞白土集中於長興境內（見圖 6），並且分佈於長興西苕溪流域的汀煞白土地勢略高於湖成白土，如圖 6 所示，太湖南部與西南部沿湖區域的沉積環境、成土時間也有所不同，西南部汀煞白土外的新濱湖相沉積受臨近地區第四紀紅土的再積影響；南部湖成白土區的沉積主要受太湖湖水運動影響，以吞吐流沉積為主。兩種白土成土時間的 C14 年代測定的數據表明，西部汀煞白土的成土時間要早於東部湖成白土。〔註 11〕

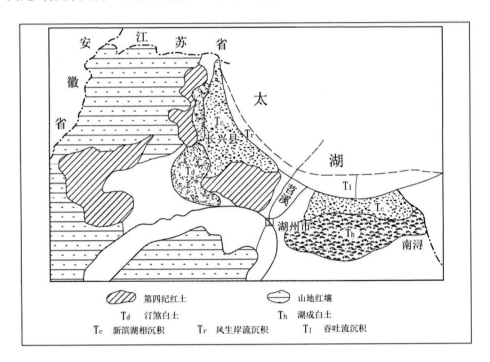

圖 6：太湖南部白土地理分佈示意圖〔註 12〕

〔註 10〕 張雪林：《太湖南岸兩種白土土壤的發生特性》，《土壤通報》1997 年第 6 期。

〔註 11〕 張雪林：《太湖南岸古白土層的形成》，《浙江師範大學學報（自然科學版）》，1999 年第 4 期。

〔註 12〕 圖片以下列文獻中地圖為底圖改繪：張雪林《太湖南岸兩種白土土壤的發生

　　水流情況的不同不僅使太湖南部、西南部地區泥沙淤積速度、土壤特性的不同，也決定了兩個區域開發的先後次序。西苕溪水流在湖州西北的平原中最先淤出大片沙州，唐中後期吳興當地詩僧皎然的詩中有描述：「延步下前渚，沂觴流淺沙。湖光引行色，輕舸傍殘霞。」〔註13〕皎然的船在苕溪西部長興縣入太湖的沙洲附近擱淺，並在此朋友對觴，「前渚」當時應屬於太湖西南平原中新淤積出的面積較大沙灘，但皎然同時也提到這是淺沙，說明此時太湖西南部已有沉積地貌特徵的出現。吳興地區可耕作的土地在長興小平原中形成。宋初王十朋提到這裏的稻田可以提倡深耕：「卞山龍欲阻吾行，怪雨盲風不肯晴。但得出郊修故事，此中亦可勸深耕。天遣吾來此勞農，要令遺蹟訪顏公。雖無二十四賓客，詩酒略追前輩風。久欲歸耕竟未歸，又吟苕雪勸農詩。流錢腐粟慚無術，稼穡艱難或稍知。」〔註14〕卞山在今湖州西北十八里，接長興縣界，西苕水流從卞山附近入太湖。湖州城北還有一處叫黃龍洞的地方，蘇軾曾經作詩描寫這裏的水流和泥沙情況：「積水得返墊，稻苗出泥沙。」〔註15〕說明在城北不斷有淤出來的湖灘地，這些灘地上已有人耕種。

　　唐中後期的農田水利工程塘路的修築首先也是在西苕溪下游出現，唐代所修的荻塘是一條位於太湖西南岸的塘。《舊唐書·于頔傳》云：「出爲湖州刺史。因行縣至長城方山，其下有水曰西湖，南朝疏鑿，溉田三千頃，久堙廢。頔命設堤塘以復之，歲獲秔稻蒲魚之利，人賴以濟。」〔註16〕于頔修的堤塘是在湖州西部的長城方山，也就是太湖西南部，不是今天太湖南岸的荻塘運河。《太平寰宇記》中湖州之下記有：「荻塘，在州南一里一百步。」〔註17〕唐末乃至北宋時期荻塘終端僅連接到湖州府城南部之後，並未向東延伸。《嘉泰吳興志》

　　　　特性》，《土壤通報》第 28 卷，1997 年第 6 期。
〔註13〕　《全唐詩》卷 819，《同袁高使君送李判官使迴》，皎然，中華書局，2008 年，
　　　　第 9228 頁。
〔註14〕　（宋）王十朋著：《王十朋全集》，梅溪集重刊委員會編，上海古籍出版社，
　　　　1998 年，第 477 頁，詩集卷 25，《二月望日欲勞農於弁山，會風雨作，遂出
　　　　南門，因登峴山觀窪尊訪五花亭遺跡，晚霽遊何山，觀讀書堂，薄暮而還》（雍
　　　　正本注：丁亥。）
〔註15〕　（明）徐獻忠撰：《吳興掌故集》，嘉靖三十九年刊本，成文出版社，1984 年，
　　　　山墟類，黃龍洞，烏程北二十里，東坡詩，第 548 頁。
〔註16〕　（後晉）劉昫等撰：《舊唐書》卷 156，列傳第一百六，中華書局，2010 年，
　　　　第 4129 頁。
〔註17〕　（宋）樂史撰，王文楚等點校：《太平寰宇記》卷 94，湖州，中華書局，2007
　　　　年，第 1885 頁。

記載宋以前湖州的塘路集中分佈在西部長興西苕溪沿岸的河谷地帶和沖積平原中，如謝塘、蒲帆塘、胥塘、皋塘、荊塘、孫塘、方塘、盤塘、官塘等，這些塘在泗安溪和西苕溪之間起分洪調節的作用，當時位於東部平原之中的塘路數量很少，始築年代也較晚。〔註18〕

與西苕溪不同的是，東苕溪在嘉湖平原中形成東北向河道，是人們依據平原微地形沿線逐步築隄引導水流的結果。東苕溪現行往北的流路是古苕溪在歷史時期經過兩次改道而形成的，其中第二次改道始於東漢末年，因築險塘，水流從餘杭鎮附近北折，經瓶窯、安溪至獐山，形成了現行的河道。瓶窯至獐山一帶位於平原與山麓交接的位置，地勢較高，東苕溪上游的幹流到此經人工築導隄攔擋，出谷山水受堤防的攔截和約束之後不是直接向東傾瀉，水流轉而向北。這段人工的堤防稱西險大塘，完整的西險大塘堤防可能始築於東漢末年，漢唐時期西險大塘不斷維修、鞏固，是杭嘉湖平原防洪的重要屏障。〔註19〕

唐《元和郡縣圖志》中記載有兩條來自於天目山南麓的水流，這兩條水流到湖州城南與西苕溪匯合，即餘不溪和苧溪，〔註20〕餘不溪從奉口到湖州這段地區，承接的是餘杭而來的東苕水流，苕溪水流經塘堤、陡門逐段攔截之後北達湖州城南，《嘉泰吳興志》載：「竊詳餘不之上流，即餘杭之水也。」〔註21〕經上、中游逐級築塘設閘之後，東苕溪下游的水流已十分平緩。據清末當地人仲學輅的考訂，西險大塘在宋淳熙年間閘壩設施已經十分完備：「可考者，宋淳熙六年分段築堤，間以陡門，為十塘，總名為西險大塘，皆栽松，故明人稱『西塘古松』為苕溪十景之一、五閘，化灣陡門、甬寶陡門、安溪陡門、烏麻陡門、奉口陡門、化灣最險，奉口與仁和分界，自此以下水勢漸緩。」〔註22〕奉口陡門以下入嘉湖平原中，不再設陡門。中、上游的這些陡門控制著流入嘉湖平原的水流流量情況。任仁發在《水利集》中總結：「杭湖二路奉口、化安、烏渚等處斗門，並舊斗門，若雨潦之時，其斗門開，則水盛入湖州之東，與南及蘇、湖、秀

〔註18〕《嘉泰吳興志》卷19，塘，嘉業堂刻本，成文出版社，1983年。

〔註19〕吳維棠：《杭州的幾個地理變遷問題》，《歷史地理》第五輯，上海人民出版社，1987年，第181頁。

〔註20〕（唐）李吉甫撰，賀次真點校：《元和郡縣圖志》卷25，江南道一，湖州，中華書局，1983年，第605頁。

〔註21〕《嘉泰吳興志》卷5，水，嘉業堂刻本，成文出版社，1983年。

〔註22〕（清）仲學輅：《錢邑苕溪險塘雜記》，（民國）《浙江通志館館刊》第1卷第2期。

交接，地面易致淹沒。斗門開則水自北向諸溪入太湖，面廣闊，河道眾多，末後處有漲溢淹田之患。」〔註23〕德清的奉口陡門是一重要的陡門，奉口以下的東苕溪水流，因逐級經過閘、壩的攔蓄，到達嘉湖平原低地中，水流速度已經減緩，白居易曾有詩描述從他奉口以下至湖州的行船的場景，是一種典型的緩流水環境：「船緩進，水平流，一莖竹蒿剔船尾，兩幅青幕覆船頭。亞竹亂藤多照岸，如從鳳口向湖州。」〔註24〕

奉口以下流經嘉湖平原的東苕溪是於沼澤地中經人工築堤導流形成的河流。1958年之前，流經嘉湖平原之東苕溪古河道又稱龍溪，「龍溪在鎮西，合前溪、餘不溪，諸水匯合自南來。」〔註25〕東苕溪在德清以下，原接龍溪主流經大錢口入太湖，1959年興建東苕溪導流工程之後，主流改由西山塘至湖州杭長橋與西苕溪合流後入太湖。東苕溪在上游水利設施保存較完好的情況下，東下游至湖州城的水流一般情況下是緩流的狀態，所以河流形態極為彎曲，這一段河道故稱龍溪。東苕溪北上的過程中，沿途還有天目山南麓所出的一些小溪流彙入。這些小溪流多呈東西走向，雨季水流直接泄入與山區緊鄰的低窪地，這些小溪在沿山前低窪地區與龍溪水流積聚處，形成了許多積水湖群。如湖州城東南的峴山漾就是這樣一個積水湖泊，峴山漾的位置大約與今天的錢山漾所處位置相當，但今錢山漾地區在唐代可能只是峴山漾水域的一部分，這片集水區因臨近峴山而得名。唐中後期峴山漾水域仍在擴展，當時吳興詩僧皎然曾有詩：「門前峴山近，無路可登陟。徒愛峴山高，仰之常歎息。」〔註26〕從皎然的詩中可以看出，唐中後期的峴山已是一個湖中孤島。東苕溪北流的過程中，蜿蜒串聯苧溪漾、菱湖、和孚漾、碧浪湖等眾多湖泊，〔註27〕這些湖泊的成因大致與峴山漾相同。

宋室南渡之後，大量移民仍是遷移定居於天目山區，東部平原的沼澤地中的移民應該少於山區。但山區的過度墾殖導致了嚴重的水土流失問題，東苕溪沿線的一些淺水湖泊很快就被溪流攜帶的山區流失泥沙所淤塞：「縣四圍皆山，獨東北隅小缺。自紹興以來，民之匿戶避役者，多假道流之名，家於山中，

〔註23〕（元）任仁發：《水利集》卷3。
〔註24〕《全唐詩》卷446，《泛小舟二首》，白居易。
〔註25〕（宋）沈與求：《龜溪集》卷11，《湖州德清縣重修孔子廟碑》，文淵閣四庫全書本。
〔註26〕《全唐詩》卷816，《感興贈鳥程李明府伯宜兼簡諸秀才》，皎然。
〔註27〕光緒《菱湖鎮志》卷4，河渠，《紀事詩注》。

墾開巖谷，盡其地力。每遇霖潦，則洗滌沙石，下注谿港，以致《舊圖經》所載渚瀆廢淤者，八九名存實亡。」〔註28〕這些東苕溪下游平原區中淤積出的地勢較高的地區是平原區中首先被開墾成農田的地區，《嘉泰吳興志》言：「餘不之上流即餘杭之水也，由是而上至奉口，其云都下不過九十里，士大夫樂居之。飲食之物養費，而田土之處比他處亦高，蓋所不憚也。」〔註29〕南宋時期，東苕溪下游一些地勢較高之處的田地，多士大夫階層所佔有。

二、塘與水流

太湖南部低窪沼澤中的河網完全經人工營造而形成的。塘的修築，不僅是平原區中最重要的水利工程，同時伴隨著塘的修築，平原中逐漸形成河網。在太湖南部地區，塘所起的作用主要是防洪，有兩級：第一級為海塘和江堤，第二級為抵禦流域內排洪河道（外河）洪水位的圩隄。早期塘應該是這樣一種介於第一級和第二級之間的擋水、防洪牆，起堤的過程沼澤地中也就有陸途可通，《嘉泰吳興志》講：「凡名塘，皆水左右，以通陸路」。〔註30〕嘉湖沼澤地中最早通陸路的塘可能始於秦，這種塘早期是沿著嘉興南部地區的濱海高地修築。《越絕書‧吳地傳》云：「秦始皇造道陵南，可通陵道，到由拳塞，同起馬塘，湛以為陂，治陵水道到錢唐，越地，通浙江。」〔註31〕據繆啓愉先生的研究，陵水道就是嘉杭運河的雛形。〔註32〕王文楚先生也認為：古時陵、陸通用，陵道即陸道，於低窪地區開河起土築成的陸道。陵水道是水陸並行的道路，又可見秦始皇時已被開通。〔註33〕太湖南部湖州至平望間的運河可能到唐末仍未開通。《元豐九域志》中吳江和嘉興都記有運河，但湖州沒有記運河。〔註34〕這說明沿太湖南岸的荻塘運河直到北宋中期可能還沒有築成。

唐代在嘉湖平原中的江南運河仍是沿著杭州灣北部濱海高平原區修築的，據明代嘉興人李日華的考證：「唐以前，自杭至嘉皆懸流，其南則水草沮

〔註28〕《嘉泰吳興志》卷5，嘉業堂刻本，成文出版社，1983年。

〔註29〕《嘉泰吳興志》卷5，嘉業堂刻本，成文出版社，1983年。

〔註30〕《嘉泰吳興志》卷19，塘，嘉業堂刻本，成文出版社，1983年。

〔註31〕（東漢）袁康，吳平輯錄，樂祖謀點校：《越絕書》卷2，上海古籍出版社，1992年，第18頁。

〔註32〕繆啓愉：《太湖地區塘浦圍田水利史研究》，農業出版社，1985年，第43頁。

〔註33〕王文楚：《古代交通地理從考》，中華書局，1996年，第389頁。

〔註34〕（宋）王存撰，王文楚、魏嵩山點校：《元豐九域志》卷5，中華書局，2005年，第210～220頁。

洫，以達於海。故水則設閘以啓閉，陸則設棧以通行。古胥山碑謂『石棧』，自錢塘北抵禦兒之胥口，乃其證也。至今有『石門』、『斗門』之名，而其迹則湮於阡陌久矣。」〔註35〕李日華分析唐以前沿濱海平原高地區修築的運河杭嘉段有閘、壩來調節水流，一些古地名就是以運河在當地的水利設施而命名的。京杭古運河以北位於太湖南部的湖沼區水源充足，一般不需要設置閘壩，只要有運堤的起築，稍加疏濬就可通航。太湖南部沼澤地中在塘路修建修建之後，才能形成運河。據前文分析，3～8 世紀太湖南部仍是廣袤的湖泊沼澤地。這樣的地區中要築起一條完整連續的堤岸十分困難。

　　繆啓愉先生認為，太湖南岸的沼澤區中最先出現橫向的塘路是劉宋時修築的「荻塘」，又稱「吳興塘」，在繆先生所繪的示意圖中，劉宋時期所築的荻塘位置大致與今天的荻塘位置相同。〔註36〕這種觀點可能仍需進一步的討論。據《嘉泰吳興志》的記載：「運河湖州府入迎春門，過望州，至人依橋，至駱駝橋南會雪水者也，東接上塘官河。其水自平望橋直西至震澤，又西至潯溪，又西至舊館、東遷、昇山，以入迎春門。」南宋末年湖州運河與今天荻塘運河的位置大致相當，然而《嘉泰吳興志》中根據當時所獲的文獻進行考證，也只能將太湖南部運河修築的起始時間追溯到唐代，這條運河西連湖州城，東部與京杭古運河的平望段相接：「舊本州界平望驛官塘，此至吳江縣界二里，南至嘉興縣界二十六里，元和五年，刺史范傳正奉敕重開，見《統記》。又《唐地志》烏程下亦載此塘。及《舊編》諸書竝載。」〔註37〕

　　唐宋時期太湖流域運河的塘堤並不像今天這麼固定，當時太湖東部、南部是廣闊的水域，運河南北、東西都是沼澤地。王文楚先生認為，唐宋時期太湖東部與運河水流仍沒有正式分離：「（唐宋時期）太湖與運河僅是一堤之隔，運河仍未免除太湖沖決的威脅。到了元明時期，隨著瀏河和黃浦江的形成，太湖重又有了入海大道，運河兩側經過不斷圍墾，太湖才與運河脫離。」〔註38〕所以也可以推論，唐宋時期太湖南部荻塘運河的位置可能還不固定，土堤很容易被太湖風浪所毀。在豐水的環境背景之下，唐以前古荻塘的具體

〔註35〕（明）李日華撰，薛維源點校：《紫桃軒雜綴》，鳳凰出版社，2010 年，第 359 頁。

〔註36〕繆啓愉編著：《太湖塘浦圩田史研究》，農業出版社，1985 年，第 19、44～46 頁。

〔註37〕《嘉泰吳興志》卷 5，嘉業堂刻本，成文出版社，1983 年。

〔註38〕王文楚：《古代交通地理叢考》，中華書局，1996 年，第 396 頁。

位置是不能確知的。明初的地方志書也只是提到這條荻塘運河的大致長度：「荻塘河，在平望西，通湖州，九十里。」〔註39〕明初人也不能明確地分析出唐宋時期荻塘運河所經過哪些地區，但是可以知道，完整的荻塘運河正式開通時間應該是在北宋初年，據《洪武蘇州府志》中的考證：「慶曆中修荻塘，通湖州，凡九十里。」〔註40〕這說明，北宋初年，太湖南部才有一條比較完整的塘，這條塘還可以作爲湖州縣級政區的邊界，《嘉泰吳興志》言：「烏程、歸安分界乃以官塘南北兩岸，塘以北在上隷烏程耳。」〔註41〕

晉唐時期的荻塘可能與今天的荻塘位置不在一處。3～9 世紀這段時間內，太湖南部平原區尚處於與太湖水域向連的豐水湖沼環境之中，缺乏築一條完整的東西向塘路地理上的可能性，唐張祜在平望作有一詩：「一派吳興水，西來此驛分。路遙經幾日，身去是孤雲。」〔註42〕這首詩描述從湖州到達東部的吳江平望，需要很長的時間，並且水路迂迴。如果當時平原中唐代已經存在一條完整的位於湖州至南潯低窪中心橫向的荻塘運河，這條運河長度也不過百餘里，這樣的水路並不遙遠，也不需要幾日的路程。

唐代的荻塘可能只是位於湖州城南部的一條長度較短的塘，與後期太湖南部從湖州至平望長達百餘里的荻塘運河無涉。《嘉泰吳興志》的修志者根據唐代文獻也認爲晉代至唐代的荻塘就是湖州城南的橫塘：「唐鄭言作《文宣王廟記》云：『西臨霅溪，南橫荻塘』，則是爲在城，信矣。今呼橫塘者即所謂荻塘。」唐後期湖州城由於羅城的修築，將早期的荻塘囊括於湖州城內，荻塘的名稱爲橫塘所取代，據《嘉泰吳興志》考證，「今呼橫塘者，即所謂荻塘。但晉開荻塘時，未有今羅城，故自今橫塘至迎春門外官塘，皆曰荻塘。」〔註43〕到《嘉泰吳興志》修纂成書的 13 世紀初期，太湖南岸已經存在這麼一條從湖州到平望的完整的官塘運河，運河接橫塘向東延伸，所以這條運河就沿用了荻塘的名稱。

在荻塘沒有築成之前，太湖南部的湖州平原中最重要的塘路是吳興塘。

〔註39〕 （明）盧熊撰：《洪武蘇州府志》，明洪武十二年鈔本，中國方志叢書，第 432 號，成文出版社，第 187 頁。

〔註40〕 （明）盧熊撰：《洪武蘇州府志》，明洪武十二年鈔本，中國方志叢書，第 432 號，成文出版社，第 199～200 頁。

〔註41〕 《嘉泰吳興志》卷 19，嘉業堂刻本，成文出版社，1983 年。

〔註42〕 （唐）張祜，尹占華校注：《張祜詩集校注》卷 2，《題平望驛》，巴蜀書社，2007 年版，第 89 頁。

〔註43〕 《嘉泰吳興志》卷 19，塘，嘉業堂刻本，成文出版社，1983 年。

吳興塘不是北宋以後修築的荻塘。據上文《嘉泰吳興志》所言，荻塘是烏程縣與歸安縣的分界，並且太平興國七年，大致今荻塘以南的平原區已經從烏程析出，置歸安縣，而早在《元豐九域志》中，已經將吳興塘列于歸安縣下，〔註44〕並且《嘉泰吳興志》中也明確地記載：「吳興塘：在歸安縣東南二十三里。見《統記》。」足見吳興塘不是烏程、歸安分界處的荻塘，而是位于歸安縣東南部中的一條塘，吳興塘所處的位置與後期的荻塘相距甚大。吳興塘是唐宋時期太湖南部沼澤地中一條主幹塘路。歸安縣中還有幾條塘作爲沼澤地中的枝幹與吳興塘相接，《嘉泰吳興志》記載：「洪城塘在歸安縣，次吳興塘；保稼塘在歸安縣，次吳興塘。」〔註45〕

　　吳興塘應是一條於太湖南部沼澤地中築起的東北—西南向的塘路。這樣一條塘路的修建，所起的作用主要是承轉西南浙西天目山區水流，使之東北入松江上游，以通過松江從太湖東部排水入海，這是由當時太湖東部、南部的整體水流環境決定的。自唐代宗廣德（763～764年）年間起，蘇州刺史李棲筠委派大理評事朱自勉在嘉興平原上組織大規模屯田，當時文學家李翰曾撰《嘉興屯田紀績頌並序》，稱頌這一宏偉工程：「故道既堙，變溝爲田，朱公濬之，執用以先，浩浩其流，乃與湖連。上則有塗，中亦有船，旱則溉之，水則泄焉。日雨日霽，以溝爲天，俾我公私，永無饑年。」〔註46〕通過屯田的過程，平原中一些淤塞的河道、湖泊沼澤成爲農田，同時嘉湖平原上的水系、水流格局被重整，根據文獻，可以確定8世紀後期開始，伴隨著屯田工程的大規模開展，嘉興地區的濱海高平原區旱時從北部太湖即附近湖群引水灌溉，雨季時水流向東北排入太湖東部的松江，由松江入海。所以，在太湖南部平原區通過嘉興東南部入海的河道已經完全堵塞的情況下，洪澇季節，水流只能向東北方向排，這種情況下，吳興塘在沼澤區中的作用顯得很重要。

三、築塘技術

　　東苕溪與沼澤地中的運河與眾多的積水湖泊相連，實際上在平原區形成的是一個河湖型的平原水網，但這種平原水網在沼澤地有一個從簡單到複雜的形成與演變的過程，並且這個過程又與嘉湖平原農田水利開發的過程緊密

〔註44〕（宋）王存撰，王文楚、魏嵩山點校：《元豐九域志》卷5，中華書局，2005年，第211～212頁。
〔註45〕《嘉泰吳興志》卷19，嘉業堂刻本，成文出版社，1983年。
〔註46〕《全唐文》卷430。

聯繫。東苕溪是通過人工修建的水利設施塘路引導水流，合理引導苕溪上、中游以及西部天目山山溪東侵平原的溪水而形成的。唐代通過人工引導改變平原西部山溪河流的自然流向，使部分水流在平原區一部分轉而折向東北流入太湖，當時已經有一條連接京杭古運河與湖州城的塘路。唐代詩人張祜曾在平望寫有一詩，描述的就是這條太湖南緣的塘路：

> 故人為作郡，百里到吳興。藻思江湖滿，公平道路稱。包山方峻直，雪水況澄清。佇聽司空第，遙知下詔徵。〔註47〕

詩中提到百里到吳興的塘路水流也引自雪水，《嘉泰吳興志》的編纂者在對湖州的水體進行描述時，既將雪溪歸到「河瀆」一類的綱目之下，又將雪溪納入「溪」的綱目之下，〔註48〕說明編纂者認為雪溪並非某一水流專名。雪溪是一條經人工導流形成的河流，今天的東苕溪在德清上牽埠的陡門石閘水流折而往北，1958 年東苕溪導流港修築之前，平原區中並不存在一條固定的東苕溪河道，「餘不之源來自天目，注之兩涯，其勢若束，惟邑東南山縈水洑。」〔註49〕天目山南麓所來的水流流入平原區中，發育成河湖型水網。

人工河流是因塘路修築而形成。唐末太湖南部東苕溪流域修了一些塘，這些塘將天目山南麓的一些溪流如湘溪、餘英溪、前溪、阜溪、埭溪、菁溪的水流導流到湖州城南，唐末朱慶餘至湖州，作有一詩：

> 春堤一望思無涯，樹勢還同水勢斜。深映菰蒲三十里，晴分功利幾千家。謀成既不勞人力，境遠偏宜隔浪花。若與青山長作固，汀州肯恨柳絲遮。〔註50〕

這首詩大概作於寶曆年間，時朱慶餘到吳興遊玩，當時正值沼澤低地中新隄築成，詩中說的「水勢斜」在宋人的詩中也有反映，陳應行描述湖州城的水流：「苕溪清淺雪溪斜，碧玉光寒照萬家。誰向月明終夜聽，洞庭漁笛隔蘆花。」〔註51〕兩詩中的「水勢斜」都在說明塘路沿途的水流狀態，是一種緩緩流動的形態。而朱慶餘詩中所描寫的「樹勢斜」描述的則是塘

〔註47〕 （唐）張祜，尹占華校注：《張祜詩集校注》卷末，集外詩，《平望驛寄吳興徐君玄之》，巴蜀書社，2007 年版，第 569 頁。

〔註48〕 《嘉泰吳興志》卷 5，嘉業堂刻本，成文出版社，1983 年。

〔註49〕 （宋）沈與求：《龜溪集》卷 11，《湖州德清縣重修孔子廟碑》，文淵閣四庫全書本。

〔註50〕 《全唐詩》卷 515，朱慶餘，《吳興新隄》。

〔註51〕 （宋）陳應行編，王秀梅整理：《吟窗雜錄》卷 34 上，《湖州碧瀾堂詩》，中華書局，1997 年，第 938～939 頁。

隄初築,在斜迤的岸坡上植樹護堤的景觀,因爲在低窪沼澤區中築堤,高水位時堤防所受水壓力很大,尤其是在汛期,堤外是廣闊的水面,堤身常面臨風浪襲擊,容易發生崩塌的險情,所以築塘堤時,常在堤的迎水面築外餖防浪,﹝註52﹞具體方法是在岸外再加築一層圩岸,「高止一半,如階級之狀,岸上遍插水楊,圩外雜植茭蘆,以防風浪衝激。」﹝註53﹞加築的餖岸一般圩外緩坡的形態,種植在上面的樹木看起來就與水面呈一定夾角式的傾斜,詩中還描述了塘堤岸向東南延伸,沿塘堤內側幾十里是長滿菰、蒲水草的淺水沼澤。

在低窪平原的沼澤區域中,塘堤是農田開發的最重要保障,郟亶言這樣闡述低田區堤岸的重要性:「堤岸高者七八尺,低者不下五六尺,或用石甃,或用樁篠,或二年一治,或年年修葺,而風濤洗蕩,動有隳壞。」﹝註54﹞太湖南岸湖州一帶的塘路與太湖流域其它地區的塘又不同,這裏的塘修築主要是爲防山洪沖襲,以保村莊田舍。塘修成之後,也引導了山溪水流一部分向東北排入太湖,一部分向東排到澱泖低地入吳淞江排入海。一般來說塘堤也是圩堤,塘岸擋水,塘內成田。唐中葉以後,太湖南部的平原區中在地勢較高之處修建了一些塘。位于歸安縣東南的吳興塘,洪城塘、保稼塘,這些塘路都是唐寶曆年間刺史崔元亮所修,目的是從東苕溪引流分洪,但可能都是一些段落性的土堤工程。

水利史上總結沼澤地中築塘的典型工程模式爲「蘆葭築塘」,方法是在枯水季節於淺水區中用樁木粗席樹立兩排牆,留間距作爲一面的圍牆,離牆一定距離,以同樣的方法做另一面的圍牆,然後撈取水中淤泥倒入圍牆內,等水濾乾之後,便形成兩道土牆,再以車水戽去土牆之間的積水,保留近牆的一半做堤腳,中間開挖泥土做運河,利用挖出的泥土修築堤身,形成兩堤夾河的塘,﹝註55﹞如圖7所繪,這只是一種標準的渠化塘路。

﹝註52﹞ 《太湖水利史稿》編寫組:《太湖水利史稿》,河海大學出版社,1993年,第305頁。

﹝註53﹞ (明)徐光啓撰,石聲漢校注:《農政全書校注》(上)卷14,水利,東南水利中,明文書局,1981年,第346～347頁。

﹝註54﹞ (宋)范成大著,陸振岳點校:《吳郡志》卷19,水利上,江蘇古籍出版社,1999年,第273頁。

﹝註55﹞ 《中國農業百科全書·水利卷上》,農業出版社,1987年,第540頁,蘆葭築塘。

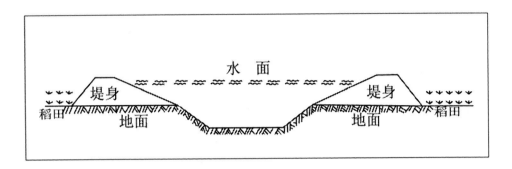

圖 7：築塘工程示意圖

　　圖 7 是在平原區中營建渠化河道的標準築堤工程模式，在太湖東部塘浦圩田區中，這種築塘模式更為常見，沈括在《夢溪筆談》中記載的至和塘的修築，就是採用上述形式築塘：「蘇州至崑山縣凡六十里，皆淺水無陸途，民頗病涉，久欲為長堤，但蘇州皆澤國，無處求土。嘉祐中，人有獻計，就水中以蘧蒢芻稾為牆，栽兩行，相去三尺，去牆六丈，又為一牆，亦如此。漉水中淤泥，實蘧蒢中，候乾，則以水車汱去兩牆之間舊水，牆間六丈皆土，留其半以為堤腳，掘其半為渠，取土以為堤，每三四里，則為一橋，以通南北之水，不日堤成，至今為利。」〔註 56〕這種塘興建於吳淞江流域，吳淞江流域之所以要這樣築塘，是需利用這種渠化的河身，導太湖清水以刷海潮渾水，從而達到治水與治田的目的。但在太湖南部則不需要處理這麼複雜的水流矛盾，沼澤地中所起的塘堤規格都要低於這種工程，一般都是單堤，在迎水一側進行砌石護岸的工作即可引導從西部山區直泄下達於平原區中的水流，「烏程歸安諸邑，水鄉也，因漲則有田盧之厄，水之害，湖郡比他郡尤甚者此也。然捄之豈無術乎。抑拯之者之因其習也，夫習有可因。古者常以竹為圍，實石於中，以捍廣苕之水，今猶昨也。」〔註 57〕嘉湖平原水利整治的技術要點在於堤岸的防護，堅固的堤岸才能抵擋雨季苕溪急速水流對平原區的危害。

　　修塘起堤防水之後沼澤低地中才可能有持續的大規模農田開發。《嘉泰吳興志》敘述了這個過程：「瀕湖之地，形勢卑下，苦水不苦旱，初無籍於

〔註 56〕胡道靜著，《胡道靜文集・新校正夢溪筆談》卷 13，上海人民出版社，2011年，第 102 頁。

〔註 57〕崇禎《吳興備志》卷 17，水利。

灌溉，意當時取土以捍民田耳，非溉田也。」所以《嘉泰吳興志》這樣總結：「湖之城平，凡為塘岸，皆築以捍水。」這種開發模式不同於北方的「開塘灌田」的形式，[註58] 沼澤地中的農田開墾主要是向水爭地，這時首先要解決防洪、除澇的問題，這個過程如王禎《農書》所言：「築土作圍，以繞田也，蓋江淮之間，地多藪澤，或瀕水，不時淹沒，妨於耕種，其有力之家，度視地形，築土作隄。環而不斷，內容頃畝千百，皆為稼地。」沼澤地開墾時還要度視地形，選擇地勢稍高的地方或淺水地帶先行圍墾，這些地區修築堤岸的工程難度要低一些，王禎《農書》中還描述了圍田修築的場景：「度地置圍田，相兼水陸全。萬夫興力役，千頃入周旋。」[註59] 築圍的過程中要「度地」，即首先選擇淺水地點進行，在這些淺水地區築堤，將積水排出後，取土作堤來捍衛農田，這樣一個圍墾工程的完成需要在短時間內動員大量的人力資源，最後修築成一種地面包圍式的防洪堤堰。

從水利技術史的角度進行考察，隨地理條件的不同，沼澤地中受洪水的影響程度不一，所以其中修築的堤岸也有不同的規格：

> 考修圍之法，難易略有三等：一等難修，係水中突起，無基而成，又兩水相夾，易於浸倒，須用木樁，甚則用竹笆，又甚則石礎，方可成功。樁笆黃石宜佐官帑，難委民力，民力酌量出工，工太繁者，並佐以官帑；二等次難，係平地築基，較前稍易，不用樁笆；三等易修，係原有古岸，而後稍頹塌者，止費修補之力。築法：水漲則專增其裏，水涸則兼補其外。此二等岸，專用民力。
> [註60]

堤岸不僅有等次，一般情況在苕溪流域這樣的急流區域下築堤時還要用「石礎」，即要在堤腳或外坡實行拋石護岸的方法，這樣才能保證堤岸的穩固，所以嘉湖平原中在一些老塘堤沿岸，或是沿著有拋石護腳的塘堤沿線，一般是高產農田集中的區域，據《嘉泰吳興志》記載：

> 郡地最低，性尤沮洳，特宜水稻，又田疇必築塘防水，乃有西成之望。故《統紀》援《爾雅》曰：吳越之間有具區。區即防水

[註58]《嘉泰吳興志》卷19，塘，嘉業堂刻本，成文出版社，1983年。

[註59]（元）王禎撰，繆啟愉，繆桂龍譯注：《東魯王氏農書譯注》，農器圖譜集之一，圍田，上海古籍出版社，2008年版，第361頁。

[註60]（明）徐光啟撰，石聲漢校注：《農政全書校注》（上）卷15，水利，東南水利下，明文書局，1981年，第370頁。

之隄也，築圍圓合具其中，地勢之高下列塍域以區別之，潦則以車
出水，旱則別入水田。有堤塘，自古然矣。今郡境東南鄉，分延衺
百里，田舊有圍塍，岸歲修崇固，悉爲上腴，畝直十金。〔註61〕

這裏《嘉泰吳興志》的修志者說吳興郡的圍田集中分佈在東南鄉區域
中，上文所述唐末以來修築的淩波塘、連雲塘、吳興塘等塘路，都是在東南
鄉修築的，到南宋時期，豐產地區仍集中在這些地區。沼澤區中築塘之後，
塘外就是河港，塘內爲農田區，因要防外河、外湖水流侵蝕堤岸，通常要在
塘外施行拋石、打樁的工程。東苕溪流域承接西部山溪溪流的水域，因爲水
流很急，在這種水流沖蝕較爲嚴重的地段，堤岸不僅要種植植被，築塘之初
要用石材、木材打樁來穩固、加糙塘身，增強堤岸的防禦洪水沖毀的能力，
如在德清東部東苕溪沿岸，修築塘岸的技術措施就必須嚴格按照上述方式施
行，德清一縣的析置過程就是因爲這裏有一條塘路武承塘，《嘉泰吳興志》
記載：

> 德清縣本武康縣之東境，烏程縣之餘不鄉也。吳屬永安縣，晉改
> 永安爲武康縣，唐天授二年，縣民戴德永奏，武康東界十七鄉，枕谿
> 澤，有舟楫之利，請析置一縣，以界內有武承塘，遂置武源縣。縣東
> 十八里，臨大溪，有武承塘，東爲石塘，西境聯接數里。」〔註62〕

總之，嘉湖平原的低窪地在塘堤修築時，許多地區都要採取拋石護岸的
做法。現代許多河工水利過程中仍經常採用這種技術方法，製作竹木沈排，
以石塊墊以竹排，沈於水流湍急之處，以求爲保護堤岸不受水流直接沖蝕而
產生淘刷破壞。《嘉泰吳興志》的記載中，吳興的南塘當水之衝，全是石塘，
「初，郡人甃南塘，既畢工，而西山水暴漲，建是橋。」〔註63〕荻塘西部直
接承接苕溪水流，水流對塘身沖刷和破壞，所以在接苕溪之處也是石塘：

> 東關外至南潯七十里爲東塘，履畝而堤，漕道出焉，爲霅水出
> 震澤之要途，間段甃以條石，築於土塘之外，以濟挽運，今沿塘橋
> 岸之坍卸者，計長千丈，並兩岸土塍一線，危繫內外，高不過三尺，
> 闊僅五尺許。洪水驟漲，數至踰岸，莫辨田河。〔註64〕

〔註61〕《嘉泰吳興志》卷20，物產，嘉業堂刻本，成文出版社，1983年。
〔註62〕《嘉泰吳興志》卷1，建置沿革，嘉業堂刻本，成文出版社，1983年。
〔註63〕《嘉泰吳興志》卷19，橋梁，嘉業堂刻本，成文出版社，1983年。
〔註64〕（清）梁恭辰輯：《湖州府水道總圖說》，清刊本。

　　塘路如果沒有石塊防護，在洪水季節也很容易被大水沖毀，從而危及因塘路修築而形成的聚落，因洪水沖毀的聚落遺址在平原中十分常見，《嘉泰吳興志》記載，「陸市，在縣南十五里，舊爲市，一夕平沉，居人遂徙而東去，所謂新市也。陸市今爲谿港，下有階基礎石甚多，水淺天晴歷歷可見，舟過竹篙着底，磚石相擊有聲，人或得錢鐵、陶瓦之器。」〔註65〕陸市就是因塘路修築而成的聚居點，後期塘路失修，居民徙走，塘堤岸石漫浸於河港之下。因此可以推論，早期的圍田、居民點的產生，直接依賴於塘堤的狀況，一旦塘堤不保，這些地區的農田、聚落都會爲洪水所毀。

　　在築塘成功之後，塘內側新圍之田的圍岸雖不如外側所受沖刷厲害，還需通過植桑或植柳來穩固隄岸，如這首詩中所描述：「主家文牓又圍田，田甲科丁各備船。下得椿深笆土穩，更遷垂柳護圍邊。」〔註66〕人們在沼澤區的水利防護工作用的是一種生態防護之法，在堤岸修築之初，用桑、柳木本植物護坡。一般來說，私人開墾的圍田只注重做壩堵塞水流，官方對水利河道進行治理時，仍倡導在圍岸上種桑柳，爲使堤腳堅固，使堤岸有較強抵禦水流衝擊的能力：

>　　近回水澇，圍岸四五年不修治，狀若綴疏，桑柳枯朽，一遇淫雨，全圍淪沒，深有可慮。宜下州縣委官省諭河、港口兩岸田圍甲頭，候河水減退，不拘時候，隨機告報眾戶浚河做岸，務要圍圍相接，除去釘塞壩段去處，使水脈流通，岸上仍種桑柳，如有故違，罪及田主。〔註67〕

　　湖州德清東部平原區水流較急之處，塘路不僅要加石鞏固，還需通過施行一些生態護岸措施才能達到維護的目的：

>　　清邑地勢處高下之間，下故奔注而易澇，高故流濫而易涸。然傷澇之患更劇，故防禦之功尤急。前志載，胡嘉生陳元望水利議所言利弊甚悉，大約謂高築圩塘，可以截堵是也。顧故高而弗厚，厚而弗堅，則岸善崩，而又不免囓蝕蕩決之患，終非完計。故留心久遠者，比以時循行阡陌，視其塘之舉廢，而勸懲之，又必喻其同圩居民，使不吝輸其地以爲塘塍，則障之者厚，不靳其力以加摏杆，

〔註65〕《嘉泰吳興志》卷18，嘉業堂刻本，成文出版社，1983年。
〔註66〕（宋）陳起：《江湖小集》卷12，《吳門田家十詠》，文淵閣四庫全書本。
〔註67〕（元）任仁發：《水利集》卷3。

則護之者堅且厚矣。又密插柳枝，或植水楊，或種芊戈，隨土性所宜，使植根與塘腳蟠結，永無剝蝕崩坦，則塘工成而並獲杞柳薪蒭之利矣。〔註68〕

塘堤的維護是德清縣縣政工作中的要點之一，這種維護工作需要政府部分聘請專業的工匠來進行，孔飛力所描述乾隆年間著名的叫魂事件就以此為背景發生：「（德清縣）東面城牆的水門與成橋坍塌了，亟待重修，阮知縣從鄰近的仁和縣雇傭了一位名叫吳東明的石匠。1月12日，吳石匠和他的班子開始了打木樁入河的繁重工作。水位甚高，工匠們奮力赴工以完成任務。截至3月6日，木樁終於打到了河底，吳石匠一班人開始安裝新的水門。」〔註69〕

四、沼澤地中的水環境

唐宋時期湖州城及附近地區的開發程度不及蘇州、杭州地區。東、西苕溪在湖州城附近合流的水流格局形成之後，由於西苕溪水源較短，洪峰到達較早，洪水季節迫使東苕溪來水由右岸各支流東泄。〔註70〕東苕溪向東排水受阻，大量清水聚於城南，在豐水情況下形成大面積的積水湖區，孟郊的詩中曾提到貞元年間湖州地區這種深水環境：「雪水徒清深，照影不照心。白鶴未輕舉，眾鳥爭浮沉。」〔註71〕深水環境使唐宋時期的湖州城成為江南的一個旅遊勝地，白蘋洲就是這個地區的著名景點。白居易所作《白蘋洲五亭記》言：

> 湖州城東南二百步，抵霅溪，連汀洲。洲一名白蘋，梁吳興守柳惲於此賦詩云：「汀州採白蘋」，因以為名也。前不知幾十萬年，後又數百載，有名無亭，鞠為荒澤。至大曆十一年，顏魯公真卿為刺史，始剪榛導流，作八角亭以遊息焉。旋屬災潦薦至，沼堙臺圮。後又數十載，委無隙地。至開成三年，弘農楊君為刺史，乃疏四渠，濬二池，樹三園，構五亭。卉木荷竹，舟橋廊室，

〔註68〕民國《德清縣志》卷1，水利。

〔註69〕（美）孔飛力著，陳兼、劉昶譯：《叫魂：1768年中國妖術大恐慌》，上海三聯書店，1999年，第5～6頁，《德清縣續志》（1808年版），第10卷第6頁。

〔註70〕《浙西杭嘉湖地區水利查勘報告提要》，浙江省人民政府農業廳水利局，1959年12月，編印本。

〔註71〕（唐）孟郊著，郝世峰箋注：《孟郊詩集箋注》卷3，《湖州取解述情》，河北教育出版社，2002年，第124頁。

泊遊宴息宿之具，靡不備焉。觀其架大溪、跨長汀者，謂之白蘋亭。介二園、閱百卉者，謂之集芳亭。面廣池、目列岫者，謂之山光亭。玩晨曦者，謂之朝霞亭。狎清漣者，謂之碧波亭。五亭間開，萬象迭入，嚮背俯仰，勝無遁形。每至汀風春，溪月秋，花繁鳥啼之旦，蓮開水香之息，賓友集，歌吹作，舟棹徐動，觴詠半酣，飄然怳然。遊者相顧，咸曰：此不知方外也，人間也？又不知蓬瀛崑閬，復何如哉？〔註72〕

　　白居易歸家之後回憶起當時在江南為官時，於白蘋洲賞玩的場景，湖州山與水在詩人筆下，是一幅與蘇州、杭州不同的清遠之景。餘不溪北流的水流都停聚於碧浪湖中，碧浪湖當地又稱為玉湖，趙孟頫在《吳興山水清遠圖記》中詳細地講述了當時碧浪湖及湖州城附近地區的山水美景：

　　　　昔人有言吳興山水清遠，非夫悠然獨往，有會于心者，不以為知言。南來之水出自天目之陽，至城南三里而近，匯為玉湖，汪汪且百頃。玉湖之上，有山童童，狀若車蓋者，曰車蓋山。緣車蓋而西，山益高，曰道場。自此以往，奔騰相屬，弗可勝圖矣。其北小山坦迤，曰峴山，山多石，草木疏瘦如牛毛。諸山皆與水際，路繞其麓，遠望唯見草樹緣之而已。中湖巨石如積，坡陀磊磈，葭葦藂焉，不以水盈縮為高卑，故曰浮玉。浮玉之南，兩小峰參差，曰上、下釣魚山。又南，長山曰長超。越湖而東，與車蓋對峙者，曰上、下河口山。又東，四小山，衡視則散布不屬，從視則聯若鱗比，曰沈長，曰西余，曰蜀山，曰烏山。又東北，曰毗山，遠樹微茫，中突若覆釜。玉湖之水北流入於城中，合苕水於城東北，又北東入於震澤。〔註73〕

　　這段文字中描繪了天目山南麓以東、太湖南岸平原區的總體景觀。平原上山丘散佈是一大特點。這些山丘為天目山餘脈，由各類岩石構成，海拔多在十幾米到幾十米不等，還有一些小的獨立山體如覆鐘兀立於平原上，平原的積水湖區一般沿這些小山體分佈。暴雨時，浙西地區的地表徑流傾瀉入窪地之中，背負丘陵、低山的沼澤區因山體攔擋，水流在周圍的

〔註72〕（唐）白居易著，顧學頡校點：《白居易集》卷71，碑記銘吟偈，中華書局，1979年，第1494～1495頁。
〔註73〕李修生主編：《全元文》第19冊，卷596，趙孟頫六，江蘇古籍出版社，2000年，第183～184頁。

低窪區中彙聚成湖，靠近天目山的殘丘較多，所以嘉湖平原西部地區也是積水湖群集中的地區，這也是趙孟頫所描述吳興地區清遠山水之景所依託的地理背景。《吳興山水清遠圖記》中的圖可能已經亡佚，但趙孟頫在另一幅名畫《水村圖》中也描繪了嘉湖地區水鄉的景色。《水村圖》作於大德六年，此時趙正在江浙等處儒學提舉任上，畫題為十一月望日為錢重鼎作，「重鼎字德鈞，自通川徙居嘉興分湖之涯，構水村，聚書其中，趙子昂為作《水村圖》，一時名士俱有詩題之。」〔註74〕錢重鼎此時隱居於嘉興之汾湖，但此圖所描繪的，實際上代表了太湖南部、東南部地區的水域景觀。當時姚式從錢重鼎隱居之汾湖水村到吳興城拜訪趙孟頫之後，他領會到趙孟頫在《水村圖》中所表達的是當時典型的江南水鄉意象，非專寫實錢重鼎所隱居之一水村，「息齋居士舊嘗為德鈞作《水村圖》，余題云，問君何許水邊村，亦有扁舟乘興人，無限好山茅屋外，他年倘許我為鄰。既還吳興，復來見子昂，此圖意象融會，使人應接不暇，又何詩非畫，德鈞詎能領會耶。」〔註75〕姚式到了吳興城之後，發現吳興城附近的地方如《水村圖》那樣的景觀處處皆是，所以趙孟頫的《吳興山水清遠圖記》描述的實際是與《水村圖》中一致的景色，趙的《水村圖》與《吳興山水清遠圖記》的立意寫景本是相同。《水村圖》中所繪山體周圍是廣闊的水域，正是趙孟頫上文所描述的「遠樹微茫，中突若覆釜」的景觀，水鄉的村莊是位於山體背水一側地勢較高的灘地上，房屋周圍栽種有各種各樣的樹木，反映出吳興城附近一些深水區早期的水文景觀。

五、南宋末年水流環境的變化

9世紀以後，太湖南部地區以湖州城為中心的低窪沼澤地的水文狀況受制於太湖東部吳淞江流域水流環境。但入宋以後由於太湖東部地區的圍墾，太湖出水主幹吳淞江中下游也有一個逐漸淤塞的過程，在9～16世紀的長時段內，太湖東部吳淞江排水不暢，嘉湖平原西部直接承接的浙西山區所來之水在多雨季節排水困難。9世紀以後，太湖南部平原區中塘路的修建增多，原由吳興塘為中心的東北—西南向塘路承轉水流格局被改變，太湖南部平原區中東西向的橫塘增多，這些橫塘起的作用是將嘉湖地區洪澇水承轉到嘉興北部

〔註74〕（清）沈季友：《檇李詩繫》卷4，水村隱君錢重鼎，文淵閣四庫全書本。
〔註75〕（明）趙琦美編：《趙氏鐵網珊瑚》，卷12，水村圖，文淵閣四庫全書本。

低窪地及澱泖湖區停蓄，橫塘沿線也形成眾多小湖泊。自 9 世紀開始平原水文環境有一個人工改造不斷加強的過程。這個過程中，當地著名的水流名稱「霅溪」及其指代的含義也在發生變化。

霅溪是唐代太湖南部湖州地區最重要的河流。《元和郡縣圖志》中將發源於天目山北麓的西苕溪作為霅溪的幹流：「霅溪水，一名大溪水，一名苕溪水，西南自長城、安吉兩縣東北流，至州南與餘不溪水、苧溪水合，又流入太湖，在州北三十五里。」〔註 76〕這裏所指的苕溪乃是發源於長興、安吉的山區，指的就是西苕溪，霅溪主要的水流是西苕溪。當時還沒有東苕溪之名稱。但是據《元和郡縣圖志》的記載，當時東部平原區中的餘不溪和苧溪都不是湖州入太湖的主要水源。宋《元豐九域志》烏程縣下載有苕溪、霅溪兩條河流，安吉縣下記有苕水，德清縣下記有苧溪，武康縣下記有前溪、餘不溪。〔註 77〕說明苕溪、霅溪兩條水流直接入太湖，這是北宋人的認識，北宋時霅溪已經不是唐代的西苕溪之概念，到《太平寰宇記》中，已經明確地提到，霅溪就是東苕溪：

> 苕溪，在縣南五十步大溪是也。西從浮玉山，東至興國寺。以其兩岸多生蘆葦，故名苕溪，……霅溪，在縣東南一里。凡四水合為一溪，自浮玉山曰苕溪，自銅峴山曰前溪，自天目山曰餘不溪，自德清縣前北流至州南興國寺前曰霅溪。東北流四十里合太湖。〔註 78〕

《太平寰宇記》中記載的霅溪與《元和郡縣圖志》中記載的霅溪的含義已經完全不同。《中國歷史地圖集》第六冊中所繪北宋時期江南東路的湖州府下的水流名，霅溪的位置已經發生變化。

〔註 76〕 （唐）李吉甫撰，賀次真點校：《元和郡縣圖志》卷 25，江南道一，湖州，中華書局，1983 年，第 605 頁。

〔註 77〕 （宋）王存撰，王文楚、魏嵩山點校：《元豐九域志》卷 5，中華書局，2005 年，第 210～220 頁。

〔註 78〕 （宋）樂史撰，王文楚等點校：《太平寰宇記》卷 94，江南東道六，湖州，中華書局，2007 年，第 1884 頁。

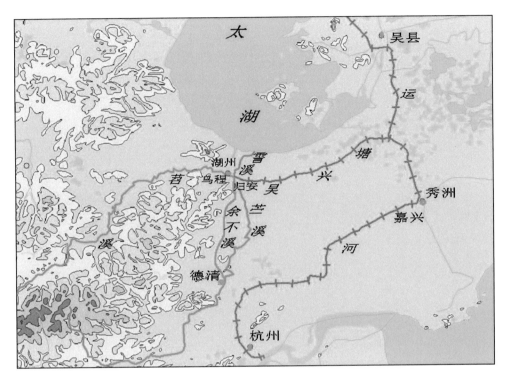

圖 8：北宋時期太湖南部平原區水系示意圖〔註79〕

　　《太平寰宇記》中的霅溪是指今天德清以下至湖州城南的達百餘里的東苕溪水流，應該不單是指圖 8 所指湖州城北至太湖的這樣短的一條河道，清代吳興學者鄭元慶考證了唐顏眞卿在《石柱記》中提到的霅溪，他認爲唐時霅溪應該專指東苕溪下游的水流：「霅溪之水，東北過駱駝橋，直出臨湖門。分流於北者，經奉勝門，趨小梅港，出太湖；分流於東者，折而北，大會諸水於毘山漾，直北趨大錢港，出太湖。又自駱駝橋南折，而東過倉橋，又東至歸安縣前，過花樓橋，直出迎春門，東過八里店，又東過舊館，又東過南潯鎭，入吳江平望之鸎脰湖。」〔註80〕很明顯，霅溪應該就是今天東苕溪水系水流的大概面貌，在民國年間繪製的《吳興明細圖》中，繪圖者根據上述考證，特意在地圖上標明：「霅溪即東苕溪」。〔註81〕

〔註79〕圖片改繪自：譚其驤主編：《中國歷史地圖集（宋・遼・金時期）》，中國地圖出版社，1996 年，第24〜25 頁，兩浙路，江南東路。

〔註80〕（清）鄭元慶：《石柱記箋釋》卷4，中華書局，1985 年，第53 頁。

〔註81〕吳興劉景琨著：《吳興明細圖》，民國十五年九月出版，上海商務印書館代印。

　　《嘉泰吳興志》的修志者已經有這種認識，認爲霅溪不是西苕溪，「餘不與苕溪皆出自天目山，苕谿出其西，餘不出其東，前谿雖出銅峴山，然至德清縣東已與餘不谿合，而北流至定安門外，通謂之霅溪。」定安門是湖州城的南門，這裏已經明確指出霅溪是天目山南、北兩麓所來的水流在湖州城外合流的所有水流的總稱。《嘉泰吳興志》的編志者對霅溪認眞進行了考證：「霅者，以眾流合集爲義，而《舊經》按字書爲四水激射之聲，以其源，則前谿與餘不谿合，其水尚小；以其流，則未與霅溪合者已名爲霅矣，安得有四水激射聲乎。」〔註82〕編志者認爲霅溪就是在天目山眾水流在湖州城合流之後水流的統稱。然而在南宋人眼中，霅溪也可以指各溪流在湖州城匯流之後的河流總稱。

　　唐宋時期湖州一地形成了眾水合流，並在羅城內形成了大面積的湖泊水域景觀，袁說友有詩曰：「霅川今是輞川圖。城郭中藏十頃湖。」〔註83〕眾溪水在湖州城合流彙聚，霅川也成爲湖州城的代稱，宋人釋居簡的《憶霅詩》則直接描述湖州城的水域景觀：「夢憶湖州舊，樓臺畫不如。舟從城裏過，人在水中居。」〔註84〕水流在湖州城匯合之後形成了一個面積巨大的城中湖泊，名爲江渚彙：《嘉泰吳興志》言：「今羅城之內，苕水入西門，餘不水入南門，至江渚匯合流，爲霅水，以出北門趨太湖。」〔註85〕湖州城南大面積的水域景觀一直持續到明中後期，明嘉靖時徐獻忠仍稱：「郡治之南，溪波浩洋。」〔註86〕天目山所來眾水以湖州城爲中心彙聚，又以湖州城爲中心向外散出，眾水輻輳，湖州城的江子彙就是水流交匯的中心。倪思在《經鋤堂雜誌》中評價湖州城的城市環境在江南地區也是最好的：「江南之爲絕境，而霅川者猶爲清勝。蓋平波漫流，有水之利而無水之害。群山環列，秀氣可掬，卜居於此，殆復何加！」〔註87〕南宋時期湖州作爲離國都最近的城市之一，因爲眾多王公貴族居住此地，湖州城的城市建築以及城牆修築在江南地區首屈一指：「湖以西擅富強，自唐更五季，至宋渡南，而吳興去宋行都最近，苕霅兩水分貫郡城，宋諸王公鐘鳴鼎食，邸第相望，舟車往來，煙火相接，故吳興

〔註82〕　《嘉泰吳興志》卷5，河瀆，嘉業堂刻本，成文出版社，1983年。
〔註83〕　（宋）袁說友：《東塘集》卷7，《題烏程簿廳浮玉亭七首》，文淵閣四庫全書本。
〔註84〕　（清）厲鶚編：《宋詩紀事》卷93，憶霅，文淵閣四庫全書本。
〔註85〕　《嘉泰吳興志》卷2，城池，嘉業堂刻本，成文出版社，1983年。
〔註86〕　（明）徐獻忠撰：《吳興掌故集》明嘉靖三十九年刊本，藝文類，成文出版社，1984年，第419頁。
〔註87〕　（宋）倪思：《經鋤堂雜誌》卷7，霅川城，文淵閣四庫全書本。

郡城崒起於汀洲浦潊之上，而其版築之工，楨幹之力，最為堅完，視旁郡有所弗逮。」〔註88〕

　　湖州城是一個典型的江南水鄉城市，南宋時期整個府城建設與規模都達到一定水平，湖州城當時因城中水域面積廣闊，有「水晶宮」之稱。湖州城的城牆同時也是堤岸，城門也是水流進出的孔道，起到分引水流的作用：「西曰清源，示茗霅所由分也；西北曰延禧，示遙拱之意也；北曰臨湖，示水所由來也。管鑰中嚴，關鍵內密，仍建四水柵，南受餘不溪水，西受茗水，北受霅水，其東則為運河。吳興本澤國，而水於城築後，悉由其道，此吳興之為金城湯池，極為險固也。」〔註89〕湖州城城牆就是分洪、引導天目山所來山溪水流的塘堤，《嘉泰吳興志》言：「蓋由餘不、前谿等水自定安門入，茗水自清源門入，二水至江子匯合為霅谿。」〔註90〕到下面這張明代人所繪的地圖中，就可以清晰地看出城牆和幾個主要城門的形態：

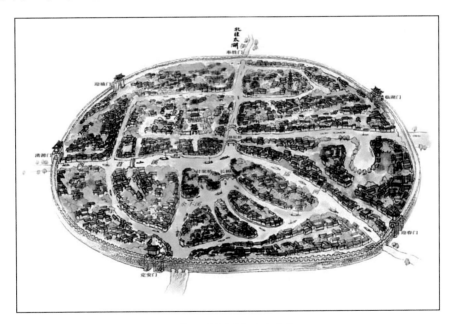

圖9：明代湖州府城示意圖〔註91〕

〔註88〕（清）陸心源編：《吳興金石記》卷 16，（元）中奉大夫江浙等處行中書省參知政事周伯琦書并篆，《歷代碑誌叢書·19》，江蘇古籍出版社，1998 年，第 664 頁。

〔註89〕（清）陸心源編：《吳興金石記》卷 16，（元）中奉大夫江浙等處行中書省參知政事周伯琦書并篆，《歷代碑誌叢書·19》，江蘇古籍出版社，1998 年，第 665 頁。

〔註90〕《嘉泰吳興志》卷 19，橋梁，嘉業堂刻本，成文出版社，1983 年。

〔註91〕圖片以明萬曆《湖州府志》卷首《湖州府郡城圖》為底圖改繪，周晴：《從陂

　　圖 9 是根據萬曆《湖州府志》中所繪的湖州府城圖爲底圖改繪而成，可以看出城內河流都是引東西苕溪水，湖州羅城的城門即水門，這種情況在《嘉泰吳興志》記載中已經形成，總體來說，東苕溪是由南門入城，西苕溪由西門入城，相會於城中之江子彙，向東北合流，出臨湖門，由大錢港入太湖，湖州的城中，橋梁的建設就更重要，湖州早期建橋，是因爲水面太廣，水流太急，舟航不便，建橋的同時是理順一些城內河道以方便水路交通，《嘉泰吳興志》中對這一點也說得很清楚：「湖爲澤國，苕霅眾水會於城中，浩漾湍急，既不可厲揭而涉，濟以舟枻，遇風朝雨夕谿流暴漲之際，亦有覆溺之懼，故成梁之政，視他郡尤急。」〔註 92〕湖州城中像駱駝橋、儀鳳橋、甘棠橋南宋時被稱爲「三巨橋」：

　　　　跨餘不水，有甘棠橋；跨苕水，有儀鳳橋；而駱駝則跨合流之霅水也。是謂三巨橋。東有運河，自迎春門入，至駱駝橋南，與霅水會，又苕水分一港，自烏程縣治東之北岸，出迎禧門。又霅水分一港，自駱駝北之西岸出奉勝門，跨運河，有望州橋、人依橋。跨苕水支港有眺谷橋，跨霅水支港有楚帝橋，通前之三以爲七。〔註 93〕

　　以上這些橋都始築於唐，起初皆爲木橋，南宋時儀鳳橋和甘棠橋改以石，以後位置皆不變。餘不溪和苕溪水流在甘棠橋附近交匯，在湖州城中形成大面積的水域，《嘉泰吳興志》言：「西南二水互勝交流，餘不水盛則浸淫入於苕霅，苕霅水漲亦彌漫混於餘不，而眾壕交受，以入於湖，尤爲深闊。」〔註 94〕

　　天目山眾多山溪水流在湖州城附近合流的情形晉唐時期就已形成。「烏程治所，當秦漢間已徙於今之郡中，故吳寶鼎置郡詔，謂永安、故鄣等水，悉注於烏程。」〔註 95〕浙江省文物考古研究所會同湖州市博物館於 2008 年 3～7 月，對位於湖州市人民路西側的唐宋子城東城牆遺址進行了搶救性發掘，發現：

　　　湖到桑田：浙江人在沼澤地裏孕育出最頂級的絲綢》，《中國國家地理》2012年第 1 期，第 88～89 頁，明代湖州府城圖，於繼東繪圖。
〔註 92〕《嘉泰吳興志》卷 19，橋梁，嘉業堂刻本，成文出版社，1983 年。
〔註 93〕《嘉泰吳興志》卷 19，橋梁，嘉業堂刻本，成文出版社，1983 年。
〔註 94〕《嘉泰吳興志》卷 2，城池，嘉業堂刻本，成文出版社，1983 年。
〔註 95〕《嘉泰吳興志》卷 2，城池，嘉業堂刻本，成文出版社，1983 年。

子城東城牆遺址還出土了大量三國孫吳、兩晉、南朝、唐宋時期的遺物，主要有瓦當、瓦獸、瓷片遺物。瓦當有人面紋、獸面紋、蓮瓣紋、花卉紋等，尤其是三國兩晉時期瓦當的出土，是較爲重要的發現。據史載，湖州子城所在的地域在孫吳時期爲吳興郡治，以後歷代都是湖州衙署所在，子城各部分的牆體的年代亦可以據史載對應。〔註96〕

水流較爲有序地入湖州城之後再入太湖的格局正式形成應該是在唐代，起始於湖州城的城牆大規模增築。據《嘉泰吳興志》編纂者的考證，湖州城的子城確實自秦漢以來位置就未變過，子城遺址就是烏程縣舊郡治所在，「切詳烏程治所當秦漢間已徙於今之郡中」，然而湖州城的羅城是唐代修築的，「唐武德四年，越郡王李恭所築」，唐末至吳越時，李師悅割據於此，又曾一度大修羅城，「景福二年，刺史李師悅重加版幹之功」。羅城除作爲城牆有防禦作用外，還有一重要功能，即對天目山南、北兩麓輻輳於湖州地區的水流進行攔擋，分排一部分水流入太湖。《嘉泰吳興志》載有與羅城緊密相關的水流情形：「今羅城之內，苕水入西門，餘不水入南門，至江渚匯合流爲霅水，以出北門趨太湖，西南諸山回環拱揖，屏列於前。北有卞峰以踞於後。子城居中，面二水之衝、挹眾山之秀，又四面多大谿廣澤。」這種情形在《嘉泰吳興志》還有更細緻的描述：

> 羅城壕周羅城外，唐武德四年，李孝恭築城時所築。廣德四年，刺史獨孤問俗重開。北壕自清源門沿城至迎禧門，又至奉勝門，又至臨湖門，自古苕水入太湖之谿也，闊數十丈，深不可測，實爲天險。西壕自定安門至清源門，南壕自迎春門至定安門，北壕自臨湖門至迎春門，或假人力開鑿。然西壕受西南諸山之水，南壕受餘不眾谿之水，東壕兼受運河之水，皆成谿澤。〔註97〕

正是羅城的城牆的修築與城壕的開挖有效地規導了天目山區所來的水流，使湖州城及其附近地區成爲太湖流域一個集山水美景於一體的著名旅遊地點，南宋末年周密曾言：「吳興山水清遠，昇平日，士大夫多居之。其後，秀安僖王府第在焉，尤爲盛觀，城中二溪水橫貫，此天下所無。」〔註98〕在

〔註96〕 鄭嘉勵等：《湖州唐宋子城東城牆遺址》，浙江省文物考古研究所編：《浙江考古新紀元》，科學出版社，2009 年，第 228～230 頁。

〔註97〕 《嘉泰吳興志》卷 2，城池，嘉業堂刻本，成文出版社，1983 年。

〔註98〕 （宋）周密撰，吳企明點校：《癸辛雜識》，中華書局，2010 年，第 7～8 頁。

水源充足的沼澤地中，城市的水流環境的保持最關鍵的因素是良好的排水條件，一旦水流不能及時從城中排出，城中良好水環境也會很快改變。唐五代在豐水環境下，不僅湖州城，整個太湖南部、東南部地區的城、鎮及附近地區都位於大面積的淺水水域中，嘉湖平原東部平望運河附近也是一片水域，顏眞卿在平望有詩描述這種水天一色的景觀：「登橋試長望，望極與天平。際海兼葭色，終朝亮雁聲。近山猶髣髴，遠水忽微明。」〔註99〕平望附近因運河的修築形成死水環境，水流迂緩，旅客經過平望時，感受到此地多蚊，「雨氣朝忙蟻，雷聲夜聚蚊。何堪秋草色，到處重離群。」〔註100〕錢信是唐末湖州人，他經過平望時，也發出感歎，「安得神仙術，試爲施康濟。使此平望村，如吾江子彙。」〔註101〕當時湖州與平望雖僅隔百餘里，但水環境有很大不同。在湖州城附近，因爲具有活水環境，蚊子很少。但在平望附近，因爲運河塘堤對水流的壅堵作用，形成了局部的死水環境，所以平望附近蚊多。

但是南宋末年湖州城的水環境也有一個積水化的過程，曾經蚊少的湖州城到南宋末年也成爲一個蚊多的地區，「《苕谿漁隱》曰：吳興澤國，春夏之交，地尤卑濕，乃多蚊蚋。豹腳者，黑花蚊也，俗稱草蚊，日間亦飛嚌人膚，能成疽，其尤多者灰色蚊，昏曉聚簷間成聲。」〔註102〕到南宋末年，湖州蚊之多，甚至成爲當時人湖州城的標誌之一，周密曾在筆記中特別記載了這種情況：

> 吳興多蚊，每暑夕浴罷，解衣盤礴，則營營羣聚，嘈喤不容少安，心每苦之。坡翁嘗曰：「湖州多蚊蚋，豹腳尤毒。」且見之詩云：「飛蚊猛捷如花鷹」。又云：「風定軒窗飛豹腳」。蓋湖之豹腳蚊著名久矣。舊傳崇王入侍壽皇，聖語云：「聞湖州多蚊，果否？」後侍宴，因以小金盒貯豹腳數十枚進呈。蓋不特著名，亦且塵乙覽矣。〔註103〕

造成積水環境的形成可能有如下兩個原因：首先從太湖流域周邊地區的整體水環境背景來看，宋以後吳松江一帶的農田開發加速，使得嘉湖地區水

〔註99〕 （唐）顏眞卿：《顏魯公文集》卷15，《登平望橋下作》，上海古籍出版社，1992年，第98頁。

〔註100〕 （唐）張祜，尹占華校注：《張祜詩集校注》卷2，《題平望驛》，巴蜀書社，2007年版，第89頁。

〔註101〕 《全唐詩》卷887，《平望贈蚊》。

〔註102〕 《嘉泰吳興志》卷20，物產，嘉業堂刻本，成文出版社，1983年。

〔註103〕 （宋）周密撰，張茂鵬點校：《齊東野語》卷10，多蚊，中華書局，1983年，第178頁。

流向東排泄入海的時間延長，雨季水位漲幅大而退水慢，容易形成積水、死水環境；再者湖州城中定居人戶的增多，私人園林的大量增築，圈佔水域，使許多泄水通道堵塞，這樣的園林南宋時期在湖州城甚多，如趙氏竹坡園就是填塞原來的湖沼區築成：「趙氏菊坡園，新安郡王之園也，昔為趙氏蓮莊，分其半為之。前面大溪，為修堤、畫橋，蓉柳夾岸，數百株照影水中，如鋪錦繡。其中亭宇甚多。」〔註104〕

　　南宋時期在湖州子城東南開挖運河，湖州子城外的「城外高速通道」——月河就位於湖州子城外，《嘉泰吳興志》載：「月河在湖州府貢院東，前谿支流，環繞形如初月。」〔註105〕月河當時溝通了前溪、餘不溪、苕溪等水流，也是連接杭州、臨安與湖州的交通要道。南宋時許多貴族、官員的園林別苑都設於湖州月河旁，《吳興金石記》中曾總結：「南宋士大夫第宅，大半多在月河左右。」〔註106〕趙孟頫故宅松雪齋就位於月河甘棠橋南。〔註107〕周密在南宋末年尚能見到月河旁有三大園林，一是蓮花莊：「在月河之西，四面皆水，荷花盛開時，錦雲百頃」；二是倪氏園，他的園林直接位於月河之中：「倪氏園，倪文節尚書所居，月河，即其處，為園池，蓋四至傍水，易於成趣也」；上訴兩園可能規模較大，還有一個規模較小的王氏園也在月河中修建：「王氏園，王子壽使君家，於月河之間，規模雖小，然曲折可喜。有南山堂，臨流有三角亭，苕、雪二水之所匯。」〔註108〕連月河這樣的水路交通要道地帶多有被侵佔修築園林，吳興城附近的其它地區園林之盛也可想見一斑。

第二節　橫塘縱潊

　　繆啟愉曾對整個太湖南部、東部平原地區的農田水利開發史進行了開創性的研究。據繆先生分析，太湖南部通過「橫塘縱潊」的方式處理西部丘陵山區的山溪來水，在離太湖不遠的湖灘地中築橫塘以擴散山洪激流，於橫塘

〔註104〕　（宋）周密撰，吳企明點校：《癸辛雜識》，中華書局，2010年，第9頁。
〔註105〕　《嘉泰吳興志》卷5，河瀆，嘉業堂刻本，成文出版社，1983年。
〔註106〕　（清）陸心源撰：《吳興金石記》卷13，《歷代碑誌叢書·19》，江蘇古籍出版社，1998年，第631頁。
〔註107〕　（萬曆）《湖州府志》卷四：趙孟頫故宅在甘棠橋南，上海古籍出版社影印明萬曆刻本；（清）潘衍桐：《兩浙輶軒續錄》卷27，《趙松雪故宅古銀杏樹歌》：「甘棠橋畔月河曲，長風夜夜號古木。古木曾傳學士栽，里人猶指王孫屋。」
〔註108〕　（宋）周密撰，吳企明點校：《癸辛雜識》，中華書局，2010年，第9～10頁。

之上開鑿縱向的河渠——「溇港」分疏洪水入太湖，在這樣的過程中向太湖
湖灘進行湖漊圩田的開發。〔註109〕這種模式是將太湖南岸假定爲由南部平原
區向北部太湖呈逐漸降低的地勢，所以需要以橫塘與縱溇相配合的網格狀灌
溉河渠水系逐級向太湖圍占湖灘。關於這種水利模式形成的歷史地理背景問
題仍有深入探討的必要。1960 年代以後，中國科學院南京地理研究所對太湖
及其周圍地區的地理進行了深入的科學考察和研究，有許多重要的成果可爲
歷史時期太湖流域農田水利史的進一步研究提供參考。上個世紀末的太湖流
域地理及水利史的研究成果也表明，太湖湖盆很淺，湖底平均高程爲 1.0 米，
最低處約 0.0 米，湖岸邊約 1.5 米。湖周以西以北多零星小山丘，湖東和湖南
爲低平原。其中太湖以南浙江省境內，有 58km 沿岸爲自然形成的高崗，高程
5～5.5 米，這條高崗是太湖水流在湖流作用下沿岸沉積的結果。〔註110〕太湖
的形態，只有東北岸因基岩山丘影響而較曲折，其它岸線都較規則，呈圓弧
形。太湖的這一形態特徵的形成，受湖盆基底沉積物、波浪、湖流及入湖河
流所帶泥砂的特性所制約，對太湖南部地區農田水利開發的考察不能離開這
一地理背景。

一、地形的塑造

　　繆啓愉先生的研究中曾總結太湖南岸的農田水利系統是以橫塘與縱溇
相配合，形成一種縱橫交錯的網格河渠水系結構，橫塘行水，縱溇引水，
以資灌溉。這種灌溉型的水利模式所符合的應是一種從平原區南部向太湖
逐漸降低的地勢。但太湖南部平原區的地勢並非是從南向北逐漸向太湖降
低，平原中有較明顯的微地形分化。其中濱湖地區地勢稍高，濱湖高地以
南的湖州至南潯一線，爲此區地質上的一條東西向的斷裂帶，是整個平原
區的低窪中心。〔註111〕湖州—南潯一線以南，地勢逐漸升高；此線以北至
湖濱，地勢也逐漸抬升，所以整個平原區的地勢特徵呈四周高，中間低的
淺碟狀（圖 10）。

〔註109〕繆啓愉編著：《太湖塘浦圩田史研究》，農業出版社，1985 年，第 19、44～46
　　　　頁。
〔註110〕黃宣偉編著：《太湖流域規劃與綜合治理》，中國水利水電出版社，2000 年。
〔註111〕姜月華等：《浙江湖州及鄰區地貌與環境地質問題分析》，載《資源調查與環
　　　　境》2003 年第 1 期。

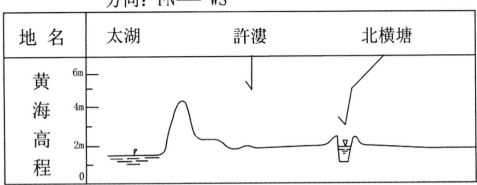

方向：FN—→ WS

| 地　名 | 太湖 | 許濼 | 北橫塘 |

圖 10：太湖南岸平原區地形縱剖示意圖

　　太湖南岸這種微高隆起的地形特點有一個逐漸塑造的過程。唐代太湖東部吳淞江成爲整個太湖的排水主幹之後，太湖湖水在吞吐流的作用下水流沿著湖泊自西南向東流。湖流搬運的太湖泥沙在南岸形成一條吞吐流沉積帶，西自苕溪入口的小梅口一帶，至整個東太湖區，寬 5～7 千米，長 30～40 千米。由於太湖的入湖水主要來自西部和西南部的南溪水系和苕溪水系，歷史時期的出湖水量主要通過東太湖入吳淞江排出，因此水流所攜帶的泥沙，主要是沿著湖泊南岸經東太湖排出的過程中堆積。如根據 1954 年的水文資料，入湖泥沙 44×104 噸，95%以上是從南溪和苕溪注入，而出湖泥沙僅 10.5×104噸，約有 30×104 噸泥沙堆積於湖中，其中 65%以上是沿著這一吞吐流堆積帶沉積。這些攜帶著泥沙的水體，在流經太湖南部沿岸向東太湖排出過程中，由於流速銳減，使大量泥沙沿湖南部的沿岸地帶堆積，塑造出太湖南岸一條弧狀的濱湖沉積帶。﹝註 112﹞隨著濱湖沉積地形的發育，太湖南岸平原區淺碟型窪地的地形特點逐漸形成。太湖沿岸的土壤爲特殊的湖鬆土，如圖 11 所示，這種土主要是由太湖的吞吐流沉積所形成。這一條土壤帶呈帶狀沿太湖南部分佈，縱深約 2～3 里。

﹝註 112﹞中國科學院南京地理研究所：《太湖綜合調查初步報告》，科學出版社，1965年，第 1～27 頁；孫順才：《太湖形成演變與現代沉積作用》，載《中國科學》B 輯；張益農等：《浙北嘉湖平原水稻土中的古土壤層》，載《土壤通報》1993年第 3 期。

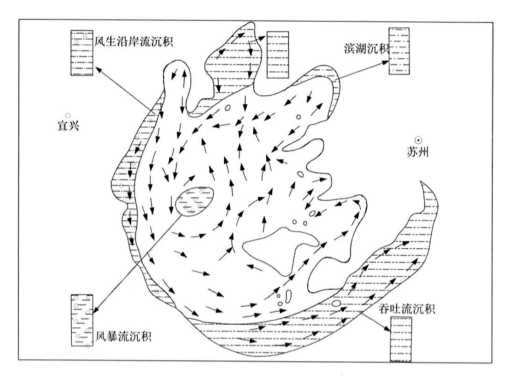

圖11：太湖湖流分佈與沉積類型圖〔註113〕

二、橫塘和苕溪七十二漊

在這條太湖南岸淤高的沉積帶上開挖眾多的小溝渠，雨季嘉湖平原中產生的部分洪澇水可以通過這些溝渠排入太湖，平原區乾旱的年份通過這些溝渠，也可從太湖引水灌溉。這些溝渠被稱為「漊」。這些小渠道整體上可以視為太湖人工的向心狀水系，它們的水流方向不定，隨太湖水位的漲落而改變，是一個嘉湖平原北向太湖的引排水斷面。平原區中通過築東西向橫塘與漊相配合排水，繆啓愉先生認為這是太湖南岸一種獨特的「橫塘縱漊」式的水利格局。〔註114〕宋以後太湖南部修築塘多為東西走向的橫塘。橫塘於低窪平原中距離太湖沿岸沉積帶不等的地方築起，雨季中橫塘一側攔壅天目山區所來的水流，大部分水流沿橫塘向東排入太湖東部及吳江附近、澱泖湖群再通過吳淞、黃浦入海，一部分則水流從沿塘間斷的水口河港分流，達北部沿太湖

〔註113〕圖片改繪自：孫順才、黃漪平主編：《太湖》，海洋出版社，1993年，第126頁，圖3-3-8。
〔註114〕繆啓愉編著：《太湖塘浦圩田史研究》，農業出版社，1985年，第43頁。

的溇港，排入太湖。橫塘所起的攔水作用猶爲關鍵，荻塘又是平原區中最重要的一條塘（圖12）。

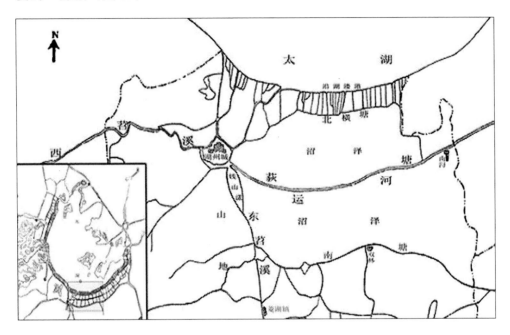

圖12：南宋時期太湖南岸平原區水系示意圖〔註115〕

太湖南部的平原區中，湖州—南潯一線爲一地質凹陷帶，太湖南部的荻塘運河即位於這一凹陷帶中，宋初開挖這條運河時，應該對平原區中的地質、地理背景進行過考察。據《嘉泰吳興志》的記載，南宋時的荻塘是平行於太湖湖岸修築的東西向塘路。塘位於運河北岸，攔擋平原區水流，使水流彙於平原天然的低窪地帶中（圖12）。天然的地理條件使得荻塘運河一直能維持深、廣的航運條件，一直到今天，荻塘運河仍是太湖流域一條黃金水道。

隨著太湖湖岸沉積地貌地貌發育，在荻塘北部應還有橫塘的增築。築塘爲了處理平原區中的水流，在此過程中也開始了太湖南岸平原區較大規模的農田開發。築塘也是爲圍墾太湖南岸的沼澤地，特別是沿湖淤淺出的洲灘地在開墾過程中，需要修建人工水利設施以處理水流，只要有洲灘的

〔註115〕圖片以下列文獻中地圖作爲底圖，依據文意改繪：湖州市地名志領導小組編：《浙江省湖州市地名志》，《湖州市水系圖》，1982 年 12 月，編印本。

開墾，可能就有排水、灌溉溝渠的出現。圖 10 中太湖南岸湖濱隆起的天然堤岸也是伴隨著洲灘的發育，漊港的開挖時，將泥沙不斷在漊港兩岸堆疊而形成。在現代水系圖中看到漊在太湖南岸湖岸線上呈東西向整齊地縱向排列，是經過歷代開挖、疏濬的結果，清代浙西水利專家王鳳生認爲太湖南岸漊港形成有規模的水利格局，並且官方進行統一疏濬、管理始於吳越時期：

> （天寶八年）置都水營使以主水事，募卒爲部，號曰撩淺軍，亦謂之撩清，命於太湖旁置撩清卒四部，凡七八千人，常爲田事，治河築隄，一路徑下吳淞江，一路自急水港下澱山湖入海，居民遇旱則運水種田，澇則引水出田。[註116]

王鳳生認爲湖漊的形成與撩淺軍的制度設置有關。撩淺軍是吳越時期獨有的水利制度，經吳任臣《十國春秋》考證，錢氏有撩淺軍四部七、八千人，這支龐大的隊伍駐紮在太湖邊。[註117] 撩淺軍駐紮在太湖岸邊，對漊港進行統一的挑挖並在太湖南岸築隄防衛，才可能在太湖南岸一舉形成這樣大規模的水利工程。但繆啓愉認爲王鳳生將漊港出現的時間定爲吳越時期不對，他認爲漊港是在東晉劉宋時出現。[註118] 劉宋時期太湖南部的沿湖沉積帶可能未塑造成形，要挑挖出後期一樣呈東西排列有序的漊港是相當困難的，故繆先生結論應存疑。要於濱湖湖岸上開鑿像漊港這種如此整齊劃一大規模的水利設施，必然是於地理上沉積地貌完全發育的基礎上，在地方政權或國家權力支配下對這個地區的水利建設進行統一有規劃的布置。

漊的出現還和吳越時期在江淮一帶的政治軍事地理環境有關。吳越時期錢氏並沒有完全控制整個太湖流域。「五季焚亂，錢鏐崛興，蘇據都會，乃淮浙之必爭。徐約先拔，孫儒繼焚。彼得之，不能以歲月守。我守之，不能以歲月寧。」[註119] 吳越國的政治勢力始終沒有長期深入到蘇州北部的常熟一帶，吳越國的北部邊界大致維持在西部荊溪以下的長興，橫跨南太湖至蘇州松江東部一線，湖州一郡始終位於北部邊防線的中心位置。從

[註116]（清）王鳳生：《浙西水利備考》之《烏程、長興二邑漊港說》，《中華山水志叢刊》，線裝書局，2004 年。
[註117]（清）吳任臣：《十國春秋》卷78，吳越二，中華書局，1983 年，第 1090 頁。
[註118] 繆啓愉編著：《太湖塘浦圩田史研究》，農業出版社，1985 年，第 45 頁。
[註119]（宋）范成大撰，陸振岳點校：《吳郡志》卷 18，川，江蘇古籍出版社，1999年，第 256 頁。

湖州的濱湖地帶通往南太湖，是吳越的北上交通要道，「吳越時恃為北面重鎮，淮南來攻，由宣州出廣德必道吳興之郊，而後及於餘杭，餘杭之安危，吳興寔操也。」〔註120〕錢氏據守杭州，杭嘉湖平原本為一個地理整體，湖州實際上控制著杭州的安危。當時吳越北上攻常、潤等地，都從太湖南部進出，「戊辰，王次毗陵，遂克關城。常人以牙城自守，王命營於九仟墩，命親從指揮使凌超等分營四門，命鎮國都指揮使王諤攻江陰，鎮武都指揮使金彥滔攻宜興，並率水艦，由吳興出太湖而進。」〔註121〕錢鏐率領的水軍戰艦，北上必須取道湖州太湖，所以錢鏐從李師悅父子手中奪過湖州之後，一直牢牢地把守住太湖南面湖州這條邊防線。《吳越備史》記載了一次吳越以少勝多的有名戰役：

> 貞明元年春正月，敕授王鎮海軍節度使、土客諸軍都指揮使，湖州刺史如故。三年夏六月，制加王檢校太傅，增食邑五百戶。五年夏四月，王率水師大小戰艦五百餘艘，皆刻龍形，自東洲發艦，徑伐淮甸。時淮南遣將彭彥章、陳汾等大戰于狼山江。將戰之夕，王召指揮使張從實計之，曰：「彼若徑下，當避其初以誘之，制勝之道也。」乃命軍中宿理帆檣，每舟必載石灰、黑豆、江砂以隨焉。翌日昧爽，淮人果乘風自西北而下，危檣巨艦，勢若雲合，我師皆避之。賊舟既高且巨，不能復上，我師反乘風以逐之，復用小舟圍其左右。賊迴舟而鬥，因揚石灰，賊不能視。及轆轆相接，乃撒豆於賊舟，我舟則砂焉。戰血既漬，踐豆者靡不顛踣，命進火油焚之。火油得之海南大食國，以鐵筒發之，水沃其焰彌盛。武肅王以銀飾其筒口，脫為賊中所得，必剝銀而棄其筒，則火油不為賊所有也。斬其將，百勝軍使彭彥章，獲士卒七千餘人、賊船四百餘艘，餘皆焚之。其斬馘之甚，自江及岸數十里，皆殺焉。淮師自是遂求通娉。〔註122〕

吳越在這場戰爭中極好地利用了太湖南岸的水流優勢。錢元瓘本與淮人戰於狼山江，後轉換戰爭策略，退守至太湖南岸一線，引淮人沿著太湖

〔註120〕 （清）顧祖禹撰，賀次君，施和金點校：《讀史方輿紀要》卷 91，浙江二，湖州府，中華書局，2005 年，第 4184 頁。

〔註121〕 （宋）范坰，林禹：《吳越備史》補遺。

〔註122〕 （宋）范坰，林禹：《吳越備史》卷 2，四部叢刊續編（一五），上海書店，1984 年。

從西北而下到達湖州之後，因淮人的大型戰艦無法度過太湖南岸，而吳越的小型戰船卻能在太湖南岸的小河港中自由穿行，錢元瓘利用這種地理形勢，率領吳越軍隊在太湖水面上打敗了淮人。太湖湖岸在當時既然是一條能守能攻的水上防線，吳越國對這條水上邊防線的建設定是不遺餘力。爲了方便吳越大規模戰艦水軍的進出，錢氏時已經在太湖南部新淤積出的濱湖沉積帶上大規模挑挖河港以利於行船，整齊劃一的漊港布置形式就在這個過程中形成。地理學家顧祖禹也總結了湖州軍事地位的重要：

> 浙江之地，崇山巨浸，包絡四維，而臨安實爲都會，右峙重山，左連大澤，水陸輳集，居然形勝。嘉興則接壤蘇、松，運道之咽喉也。然而湖州一隅，北踰震澤則迫毘陵，走陽羨，可以震建康；西出安吉則道廣德，指東壩，亦可以問金陵矣。是以用嘉興不如用湖州之爲利便也。〔註123〕

吳越時期對湖州城也進行了大力修整，這可以從考古挖掘湖州城的城牆遺跡中看出：「吳越國時期，牆體增厚，外壁包磚也增厚，據文獻記載，公元 978 年吳越國歸宋時，湖州子城毀棄，今吳越國時期子城基礎遺跡僅爲殘跡；南宋城牆是湖州子城最晚的牆體，大體在吳越國城的基礎上重建。」〔註124〕可以看出，吳越王朝對於太湖南部以湖州爲中心地區的治理是以軍事、防禦爲基礎的，這個時期也建設了湖州城歷史時期最大規模的古城牆。

唐末以後太湖南部平原區已經具備了中間低，四周高的地形特點，適合這種地理背景的理想農田水利模式是一種又能泄西部山溪所來洪水，又能引導一部分洪水北向排入太湖的水利結構，淩介禧總結了太湖南岸地區水利的結構特點：「若運河之塘，西自郡城，東至南潯，橫亘七十里，以障西南眾水之衝，且分水口，北洩各漊入太湖。」〔註125〕淩介禧認爲太湖南岸橫塘體系涵蓋的地區囊括南到今雙林塘一線，北達湖濱，西起湖州城，東至南潯的廣袤區域，遍及整個嘉湖平原北部低窪平原，湖州城是這個水利系統的中心，湖州城南的碧浪湖是周圍幾縣來水的聚水之區，猶如咽喉；

〔註123〕（清）顧祖禹撰，賀次君，施和金點校：《讀史方輿紀要》卷 89，浙江一，中華書局，2005 年，第 4118～4119 頁。

〔註124〕鄭嘉勵等：《湖州唐宋子城東城牆遺址》，浙江省文物考古研究所編：《浙江考古新紀元》，科學出版社，2009 年，第 228～230 頁。

〔註125〕（清）淩介禧：《蕊珠仙館水利集》卷 1，《中華山水志叢刊》，線裝書局，2004年，第十二冊。

塘路和溇港分泄水流，猶如腸胃，整個地區的水利格局是一個互相牽制的整體。〔註126〕吳越時期是橫塘縱溇水利的結構和功能最為完善的時期，當時整個太湖南部、東部地區的水利建設處於一個良好的管理狀態下：太湖南緣的橫塘引排西部山溪溪水，水流入東部澱泖低地通過吳淞江入海，此時太湖東部地區也有完善的塘浦圍田水利體系，水流可以通過橫塘縱浦入吳淞江排水入海；平原區中一部分洪澇水還可通過溇港北向太湖排出。雨季橫塘攔壅低窪平原區中水流，水流在塘的一側壅高，一部分向東排出的同時，一部分通過塘中所留的水口分流向北，這些向北的水流到達濱湖溇港地區排入太湖之中。

到宋初，湖州仍保存有溇港三十六條，「西自小梅，東至胡溇，綿延八十餘里。」〔註127〕溇港屬烏程縣的有二十五：

> 今以烏程縣圖考之，自外祖村至太湖村一帶，有二十六溇，皆有名，曰：諸溇、比溇、上水溇、羅溇、張港溇、新涇溇、幻湖溇、金溇、趙溇、潘溇、許溇、王溇、謝溇、義高溇、陳溇、薄溇、五浦溇、蔣溇、錢溇、新浦溇、石橋溇、湯溇、成溇、宋溇、喬溇、胡溇。〔註128〕

《嘉泰吳興志》中記載了一些溇的具體位置：「布經院，在縣東北七十里湖上喬溇，廣順十年，錢氏建，名觀音院；……寶林院，在縣東六十八里湖上新浦，廣順二年錢氏建，號永寧院；……興善院，在縣東北二十七里湖上義高邨，錢氏建，號善慶院。」〔註129〕這些寺院都是吳越錢氏時所建，位於溇旁的村落中。據嘉泰《吳興志》中所描述喬溇、新浦、義高溇距離湖州府城的遠近，在清人淩介禧所繪《湖郡溇港及運河南北河道圖》中的仍能找到這些溇港的位置，溇港形態在太湖南岸的湖州保存得最完好，到1950年代，長興、吳興二縣湖岸62公里之地仍有74溇，平均840米即有一溇，一些溇的位置，直到今天變化仍不大。說明溇港自形成之始，其形態和位置基本上就是穩定的。

〔註126〕（清）淩介禧：《慈珠仙館水利集》卷2，《中華山水志叢刊》，線裝書局，2004年，第十二冊。
〔註127〕（清）金友理撰，薛正興點校：《太湖備考》卷首，江蘇古籍出版社，1998年，第6頁。
〔註128〕《嘉泰吳興志》卷5，河瀆，嘉業堂刻本，成文出版社，1983年。
〔註129〕《嘉泰吳興志》卷13，寺院，嘉業堂刻本，成文出版社，1983年。

綜上，太湖南岸平原區的水利建設中，築塘是為了攔擋山溪洪水，使沼澤地中形成局部有序化的水流環境。唐末整個太湖南部的平原區仍處於豐水的環境之下，太湖南部第一條連續的大規模橫塘宋初才真正地修築成功。這條塘路稱南塘，胡宿守湖時修成。〔註130〕後胡宿因母喪丁憂回籍，解湖州事，梅堯臣作了一首《送胡武平》：「始時繞郊郭，水不通蹄輪，公來作新塘，直抵吳淞垠。新塘建興梁，濟越脫輡仁，言渡新塘去，隨迹如魚鱗。」〔註131〕據梅堯臣所言，在此之前，低窪平原與太湖東部水陸不通，胡宿到此才有一條橫向的新塘路，從梅堯臣對塘路描述可以看出，當時塘路中建有橋梁，說明塘路被水口間斷，需要在塘路間斷處架橋相連以通陸途，梅堯臣提到築塘之後形成的水路直接通往東部吳淞江，但他並沒有提到塘路水流與北面太湖漊港之間的關係，塘路與漊港水流有直接聯繫的是一條位置更北的一條橫塘，《嘉泰吳興志》中稱「自迎春門至潯谿，一帶官塘，通泄谿流入太湖，與近湖諸漊脈絡貫通去處。」〔註132〕南宋時期荻塘沿線的運河是一條官方的運道，水流通過官塘水口向北排，到達漊港，這種結構經過吳越的創制，發展到南宋時期，已經十分成熟。

三、漊港區的開發

隨著這種橫塘縱漊式的水利結構的形成，到南宋末年，沿湖的漊港區成為一個農田比較集中的區域。「郡城之北，土深壤沃，樹密溪環，車馬罕到，禽鳥時鳴。」〔註133〕濱湖漊港地區因湖流挾帶泥沙常年淤積，在太湖南部沿岸形成高程 5～5.5 米高崗，〔註134〕這種特殊的地貌在《永樂大典》湖州府之下的圖中有所反映，如圖 13 中，繪圖者已經在太湖南岸將湖州烏程縣的三十八漊與長興縣的二十漊悉已標出：

〔註130〕《嘉泰吳興志》卷 19，橋梁，嘉業堂刻本，成文出版社，1983 年。
〔註131〕（宋）梅堯臣著，朱東潤編年校注：《梅堯臣集編年校注》，上海古籍出版社，2006 年，第 221 頁。
〔註132〕《嘉泰吳興志》卷 19，橋梁，嘉業堂刻本，成文出版社，1983 年。
〔註133〕（明）朱國禎：《朱文肅公集》，不分卷，雜著，《桑苧園述》。
〔註134〕黃宣偉編著：《太湖流域規劃與綜合治理》，中國水利水電出版社，2000 年，第 10 頁。

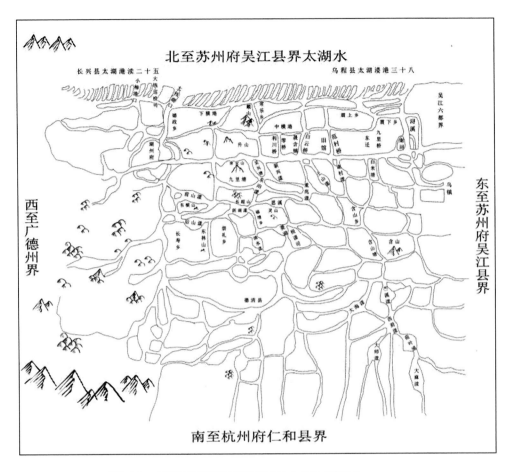

圖13：明初湖州府東部地區水網示意圖〔註135〕

　　《永樂大典》的湖州府圖中，已將太湖溇港的形態特點進行了較詳細描繪，並寫明烏程沿湖的有三十八溇港，長興有二十五港瀆。據此推論，太湖岸溇港區的典型地理特徵最遲在明初就已經完全定型。當時對太湖南岸湖岸縣的描繪中，也已經表達出今天太湖南岸呈圓弧狀湖岸線的特點。明清時期湖州府地區的方志中，有示意圖者，繪圖者都會將溇港區作為一個地理單元在地圖上繪出。〔註136〕該區水利治理時，在太湖沿岸地勢較高的沉積地開挖溝渠，這些溝渠是調節平原水位的重要水系，也是排泄太湖水量，降低太湖水位的重要河道。實際上溇港區的水利形態可能一直保持到二十世紀上半

〔註135〕圖片改繪自《永樂大典》卷 2275，圖。
〔註136〕更多明清時期湖州府圖片請參考：王乃強主編：《中國古地圖輯錄·浙江省輯
　　　　上》，星球地圖出版社，2005 年。

葉，據《湖州市水利志》的記載：「沿線原有向北向東的排水河道 38 條，排水斷面 2668 公尺，這些河道一向是泄洪和引水抗旱的重要河道。據調查瞭解，當暴雨以後，平原水位急增，高出太湖水位很多，這時候，這些河道就成了排泄平原水量，減輕內澇壓力的重要孔道；當平原水位漸退，降至比太湖水位低的時候，這些河道又開始排泄太湖水量，降低太湖水位，減輕湖西 100 餘萬畝農田的受澇威脅」，當地的民眾對漊港的水利作用也十分明晰，「發大水的時候，水向太湖流；平時，水由太湖來的調節作用。」〔註 137〕

漊港區典型地貌發育的時間可能可以追溯到南宋末年，《嘉泰吳興志》中在沿湖漊港中喬漊、新浦、義高漊之前加上「湖上」二字，〔註 138〕說明這些地區的淤高地形在南宋時期已經很明顯。沿湖岸一帶土層經堆疊深厚，相對於低窪區較少受洪澇之災，宋元時期這裏就已經形成一個農田集中區域。漊港區的濱湖高地能隨時從太湖引水，由於地勢較高，反比南部的低窪平原更適宜耕作。但閘壩的開閉需要對當地的水流狀況進行靈活把握，在漊上置閘之後，「其閘鑰附近漊多田之家」，〔註 139〕入宋以後，官方權利逐漸淡出對漊港地區的管理，並將閘壩的管理權交付漊港區田產多的人家。實際上漊港設閘之後，只有在歷朝歷代進行水利大治理時，才會對漊港區進行疏濬。《嘉泰吳興志》中對漊港這種水利設施並沒有做大量的記載和論述，「其來遠矣，後漸湮廢，頗為郡害。」〔註 140〕在南宋嘉泰年間的人看來，漊港已經是很古老的水利單位了，並且漊港以淤塞的時間為多。

從漊港中挑挖出泥土堆疊在漊港兩旁的湖岸，使太湖沿漊港區的湖岸不斷疊高。「太湖舊有沿湖隄防，而泄以諸漊。」〔註 141〕徐獻忠沒有說明這種「舊有」的沿湖隄防和漊是何時形成，但最遲在南宋時太湖南岸已經具備了一條明顯的堤岸，「淳熙十五年十月四日，知湖州趙恩言，湖州實瀕太湖，並湖有隄為之限制。」〔註 142〕太湖南岸的湖隄與漊實為一體，湖隄是在對漊港的歲修歲挑工事中形成，串聯著漊港，漊港是向北排水的口門，漊港之間是農田：

〔註 137〕湖州市江河水利志編纂委員會編：《湖州市水利志》，中國大百科全書出版社，1995 年，第 631 頁。
〔註 138〕《嘉泰吳興志》卷 13，寺院，嘉業堂刻本，成文出版社，1983 年。
〔註 139〕《嘉泰吳興志》卷 5，河瀆，嘉業堂刻本，成文出版社，1983 年。
〔註 140〕《嘉泰吳興志》卷 5，河瀆，嘉業堂刻本，成文出版社，1983 年。
〔註 141〕（明）徐獻忠撰：《吳興掌故集》卷 11，嘉靖三十九年刊本，成文出版社，1984 年。
〔註 142〕《宋會要輯稿》食貨六一，淳熙十五年十月四日條。

　　（宏治八年）新築湖塘，瀉湖溇港各有跨橋。湖塘，湖岸也，
　　橫串溇港三十四條。自烏程抵宜興，陸行者由之。其先，岸有民田，
　　地勢低污，湖水漲則岸沒，泛入腹裏。安化、白烏二區患之。宏治
　　八年，新塡民田，築爲高岸，稍障湖漲，謂之新築湖塘基云。〔註143〕

　　漲水季節，太湖水位較南部平原區的水位爲高。「嘗論太湖高於運河，當
疏雪川浦溇之要者，庶無饑歲。」〔註144〕平原區向溇港的排水還受太湖水位
的影響，在乾旱的年份對平原區來說溇港的作用顯得更爲重要，因爲疏通溇
港可以引太湖水灌溉。一般情況下，使這條北排通道的排水功能得以正常發
揮似乎成爲太湖南部平原區農田水利治理中的一個難題。

　　入宋以後通過在溇港口門統一設閘來管理來解決這一問題。「舊沿湖之隄多
爲溇，溇有斗門，製以巨木，甚固，門各有牖版，遇旱則閉之，以防谿水之走
瀉，有東北風亦閉之，以防湖水之暴漲，舟行且有所艤泊，官主其事，爲利浩
博，不詳事始。今舊牖有刻元豐年號者，則知其來遠矣。」〔註145〕據《嘉泰吳
興志》記載，溇港設閘可能始於元豐年間，太湖南岸的溇中只有紀家港不設閘，
「紹熙中《修湖溇記》云：湖溇三十六，其九屬吳江，其二十七屬烏程者，兼
紀家港而言也。此溇近溪而闊，獨不置閘。」紀家港是雪溪水流的出口，位於
大錢口附近，水面寬闊，除此之外，其它各溇均都設閘。設閘之後，太湖水位
高於平原低窪區的水位是常有的事情，但溇閘管理不善，溇港常致淤塞。「昔人
濬其溇而深之，且於其所視湖水高下而爲啓閉之，具以殺其暴，故時無水患，
而民免溝壑之虞。詢之故老，其遺址尙可考也。今乃委而棄之。雖瀕湖之民，
實其溇之半以爲種植之地，官司漫視不之省復。」〔註146〕實際上深挖溇港只有
在太湖水位低的時候才能發揮較大功效。設閘之後，必須保證溇港在平原內側
有充足的清水供應。溇港河道本較窄小，又位於地勢較高之處，一旦清水來量
不足，沖淤無力，溇口立即被太湖湖流挾帶的泥沙壅堵。後期直接通過在溇港
裏端修建橫塘爲溇港提供清水，溇港的清水主要來源於這條臨近溇港的橫塘水
口下泄，「水自南而北者，必先自西而東。」〔註147〕受平原區這種中間低，四

〔註143〕（清）刑澍等修，錢大昕等纂，嘉慶《長興縣志》卷 9，水利，嘉慶十年刊
　　　　本，中國地方志叢書，華中地方，第 601 號，第 542 頁。
〔註144〕（宋）樓鑰：《攻媿集》攻媿集卷 160，《參議方君墓誌銘》，文淵閣四庫全書。
〔註145〕《嘉泰吳興志》卷 5，河瀆，嘉業堂刻本，成文出版社，1983 年。
〔註146〕（宋）楊冠卿：《客亭類稿》卷 9，雜著編三，文淵閣四庫全書本。
〔註147〕（清）凌介禧：《蕊珠仙館水利集》卷 2，《中華山水志叢刊》，線裝書局，2004

周高微地形的影響，在築東西向橫塘的時候，在橫塘一側開分水口，橫塘壅堵部分水流通過水口下泄到漊港，將清水送至北部較高的地區。橫塘與縱漊之間的水流早期並沒有固定的河道，這些水口更多地是作為泄水孔道的性質而存在。

漊港區的開發主要是太湖沿岸湖田的開墾。明中葉的伍餘福講述了這種太湖漊港區灘地的開墾過程：

> 諸漊界烏程、長興之間，歧而視之，烏程三十有九，長興三十有四。總而論之，計七十有三。其畫圖所載名號，今古不同，訪之父老，亦鮮有知其詳者。初入其境，大者如溪河，小者如石澗，塞者如陸沉，通者如神潢。湖塘皆有桑麻蘆葦之類以扼其流，而民之利其業者，又憚於疏濬，以積其弊，無恠乎儲之者有湖，而泄之者無漊也。〔註148〕

大錢港以西的長興諸港，自元代全部設閘，《水利集》言：「至元甲午年，差官相視，據視得自紀家橋港、大錢港以西三十七處，不曾置牐，除大錢、荻浦等五處，水勢深闊，難以置立，外有三十處今擬一體添置。」〔註149〕長興附近的湖田開墾主要是沿太湖灘地的開墾，以清代長興縣的漊港區為例，漊港外是一個面積廣大的湖灘：

> 太湖漊港與內河不同，廣袤數萬餘頃，遇北風驟作，有激奔南岸泛溢諸港之患。是以設閘堤防，非先令堅築，下板捍禦，恐水趁風勢迅流灌注，難以施工。故凡閘座坍廢，應先修築，然後以次開濬。（府志）上諭各省湖河灘地，經大學士等於乾隆九年議令各該督撫委員詳勘，除已經報墾之地畝外，其餘蓄水之處，劃明界限，不許再墾。（邸抄）〔註150〕

漊港區地勢高，明初永樂年間，夏元吉在江南治水時，就發現太湖沿岸是高田集中的地區：「嘉、湖、常三郡土田頗高，環以太湖，綿亘五百里。」〔註151〕嘉湖地區漊港地區都是環太湖的高田區，這些地勢較高地區的土地一

年，第十二冊。

〔註148〕（明）伍餘福：《三吳水利論》，六論七十三漊，叢書集成初編，中華書局，1985年。

〔註149〕（元）任仁發：《水利集》卷3。

〔註150〕（清）刑澍等修，錢大昕等纂，嘉慶《長興縣志》卷9，水利，嘉慶十年刊本，中國地方志叢書，華中地方，第601號，第538頁。

〔註151〕《明史》卷93，志六七。

般是淤漲出來就被開墾，民國時期的調查發現溇港區的湖田因為地勢較高，
土地利用形式與南部低鄉不同，主要是以植稻、種桑、種蔬菜為主：

> 計沿湖湖田共長一百零五里，長興縣境內約占百分之五十五，
> 吳興縣境內約占百分之四十五。其中以吳興縣屬之楊溇至潘溇及大
> 錢至泥橋港兩段為最闊。除濱湖低田及蘆灘外，地勢甚高，所有沿
> 塘漲地，均由鄉民開墾成熟，境內植桑及各種菜蔬，稻田甚多，長
> 興縣境內湖田稍狹，亦經開墾成熟。地內多數植桑，其附近夾浦一
> 帶，稻田亦不少。查是項成熟湖田，地勢極高，詢之就近農民，概
> 述雖在夏秋湖水盛漲之際，水勢亦不能淹沒，既不能供太湖蓄水，
> 區域無論清理與否，均與水利無大關礙。〔註152〕

溇港區是一個獨特的農田水利區，由於每次湖水泛濫時帶來許多疏鬆肥
沃的沉積物，〔註153〕所以溇港地區的土質很肥沃，1950 年代的土壤調查中，
溇港區的土壤特性被發掘：

> 這種土被稱為「湖鬆土」：全剖面都很疏鬆，表土層厚達一尺。
> 由於分佈在太湖濱自然隄的兩邊，地勢略有傾斜，所以排水良好，
> 地下水位在 3 尺以下。湖隄以北，回潮現象比較明顯，土壤很濕潤。
> 質地為細砂質，離太湖育遠，質地愈細。由於透水性好，所以雨停
> 路乾，道路不會泥濘。表土疏鬆，生活好做。潮時不黏，乾時一捏
> 就散。施肥上力快，省肥，這是湖鬆土最大的優點。……本土組土
> 質疏鬆、肥沃，大多數旱作物都生長很好，最適宜種植蘿蔔、蔬菜、
> 百合、山藥、馬鈴薯等，以地下塊莖作物最好。……此外種桑樹，
> 生長也很好，桑樹根紮得深，長得快，產量高，一般管理好的壯齡
> 桑樹，每畝產量可達 15～20 擔。〔註154〕

湖鬆土至少在南宋時期就已經有大面積的發育。《嘉泰吳興志》中引《舊編》
言太湖邊的地適宜種植蔥、薑等作物，〔註155〕《嘉泰吳興志》中所引的《舊編》

〔註152〕《浙江省建設月刊》第 7 卷第十七，中華民國二十三年，《民國浙江史料輯刊》
　　　　第 2 輯，第 31 冊，國家圖書館出版社，2010 年。
〔註153〕嘉興專區土壤普查土地規劃工作委員會編：《嘉興專區土壤志》，1959 年編印
　　　　本，第 64 頁。
〔註154〕嘉興專區土壤普查土地規劃工作委員會編：《嘉興專區土壤志》，1959 年編印
　　　　本，第 64 頁。
〔註155〕《嘉泰吳興志》卷 20，物產，嘉業堂刻本，成文出版社，1983 年。

是淳熙年間周世南所編的《吳興志舊編》，〔註156〕所以也說明至少在《舊編》成書的淳熙年間，太湖南部就已經形成了這麼一個地勢較高的農作區。

濱湖漊港區地勢高，受洪澇災害的影響相對較小，是旱澇無虞的地區，這裏明代居住的多是一些大家族，《嘉泰吳興志》中提到漊港區閘壩的管理權屬於漊港附近田地較多的人家，並且漊港多以姓氏而名，說明漊港區是存在大家族的。明代的朱國禎就住在漊港區，他說，「余居太湖之曲，土厚水深，迴旋盤礴數十里，中多醇德敦行之士，其人既不炫跡，不近名人，亦罕有述者。」〔註157〕漊港地區也是圍田區的拼接，只是這裏的地勢比太湖南部的其它區域要高，所以在大水之時，這裏的圍岸仍是堅立的，「堤之攻，莫利於下鄉之田。余家湖邊看來，洪荒時一派都是蘆葦之灘，卻天地氣幾節宣，有深有淺，有斷有續，中間條理，原自井井。」〔註158〕大水年份，低窪平原中遭受水災，一派白水，但漊港所在的地區甚至還有著深淺不一的蘆葦之灘顯露。

漊港區是太湖南岸平原中地勢較高的區域，但是就整個區域的水利格局來說，因為漊港區的開發加速，苕溪水流一般不能由漊港及時泄入太湖，只能在湖州東部的低窪平原區中迂緩，一部分水流由荻塘等塘路承轉東泄，一部分水流則緩慢從漊港入太湖。理想狀態下，運河西接東苕溪彙水之所碧浪湖，東流入澱泖湖群低地，沿運河北面築塘，塘路向北開水口，運河中的清水通過塘之水口分流灌注至漊港。南宋末年，澱山湖及其附近的湖泊面積擴展，運河中的水流向東排出困難，《嘉泰吳興志》中記載運河水流方向是不再從西而東，而是從東向西倒流：「運河，湖州府入迎春門，過望州至人依橋，至駱駝橋南會雪水者也。東接上塘官河，其水自平望橋直西至震澤。」〔註159〕

宋時湖州東部地區大致以運河沿線為界，運河以北的地區是《嘉泰吳興志》中所指的東鄉，「蓋烏程、歸安分界，乃以官塘南北兩岸，塘以北在上隸烏程耳。」〔註160〕運河以北至漊港區屬烏程縣管轄；運河以南為東南鄉，屬歸安管轄，南宋末年增開的河港也多是位於運河至漊港之間烏程縣一縣的區域中，《嘉泰吳興志》中記載：

〔註156〕 洪煥椿編著：《浙江方志考》，浙江人民出版社，1984年，第133頁。
〔註157〕 （明）朱國禎：《朱文肅公集》，不分卷，雜著，《傳》，續修四庫全書第1366冊。
〔註158〕 （明）朱國禎：《湧幢小品》卷6，《隄利》，中華書局，1956年，第138頁。
〔註159〕 《嘉泰吳興志》卷5，河瀆，嘉業堂刻本，成文出版社，1983年。
〔註160〕 《嘉泰吳興志》卷19，塘，嘉業堂刻本，成文出版社，1983年。

外濠橋、裏濠橋、三里橋、九里橋、西余橋、錢村橋、昇仙橋、遇仙橋、黃閔橋、舊館橋、既村橋、范村橋、祐村橋、魯墟橋、東遷橋、朱墟橋、栗墟橋、潯谿橋。右十八橋係自迎春門至潯谿。一帶官塘，通泄谿流入太湖，與諸漊脈絡貫通去處。《續圖經》載清風橋、明月橋在潯谿，並紹興初建。興德橋、濟遠橋、通安橋、美利橋、安利橋，在烏程，紹聖以來建。《舊編》增山源橋、遊仙橋，在菁山，亦無刱建月日。縣境多水，凡村墅皆有橋，出於近時刱建，若此類者至眾。〔註161〕

橋的增多即意味著河港的增多，這些地區是人類經常活動的區域。上文中特別提到，原運河之漊港區之間的沼澤地，已經理出一個較有序的水網，上述記載也也提到這些橋多建於北宋末年以後，特別是到《嘉泰吳興志》成書的13世紀前後，增建橋的數量更多。但是此時太湖東南部，今東太湖東岸的漊港圩田區，直到元時的農田開發仍不顯著，戴表元在南潯看到的仍是一種幽靜的情形，「張帆出東郭，沽酒問南潯，畫屋蘆花淨，紅隄柳樹深。漁艘齊泊岸，橘樹盡成林。」詩中的紅隄柳岸是他描述南潯附近運河堤岸的景觀，從戴表元詩中看出，南潯運河附近更多的是蘆葦沼澤，「南潯鎮向有宋元人所繪地圖，其東塘負緯而來，直抵通津，西過垂虹，仍登岸以行，中間寥寥數家。」〔註162〕總之，宋元時期東太湖還沒有形成，當時太湖東南出口仍是一片水域，這個地區內的聚落點仍很少。

四、荻塘以北的水環境

太湖南岸的高地至嘉湖平原京杭運河以南的高地，這一片地勢較低的湖州平原區，其水網以荻塘運河為中心發育。日本學者北田英人認為3～6世紀湖州地區以塘路修建為主要手段，對原有的沼澤地環境進行了大幅度的改造。〔註163〕實際上，荻塘及其周邊至太湖漊港區水系的發育應是在宋元時期。宋元時期湖州平原的豐水環境十分明顯，東、西苕溪入湖州城時經常發生搶佔各自排水去路的情況，《嘉泰吳興志》言：「西、南二水互勝交流，餘不水

〔註161〕《嘉泰吳興志》卷19，橋梁，嘉業堂刻本，成文出版社，1983年。

〔註162〕同治《南潯鎮志》志一，疆域，《張鴻寫南潯文獻志》，《元戴表元東離湖州泊南潯》。

〔註163〕北田英人：《4～6世紀湖州的塘路形成和環境變革》，《中國水利史研究》第21號（1991），第1～20頁。

盛則浸淫入於苕霅，苕霅水漲，亦彌漫混於餘不，而眾壕交受，以入於湖，尤為深闊。」〔註164〕湖州平原西南傍天目山脈，東北濱茫茫太湖，苕溪水流在湖州匯流入太湖。東苕溪的主流餘不溪是一條經築塘導流東苕溪及天目山南麓溪流水，使之東北流向湖州城南附近地區的人工河流：「山塘溪即餘不溪也，自德清縣沿山直北過峴山漾而至城南，曰山塘溪，《唐志》元和中刺史范傳正開官池於城東，又城東南有白蘋洲，洲北有芙蓉池，開成中刺史楊漢公所鑿，皆引餘不溪灌注之。」〔註165〕苕溪水流在平原中沿三條運河線路，分三路，呈西南向東北的流向，在嘉興北部平望一帶交匯，宋元時期荻塘運河的分水功能最為重要：一是在德清以下彙埭溪等溪流經吳興塘河、爛溪塘等分泄經江南運河吳江東部湖群和澱泖湖群，其二是東北流經菱湖、荻港、錢山漾，從荻塘或湖州城經各漊入太湖，其三是由荻塘運河向東入平望的鶯脰湖。荻塘的修建依託了湖州平原上的小散丘，如毘山、烏山、戴山、長超山、昇山等小山，東部達平望與吳江運河相接。

北宋初年築吳江長堤，太湖水位與東部地區相比，汛期水位有一、二尺的落差：「慶曆二年，欲便糧運，遂築此隄，橫截江流五六十里，致震澤之水常溢而不洩，浸灌三州之田。每至五六月間，湍流峻急之時視之，吳江岸東之水，常低岸西之水不下一二尺。」〔註166〕太湖湖盆淺，湖底平均高程為1.0米，是一個典型的淺水湖泊，〔註167〕北宋時期的旱乾年份，太湖立即成為水枯的沼澤，其中的居民點及遺跡可以於湖中目測得到，「熙寧八年，歲遇大旱，竊觀震澤水退數里，清泉鄉湖乾數里，而其地皆有昔日邱墓街井枯木之根在數里之間，信知昔為民田，今為太湖也，太湖即震澤也。以是推之，太湖寬廣，逾於昔時。昔云有三萬六千頃，自築吳江岸，及諸港瀆堙塞，積水不洩，又不知其愈廣幾多頃也。」〔註168〕由於東部出水口長堤的阻塞，吳江等地的圍墾，使太湖的年度調蓄功能減弱，宋元以來太湖的常年水面積在擴展，成為常年積水的湖泊，《水利集》言：「震澤受吳中數郡之水，西南湖州諸溪、西北宣州諸溪並下太湖，蓋諸山峙於太湖之西，地形高阜，兼南、北、東三

〔註164〕《嘉泰吳興志》卷2，城池，嘉業堂刻本，成文出版社，1983年。
〔註165〕（清）顧祖禹撰，賀次君、施和金點校：《讀史方輿紀要》卷91，浙江三，中華書局，2005年，第4188頁。
〔註166〕（宋）單鍔：《吳中水利書》，叢書集成初編，中華書局，1985年。
〔註167〕黃宣偉編著：《太湖流域規劃與綜合治理》，中國水利水電出版社，2000年。
〔註168〕（宋）單鍔：《吳中水利書》，叢書集成初編，中華書局，1985年。

處江海之岸亦高，而太湖之四外皆高，水積其中，常若盤盂之盈滿。」〔註169〕元人治理以太湖爲中心治理長江三角洲的水利，「這田地內有太湖，亡宋時修理河道，教水往海裏流入去呵，田未根底多得濟，來附江南之後，富豪人戶每將那湖泊水築堤堰當住，做了旱地種田的，上頭那水漲漫出來，係官並有姓的田禾撇損壞。」〔註170〕宋元時期吳淞江上游的太湖出水口雖有長堤的修築，太湖作爲南部平原區主要排水斷面，對整個苕溪流域的洪澇水調節功能十分明顯，「湖州實瀕太湖，有堤爲之限制，且列二十七浦漊，引導湖水以漑民田。因各建斗門，以爲蓄泄之所，視旱潦爲之啓閉。去歲之旱，高下之田，俱失沾漑，委官訪求遺跡，開濬浦漊，不數日間，湖水通徹，遠近獲利。而於斗門，因加整葺，乞詔守臣逐歲差官親詣湖堤，相視開濬浦漊，補治斗門，庶幾永久。」〔註171〕

隨著吳江及下游地區的圍田開發，太湖常年水位加高，在這種水環境背景下，明初周忱治江南時在太湖南岸修築湖堤，「自烏程以抵宜興界凡七十餘里，咸隄焉。其崇爲一丈，廣與崇方而加尺者五，復實其隄，以通漊港者二十九，爲石橋於竇二十六，旱潴澇泄，湖不惟不能爲害而且爲利矣。其用人力者四千，用人糧者八百餘石，皆周公所區畫，郡守諸君所協贊也。」〔註172〕漊港地區地勢較高，又有太湖水體調節溫濕度，這一帶風景優美，朱國禎描寫從太湖看岸邊，「余數遊湖上，乘風登雨，洞庭回視南涯，雲樹蒼蒼，鬱爲異彩。」〔註173〕

宋元以來，湖州平原的排水與東部吳江地區、澱山湖一帶的圍墾一直存在著水利矛盾。太湖與平原水網之間的在七八月份旱季或臺風雨發生時，存在著水位差，旱季平原地區可以直接從太湖引水灌溉水稻田和桑田，發生大水時也可以在太湖水位未上漲之前搶排一部分洪澇水。漊港之閘的管理在這種水利環境下十分重要，《水利集》總結：「自大錢港以東二十六處，向年於漊港橋門，置立閘版，如遇東北風起閉閘，以防潮浪之暴漲，若值雨澇，開閘，泄水入湖，若值亢旱，閉閘，積水漑田。」〔註174〕實際上，因爲太湖本

〔註169〕（元）任仁發：《水利集》卷3。
〔註170〕（元）任仁發：《水利集》卷1。
〔註171〕《宋史全文》卷27下，四庫全書本。
〔註172〕萬曆《湖州府志》卷13，錢福記略。
〔註173〕（明）朱國禎：《朱文肅公集》（不分卷），傳。
〔註174〕（元）任仁發：《水利集》卷3。

身水文環境的複雜性，使得漊港之間的管理具有一定的難度，太湖爲淺水湖泊，湖面上的風場控制著整個湖泊內湖流的結構和大小，在 1 年中太湖湖水的風湧水作用明顯的天數占三分之二左右。東北風起時，湖流掀起巨大的波浪襲向太湖南岸地區，因此設閘之後，漊港之閘常年幾乎處於關閉狀態，「昔人濬其漊而深之，且於其所視湖水高下而爲啓閉之，具以殺其暴，故時無水患，而民免溝壑之虞。詢之故老，其遺址尙可考也。今乃委而棄之。雖瀕湖之民，實其漊之半以爲種植之地，官司漫視不之省復。」〔註 175〕

漊港是浙西水北排入太湖的關鍵水利設施。但漊港受泥沙淤積，漊港口沉積的泥沙平時依靠來自湖州平原區較急的水流沖刷，一旦清水來量不足，沖淤無力，人工疏濬不及時，漊口立即被太湖湖流挾帶的泥沙壅堵。因此，太湖南岸漊港也要適應湖流的方向，將漊口統一偏向東北才能起到防淤的作用，「吳興百川東北走」形容的就是湖州漊港的河流形態。〔註 176〕通過在漊港裏端增建橫塘攔水，沖刷漊港淤泥的清水主要來源於這條臨近的橫塘水口下泄，「水自南而北者，必先自西而東。」〔註 177〕明初《永樂大典》湖州府圖中（圖 13），荻塘以北已有中橫港與下橫港，其中下橫港是靠近漊港區的東西向水流通道。下橫港與漊港貫通，爲向東部地區快速泄水而開挖，《水利集》言：「吳江縣沿塘第四橋，此處一條水路來自湖州大錢汊，又名南江。衝出下塘湖泊間，下笠澤湖、汾湖、白蜆江，下急水港，直至澱山湖，自來此水甚險，歸附後被占湖泊爲荷蕩，造橋築堤，水路狹淺不甚通徹，今來欲乞委官相視，仍復通放，實爲便益。」〔註 178〕入元之後由於太湖東部湖群的圍田開發，橫港周圍蓄水的沼澤也多被圈佔，橫港中的水文環境變得很敏感，婁元禮是吳興人，居住在太湖南岸漊港區，他將七八月夏秋間的雨水稱爲橫港水，當地農家只要截留到橫港中的雨水就能保證秋旱期間的灌溉。〔註 179〕增築的橫塘壅堵部分水流通過水口下泄到漊港，將清水送至北部較高的地區，這一水文狀況維持到清代，據《太湖備考》：「自大錢以東諸漊港之上流，皆從荻塘來。（荻塘即運河在烏程界者，從城外八里店起，至南潯止。）荻塘之水，初不直下漊港。距漊港四五里或二三里，又有橫

〔註 175〕（宋）楊冠卿《客亭類稿》卷 9，雜著編三，文淵閣四庫全書本。
〔註 176〕（清）淩介禧：《蕊珠仙館水利集》卷 2，《中華山水志叢刊》，線裝書局，2004年，第十二冊。
〔註 177〕（清）淩介禧：《蕊珠仙館水利集》卷 2，《中華山水志叢刊》，線裝書局，2004年，第十二冊。
〔註 178〕（元）任仁發：《水利集》卷 3。
〔註 179〕（元）婁元禮：《田家五行》。

河一道，自西而東，屈曲以貫漊港之端。上承荻塘諸橋港北下之水，分入諸漊港以下太湖。此橫河西自大錢港來，東至北張官橋；稍南，又東至陸家灣，而烏程之境盡，再東入江南震澤界矣。」〔註180〕

宋代官方通過撩淺軍制度介入整個太湖東部、南部地區的水利治理。就太湖南部地區而言，通過築塘、深挖漊港，可以將大部分東西苕溪的水流導流排入太湖，這樣進入太湖以東平原區的水流相對較少，《水利集》言：「湖州既放通流，應甌防運河走洩。」〔註181〕隨著漊港區南部平原的開發，水流動力不足，漊港功能亦不能正常維持，苕溪尾閭的承洩區的功能一直在減弱，苕溪尾閭水流沿途被導流，大部分水流通過湖州平原東入吳江一帶。到清中期，東苕溪下游所來之水入太湖者少，流向東部吳江地區為多，「惟山水極大之時，則橫決北流，穿過荻塘諸橋諸港，以入太湖，然亦不過十之一二耳。」〔註182〕

總之，唐代以來，湖洲平原處在苦於洪澇經常威脅的水環境之下。湖州平原東西走向的主幹河塘不斷增多，以東西走向的幾條河流為排水主幹，荻塘接納西部山溪水流，東與潯溪相會，荻塘沿岸形成大量的小湖泊。澇水在湖州平原的凹形盆地中回流，沿中部荻塘周邊山體或低地彙集，形成集水區。明嘉靖年間李時行在登吳興城樓時甚至觀察到水流從漊泖一帶向湖州城倒流，並有詩描述：「水向苕霅轉，江從松泖會。」〔註183〕清初烏鎮人張炎貞描述過湖州平原中雨季水流無序流動的形態：「其南出天目之陽，經臨安歷塘棲，潴於涵山潢漾，決冽南奔，瀉海而不得逞，復轉而北繞屠村，東越白馬，中分於車溪祠，與甄陰狀流合，又北折抵鎮南關鎮渠，隘狹不得泄，東入浮瀾矩方而北環燕子彙逆流，西出雙溪；其北出天目之陰，經廣苕彙霅川，東折舊館，稍南逗於伍林，承窯墩之水而北趨馬要，射於康王寺墩，拗怒洶湧回流，東潴於沈張之漾。北奔泄太湖而不得逞，復轉而南，中分於莫區祠東出溢通，又逆流南行出爛溪。」〔註184〕

〔註180〕 （清）金友理：《太湖備考》，江蘇古籍出版社，1998年，第73頁。

〔註181〕 （元）任仁發：《水利集》。

〔註182〕 （清）陳和志修、（清）倪師孟、沈彤纂：：乾隆《震澤縣志》卷2，疆土二。清光緒重刊本。

〔註183〕 （明）歐大任等著，鄭力民點校：《南園後五先生詩》，中山大學出版社，第620頁。

〔註184〕 （清）張炎貞：《烏青文獻》卷2，水利，春草堂刻本。

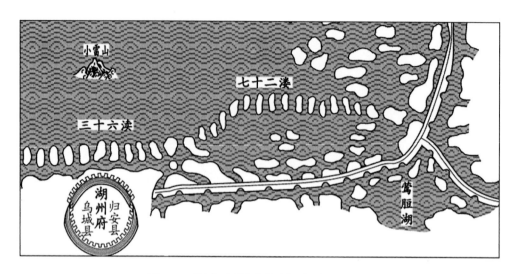

圖 14：明末太湖南部地區圖〔註 185〕

　　圖 14 是明末太湖南部地區的示意圖，此圖可說明明末太湖南岸的平原區
面臨更加嚴峻的洪潦局面。荻塘至漊港區是河網型水網，其主幹呈平行狀，
明以後從荻塘北部入太湖的水流量越來越少、由於開墾的增多，水勢減緩，
漊港水流不暢，「諸漊界烏程長興之間，歧而視之，烏程三十有九，長興三十
有四，總而論之計七十有三。其畫圖所載名號，今古不同，訪之父老亦鮮有
知其詳者。初入其境，大者如溪河，小者如石澗，塞者如陸沉，通者如神瀵，
湖塘皆有桑麻蘆葦之類以扼其流。而民之利其業者又憚於疏濬，以積其弊，
無在乎儲之者有湖，而泄之者無漊也。」〔註 186〕到清乾隆時期，荻塘以北至
太湖的區域成為江浙地區最富裕的地區，「其中則荻塘橫貫，遠承苕雪諸泉
水，清如鏡，十里一鎮，五里一村，土沃稻肥，動成千頃，菱芡茭芋，歲以
數熟。樹密路迂，溪深港曲，過客行舟，不有鄉道，咫尺皆迷，實濱湖之沃
壤，江浙之奧區也。」〔註 187〕荻塘以北河網具有對濱湖地區灌溉和交通的雙
重作用，隨著定居人口的增多，漊港區的細小河港增多，也使水文環境更加
複雜，到清代，濱湖地區漊港之外，開挖通湖河港，在河港邊定居的情況應

〔註185〕圖片改繪自：（明）張國維：《吳中水利全書》卷 2，圖，《太湖全圖》，明崇
　　　　禎十年（1673 年）刻本，馬寧主編：《中國水利志叢刊》第 49 冊，廣陵書社，
　　　　2006 年，第 336～337 頁。
〔註186〕（明）伍餘福：《三吳水利論》，六論七十三漊。
〔註187〕（清）陳和志修、（清）倪師孟、沈彤纂：乾隆《震澤縣志》，中國地方志集
　　　　成，江蘇府縣志輯，第 23 輯，江蘇古籍出版社，1991 年，第 23 頁。

是常見，如《雪月梅》中所描述反映的濱湖地帶的定居情形：「次日五更開船。
這內河裏好日夜兼行，不消三日夜已到了碧浪湖村。這岑義家離太湖有一里
多路，他後門離湖汊只有一箭之地。岑義叫他把船從大寬轉搖入湖汊裏來，
在自己後門口灣住，上岸來打後門。」〔註188〕

第三節　荻塘以南的水利與市鎮

　　從整體水系結構上來說，太湖南岸的嘉湖平原的河網水系分爲東西兩大
片，西片是以東苕溪爲幹流的自然河流水系，東片是以塘路爲主要形式的人
工運河水系，運河的水源取於東苕溪水系。京杭大運河從杭州經長安、崇德
至嘉興的河段行於嘉湖平原的濱海高平原區，南宋時期運河的水源通過杭州
北部的下塘河自東苕溪引來，並需通過閘壩逐段引水入運河中，這段運河也
被稱爲上塘河；過去對江南運河南段的研究多集中對這條運河線的討論，然
而，在江南運河杭嘉段以北至太湖南岸之間的低窪湖沼平原中，南宋時期就
已經存在著一個承擔江南運河主要運輸任務的運河水網，這一水網以荻塘爲
綱。江南運河南段位於嘉湖平原北部低窪湖積平原區的水系，京杭大運河杭
嘉段是屬於高平原扇形水系的組成部分，而北部低窪湖積平原區是一種平行
於太湖南岸的運河水系，湖州東部平原的荻塘運河連接兩個大面積的水域，
西部起始於東苕溪中下游積水區，向東連接澱泖湖群低地，「湖州西連廣德、
宣州，南接杭州、嚴州，諸山諸溪之水道於湖州而入於蘇，太湖東南之巨浸
也，容彙停蓄過於江而達於松，以放之海，則夫官是職者，其可斯須而離此
地哉。其地勢之要害，非他州之可比也。」〔註189〕明代的水利專家史鑑將湖
州的地勢特點與太湖周邊的其它州府都做了一番比較，總結此區水系的特
點，就是以塘聯繫西部苕溪水系與東部吳淞江，《讀史方輿紀要》中言：「苕
溪經湖州府城下分流爲運河，經府東七十里之潯溪達於蘇州府吳江縣南四十
里之鶯脰湖，而與杭、嘉二郡之運河合。」〔註190〕天目山諸溪水的水流從荻
塘運河水系自西南向東北經過湖州東部平原區到蘇松平原入吳淞江，在荻塘
以南有不同於北部的水環境與水利特點。

〔註188〕（清）陳朗：《雪月梅》第二十六回，報遠信巧遇遠歸人覓幽棲專拜幽居叟。
〔註189〕（明）史鑑：《西村集》卷5，與陳黃門玉汝書，文淵閣四庫全書本。
〔註190〕（清）顧祖禹撰，賀次君、施和金點校：《讀史方輿紀要》卷89，浙江一，
　　　　中華書局，第4110頁。

一、築塘與湖泊形成

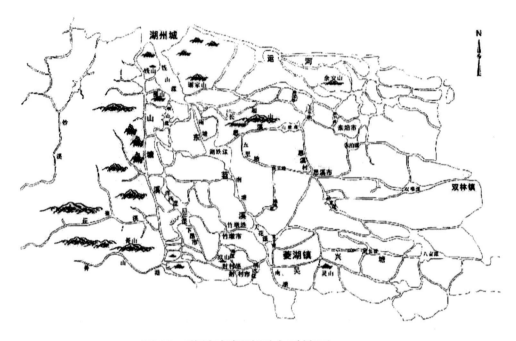

圖 15：荻塘南部地區水系簡圖〔註 191〕

　　荻塘南部地區的水網形態如圖 15 所示，河道串連湖泊，並有大型市鎮的形成。菱湖鎮是一個于東苕溪流域集水區中形成一大型市鎮，其最早聚落形態形成的歷史至少可以追溯到唐代。江南水鄉早期市鎮的興起於濕地中，市鎮的興起與發展更依賴於周圍地區農田水利開發的程度，一般來說，水鄉市鎮興起的背後有一個周邊濕地鄉村農業經濟發展、地域開發的過程。唐中葉之後因凌波塘的修建，菱湖地區所處的沼澤地中才有相對穩定的河道，南宋時期菱湖曾一度繁盛，之後再次興盛是在明初之後。菱湖鎮位於湖州府東南，周邊地區早期聚落的形成與東苕溪及其它天目山山溪溪流有緊密的聯繫，東苕溪下游支流餘不溪流經菱湖鎮及周邊地區，《嘉泰吳興志》：「餘不溪出天目山之陽，經臨安縣，又經餘杭縣，至安溪奉口，經德清縣折而東北，至敢山，過菱湖」。〔註 192〕實際上菱湖一帶的水流非常複雜，另還有發源於天目山南坡的數條溪流如菁山河和後莊溪水流西來，這些水流在菱湖鎮以西的地區交

〔註 191〕以《浙江省全輿圖》為底圖改繪，（清）宗源瀚等纂修：《浙江省全輿圖》中
　　　　　國方志叢書‧華中地方‧第 47 號，民國四年石印本，（臺灣）成文出版社。
〔註 192〕《嘉泰吳興志》卷 5，水，嘉業堂刻本，成文出版社，1983 年。

匯，形成面積廣闊水域，此外還有天目山的殘丘如涼山、靈山等小山丘散落在這片水鄉澤國之中，南宋時沈與求講餘不溪水流灌注於湖州東南，形成迴旋的水流：「餘不之源來自天目，注之兩涯，其勢若束，惟邑東南山縈水狀。」〔註193〕眾多溪流來水彙聚在小山體周圍，在菱湖鎮附近的平原地區形成了山水交融的環境。東苕溪水流在平原碰到小的山體如靈山、大、小涼山等小山丘而發生了改變，小型湖泊如後莊漾、天花漾、湖趺漾等散佈於平原之中，竹墩港、寶溪等河港與東苕溪交叉蜿蜒，串聯著這些小湖群，「天目之水由西南，餘英、餘不諸溪合為大溪從南來，散為小水從西來，彙於鎮之右，注為西湖，大溪北逝，則有泗水庵迎砥，轉而西則鍾秀於前邱、竹墩，有金蓋、下菰山束其勢，轉而東則拔翠於靈山，有南窯、千金束其勢」。〔註194〕如圖15 所示，東苕溪和其它溪流的洪水遇到這些小山體，在附近低窪地水影區積聚形成大量常年積水的湖泊。

　　這種山水景觀在元人的山水畫中得到很好的描繪。趙孟頫的《吳興清遠圖》描寫的是其家鄉湖州地區的山水景觀，為青綠山水，平原取景，湖面開闊，峰巒連綿。畫卷右端伸展出一帶小丘，像一組大大小小的三角漂浮在水上，錯落著蜿蜒向遠方；《山居圖》是吳興畫家錢選青綠山水的典型代表作。畫幅開端是大片空濛的水域，一葉扁舟蕩漾其上。湖心的一組群山是畫的中心部分。山色青翠，樹木蔥蘢。錢選歸隱山林，其筆下的山水都是他所熟悉的家鄉環境，自然風光。《山居圖》卷後的五言題畫詩為：「山居惟愛靜，日午掩柴門。寡合人多忌，無求道自尊。鷃鵬俱有志，蘭艾不同根。安得蒙莊叟，相逢與細論。」錢選多次將此詩題於畫上，在吳升的《大觀錄》中著錄了一張名為《雪溪山居圖》的錢選作品，卷後也題有此詩，並且接下來還有文章：「此余少年時詩，近留湖濱寫山居圖，追憶舊吟詩，書於卷末。」〔註195〕錢選另有《浮玉山居圖》，現藏於上海博物館，是錢選為自居雪川浮玉山的寫景。畫面丘壑綿密，峰石秀峭，墨山翠樹，煙靄浮沉，四周湖水迴饒，山巒中茅屋數間，溪邊漁舟半露，款署有「余自畫山居圖，吳興錢舜舉」字樣，同樣也是對東苕溪下游山水美景的描繪。

〔註193〕（宋）沈與求：《龜溪集》卷 11，《湖州德清縣重修孔子廟碑》，文淵閣四庫全書本。

〔註194〕（清）孫承宗撰：《菱湖紀事詩》卷 1，嘉慶刻本，第 2 頁。

〔註195〕黃朋：由錢選《山居圖》觀元初的「新青綠」山水，《南京藝術學院學報（美術與設計版）》2002 年第 2 期。

圖16：錢選《山居圖》

　　東苕溪主流餘不溪在湖州的平原上沿途容納眾山溪水流北流，需要有導流隄防設施進行控制，沿塘築墩是必要的河工手段，菱湖一帶可考的最早水利建設是淩波塘的修築。明代龐太元所修《菱湖鎮志》中這樣記載：「菱湖非舟車孔道，汪洋浩渺，古未成聚，自築淩波塘以後，民始聚廬。」〔註196〕淩波塘在菱湖地區攔擋了東苕溪和其它西部山溪的洪水，修建淩波塘之後，塘以西通過一些挺水植物如荻和蒲護岸，塘以東水流平穩，提供了利於農業開發的水環境，如《紀事詩》中所言：「波靜龍溪素練鋪，岸邊獵獵響風蒲。」〔註197〕初期菱湖一帶的定居地點多集中在淩波塘以東的平原區，汪魯鵬這樣講述菱湖鎮的開發過程：「地勢割坼，古未成聚，唐寶曆中刺史崔元亮築淩波塘，民始聚居於塘之東，興菱桑業。宋南渡後整市廛，治橋梁，由是漸稠，元末罹兵火，明洪武年始設務司建社壇，人物之薈萃，舟航之環集，甲於湖郡，遂為吳興城南一雄鎮矣。」〔註198〕但後人對於唐代所修淩波塘的具體位置看法不一，姚彥渠在同治《菱湖志》中分析淩波塘舊址可能在菱湖鎮東柵一帶，但孫承宗在《菱湖紀事詩》中提出淩波塘位置實際已不可考，因菱湖鎮的大部分地區在當時都已經為屋宇所覆蓋，河港甚至不通舟楫，這種情況下要詳指淩波塘的具體地點似乎不太可能；〔註199〕光緒《菱湖鎮志》的編纂者孫志雄認為淩波塘遺址在當時菱湖鎮的積善橋一帶，〔註200〕孫承宗也持此觀點，他在《菱湖紀事詩》中提到「淩

〔註196〕（清）孫志雄纂：光緒《菱湖鎮志》卷1，引明龐太元《菱湖志》，《中國地方志集成》（鄉鎮志專輯）第24冊，江蘇古籍出版社，1992年，第776頁。
〔註197〕《菱湖紀事詩》卷1，第4頁。
〔註198〕光緒《菱湖鎮志》卷首，汪魯鵬序，第766頁。
〔註199〕（清）姚彥渠輯：同治《菱湖志》卷1，《中國地方志集成》（鄉鎮志專輯）第24冊，江蘇古籍出版社，1992年，第722、720頁。
〔註200〕光緒《菱湖鎮志》卷8，橋梁，第804頁。

波塘互秀溪橋，寶曆經營世代遙」。秀溪橋即務橋，積善橋位於相隔於秀溪橋不遠的西北方向，姚彥渠、孫承宗、孫志雄都是長期居住於菱湖地區的文人，他們對清末菱湖鎮及其周邊地區的地理環境都十分熟悉，但欲知早期凌波塘的具體面貌，可能還必須從對當時周邊水文環境的歷史情形進行復原入手。

菱湖與凌波塘是互相聯繫的地理實體，菱湖這一地名的出現應是凌波塘修築之後。《嘉泰吳興志》稱「菱湖在歸安縣東南四十五里，唐崔元亮開，即凌波塘也。」菱湖鎮的西部地區在唐末已築有塘堤，以攔擋東苕溪向湖州平原區中泛濫的洪水，《嘉泰吳興志》中總結湖州平原中築塘就是攔西部山洪於左，同時起堤以通陸路，「凡名塘，皆水左，右以通陸路。」東苕溪及西部山溪所來水流在大堤西部的窪地中停蓄，成塘的同時形成了菱湖這樣的大面積水面。弘治《湖州府志》記載菱湖鎮「又名凌波塘」。〔註201〕當地人認為菱湖的得名緣於唐帶凌波塘修築之後在這裏種菱，出現了大面積的菱的水生植物群落所致，「菱湖即凌波塘，其地產菱，故名」。〔註202〕菱湖一帶河湖底多淤泥，適宜於菱的生長，從唐時崔元亮開始直到明清時期，種菱都是最適宜這種淤泥底質河湖水域的開發模式：「刺史崔元亮察土宜，知郡城南土肥澤，水勢平緩，多淤泥，獨宜菱，因課種備荒，咸賴足食，今沿其業，如法以種，盈池遍澤，無不成熟。」〔註203〕浮水植物菱能適應 1.5 至 4 米的水深，因此可以在較深河、湖敞開水區域生長，唐代中後期開始菱已是這個區域的主要水生植物群落。因凌波塘是修建於東苕溪下游的沼澤湖區，塘堤修建之後出現大面積的積水區，可能已經在此種菱，南宋時期這裏進行了初步的開發，因水域面積廣闊，種菱是有效利用水面的農業開發模式，南宋時當地荒年多以菱的果實稱之為「菱米」，儲存以備荒年，《嘉泰吳興志》言：「菱湖，在歸安縣東南四十五里。唐崔元亮開，即凌波塘也，其地產菱，居人採而焙乾之，以備凶年，號菱米。」〔註204〕

廣闊的水面為菱湖鎮及周邊地區的發展提供了良好的水資源條件，唐末以來大型水利工程凌波塘的修建則為宋以後菱湖地區的發展提供了契機。

二、湖杭運河與宋元時期菱湖地區的初步發展

宋室南渡之後湖州平原緊鄰國都，開發強度增大，南宋時利用湖州平原餘

〔註201〕（明）王洵等纂修：弘治《湖州府志》卷四，市鎮。
〔註202〕《菱湖紀事詩》卷1，引勞志，第2頁。
〔註203〕光緒《菱湖鎮志》卷11，物產，第818頁。
〔註204〕《嘉泰吳興志》卷5，湖，

不溪流域深水區的航運條件，開通了西側的杭州至湖州的江南運河航線。南宋時期湖州平原上至少有三條運河，其一是湖州城與平望間的荻塘運河，其二是江南運河杭州與嘉興段北部的吳興塘，這兩條都是東西向的塘路，還有一條則是唐末已修建的淩波塘。南宋政府曾高度利用淩波塘這條位於深水區的水路。當時杭州以北有上塘和下塘兩條運河，下塘連接湖杭運河，上塘連接杭嘉運河，「上塘河在縣之東北，過雋堰、臨平，抵於長安，達於崇德之界，東瀦於華家池，入於臨平，回遶於海寧。然塘高水淺，僅通舟楫。」上塘位於杭嘉湖平原南部地勢較高之處，旱季須通過閘壩引水以接濟運河水源。下塘行於平原地勢低窪區域，雨季從下塘排水，「下塘在縣之東北，泄上塘之水，西受錢湖之流，歷五林、塘棲，會於崇德，北達漕河，故曰新開運河，西北達於德清歸安，歸於太湖，西流於餘杭。」〔註205〕

　　南宋時連接下塘運河經過淩波塘的運河在江南運河中的地位極其重要，因杭州至嘉興間的上塘運河淤淺難治，南宋政府直接從杭州北部新開了一條運河，通接淩波塘的這條西線運河：「新開河在餘杭門外北新橋之北，通蘇湖常秀潤等河，凡諸路綱運及販米客舟，皆由此達於行都。」〔註206〕《嘉泰吳興志》中在水一條目之下首記這條杭州通往湖州的北流水：「北流水在德清縣前，其水分派於餘不溪，自清和石橋下，北流至沙村，與武康前溪水合，又北至峴山漾與餘不溪水合。」〔註207〕北流水在德清至湖州的平原上向北，與餘不溪水系水流相通。南宋時期許多人都選擇這條南北向的水路而不走東西向的杭州到嘉興的運河，因這條水路路線雖稍曲折，但行船更加經濟，不需要過堰閘。范成大乾道八年十二月赴靜江府任時，走的就是這條蘇湖杭通道，他第一天從湖州城出發，第二日到德清縣，中途在橫山休息一夜。〔註208〕南宋偏安江南，東苕溪下游湖州與杭州之間的水路客流量很大，當時東苕溪沿線有許多夜航船，當時這條水路航線日夜都有通行的旅客，利用率很高，袁說友詩曰：「我家苕霅邊，更更聞夜船，夜船聲欸乃，腸斷愁不眠。」〔註209〕

　　南宋時菱湖地區找不到設鎮的記載，清乾嘉時期菱湖耆老孫宗承認爲菱湖

〔註205〕（明）沈朝宣纂修：嘉靖《仁和縣志》卷6。

〔註206〕《咸淳臨安志》卷35，山川。

〔註207〕《嘉泰吳興志》卷5。

〔註208〕（宋）范成大：《范成大筆記六種》，攬轡錄，中華書局，2004年，第43頁。

〔註209〕（宋）袁說友：《東塘集》卷1，《江舟縴夫有唱湖州歌者殊動家山之想賦吳歌行》，文淵閣四庫全書本。

地區在宋時屬歸安縣管轄，但當時應沒有設鎮，所以祥符年間編寫的《圖經》中應沒有菱湖鎮的相關記載。「宋拆東南十五鄉，菱湖處分隸歸安。菱湖支派具區分，補入《圖經》恐未眞。」〔註210〕清末學者陸心源認爲宋時菱湖的地位與人口規模已與鎮相當，當時可能也曾設置過相當於鎮一級別的管理機構。南宋時因江南運河西線杭州通往湖州運河地位的上陞，菱湖又爲這條航線所經過的要道，南宋時在這裏已經設有收稅的務地，「菱湖爲吳興大城南大鄉，聚其稱鎮也，不知其所由始，宋制凡縣管下人煙繁盛處置鎮，設監官，掌茶、酒稅務之事，菱湖在宋時曾否設官置鎮無可考。惟今鎮之中有務地，即宋時監當稅務之所，則鎮之名，其或始於宋。」〔註211〕南宋時菱湖務地的商業貿易可能已經很興盛，商品交易額甚至超過周圍的市鎮，據《宋會要輯稿》記載：

> 自嘉定十一年內，洪水沖損驛路，更不前去發引，上令上柏牙鋪等於本縣接界招誘收稅，其客人經取黃竹、蔣村等處，及崇仁鄉十字港通徹蘇、常、杭、秀去處，取道興販，以致官課頓虧，烏青鎮稅始於界內塼市，置鋪戶運貨，轉運司約束不許於五里外欄稅，客旅乘此多行私港，而本鎮鋪戶運貨停塌於數里之外，朝夕旋取以歸，此場務所由販壞政之，湖州管下縣鎮如德清縣，日額止四十餘千，新市鎮止十八千，獨武康、烏青稅額仍舊，日下煎熬，乞下所屬詳議將二處租額及續增數目，斟酌蠲減，立爲定額，庶幾商旅阜通，課利陽辦，從之。〔註212〕

南宋時期往來湖州、杭州的許多商船都要經過菱湖，今菱湖地區在當時的江南運河水網中是一個連接蘇州、湖州和杭州兩大城市的樞紐。在凌波塘內側，也有宋時務地的遺址，孫承宗在《菱湖紀事詩》中提及，「東溪成聚倍其餘，北與西南遂徙居。撲地人煙舟絡繹，的應改鎮在明初」，詩中「撲地」暗指宋時務地，意即宋時買撲之舊地。以務地舊址一帶的地區應是菱湖鎮的交易中心，光緒《菱湖鎮志》中稱明代菱湖鎮稅庫司署的遺址在此地，「居民擔負咸薈萃於此」。〔註213〕

南宋時期多有士大夫家族定居於今菱湖鎮一帶，據姚彥渠的考證，「南渡以後，始興市廛，治橋梁，漸即稠密，安禧王裔南遷於此，故附近多趙氏

〔註210〕《菱湖紀事詩》卷1，第1頁。
〔註211〕光緒《菱湖鎮志》卷首，陸心源序，第764頁。
〔註212〕（清）徐松輯：《宋會要輯稿》食貨一九，寧宗會要。
〔註213〕光緒《菱湖鎮志》卷9，街巷，第807頁。

產。」〔註214〕元代以來江南地區的水路交通仍延續南宋時期的格局，菱湖鎮及周邊地區的移民主要是依靠運河水網的經商者。孫氏和朱氏都是最早移居菱湖鎮的氏族，到清代這兩個家族的地位在菱湖鎮最重要，清代孫氏家族及第者很多：「菱湖爲歸安一聚落，居人僅千戶，而誦弦苔響，每鄉舉舉五六人，少亦三四人，國朝來冠南宮者三人，孫氏有二。」〔註215〕孫氏是菱湖鎮最大的氏族。孫氏之祖孫怡善元末從餘姚遷住菱湖。孫怡善起初也是一個倒賣商。《菱湖孫氏家譜》中這樣記載：「余家先世本姚江，五世祖怡善公始卜居歸安之菱湖。再傳爲毅軒，三傳爲靈峰公，即湛之曾大父也。宣德間徭賦繁重，里中富民役於官，每至破家，適有與怡善公同姓字偶充役，買權貴得脫，使怡善公當之家業，罄毅軒公病儒弱不能治生產，公始生時，家無擔貯，公天性孝友，十餘歲即以甘旨不給爲念。春夏經誦之餘，公糴賤販貴，往來姑蘇，仰事高王父母。」〔註216〕顯然孫怡善遷居菱湖是因這裏便利的交通，江南長三角地區的水路運輸網中以東苕溪下游水路樞紐地帶的菱湖鎮爲中心，下可以最短的路線至太湖入蘇州，上可溯東苕溪過錢塘江徑直入浙東，而中途經嘉興的蘇杭運河沿線一路水源條件不及湖杭運河線，沿線設諸多堰閘，耗費時間和經費較多，以菱湖鎮爲中心的水路常年水源充足，商家利用這條天然航線可以以最快的速度便利地往來蘇州、餘姚之間，孫家在餘姚當地本就是一個有著經商傳統的家族，其先祖孫怡善於元末就已經移居菱湖，因這裏更便於在蘇州、湖州、餘姚之間貿易活動。

　　有元一代湖州已經成爲江南地區的主要絲織原料產地，在當時絲織業統制經濟制度下，許多周邊地區的商人遷居菱湖從事絲織原料的販賣，朱氏就是一個典型的例子。《明王繼祀菱塘朱氏譜序略》記載：「文公四氏孫居文默公爲烏程令，居杭州，長子汝實公任湖州提領，家湖州。傳二世爲萬七公，遷句容，子思凱公，於洪武間由句容遷居歸安之菱湖。」〔註217〕朱氏祖輩曾有人在湖州府任絲織提領，其家族對於長三角地區幾大官營織造的絲織業行情十分熟悉，朱氏後代在明初洪武年間移居菱湖，繼續從事生絲貿易，朱氏的後世繼承者從事絲織品貿易並且經營十分成功，「上溯第十四祖思凱公始由

〔註214〕同治《菱湖志》卷1，地理門，第719頁。
〔註215〕（清）吳省欽：《白華後稿》卷12，序，蘇門山人詩存序，清嘉慶十五年刻本。
〔註216〕《菱湖孫氏家譜》卷2，傳，《靈峰府君傳》，上海市圖書館藏。
〔註217〕光緒《菱湖鎮志》卷22，氏族，第861頁。

句容遷居歸安之菱湖鎮。考思靜公妣孫太孺人，先生未冠時，即爽朗不凡，父以貧故使早相從爲賈，顧心計湖州盛蠶桑，若絲若綿，衣被天下，業可久而不輟也。故業絲，絲所售處，江寧居多，而銀與貨稍帶往來者，各機戶之信使焉。」〔註218〕朱氏的十四代朱思靜已成爲菱湖一帶各機戶的領頭。

　　總之，宋元時期菱湖鎮周圍有廣闊的湖泊資源，這裏的河港常年有充足的水源補給，具備良好的水上運輸條件。南宋時期政府加強了對經過菱湖地區江南運河的建設，對溝通凌波塘的運河渠道進行了疏濬和維護，菱湖一帶因運河也形成了固定的交易點，宋元時期菱湖鎮已經是溝通長江三角洲地區水網交通的要地。這些都爲明代以後菱湖鎮發展成爲湖州平原西部的中心市鎮提供了條件。

三、明清時期的局部水網與市鎮形成

　　明代以來菱湖鎮發展成爲東苕溪下游一個大型的聚落，其水利和河網形態已與宋元時期完全不同。明中葉以後菱湖鎮的定居人口開始向西部地區遷移，聚居點向西部地區集中，「洪武初始設務司，建社壇，市酤盛於東湖，成宏間民始瀕西湖而居」。〔註219〕姚彥渠提到菱湖鎮的聚居格局變遷過程：「維時市酤勝於東湖，陵波塘以西皆桑墟葦岸，闃無居人。成化、宏治間萑苻多警，民乃瀕西湖居以禦溪寇，自是第宅連亙，湖東、西無隙地。」〔註220〕西部深水區更易防倭寇和地方盜匪，當時倭寇一般由南而北從德清往上入菱湖入犯，「嘉靖三十四年正月，倭寇至德清新市，探報近靈山，到菱湖，……三十三年春，倭毀歸安之菱湖。」但對菱湖鎮居民擾害次數較多的是來自西北山區的地方寇匪，菱湖鎮臨天目山區，「西北萬山盤矗，古稱盜藪」，〔註221〕這些寇匪沿太湖而下，順菱湖北部地區河港來犯，當時的水軍駐紮在菱湖至荻港之間的定軍港：「《龐志》定軍港：明景泰甲戌年盜起，里人龐正編定水軍禦之，故名」。〔註222〕

〔註218〕《菱塘朱氏族譜》第一冊，傳志，怡齋先生傳，上海市圖書館藏。
〔註219〕光緒《菱湖鎮志》卷1，疆域，第776頁。
〔註220〕同治《菱湖志》卷1，地理門，第719頁。
〔註221〕（清）金友理撰：《太湖備考》卷首，江蘇古籍出版社，1998年，第6頁。
〔註222〕《菱湖紀事詩》卷1，第6頁。

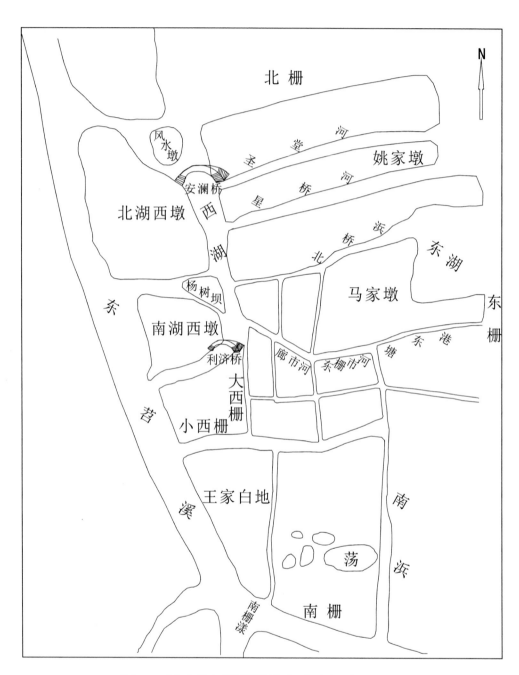

圖17：清光緒年間菱湖鎮水系示意圖〔註223〕

〔註223〕改繪自：（清）孫志熊纂：《菱湖鎮志》，光緒十九年刻本，圖，第774頁，以
《湖州市地名志》第74頁地圖爲底圖改繪。

　　菱湖人孫志雄在光緒《菱湖鎮志》留下了一幅菱湖鎮的示意圖。如圖 17
所示，孫志雄描繪的示意圖中西湖是聯繫東苕溪水流與菱湖鎮水網及東部的
湖泊水網的重要水域，「天目之水由西南餘英餘不諸溪，合爲大溪，從南來，
散爲小水，從西來，彙於鎮之右，注爲西湖。」〔註224〕東苕溪在菱湖鎮北流。
在東苕溪和西湖之間有三個墩，依次是風水墩、北湖西墩、南湖西墩。這三
個墩都是淩波塘修築之後逐漸形成的沙洲。明代以前淩波塘西部的湖泊水面
覆蓋的範圍應包括圖 17 中菱湖鎮中北湖西墩、南湖西墩甚至南部、西部的一
些街區，當地人認爲西湖是古菱湖水域的一部分，同治《菱湖志》中說：「西
湖在鎮西北，即菱湖，俗呼爲西湖。」〔註225〕明代的志書記載淩波塘上植桑
固堤，塘外菱湖中植菱，淩波塘以西無居民，「自築淩波塘以後，民始聚廬，
於塘之東興菱桑業，塘以西皆桑墟、蘆葦，黃泥墩、蜆子灘間無人居。」〔註
226〕東苕溪及附近山溪水流挾帶的泥沙在淩波塘路西部的水域中落淤形成沙
洲，原淩波塘以西的廣闊水體逐漸被這幾個逐漸擴大的沙洲分割爲東、西兩
部分。沙洲西部爲東苕溪主河道，東部爲西湖。康熙年間，人們已在南湖西
墩和北湖西墩之間加築一小墩，「菱湖亦有西湖，直達龍溪，水勢壯闊，地形
疏散，相傳裏有金天聞者，不知何時人始築梅水墩於中，或又於南北各架一
橋，南曰長生，北曰襟帶，又植楊柳於隄，由是水有約束，風有屏障。」〔註
227〕這個墩又名梅水墩，實際上是一個擋水壩，光緒《菱湖鎮志》中記載梅水
墩又名「楊樹壩」。〔註228〕楊樹壩修築之後菱湖鎮的水流發生了大的改變。楊
樹壩修築之後，西湖成爲菱湖鎮的內湖，西湖水流通過菱湖鎮內這些東西向
的河港與菱湖鎮的東湖相通，其水流態勢如《紀事詩》所言是「西湖水勢入
東湖」，菱湖鎮東部地區的水流都從西湖的菱湖而來，以西湖爲起點，形成東
西向的平行河港，這些河港水流彙入東部的東湖。鎮內的土地被眾多的河港
所分割，其中東西向的主要河港有五條，如聖堂河、星橋河等，這些河港對
原南北向的淩波塘形成切割的態勢，「菱湖廣袤均可二里，其中曲港支流，四
通六闢，極迴環停頓之勢」。〔註229〕

〔註224〕《菱湖紀事詩》卷 1，第 2 頁。
〔註225〕同治《菱湖志》卷 1，地理，第 720 頁。
〔註226〕光緒《菱湖鎮志》卷 1，引明龐太元《菱湖志》，第 776 頁。
〔註227〕光緒《菱湖鎮志》卷 16，金石補，《重建永寧橋亭碑記》，第 843 頁。
〔註228〕光緒《菱湖鎮志》卷 9，街巷，第 809 頁。
〔註229〕光緒《菱湖鎮志》卷首，序，第 768 頁。

　　楊樹壩起到了明顯的壅水作用，如《菱湖紀事詩》中所言「東岸波旋西
岸隁」的「波旋」說的就是東苕溪水流在此被挑流，在楊樹壩附近形成了水
工學中常見的螺旋波。楊樹壩的修建更加速了西湖中沙洲的淤淺，同時東苕
溪通過楊樹壩周邊兩橋進入菱湖鎮的水量少，山溪來水只有通過西北角的河
港入西湖，再分入菱湖鎮內部重要的市河河港，水流方向迂迴。其結果是原
西湖水域有很多的灘地出現，如黃泥墩原也是西湖的一部分，清代中期成陸，
孫承宗的《菱湖紀事詩》則用詩文描述了這一帶的景觀，「黃泥墩外荻叢叢，
蜆子灘頭馬蓼風，欸乃一聲秋月落，荻花初白蓼花紅」。〔註230〕黃泥墩附近有
蜆子灘，蜆子就是指河蜆，多生長於河、湖中泥質的洲灘水底。洲灘上著生
的濕生植物以荻為優勢群落，淩波塘外的東苕溪灘地中著生大面積的荻。荻
是一類高大的灘地植物，曾是菱湖東苕溪沿岸的典型植被，湖州平原中的許
多地名如荻塘、荻港之類，即源於這些地方築塘修堤後形成了以荻為主植被
景觀：「荻塘得名，苕溪、蘋洲之類，以其生荻之多也」。〔註231〕東苕溪得名
也是因為沿岸以荻為主要的水生植被景觀，荻的莖稈堅實，有發達的根莖和
龐大的不定根系，具備強大的固土能力，是江南地區洲灘中常見的一種鄉土
植物，〔註232〕《植物名實圖考》言：「大江之南，是多荻洲，為柴、為炭、則
竈窯所恃也，其灰可煨，可烘，為防、為築，則堤岸所亟也。」〔註233〕荻適
宜生長在水流較急的河灘生境中，因此在迎溪流的水域生長較多，在水流較
緩的水域，蘆葦群落則更常見，如北湖西墩東部靠近奎章閣的西湖水域中多
蘆葦：「幾處蒹葭雙槳冷，隔村楊柳一孤燈」。〔註234〕西柵與王家白地之間的
水域也是蘆葦叢生，清乾隆時期這裏蘆葦沼澤地中有一些珍稀水禽出現，孫
承宗詩中講常有雪鷺在其中覓食：「孟港村墟積火微，石塘頭上石成圍，梢梢
瑟瑟風蘆戰，兩兩三三雪鷺飛。」〔註235〕

　　楊樹壩修建之後西湖被分成南北兩個具有不同水文生態特點的水域，一
些水域開始出現沼澤化的趨勢，孫承宗在詩中用「南蕩螺螄北蕩草」描述西

〔註230〕《菱湖紀事詩》卷1，第6頁。
〔註231〕《嘉泰吳興志》卷19，塘。
〔註232〕中國濕地植被編輯委員會編：《中國濕地植被》，科學出版社，1999年，第178
　　　　～181頁。
〔註233〕（清）吳其濬著：《植物名實圖考》卷14，隰草類，蘆，商務印書館，1957
　　　　年，第354頁。
〔註234〕《菱湖紀事詩》卷1，第4、10頁。
〔註235〕《菱湖紀事詩》卷1，第8頁。

湖的水生生物特點。〔註236〕清中後期原西湖水域已經被分割成南北兩個相對獨立的水域，西湖北部的湖泊水域已經成為淺水草蕩區。清初北湖西墩、南湖西墩與菱湖鎮之間由西湖隔離，康熙年間鎮內鄉紳曾數次謀劃營建溝通兩墩與鎮區之間的拱橋，均未成功，楊樹壩建成之後建橋很快就成功了，「湖西人家，南北兩渡，向有風波之險，濟者難之。丙子歲，里人欲創建橋梁，貲費浩繁，不果，甲申衹園松公任勞募化，規模乃定，丁亥松公回首法嗣，遵生繼之，連值歲饑，工未竣也，然已成跨長虹之勢矣，名安瀾」，乾隆十四年，里人捐資將安瀾橋改造成環橋。〔註237〕壩和橋的修築使西湖成為菱湖鎮的內河，東苕溪流經菱湖的運河水面進一步縮狹，清初岳昌源作有《種菱歌》描述經過菱湖的運河水路中所看到的水生植被景觀，運河兩岸遍種菱，以致菱湖鎮的東苕溪運河水路只留中間較小的水面通船：「止許中流容客棹，菱湖自此錫嘉名」。〔註238〕菱湖鎮只剩下一個水面較廣的區域，即南蕩。南蕩因有東苕溪的水流灌注，乾隆時期仍常年保持一定的水深，水域中生長有各種沈水和浮水植物，入春以後這裏的水域中荇和藻類旺盛生長，孫承宗在詩中描述這一帶水生植被景觀：「荷圓梅爛日初長，荇藻牽絲澈骨涼」，浮水植物菱和荇的植物群落在南蕩中是優勢群落，一般生長著荇和菱的水域都是水生生物資源豐富的地區，這些水生植物群落為一些水生軟體動物的生存提供了良好的棲息地，南蕩中有螺螄等水生動物的大量繁殖，為一些野生水禽提供了覓食的場所，因此春夏時這片水域有許多水鳥出現，如《菱湖紀事詩》所描述：「風和港口荇絲肥，浴水鳧鷗拍拍飛」。〔註239〕

　　楊樹壩和菱湖鎮四柵的修築促進了菱湖鎮局部水網的形成，明代菱湖鎮已有四柵，「廣約二里，袤亦如之，遂為歸安雄鎮，北距郡城三十六里，地非衝要，水盡舒徐，汊港紛歧。」〔註240〕菱湖鎮內部的河港水流平時多處於回流或靜水環境之下，厲鶚的《菱湖詩》中這樣描述菱湖鎮的水文生態特點：「到眼忽成市，千家奩鏡開。魚多論斗賣，菱好及時栽。歷歷帆斜過，泛泛水倒回。」〔註241〕東苕溪流經菱湖鎮的水流被約束，菱湖鎮內部河網

〔註236〕《菱湖紀事詩》卷1。
〔註237〕《菱湖紀事詩》卷1，第5頁，《菱湖雜詠》。
〔註238〕《菱湖紀事詩》卷1，第2頁，岳昌源《經野堂詩刪》。
〔註239〕《菱湖紀事詩》卷1，第7、8頁。
〔註240〕同治《菱湖志》卷1，地理門，第719頁。
〔註241〕光緒《菱湖鎮志》卷1，第776頁。

中的水位穩定，如菱湖鎮內塘東港水位較淺，水流平緩，適宜於種一種「湖
跌菱」，這是一種適應淺水靜水的紅菱品種，菱果大：「湖跌菱色紅而大，塘
東港菱類湖跌種，故佳」，《菱湖紀事詩》中言：「塘東菱種出湖跌，賣得紅菱
了地租」。〔註242〕一般種紅菱的水域都是池塘或河港小面積的靜水區，在這些
水面採菱不需操舟，用菱桶即可，嚴怡在菱湖鎮以東的湖州平原水網中穿行
時，看見了這種菱桶，甚至人多乘這種盆狀的菱桶垂釣，他在詩中描述：「小
盂聊作採菱舟，餘興還攜雙釣鉤。嫋嫋菱歌雜漁唱，羨他身世盡優遊。」〔註
243〕據菱湖鎮的費月梅老人講述，採菱和劃菱桶都必須從小練習，採菱主要靠
平日裏練出來的手感，要有一定的手勁，在摘菱角時，掐、切、扭用力要有
分寸，每到紅菱成熟時，女孩們結伴而出，抬著菱桶前往自家的水蕩中採菱，
劃菱桶採菱比划船採菱更難掌握平衡，菱桶配以小槳，不需像划船那樣的大
幅度動作，劃菱桶時伸直雙臂，把小槳放在前面，有節奏地頻頻左右撥動，
菱桶只能在離岸不遠的靜水水域使用。〔註244〕菱湖鎮外圍湖區的水面多被鄉
民通過種蒲防浪、插竹為界，製作菱圍割占水面種菱，這些水域採菱需划船。
如夏季西湖中大部分水域都被種菱，「六、七月間，湖內編蒲插竹，界畫分明」，
人們根據水流和水深情況來種植特定的品種，在外部湖區一般是多種植適應
性較廣的兩角菱：「菱湖水多栽兩角菱，曝乾名曰風菱」。〔註245〕據金志章（康
雍時期）的「菱湖雨中即景」描述出當地少女划船至西湖中採菱的景觀：「爛
銀滿鏡，秋渡濕浦雲暗暗，漁天色菱絲嫋嫋，罾罘翁，十五小鬟搖艇入，煙
蒼蒼，雨茫茫，白蘋風起菱歌長。」菱湖鎮東部分鄉橋一帶的採菱女也是駕
舟採菱，「收釣漁兒經四至，蕩舟菱女度分鄉」。〔註246〕

　　菱湖一帶河流形態與漁業有很大的關係，農家一般選擇河灣和湖灣沿岸居
住，在臨近水域種菱，岸邊栽楊樹。菱可為許多魚類提供覓食的環境，許多魚
類也喜歡在楊樹的水中根上產卵，明末孫霖館學菱湖時發現這一帶的夏季鄉村
景觀都是「曲渚魚兒淰，虛庭燕子喧」。〔註247〕此外，一些專心讀書著述的文

〔註242〕《菱湖紀事詩》卷2，第21頁。
〔註243〕（明）嚴怡：《嚴石溪詩稿》卷4，舟行見有乘小盆採菱兼攜釣具者，《四庫
　　　　禁燬書叢刊》集部第101冊，第122頁。
〔註244〕周晴：《菱湖採訪筆記》，2011年10月，未刊。
〔註245〕同治《菱湖志》卷2，物產，第734頁。
〔註246〕《菱湖紀事詩》卷1，引《江聲草塘集》，第8頁。
〔註247〕光緒《菱湖鎮志》卷1，引《吳興詩話》，孫霖菱湖逭暑詩，第778頁。

人爲了獲得相對幽靜和隔離的環境，在菱湖東部購置田地，營造園宅，造園地點或鑿河港出小浜，或選取小溪尾閭，大多都要利用彎曲的水流，岳昌源曾訪得菱湖鎮的莫家浜，在這裏築室隱居，這樣的地方除了幾位十分要好的友人到訪，平時少有人迹往來：「小橋流水停舟僻，獨樹孤村閉戶深」。〔註248〕文人往往依據自己的喜好在宅地旁營造大面積的樹林，一些士人種竹，築宅其中，明代菱湖志中提到「沈宗殷在楊滉講學，種竹十餘畝，居其中，人稱竹裏先生」。〔註249〕也有在種桃樹者，南柵外有一處桃花莊，春季景色極佳，「簇簇桃花隱小莊，門前流水浣餘香」，住宅對著小河，從外部看來，小屋隱匿在簇擁的桃花中，溪水挾著落英從小莊門前流過，時代改變，住宅的主人變化，但這樣的景致卻一直保留，乾隆時期這裏仍有桃花十幾畝，《菱湖紀事詩》講：「濛濛霡霂雨中春，千樹桃花映水濱，檢點風光渾似舊，主家不是舊時人」。南柵的魯家園、宋家橋一帶的園林曲徑通幽，「魯園薄暮劇淒寥，草沒泥深路一條，涼殺水邊雙白鳥，快風特起宋家橋」。南柵外的楊滉景觀如明龐汝寵所描述：「垂楊曲水畫煙昏，短屋重重綠映門，隔水只聞人笑語，不知幽處是成村。」〔註250〕菱湖鎮東柵外的園林則更有田園味道，如康熙年間邵永壺購得原沈氏在此經營的一處園林，有小橋流水，岸邊多栽垂柳，彎彎溪水旁有稻田、花圃：「邵永壺購沈湖北莊樹，移築鳳林村落，過訪留飲。步出東村外，尋君一畝塵，小橋垂細柳，曲水繞平田，座展栽花譜，門來泛鶴船。」〔註251〕

　　楊樹壩修築之後菱湖鎮以壩西部和南部爲中心形成固定的街市與河道。明代中期菱湖鎮還沒有形成固定的街市，當時多爲進行蠶絲和水產貿易的分散的水市：「（菱湖）多出蠶絲，貿易倍於他處，土人居舟中，列諸貨物市賣，謂之水市」。〔註252〕「菱湖市廛家主四方鬻絲者，多廛臨溪，四五月間，溪上鄉人貨絲船排比而泊」。〔註253〕清初以來隨著西南區水流環境的穩定，大量定居人口出現在菱湖鎮的的西南區，到康熙年二十八年，菱湖已經是「煙火萬家」的大鎮，具有一個典型江南水鄉市鎮的一般特點。〔註254〕清代中後期以

〔註248〕《菱湖紀事詩》卷2，第6頁。
〔註249〕《菱湖紀事詩》卷2，第3頁，引明《龐志》
〔註250〕《菱湖紀事詩》卷1，第7、13頁。
〔註251〕《菱湖紀事詩》卷1，第11頁，引《遺安堂詩集》。
〔註252〕（明）宋雷：《西吳里語》卷4，《中國風土志叢刊》第37冊，第374頁。
〔註253〕（明）董斯張：《吳興備志》卷31。
〔註254〕光緒《菱湖鎮志》卷14，金石，《菱湖創建祇園寺碑記》，第832頁。

來，菱湖鎮主要是圍繞著破碎化的局部河網形成鎮中固定的街市。如圖 18 所示民國年間的菱湖鎮內部街區圖，民國時期菱湖鎮形成的具有現代特點的建築、宅院和弄堂多集中分佈於緊鄰楊樹壩的局部河網西部、南部河港的兩岸。有清一代新橋不斷在街市中被建立，橋與橋之間有道路相通。「湖樓屈曲類盤蝸，路轉新橋市井斜。」清代中葉以古淩波塘為中心的地區已成為菱湖鎮中居民最為集中之地，如紀事詩所述：「淩波塘互秀溪橋，寶曆經營世代遙。今日魚鱗鋪屋瓦，幾曾菱藕亦偏饒。」〔註 255〕

街市和橋的增多也使菱湖鎮的水文生態變化明顯，鎮內的主要市河來水減少，河港日漸狹淺。如原通西湖的望河，居民利用兩岸一帶之披基侵佔河港，康熙三年刑部郎中孫在中開濬，開濬後的河寬二丈三尺，〔註 256〕到同治年間，「淤塞如故，河甚窄狹」。〔註 257〕望河即菱湖鎮中心位置的廊市河，孫承宗講乾隆嘉慶時期菱湖鎮的孫家廊市河水流仍清澈，河港中魚類也很多，春暖時節，這些河港多放養鴨群，「孫家廊外水流淙，樓上春光卍字窗，魚尾霞紅魚瞥瞥，鴨頭波綠鴨雙雙」。〔註 258〕因菱湖鎮的孫氏家族為長期致力於疏濬這條河港，這條河港也被命名為孫家廊市河。乾嘉以後孫家廊市河型變窄，到清末，水流污濁，「咸豐、同治間，粵匪滋擾，毀市塵，傾瓦礫，河愈淤塞，自去秋至今首夏，天復少雨，河水之穢濁尤甚」。〔註 259〕到清光緒年間，菱湖鎮內部河網的死水化現象已經十分嚴重，孫志雄在光緒《菱湖鎮志》中詳細說明了這一點：「故道尚多壅塞者，如分鄉橋下之故道，非東與茶亭前之斷港通，即北與北橋通，安慶橋西之故道，非南與奪魁橋北之斷港通，即西與王家潭通，此外斷港復十餘處，雖不知何年始塞，然乾隆以前毅然任之是也。」〔註 260〕桑地面積的擴展使菱湖鎮中的河港更加狹窄，康熙年間岳昌源在《菱湖雜泳注》中描述菱湖鎮北橋一帶已經是細河港與大片的桑林的景觀，「小橋曲水，桑榆交蔭」，〔註 261〕乾隆嘉慶之後菱湖鎮東部的一些園林景觀主體也讓位於桑樹，如東柵外距菱湖鎮一里路遠的鳳林即明孫德（火申）

〔註 255〕《菱湖紀事詩》卷 1，第 6 頁。
〔註 256〕黃世傑：《望河碑記》，《菱湖志》抄本。
〔註 257〕同治《菱湖志》卷 1，第 727 頁。
〔註 258〕《菱湖紀事詩》卷 1，第 9 頁。
〔註 259〕光緒《菱湖鎮志》卷 16，金石，《菱湖鎮開濬市河碑記》，第 840 頁。
〔註 260〕光緒《菱湖鎮志》卷首，序，第 768 頁。
〔註 261〕同治《菱湖志》卷 1 引，第 721 頁。

的小衹園故址，到同治年間這裏已經桑林遍佈，景觀形態爲「小橋曲水，桑榆交蔭」。〔註262〕

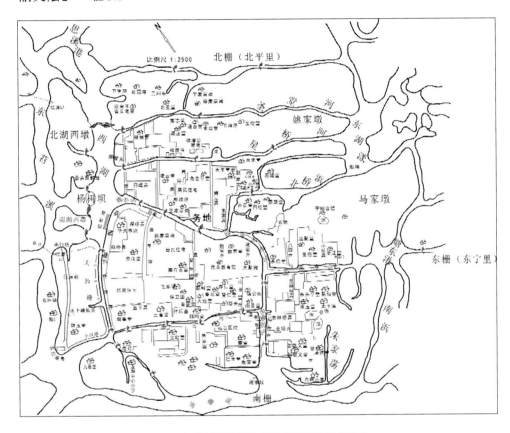

圖18：民國年間菱湖鎮河網與街區示意圖〔註263〕

四、村莊

　　菱湖鎮外圍地區的村落多爲散村，這些村莊之間大都被水域隔離，「村虛船做市，地絕水爲鄰。」〔註264〕這些孤村外圍一般都種有樹木，村莊隱藏在樹木背後，村莊通過小河與外界溝通，如菱湖鎮過北柵奎章閣的長溪就連著一個這樣的村莊，「長溪西區明如練，別見孤帆樹裏行」。〔註265〕菱湖

〔註262〕同治《菱湖志》卷1，第723頁。
〔註263〕以里人倪丙修所繪《民國二十五年菱湖鎮街區圖》爲底圖改繪，資料來源：李惠民主編：《菱湖鎮志》，崑崙出版社，2009年。
〔註264〕雍正《浙江通志》卷12，《趙金過菱湖詩》。
〔註265〕光緒《菱湖鎮志》卷2，王模《奎章閣春望詩》。

北面的古洋里村的高士莊村外則被更多的樹木包圍，「野樹仍圍高士莊」，有些村莊外圍都是寬敞的水域，高士莊的周邊為深水區，《紀事詩》中描述這裏的水生植物群落與別處不同，這些水域多生長著一些漂浮水生植物，優勢群落為紫萍和白蘋：「紫萍演漾白蘋香」。〔註266〕一些村莊到民國時期仍是由一些孤島，如竹墩與射村。這些村莊周圍的水域更加廣闊，陸地面積相對較小，墩被大面積的河港、漾蕩所包圍，村莊早期是由多個水中沙洲——墩所組成，但這些沙洲被相當廣闊的湖泊水域隔離，「前邱在水中央，其西南則同射村諸要路，巨溪蕩漾，參錯環迴，問津者有望洋之歎。」〔註267〕坐落在這些「墩」上村莊往往成為孤村，竹墩、射村一帶的村落都是散居村落，由於水面隔絕使村落關係相對鬆散和獨立，難以與周圍的定居點聯合成大的塊狀聚落。如位於菱湖鎮西北四里的竹墩村就是由6個墩組成的古村，據光緒《歸安縣志》記載：「竹墩市，在縣西南三十里，竹墩與前邱相去里許，沈、朱二姓多習儒業，明以來科名蔚起，自東至西，清溪曲折，迴抱市廛數十家」。〔註268〕圖19是竹墩村沈氏老人所憶繪的民國時期竹墩村地圖，竹墩村的6個墩仍被8條小河分割，竹墩村是的居民點集中分佈於水中高地，高地上都種桑樹。〔註269〕

在水流交匯的深水地區往往築有墩，墩即挑流壩，具有減緩水流的作用，「留土為墩，以居港口，使水之未入港者不驟合而得其湍流之性，及其入也，則已入於港而流愈迅，此港所以必有墩。」〔註271〕太湖南岸平原中的市鎮一般興起於眾水流交匯之處，墩的修建為市鎮營造出局部安全的水環境，《烏青文獻》中特別記載了分水墩對於烏鎮和青鎮的作用：「逆水有九矣。九水汪瀾，環繞水墩，總於東爛溪而去，曲折盤旋爭流競秀，懷抱兩鎮，故分水墩關鎖兩鎮之尾閭而為九溪之砥柱也。」〔註272〕分水墩是通常是河港交匯水面中的一個小島，高速的水流經分水墩導流，水流速度減緩，或分為兩支流。為減緩荻塘河東泄之湍流，南潯也築有分水墩。深水區的村莊往往因築墩而成，例如湖州東部升山公社的三墩村，村南西山漾中有三個四周環水的土墩，村

〔註266〕《菱湖紀事詩》卷1，第15頁。
〔註267〕（清）沈雲、吳玉樹纂：《寶前兩溪志略》卷四，文物出版社，1986年，第4頁。
〔註268〕（清）陸心源等修，丁寶書等纂：光緒《歸安縣志》卷6，光緒八年刊本，成文出版有限公司，民國五十九年，第44頁。
〔註269〕湖州市政協文史資料委員會：《古村竹墩》，2007年，編印本，第21頁。
〔註271〕（清）鄭季雅纂述：《太湖備考續編》卷1，應寶時分水港記略，憩園藏版。
〔註272〕（清）張炎貞：《烏青文獻》卷2，水利，春草堂刻本。

位於漾北岸，與諸墩相近，因名三墩。但在水域面積較窄的漊港區，有些墩
在開發過程中，內部又形成自築壩的小社區，如湖州東北太湖邊環渚公社的
邵家墩村，村據地形得名，現仍以邵姓為多，這個村本也是水中孤島，後被
分為中埭、西埭、南埭三個部分。〔註273〕

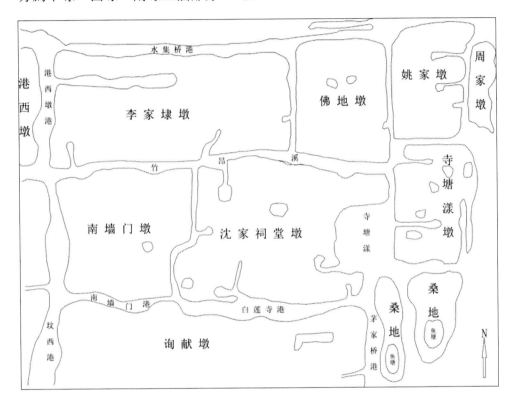

圖 19：民國時期菱湖鎮竹墩村地圖〔註270〕

在東部南潯一帶湖泊面積相對較小的地區，經過明清時期的開發，出現
了大量稱為「兜」的村莊，有不少地名以兜作為通名。「凡田在污下及當水之
衝者，必有圩岸，圍之如斗之狀，名曰坽。」〔註274〕「坽」是「兜」的俗寫，
〔註275〕如圖20《南潯志》所繪的輿圖中，很多帶有「兜」的村名，這些村莊

〔註273〕湖州市地名領導小組：《浙江省湖州市地名志》，1982 年，編印本，第 126 頁。
〔註270〕以菱湖鎮竹墩村沈氏老人回憶繪民國時期竹墩村地圖為底圖改繪。資料來
　　　　源：湖州市政協文史資料委員會：《古村竹墩》，編印本，2007 年，第 25 頁。
〔註274〕同治《湖州府志》卷 34。
〔註275〕湖州市地名領導小組：《浙江省湖州市地名志》，1982 年，編印本，第 102 頁。

位於築堰形成的圩田內港旁，是水網的末梢，這些小河港一端與漾蕩或外部
河港相連。

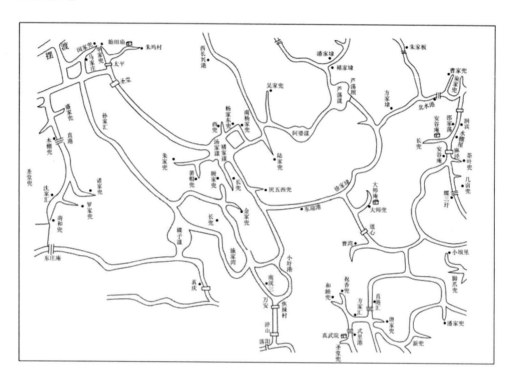

圖 20：清末南潯鎮南部地區水網圖〔註 276〕

五、高度破碎化河網的形成

　　明清時期菱湖鎮的發展與周邊地區鄉村的桑基魚塘農業開發有著重要
的聯繫。明弘治年間菱湖鎮的絲已是江南地區的名優產品，「（絲）惟出菱
湖、洛舍為第一」，〔註 277〕嘉靖年間菱湖已經形成以絲綢貿易為主的專業
市鎮，「多出蠶絲，貿易倍於他處」。〔註 278〕在行政建置上，明清時期菱湖
鎮隸屬於湖州府歸安縣，明初正式設鎮並設置稅庫司署，清中後期菱湖鎮
地位更加重要，乾隆十三年歸安主簿移駐菱湖鎮，這基本上是由於菱湖鎮
的絲業經濟獨重決定的。傳統時代製優質蠶絲一個關鍵點是使用清水煮繭
和繅絲，流經菱湖的東苕溪支流餘不溪水流清澈，眾多的湖泊調節了溪流

〔註 276〕改繪自周慶雲纂：《南潯志》卷首，輿圖，民國十一年刻本。
〔註 277〕弘治《湖州府志》卷 8，土產。
〔註 278〕（明）宋雷：《西吳里語》卷四，《中國風土志叢刊》第 37 冊，第 374 頁。

來水的流速與水質，餘不溪流經的湖州平原水域不僅水質極佳，並且終年水源充裕，元倪瓚曾有詩詠餘不溪，稱其：「冬夏盈演，玉光澄映，與他水特異」，其詩言：「餘不溪水涵綠萍，微風吹波蹙龍鱗。看山蕩槳不知遠，兩岸桃花飛接人」。〔註 279〕餘不溪清潔的水流與河湖良好的水生植被爲菱湖鎮周邊地區製造優質絲織品提供了得天獨厚的條件，煮繭和繅絲時必須多次換水才能製作出上等「湖絲」：「絲由水煮，治水爲先，有一字訣曰清，清則絲色潔白」。〔註 280〕菱湖也出產優質的綿綢，「綿綢出歸安菱湖者最佳，今前邱村所產細光瑩白，冠於他處，皆鬻於菱湖市中。」〔註 281〕綿綢的製作過程中強調多次用清水煮繭、洗繭，首先「用清水煮熟，堆置簀下五、六日，沒日以清水淋洗，不淋，色不白，隨取就溪中敲擊成絮」，洗繭也是在清潔的水域進行，「繭潔淨則綿白，煮既熟，繭中穢濁悉已沸去，宜趁熱取置河中淘洗之，淘用篩盛繭，放水面蕩滌數次，不得揉攪，即連篩掇起，就岸上按去濁水，再蕩再按，須按出清水，繭方潔淨。」〔註 282〕一般煮繭繅絲都須春蠶收繭後十日內進行，此時正逢江南梅雨季節，溪流水漲，水流較渾濁，「做絲之時，恒多雨水，河流漲溢，渾濁難清，故須先時預貯」。〔註 283〕明清時期菱湖一帶發達的河網、面積廣闊的湖泊水域對調節了西部山溪所來的急流，爲絲綢的製作提供了優質的水源，「天目之水由南匯合眾溪澗水，經鎮西爲苕溪，溪水散爲小水，或東逝，或北逝，皆委涎纏流，各有村落。重重鎖裏，以束其勢」。〔註 284〕同時菱湖鎮和周邊的鄉村還有許多大面積的湖泊與河灣水域，如稱爲「潭」、「蕩」、「灣」的面積較小的深水或靜水水域，與天目山區溪流來水和平原區中較大面積的湖泊水域相通，是人們取水煮繭繅絲的天然深水靜水區，如菱湖射村東北的馬家潭，「懷吳橋南來諸水俱停蓄於此，北入金價漾」。〔註 285〕潭的周圍多有古樹，「鳳潭前拱昂溪，後環爲前邱地脈之祖，古松奇樹，蔭靄如雲，人行其間，衣袂盡綠，產檀楠香斑

〔註 279〕倪瓚著，江興祐點校：《清閟閣集》卷 4，餘不溪詠二首，序，西冷印社出版社，2010 年，第 99 頁。
〔註 280〕（清）汪日楨撰，蔣猷龍注釋：《湖蠶述注釋》卷 3，農業出版社，1987 年，第 73 頁。
〔註 281〕（清）吳玉樹纂：《寶前兩溪志略》卷 1，嘉業堂刊本，第 16 頁。
〔註 282〕《湖蠶述》卷 4，第 89、86 頁。
〔註 283〕《湖蠶述》卷 3，第 73 頁。
〔註 284〕同治《菱湖志》卷 1，地理門，第 719 頁。
〔註 285〕《寶前兩溪志略》卷 1，第 13 頁

文竹」，〔註286〕人們對水鄉村落植被長期精心的維護也是傳統時代菱湖地區製絲優良水質得以保持的一個重要原因。

種桑養魚是菱湖一帶低地開發的最佳模式，茅坤言：「湖之絲綿衣天下，故稱爲沃野，而湖之絲綿從地出，故利爲最盛。且湖之患在水，而湖之圩田十年之內，所被水而災者六七，而湖之地並高阜，故其患獨無」。〔註287〕茅坤曾在菱湖鎮東柵外置業，建桑基魚塘，乾隆時期這裏仍有三四個他當時建造的魚池，〔註288〕明末龐允恭移居菱湖鎮西部，也經營著一處桑基魚塘，在池塘邊水面種植菱芡，環池塘高地種桑：「築草堂數楹，傍池植菱芡，環地種桑苧」。〔註289〕《紀事詩》中描述菱湖鎮北部聖堂河沿岸都是桑林遍佈：「聖堂港去桑繁繁，遜祖橋過委曲通。」〔註290〕明中期以來菱湖西部附近淤漲的土地也明顯增加，西部地區開墾的土地增多，當地政府認爲應該對西部地區的田、地稅重新定額，增加稅租，鄉紳孫銓曾上書建議保留原稅額，因這裏農家的收入主要是依靠少量桑地：「三鄉概湖蕩積水之區，田不可耕，幸賴一二桑地，聊以存生。」〔註291〕萬曆年間的水災使菱湖一帶的圩田受災嚴重，菱湖鎮周邊的土地開始主要以桑基魚蕩的模式進行開發，「《萬曆縣志》：菱湖一帶最窪，且瀕溪漾難治，民亦有議策掘成地蕩，植桑藕處，免賦額，以地開田抵補之」。清初西部的低窪區仍沒有被徵稅，桑基魚塘的開發模式清代在菱湖地區一直延續，孫承宗在詩中描述了清代菱湖西部一帶的低窪區中形成的景觀特色，「聖朝寬大詔除租，地處卑窪品類蘇。漾腳藕花三四里，堤根桑樹萬千株。」西部湖邊的灘地首先是被利用來種藕，塘堤上都被種上了桑樹，「禾稻之外，栽桑種藕，足資生計」。〔註292〕在低窪湖蕩區，人們先通過種植蓮藕這種具有強大地下塊根的水生植物來截留泥沙，加速灘地的淤漲與水生植物演替過程，促成抬高形成更多的適宜種桑的土地。據戴名世的日記，至清嘉慶年間菱湖鎮周邊的鄉村大都被開發爲桑基魚塘：「庚辰年（1829年）九月初四日，始得往杭州，是日宿菱湖。泊奎章閣下，明晨登閣，望之菱滿，湖中

〔註286〕《寶前兩溪志略》卷1，第12頁。

〔註287〕（明）茅坤著，張大芝，張夢新校點：《茅坤集》卷6，《與甥顧儆韋侍御書》，
浙江古籍出版社，1993年，第308頁。

〔註288〕光緒《菱湖鎮志》卷5，古蹟，第790頁。

〔註289〕《菱湖紀事詩》卷2，第2頁。

〔註290〕《菱湖紀事詩》卷1，第8頁。

〔註291〕光緒《菱湖鎮志》卷42，事紀，《孫銓上郡守論田地六則》，第938頁。

〔註292〕《菱湖紀事詩》卷1，第3頁。

人家約數千，岸上皆桑樹，蓋東南蠶桑之盛，莫過於湖州，而此地煙水茫茫，兼收菱芡之利，其風景甚可樂也。」〔註293〕人們將桑基魚塘的建設擴展到深水區域，堤上種桑樹，水域種菱或芡實。

　　菱湖鎮的發展依託著周邊鄉村繁盛的蠶桑和漁業並重的經濟，陳學文曾對明清時期菱湖鎮的經濟結構進行了分析，〔註294〕實際上明清時期菱湖鎮的蠶桑經濟可能因爲蠶絲市場的波動在每個具體時間段有起落，池塘養魚則一直菱湖鎮及周邊地區一個比較穩定的產業，水產品在當地應是主要的食物之一，菱湖鎮及周邊地區水資源豐富，具備溪流、湖泊、深潭等多種淡水水體，爲許多魚類提供了適宜生存繁殖的棲息地，這裏的天然漁產極爲豐富，菱湖鎮一帶的居民在每個季節可以從水市購得不同種類的天然水產，《菱湖紀事詩》中這樣寫道：「烏鮒白絲黃蜆外，蠶花蝦與小鱭沽」，當地居民在初春食「烏鮒」，又稱「土步」；入梅後食「白絲魚」，當地又稱「時裏白」；春蠶育蠶時還多食一種叫做「蠶花蝦」的小蝦，另外當地名叫「鱭沽」的小魴和黃蜆等，也是常見的水產。菱南浜與東柵一帶水域廣闊，漾蕩多，水產品的集中交易地點一般位於這些地區進行，一般性的水產交易量都很大，單位以斗計算：「魚多論斗不須稱」。〔註295〕如竹墩和射村一帶的居民主要仍以養魚作爲最重要的經濟來源，「寶前兩溪間，水深溪曲，池蕩湊密，土人不獨田禾爲重，而以魚蠶爲業」。〔註296〕菱湖附近廣闊的湖沼濕地中所產出的水產資源如北蕩的青草、南蕩的螺螄都是當地塘魚養殖的主要飼料，這些貨物交易就近在菱湖鎮的西柵和北柵進行，「居人以螺螄、水草喂魚，船集西、北柵賣之」，《菱湖紀事詩》中對這種比較特殊的場景進行了描述：「朝來西北湖頭鬧，半是螺螄水草船」。〔註297〕

　　菱湖鎮對於周邊鄉村桑基魚塘農業的經營有著重要的服務功能。周邊鄉村的桑基魚塘經營模式中蠶桑業、漁業的產品如桑葉、淡水魚類等都屬鮮貨，需要通過市場進行及時的交換，如農家所需的燃料如養蠶期間所急需的木炭，魚塘養殖所需的精飼料等，都需及時通過市鎮來獲得。桑基魚塘生態農業經濟運

〔註293〕（清）戴名世：《南山集》卷13，紀行，《庚辰浙行日記》，光緒刻本。
〔註294〕陳學文：《明清時期江南絲綢手工業重鎮菱湖的社會經濟結構》，《浙江師範大學學報》1988年第3期。
〔註295〕《菱湖紀事詩》卷2，第20、19頁。
〔註296〕《寶前兩溪志略》卷1，第10頁。
〔註297〕《菱湖紀事詩》卷1，第8頁。

行所需的一些關鍵物資都需要市鎮來提供，如春蠶養育期間，菱湖鎮設有葉市，周邊地區可根據市場調節桑葉的豐欠，在桑林的盡頭安瀾橋附近有許多專供桑葉交易的葉市，〔註298〕蠶桑區桑地的種植需要大量的肥料，部分肥料也依賴於市鎮的供給。杭嘉湖地區的鄉村都有攔河泥的習慣，《補農書》的逐月事宜中每月都記載有攔河泥的事項。鄉民在周邊河港中所攔的河泥也在菱湖鎮進行交易，「貿葉市開林以外，罱泥船泊水之東」，這些攔泥船集中在菱湖鎮聖堂港東水面較寬的東湖漾出售；此外，農家日常口糧及其它生活必須品都在菱湖鎮進行購買，孫承宗《菱湖紀事詩》中講「湖邊喧鬧米鹽饒，伐鼓齊停估客橈」，〔註299〕西湖附近則是菱湖鎮糧食、食鹽交易的集中地。

　　蠶桑經濟衰敗的民國時期菱湖鎮的民生狀況仍好於其它地區，養魚業在民國時期內支撐了當地的經濟。「淺水養魚甚爲發達，所產魚秧，銷路遍及華南華北，故在蠶桑事業不振之時，亦能差堪維持」。〔註300〕民國時期菱湖依靠漁業仍保持著吳興一大市鎮的地位，仍是得益於這裏優良的水環境，附近的眾多湖泊河港是天然的淡水魚種魚繁殖基地，所養魚種有青魚、草魚、鰱魚等，「青魚一名溪魚，草魚一名鯇魚，鰱魚有白鰱、花鰱，土人多畜之池中，俱稱池魚，青魚飼之以螺蜆，草魚飼之以草，鰱獨受肥，間飼以糞，蓋一池之中，畜青魚草魚七分，則鰱魚二分，鯿鯉一分，十月後船販南至錢塘，北達蘇松常鎮而止，稱魚賈。」〔註301〕民國時期該地有魚池約一萬五千餘口，附近鄉村幾每戶養魚，「魚池大者十五六畝，小者一畝、半畝不等，以三四畝至十餘畝爲最普通。養成魚之池，深約一二丈，養魚苗之池則較淺，約六七尺左右，池形方圓長狹不一，池底平坦，有通水溝，以排注池水。池堤遍植桑樹垂柳，夏季時復種植羊眼豆（即白扁豆），用草繩牽繞於柳枝之間，既可藉收副產，復可藉以遮掩溽暑日光，每畝池價，佳者百餘元，劣者三四十元，池之租價，普通每畝約十元左右。魚塘以在苕溪之東者爲佳，溪西因有山水沖沒之虞，故池價亦較低。」〔註302〕桑基魚塘的開挖使菱湖一帶形成了蜂窩

〔註298〕光緒《菱湖鎮志》卷10，風俗，「葉市俱在安瀾橋一帶，今四柵皆有之」，第815頁。

〔註299〕《菱湖紀事詩》卷1，第7頁。

〔註300〕劉大均：《吳興農村經濟》，《民國史料叢刊》503冊，大象出版社，2009年，第477頁。

〔註301〕《寶前兩溪志略》卷1，第9頁。

〔註302〕建設委員會經濟調查所統計課編：《中國經濟志‧浙江省吳興縣》，民國二十四年鉛印本，第46頁。

狀的人工地貌景觀，據 1940 年代赴此調查水產的專家描述：「極目所致，只
見桑林稠密，河道汊錯，魚池相接，有若蜂巢。」〔註303〕如下圖 21 中的衛星
圖片所顯示，這種地貌形態今天仍有保留。

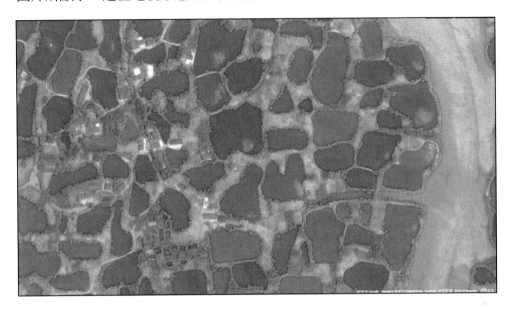

圖21：菱湖鎮亂釽路村的魚塘衛星圖像

資料來源：Google Earth Maps，2010 年。

　　明清社會經濟史研究中的江南市鎮多是已成型的市鎮，但江南地區許多
市鎮形成的歷史地理過程需要從更長的時間尺度去考察，太湖南部平原區的
市鎮形成、發展到最後空間格局的定型經歷了千年的歷史進程。菱湖鎮是一
個典型的案例。在唐末淩波塘修築之後，菱湖鎮周圍的地區開始具有農業開
發的水利條件，宋代以來菱湖鎮一帶的歷史地理變遷過程也與江南地區經濟
地理格局密切聯繫。宋元時期菱湖鎮處於江南運河河網的樞紐，移民逐漸增
多，這一時段菱湖一帶的居民點多位於淩波塘以東水流環境相對平穩的地
區，淩波塘以西的深水區域較少有人定居；明代以來隨著移居菱湖鎮人口的
增加，向西部深水區的移民增多，明中葉以後為了防寇匪侵擾，菱湖鎮居民
大量往西部遷居；菱湖鎮及其周邊地區的河網形態基本是人工塑造的結果，
清初楊樹壩的修建加速了菱湖鎮局部死水河網的形成；明中後期開始桑基魚

〔註303〕王雪峰：《浙江吳興地區淡水魚產銷的調研報告》，大眾書店，1949 年，第 2
　　　　頁。

塘的開發塑造了菱湖地區高度破碎化的河網。總之，在千年歷史進程中，官方政府和地方民眾組織在今菱湖鎮所在的區域築塘堤、修壩，使原本廣闊的濕地沼澤、湖泊被分割，在水鄉澤國中營建出相對安全、利於人類聚居的局部水文環境。明代以來周邊地區桑基魚塘農業經濟的發展本身也需要這樣一個商業中心為之服務，明清時期桑基魚塘是菱湖鎮與周圍鄉村主要的開發模式，這些地區小農家庭絲織品的出售，糧食及蠶桑經營中需肥料的購入、蠶繭或桑葉的販購等商業活動集中在菱湖鎮進行，太湖南部平原區其他以蠶桑為主的專業市鎮的水利發展，其過程與菱湖鎮類似。

本章小結

　　太湖湖流運動挾帶的泥沙在太湖南部淤積形成洲灘，是本區域農田水利的基礎。湖州平原這片沿太湖南部的廣袤濕地，在開發的早期，農田水利建設的開展主要是通過於相對較高的洲灘濕地築堤隔水而進行，湖州東南部地區唐末至宋代興修的幾條塘路都是後期圍田進行的水利基礎。唐宋時期在太湖湖流的作用下，太湖南岸形成了一條地勢較高的濱湖沉積帶，吳越時在太湖湖濱開挖溇港，創建湖隄。入宋以後，在太湖南部碟型窪地的平原地形中，產生了橫塘縱溇的水利結構。橫塘與縱溇相配合，主要是為成功地向太湖排除平原澇水，兩宋時期對橫塘縱溇結構的完善主要體現為溇港的設閘與橫塘的加築。唐宋時期的水利建設奠定了後期太湖南岸地區農田水利開發的基本格局。唐宋時期是湖州平原人工水系的草創時期，湖州平原的水利建設以塘工為主。太湖南岸的沼澤低地，最先的開發過程要解決的是防洪以及排澇的問題，而不是蓄水灌溉，最重要的是還要堅築塘堤以阻截西部山溪溪流橫衝直下的洪水威脅。所以太湖南岸低地平原早期的開發形式是於沼澤地中築起塘路，攔擋東部山溪洪流，然後才有進行圍墾的可能。湖州平原低窪平原的水流在唐末至宋初這一段時間得到有效治理。唐宋時期低窪沼澤地經初步改造，在平原區形成了以湖州城為中心的橫塘縱溇式的水系格局，築塘之後，平原區中水流形成向東北部排泄的格局，太湖南部的運河水網也在這個過程中形成。這些都是後期湖州平原沼澤地開發、河網進一步發育的基礎。

第三章　沼澤地的開墾

　　太湖南部地區在唐宋時期形成的橫塘縱漊的水利結構，既分散了苕溪的
山洪激流，又為湖州平原北部築起一條人工湖岸，使南岸廣大的區域免受太
湖風浪的襲擊。但是唐末五代時期，太湖南部地區開發程度不及太湖東部地
區，錢氏承唐制，精心經營太湖水利，在太湖東部吳淞江南北兩岸立塘浦圩
田系統，其中長江三角州東部濱海高平原區的一些區域可能已經納入塘浦圩
田系統中。塘浦圩田區的治水要點在於利用高大圩岸提高水位，「驅低田之水
盡入於松江」。塘浦體系中高築圩岸，大圩岸之間將低田區的水狹起，灌溉崗
身高地。「低田則高做堤岸以防水，高田則深濬港浦以灌田。」這樣使蘇松地
區沿太湖的低田與沿海的崗身高地得以兼治。北宋初年郟亶提到吳淞江口南
至嘉興有吳越時所開大浦二十條，「沿海之地，自松江下口，南連秀州界，約
一百餘里，有大浦二十條。」〔註1〕嘉興的浦應為承唐時在此地之「夫伍棋布，
溝封綺錯」的屯田中溝洫舊跡，〔註2〕並在其基礎上，高築圩岸，使縱浦導低
田水以通吳淞江，橫塘灌溉高地。「其浦之舊跡，闊者二十餘丈，狹者十餘丈，
又有橫塘以貫其中而棋布之。古者既為縱浦以通於江，又為橫塘以分其勢，
使水行於外，田成於內，有圩田之象焉。」〔註3〕經唐後期至吳越時的治理，
今嘉興平原區許多地方的農田水利建設已經較為完善。湖州平原區較嘉興平

〔註1〕　（宋）范成大著，陸振岳點校：《吳郡志》卷19，水利上，江蘇古籍出版社。
〔註2〕　《全唐文》卷430，李翰：《蘇州嘉興屯田紀績頌並序》。
〔註3〕　（宋）范成大著，陸振岳點校：《吳郡志》卷19，水利上，江蘇古籍出版社。

原地勢更低窪，東西苕溪75%的來水量也都傾泄於此區。〔註4〕在湖州平原上這種葑淤較慢的多水沼澤區中，進行農田開發必須在四面都築堤擋水，在圈圍式的圍田中進行農田的梯級開發，從而在平原上形成碟型窪地地貌；在嘉興平原中一些葑淤較快的沼澤地的圩田開發則是疊高長堤式的圩岸以擋水的開發模式。圍田也是宋元時期湖州平原農田開發的主要形式。

第一節　9～13世紀的圍田開發

　　唐至吳越時期於湖州北築溇港，西疊險塘，在嘉禾東部開浦置閘，太湖南岸的水網區得到了初步有序的治理，嘉湖平原開始處於平波漫流，有水之利而無水之害的良好水利環境之下。吳越設都水營田使專主水事，又置撩淺軍，對太湖流域的水利進行統一的規劃、建設與維護，將太湖東部和南部地區的治水較好地調度起來，到宋初，以太湖周圍的幾個州縣成為整個東南地區的一個產糧中心，蘇軾言：「本路惟蘇、湖、常、秀等州出米浩瀚，常飽數路，漕輸京師，自杭、睦以東，衢、婺等州，謂之『上鄉』，所產微薄，不了本土所食，里諺云：『上鄉熟，不抵下鄉一鍋粥』。蓋全仰蘇、秀等州商販販運，以足官司之用。」〔註5〕但吳越以來偏重治水治田的有序水利系統入宋以後就被破壞。宋設轉運使，發運使專主水事，水利以漕運為綱，江南圩田區「不究堤岸堰閘之制，與夫溝洫畎澮之利，姑務便漕舟楫，一切毀之。」堤岸不修，堰閘廢置，塘浦圩田體系被毀壞，水流散漫，「低鄉之田為積水漫沒，十已八九。」〔註6〕蘇、湖、秀三州低地開始出現積水難排的局面。至1116年趙霖治水之時，低田區已是「田圩殆盡，水通為一」的景象。這時，浙西湖州平原湖沼區因地勢低，積水更深。「浙右積水，比連震澤，泛溢淹沒田廬，未有歸宿。」〔註7〕長期的積水覆蓋太湖南岸平原區域，太湖水面與積水連成一片，嘉興平原南部的濱海平原區，因北受低鄉高水位頂托，向東排水不便，雨季也為積水所困。

〔註4〕宋小棣：《杭嘉湖平原水網的農業評價》，中國科學院南京地理研究所資料室編印資料，此調查資料無年份標注，據推測為1970年代。
〔註5〕（宋）蘇軾著，孔凡禮點校：《蘇軾文集》卷37，《論浙西閉糴狀》，北京：中華書局，2008年，第1044～1046頁。
〔註6〕（宋）范成大著，陸振岳點校：《吳郡志》卷19，「水利上」，江蘇古籍出版社。
〔註7〕《宋會要輯稿》第124冊，食貨七之三二，崇寧三年年十月二十三日。

一、積水環境與圍田

積水環境使太湖流域常年豐收的場景到南宋時期已經極難見到，薛季宣言：「淮、浙當承平之世，惟國用之所賴，『蘇湖熟，天下足』，則又發於田家之諺。今也行都所在，內奉萬乘，外供六師，而水利之不講不詳，號稱十年九潦。古者塘堰陂湖，顧已變爲桑田之野。」〔註8〕薛季宣講北宋時蘇、湖地區還是一個產糧中心，但宋室南渡之後，太湖附近的地區成爲行都輔郡，這裏不僅要供養大量馬匹，還要供養大批佛家僧人，加之水利治理不力，太湖南部、東部原農田區這時已經十年九潦，幾乎每年都要受洪澇災害，這個過程如詩中所言：

> 吳越天下富，京畿游俠鄉。壟畝盡膏腴，第宅皆侯王。世言蘇湖熟，需丐及四方。自我來石門，觸目何淒涼。清晨開務門，有酒誰復嘗？累累攜妻子，汲汲求糟糠。父老稱近年，十載嘗九荒。聚落成廢墟，少壯爭逃亡。〔註9〕

陸游在乾道六年從崇德至嘉興的途中，他看到的是災荒景象：

> 八日雨霽，極涼如深秋，遇順風，舟人始張帆。過合路，居人繁夥，賣鮓者尤眾。道旁多軍中牧馬，運河水泛溢，高於近村地至數尺。兩岸皆車，出積水，婦人兒童竭作，亦或用牛，婦人足踏水車，手猶績麻不置。〔註10〕

從陸游的描述中可看出，乾道年間的整個嘉湖平原南部，積水高至數尺，從崇德到嘉興沿運河的農田區爲一片茫茫大澤的積水覆蓋。有宋一代太湖東部地區的水環境發生很大改變，北宋初年以來氣候變暖，海平面上陞的影響，使太湖流域排水不暢，太湖水面積在這種變化之下快速增長。〔註11〕同時太湖東部形成吳淞江一江排水入海的局面，吳淞江上游還因運河修築，泄水趨緩，導致積水長期在太湖周圍的低窪地中往復流動，《吳郡志》中對這種水流環境做過總結：

> 積雨茲久，十縣山源，並溢太湖，當蘇、湖、常、秀之間，陂淹港浦，悉皆彌漫，四郡之民，惴惴然有爲魚之患，凝望廣野，千

〔註8〕　（宋）薛季宣：《浪語集》卷28，策問二十道，文淵閣四庫全書本，1159策，第431～432頁。

〔註9〕　（宋）黃幹：《勉齋集》卷40，石門，文淵閣四庫全書本，1168冊，第493頁。

〔註10〕　（宋）陸游：《入蜀記》卷一。

〔註11〕　滿志敏：《黃浦江水系形成原因述要》，《復旦學報》1996年第6期。

里一白，少有風勢，駕浪動輒數尺，雖有中高不易之地，種已成實，

頃刻蕩盡，此吳民畏風甚於畏雨也。〔註12〕

因爲沒有固定的河道排水，平原區中地勢坡降很小，太湖南部、東部平原區中的積水水流流向受風力影響，在平原區中往復流動，元任仁發《水利集》稱：「東南風，水回太湖，則長興、宜興、歸安、烏程、德清等處水漲泛溢；西北風，水下澱山湖泖，則崑山、常熟、吳江、松江等處水漲泛溢，皆因流下不決，積水往來不去。」〔註13〕北宋時期，治水專家如郏亶、趙霖都曾試圖恢復吳淞江流域的塘浦大圩體制以排出太湖流域的積水。但吳淞江流域塘浦體系體制因吳淞江中游農田開發的破壞，不復可得，蘇、湖、秀三州低鄉之民只能在積水中繼續經營，復墾農田。在此過程中，浙西地區圍田問題逐漸突出。

入宋以來太湖東南低田積水不去，朝臣的治田治水奏議中，浙西的水利問題就與圍田聯繫在一起。浙西的圍田於傳統水利體系破壞失修的基礎上進行，一開始便缺乏統一的調度與管理。「兩浙積水之地，多是民田。止因興築圍岸，苟簡滅裂，歲時風水沖蕩彌漫，遂成陂湖。」〔註14〕這裏首先需區分一下「圍」與「圩」概念。〔註15〕浙西政和六年「立管圩岸、圍岸官法，在官三年，無隳損堙塞者賞之。」〔註16〕說明圩岸、圍岸在官方眼中屬於不同的田制。「圍田」和「圩田」都是在水資源豐富的區域進行農田水利開發的形式，「圩田」則位於河、湖旁廣袤的沼澤地中，通過築單堤就可以開發，但「圍田」是在較深水域的開發，要通過築包圍圈才能進行（如圖22）。《王禎農書》將兩者做了仔細的區分。「築土作圍，以繞田也。蓋江淮之間，地多藪澤，或瀕水，不時淹沒，妨於耕種。」圍田是於藪澤中築土作堤，使堤岸相連成環狀，「有力之家，度視地形，築土作堤，環而不斷。內容頃畝千百，皆爲稼地。」這樣築成一個包圍圈，面積約有頃畝千百，王禎一再強調圍田的特點是「築土作堤，環而不斷」，他在「農桑通訣」和「農器圖譜」中反覆提及。〔註17〕

〔註12〕（宋）范成大著，陸振岳點校：《吳郡志》卷19，水利上，江蘇古籍出版社。

〔註13〕（元）任仁發：《水利集》卷3。

〔註14〕《宋會要輯稿》第124冊，食貨七之三七，政和六年八月十六日條。

〔註15〕關於圍田與圩田相關農業歷史，見張芳：《談談圍田與圩田》，載《農史研究》第九輯，華南農業大學歷史遺產研究室編，農業出版社，1999年，第45～51頁。

〔註16〕《宋史》卷173，食貨志，農田。

〔註17〕（元）王禎撰，繆啓愉，繆桂龍譯注：《東魯王氏農書譯注》，上海古籍出版社，2008年版，第69頁，農桑通訣之三，灌溉篇第九。

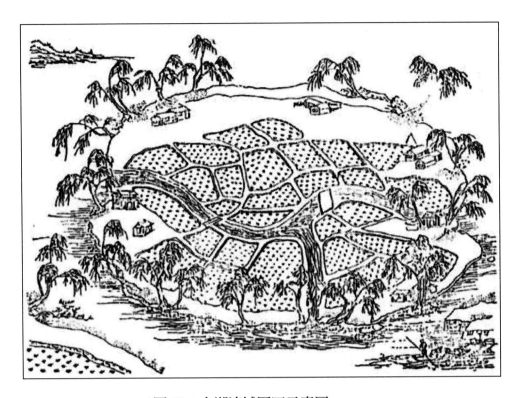

圖 22：太湖流域圍田示意圖〔註18〕

　　根據王禎對「圩」與「圍」的不同解釋，可以知道圩田與圍田是兩種不同的人工地貌，圩田的特點在於有連續、高厚的堤岸，「又有據水築為堤岸，復疊外護，或高至數丈，或曲直不等，長至彌望，每遇霖潦，以捍水勢，故名「圩田」。內有溝瀆，以通灌溉，其田亦或不下千頃。此又水田之善者。」〔註19〕圍田在微地形上形成的則是一個個的淺碟型窪地地貌，圩田的重點在其圩岸，圩岸是用疊，強調堤岸的高厚，以護衛農田「復有『圩田』，謂疊為圩岸，捍護外水。」〔註20〕圩田堤岸工程修築、維護得好，所得豐收農田面積甚至上千頃，要比修築一個圍田所得田畝多得多。

　　吳淞江流域的塘浦大圩中也有圍田的開發。郟亶崑山人，曾指出當地的

〔註18〕　資料來源：（元）王禎撰，繆啓愉、繆桂龍譯注：《東魯王氏農書譯注》農器圖譜集之一，圍田，上海古籍出版社，2008 年，第 362 頁。

〔註19〕　（元）王禎撰，繆啓愉，繆桂龍譯注：《東魯王氏農書譯注》，上海古籍出版社，2008 年版，第 69 頁，農桑通訣之三，灌溉篇第九。

〔註20〕　（元）王禎撰，繆啓愉，繆桂龍譯注：《東魯王氏農書譯注》，上海古籍出版社，2008 年版，第 361 頁，農器圖譜集之一，圍田。

「圍」只是大圩中的小單位:「古之田,雖各成圩,然所名不同,或謂之段,或謂之圍。今崑山低田,皆沈在水中。而俗呼之名,猶有野鴨段、大泗段、湛段,及和尚圍、盛熟圍之類。」這種圍田原是塘浦體系中大圩的一個組成部分,當時大致也以所處大圩內的環境特徵而命名。塘浦毀壞之後,原蘇、秀兩州中的大圩也處於一種損壞狀態。一些地方上的豪族大姓圈佔了大圩中的一部分區域,築起小圍,獨自圍墾。「今崑山富戶,如陳、顧、辛、晏、陶、沈等,田舍皆在田圍之中。每至大水之年,亦是外水高於田舍數尺,此今人在田圩中作田舍之驗也。」這些圍田的修築過程中,利用了原來的大圩圩岸,「被水之田,其邊鄰湖瀼,土人所謂搭白之處,增築長堤,使高五六尺,基廣七八尺以上。秋冬之交,潢潦乾源,手足所及,土皆可取。閱春夏半年,至秋雨風潮,土已堅定,草茅生之,可恃為安。」〔註21〕在塘浦大圩圩岸的兩邊築小圍,或向浦中擴展,或向圩田中侵佔,「為民者,因利其浦之闊,攘其旁以為田,又利其行舟、安舟之便,決其堤以為涇。」涇、瀿的興起也是於大圩中築小圍的過程。

與蘇松地區塘浦圩田區修圍相比,嘉湖平原中的湖沼低窪地區在積水湖泊中築「圍田」,只能完全向水中取土,圍田的過程中,先通過築堤圈佔水域,再將其中的水排到圍堤外,工程難度較塘浦區的圍田更高。「水深圍田疇,蕩蕩如湖陂。圍低水深岸不立,雖有木石將何施?」〔註22〕築堤岸的過程也十分艱難,所以一開始只能選擇積水較淺的區域進行。「度地置圍田,相兼水陸全。萬夫興力役,千頃入周旋。」築圍的過程中要「度地」,即選擇淺水區圍田。東部吳淞江流域是整個太湖流域的排水咽喉所在,吳淞江流域水利不治,積水難排,太湖南部、東南部的地區許多原高產農田的收成也沒有保障,黃震言:「茫茫原隰,豈能畝皆八斗耶?頗聞湖、秀等田元租畝收一石者,已十不能六。」〔註23〕

浙西的圍田在傳統水利體系破壞失修的基礎上進行,一開始缺乏統一的調度與管理。「兩浙積水之地,多是民田。止因興築圍岸,苟簡滅裂,歲時風水沖蕩彌漫,遂成陂湖。望朝廷差有風力人,專行計置修築圍岸。」〔註24〕

〔註21〕 (明)姚文灝編輯,汪家倫校注:《浙西水利書校注》,農業出版社,1984年,第39頁,范文穆公《水利圖序》。

〔註22〕 (元)朱德潤:《存復齋文集》卷10,水深圍,明刻本。

〔註23〕 (宋)黃震:《黃氏日抄》卷84,《與葉相公書》,文淵閣四庫全書本。

〔註24〕 《宋會要輯稿》第124冊,食貨七之三七,政和六年八月十六日條。

在長期水潦不稔的情況下，北宋地方官曾倡導於積水中修塍起圍。這種小範圍的圍田在縣域範圍調度，修圍田時倡導「殖利之戶」作塍岸。「嘉祐間吳中薦饑，朝廷選擇度其利，是時轉運使王純臣建議，請令蘇、湖、常、秀修做田塍，位位相接，以御風濤。令縣教誘殖利之戶，自作塍岸，定邑吏勸課爲殿最，當時推行焉。」〔註25〕這種塍岸十分低矮，加之民力不齊，最終也不可能達到「位位相接，以御風濤」的效果。郟亶評價這種想通過築小塍岸以禦水的做法不是太湖地區水利治理的永久之計：

> 又緣當時建議之時，正值兩浙連年治水無效，不知大段擘劃，令
> 官中逐年調發夫力，更互修治，及不曾立定逐縣治田年額，以辦不辦
> 爲賞罰之格，而止令逐縣令佐，概例勸導逐位植利人戶一、二十家，
> 自作塍岸，各高五尺。緣民間所鳩功力不多，蓋不能齊整；借令多出
> 功力，則各家所收之利，不償其所費之本。兼當時都水監立下官員賞
> 罰不重，故上下因循，未曾並聚公私之力，大段修治。〔註26〕

既然在某一行政區域內統一調度，對圍田的大段修治已不可能，同時由豪右勢家在小範圍的圍田又屢禁不止。官方提倡做塍岸，立定塍岸修築工程標準高度爲五尺，但民間獨立修築時，規制往往不達標：

> 今之岸塍，去水二、三尺，人單行猶側足而行，坎坷斷裂累累如蹲
> 羊伏兔。佃戶貧下，至冬作時，舉質以備糧種，其勢無餘力以及。畚臿
> 之工，婦子持木鍬探污泥補綴，缺空累塊亭亭，一踋便隕，謂之作岸，
> 實可憐笑。秋雨時至，莫之障防，與江湖同波，農人轉徙。〔註27〕

常見高二、三尺的塍岸，顯然連「禦水」的功能都不具備，大水之年，這種豆腐渣似的圍田工程基本上也不能抵禦風浪，圍岸很容易就被衝破，之後水復入田中，原圍田區域又成一片汪洋。

總之，宋初以來，由於太湖東部地區塘浦體系的隳壞，整個嘉湖平原處於一片積潦之中。但兩宋的治水朝臣基本還能認識到湖沼窪地積水區的蓄水作用，所以禁圍之聲仍不斷出現，圍田也基本上控制在淺水區域，但屢禁屢圍，終宋兩朝都不能解決這個矛盾。湖州平原中以湖州、雙林爲中心，地面海拔高程在僅 1.2～1.5 米之間，嘉興北部的地面高程爲 1.5～2.0 米，這個低

〔註25〕 （宋）朱長文撰，金菊林校點：《吳郡圖經續記》卷下，治水，江蘇古籍出版社，1999 年，第 53～54 頁。
〔註26〕 （宋）范成大著，陸振岳點校：《吳郡志》卷 19，水利上，江蘇古籍出版社。
〔註27〕 張國維：《吳中水利全書》卷 20，范成大水利圍田說，文淵閣四庫全書本。

窪湖沼區是太湖平原地勢最低的區域。〔註28〕所以這些地區的農業開發以堤岸為命脈，郟亶言：「湖州皆於水中以固田」，在這種高水位的沼澤地中築圍，圍岸一定要高厚，他描述當時湖州地區有一些規模較大的堤岸與蘇松地區當時的堤岸相比，甚是高大，「至高有一丈有餘者」。〔註29〕

二、緩流與圍墾的加劇

宋元時期的治水者都致力於使太湖東南部的水流入吳淞江出海。嘉興一帶水流通過諸浦彙聚於澱山湖一帶入吳淞江。「大江之南，海瀕有三十六浦，泄浙西陂湖之水入於海。」〔註30〕嘉興排水條件比湖州要好，東南西北四面都可放水入澱山湖，「竊考本縣圖志，南北東西各有放水之處。東以蒲匯通大海，西以大盈浦通吳淞江，南至通波塘，直至極北亦通吳淞江。」〔註31〕隨著太湖東部的塘浦的破壞，塘浦已不具備狹水提高水位的功能，原塘浦中的水流散漫回流於澱泖低地以及嘉興平原區。到南宋末年，澱山湖湖面面積擴張，成一個「周回幾二百里，茫然一壑」的大湖。〔註32〕塘浦體系隳壞之後，由於沒有高水位的清水維持以刷渾潮，吳淞江逐漸淤塞。吳淞江原「可敵千浦」，到元初，「闊不過二三十步，深亦不過二三尺，湖水所至，比之舊時萬不及一。」〔註33〕嘉湖來水皆入澱山湖，因北流受阻，相當一部分水流又東彙於華亭三泖一帶，到元時治水者只能開新涇、上海等小浦以導嘉湖平原的來水，因此，南宋末年以來，太湖南部地區的嘉湖平原的水位亦常常處於緩流狀態。

趙霖於宣和元年提舉專切措置浙西水利農田。趙霖治水時，雖知曉蓄水的作用，但對已有圍田也束手無策，只能在承認已有圍田的基礎上，倡導縣尉對嚴重堙塞水流的圍田予以開掘。對此時的治水者來說，雖有全局觀念，卻已無管理全局的能力。同時，由於圍田管理在縣一級，豪右勢家與地方官

〔註28〕 中國科學院南京地理研究所，水利部太湖流域管理局：《太湖流域水系與地形圖》，1987年。此圖標高採用1956年黃海高程系，改成上海地方吳淞高程系加1.6米，改成長辦吳淞高程系加1.9米，文中所述標高皆出於此圖。

〔註29〕 （宋）范成大著，陸振岳點校：《吳郡志》卷19，水利上，江蘇古籍出版社。

〔註30〕 （明）姚文灝編輯，汪家倫校注：《浙西水利書校注》，農業出版社，1984年，第37頁，陳轉運相度水利。

〔註31〕 （宋）黃震：《黃氏日抄》卷71，攉華亭縣申嘉興府辭修田塍狀，文淵閣四庫全書本。

〔註32〕 《紹熙雲間志》卷中，薛澱湖。

〔註33〕 （明）張國維：《吳中水利全書》卷15，吳執中言順導水勢略，文淵閣四庫全書本。

吏並緣爲奸，圍占實際上更加嚴重：

> 所浙西諸縣各有陂湖、溝港、湖濼，自來蓄水灌溉，及官私舟船
> 往還。今欲就委打量官遍詣鄉村檢踏，應有似此去處，打量並見文尺
> 四至著望，用大石牌雕鐫地名、丈尺、四至、以千字文爲號，於省界
> 分明標識，仍曉示地分食利，人戶常切照無令損動、堙塞、請占，縣
> 別置簿拘收，縣尉遇下鄉檢察，如有堙塞，即時開濬。〔註34〕

　　建炎兵火，到紹興年間，嘉湖許多地方爲軍屯圍田所佔據。「自紹興末年，始因軍中侵奪瀕湖水蕩，功力易辦，創置堤埂，號爲壩田。」〔註35〕雖然大規模軍隊駐紮於此置壩堵水作圍，以致「土益增高，長堤彌望」，但「瀦水之地尚多」。〔註36〕說明至紹興年間圍田的危害並不明顯。圍田問題到孝宗淳熙年間嚴重爆發，如衞涇所描述：

> 隆興、乾道之後，豪宗大姓相繼迭出，廣包強佔，無歲無之，
> 陂湖之利日朘月削，已亡幾何。而所在圍田，則遍滿矣。以臣耳目
> 所接，三十年間，昔之曰江曰湖曰草蕩者，今皆田也。〔註37〕

　　紹興至乾道幾十年時間，湖州平原圍田迅速增多。這是因吳興緊鄰臨安，宋室南渡之後，即成爲移民迅速湧入的區域。吳興「實爲行都輔郡，風化先被，英傑輩出，四方士大夫樂山水之勝者鼎來卜居。」〔註38〕許多貴族豪右的封地也在吳興。乾道以後，太湖南部平原中的許多瀦水陂澤逐漸被豪強世族所圈佔圍田，「豪戶有力之家以平時瀦水之處堅築塍岸包廣，田畝彌望，綿互不可數計。」豪右之家大肆圍田，導致水患頻仍，孝宗在乾道、淳熙年間曾對這一帶的圍田進行過大力整治：「上曰聞浙西自有圍田，即有水患。前此屢有人理會，竟爲權要所梗。卿等可檢點，累降指揮，已曾如何施行，仍委兩浙轉運副使王炎疾速相視利害以聞。」〔註39〕王炎曾在湖州開掘圍田，「相視有張子蓋圍田九千餘畝，湮塞水勢，立命開掘，仍戒敕不得再犯。」經過幾次嚴肅的整治，「圍田之害悉絕，而瀦泄之利盡復。」〔註40〕淳熙年間太湖

〔註34〕《宋會要輯稿》第124冊，食貨七之三七，宣和元年八月二十四日條。
〔註35〕（宋）衞涇：《後樂集》卷13，論圍田箚子，文淵閣四庫全書本。
〔註36〕《宋會要輯稿》第124冊，食貨七之四十九，紹興二十三年七月二十三日條。
〔註37〕（宋）衞涇：《後樂集》卷13，論圍田箚子，文淵閣四庫全書本。
〔註38〕《嘉泰吳興志》卷200，風俗，嘉業堂刻本，成文出版社，1983年。
〔註39〕《宋會要輯稿》第一百二十五冊，食貨八之八，乾道二年四月七日條。
〔註40〕（宋）衞涇：《後樂集》卷13，論圍田箚子，文淵閣四庫全書本。

南部積水湖沼區曾一度恢復其瀦水狀態。

但是，開掘圍田損害了形勢之家的既得利益，難以長期進行下去，「圍田者無非形勢之家，其語言氣力足以陵駕官府，而在位者每重舉事而樂因循。故上下相蒙，恬不知怪。」〔註41〕開禧北伐之後，宋朝廷為安置大量兩淮流民，「詔兩浙州縣已開圍田，許元主復圍，專召淮農租種。」大量流民為圍田的開墾提供了充足勞動力，在大量流民遷入之後，積水較淺的區域很快就被圍墾，「創置圍田，其初止及陂塘，陂塘多淺水，猶可也，而侵至江湖，今江湖所存亦無幾也。」〔註42〕圍田大面積開墾，嘉湖平原湖沼區中大面積的淺水水域被圈佔。

豪右在淺水中築起圍田，獨享其耕種之利。「縱許豪富有力之家薄輸課利占固，專據其利，馴致貧寠細民，頓失採取蓮、荷、蒲、藕、菱、芡、魚、鱉、蝦、蜆、螺、蚌之類，不能糊口營生。」〔註43〕原積水中的淺水水域，水生資源極其豐富，當地的百姓依靠採收這些水生生物謀生。水體被圍田圈佔之後，水生生物物種資源迅速減少。到南宋末年，嘉湖平原已形成「青天不盡鳥飛盡，吳楚山原似納衣」〔註44〕的景觀。在原來大面積淺水湖泊區中，圍出一個又一個島狀圍田，圍田與水域，呈不規則的形狀如百衲衣般拼湊在嘉湖平原上。

南宋末年以來的圍田，起初是官民的通力合作。「浙西在水中做世界，官司常常深濬水路，居民常常修築圍岸，自丙子年水政廢弛，積水不去，一遇淫雨泛濫，桑柳枯朽，田土荒蕪，百姓離散。」官方負責河港疏濬，民眾經營圍岸，圍田尚能得到較好的經營。起初圍田都遠離官方管理區域，「凡圍田去處，多在荒僻之鄉，必立莊舍，佃戶聚居，既廣行包占，又欲侵奪側近民產。」〔註45〕大圍築起的過程中，在各圍之間的水域，即形成了以後這些地區的河港：「鄉村釘塞築壩，河港皆在田圍中間，古來各圍田甲頭，每畝率米二斤，為之做岸米，七八月間水涸之時，擊鼓集眾，煮粥接力，各家出力濬河取泥做岸。岸上種桑柳，多得兩濟。近回水潦，圍岸四五年不修治，狀若

〔註41〕 （宋）衛涇：《後樂集》卷13，論圍田劄子，文淵閣四庫全書本。

〔註42〕 《宋史》志第126，食貨上一，農田。

〔註43〕 《宋會要輯稿》第124冊，食貨七之三二，政和元年三月十四日條。

〔註44〕 （宋）范成大著，富壽蓀點校：《范石湖集》卷3，《泉亭》，上海古籍出版社，2006年，第37頁。

〔註45〕 （宋）衛涇：《後樂集》卷13，論圍田劄子，文淵閣四庫全書本。

綴疏，桑柳枯朽。」〔註 46〕其後官方權利逐漸淡出水利管理體系，圍占開始處於一種無序的狀態。「議得歸附以來，只因素十家土豪勢要，不畏公法，將自來官禁瀦水湖泊強行占爲己田，淤塞出海河道，漂沒官民田土，不惟使數百萬租糧不能到官。」〔註 47〕

在國家層面，治水者們已經意識到治田與治水不復兼得，認爲不如將重點轉移到治理圍田上來。「爲今之務，莫若專務治田，乞詔監司守令，相視蘇湖常秀諸州水田塘浦禁切去處，常平義倉錢米多寡，量行借貸，有田之家就此農隙作堰車水，開濬塘浦，取土修築兩邊田岸，立定丈尺，眾戶與並力官司督以必成。」〔註 48〕南宋末年以來，官方對圍田實際上採取的是一種默認的態度。積水不能入海，低田區只能採用圍田的形式進行墾殖。華亭人黃震言：「近來圍田不過因旱歲水減，將舊來平地被水處，間行築耳。就使圍田盡去，水之未能速入海自若也，何能遽益於事，況圍田未易去者乎。爲今救急省事之策，惟有告諭田主，多發失工，就塍岸漸露處，次第修築，各於水中自爲隄障，即車水出隄障之外，而耕種之。」〔註 49〕當時已設有專門的機構管理圍田事務，「紹定五年，楊君來爲司徵，越明年，監簿趙君與出守嘉禾，整圖籍，寬賦斂。欲自近邑始招君幕下，置圍田局，募甲首，給清冊，命之曰抄撩，匿者露，虛者實。」〔註 50〕入元以後，隨著已開墾圍田的逐漸增多，國家層面也認同這種圍墾方式，「且舉一圍官民田土計之，大圍不下三、四千畝，約收米二三（萬）石，又以一鄉人戶計之，大鄉不下一二萬家，每家人口三、四人。今止用十圍田米，可以收浙西數郡幾千萬石之糧。止用半鄉民戶。」〔註 51〕到元至大初年，國家還爲圍田的堤岸工程其制定了統一規劃的標準：

> 照到前庸田司五等圍岸體式，以水爲平，爲第一等。高七尺五寸，底闊一丈，面闊五尺，田高一尺，爲第二等。高六尺五寸，底闊九尺，面闊四尺五寸，田高二尺，爲第三等。高五尺五寸，底闊

〔註 46〕 （元）任仁發：《水利集》卷 3。

〔註 47〕 （元）任仁發：《水利集》卷 4。

〔註 48〕 （明）張國維：《吳中水利全書》卷 13，李結上治田三議狀，文淵閣四庫全書本。

〔註 49〕 （宋）黃震：《黃氏日抄》卷 84，代平江府回裕齋馬相公催泄水書，文淵閣四庫全書本。

〔註 50〕 （宋）袁甫：《蒙齋集》卷 14，華亭縣修復經界記，文淵閣四庫全書本。

〔註 51〕 （元）任仁發：《水利集》卷 4。

八尺，面闊四尺，田高三尺，爲第四等。高四尺五寸，底闊七尺，

面闊三尺五寸，田高四尺，爲五等。〔註52〕

　　元時雖欲模仿吳越設都水營田使，置撩錢軍掌管水利，但立而復廢，反覆無常。周文英稱，元代嘉湖平原的水利形勢總體來說並沒有好轉：「自歸宋以後，農政不修，田圍河港大半墮壞。」〔註53〕太湖南面的溇港也因長期失修而逐漸堙廢，不再起急流緩受，舒緩苕溪急流的作用，反「頗爲郡中之害」。〔註54〕潘應武言：「歸附後，權勢佔據爲田。…雖有溇港，悉皆淺狹，潮水湖水不相往來，攔住去水。東南風，水回太湖，則長興、宜興、歸安、烏程、德清等處泛濫。」〔註55〕溇港淤塞，使湖州一帶往太湖排水的通道被堵塞；吳江長橋是湖州向太湖東部排水要道。長堤的修築，起初考慮到排水的需要，下鑿石洞以排水。「昔人於堤岸，多置木橋，多鑿水洞，上則通行，下則泄水者，蓋欲仗其急流奔注，沖敵泥沙，免致水患。然猶慮橋柱之阻水。」〔註56〕宋時的吳江長堤仍具備泄水功能，元代以來，長堤被堵塞，「或釘柵，或作堰，或築狹爲橋，及有湖沴港汊，又慮私鹽船往來，多行塞斷。」〔註57〕湖州一帶來水到此之後無從排泄，「吳江縣沿塘第四橋，此處一條水路來自湖州大錢汊，又名南江。衝出下塘湖泊間下笠澤湖，汾湖，白蜆江下急水港，直至澱山湖，自來此水甚險。歸附後被占湖泊爲河蕩，造橋築堤，水路狹淺不甚通徹。」〔註58〕吳江一帶的圍田開發加重了湖洲地區的洪澇，東塘運河攜帶湖州西來之水，到達吳江長橋之後被阻，因水流量大，急流長期衝擊，迴旋聚集於南潯、震澤、平望一帶的低地，使這一地區成爲湖州東部平原上另一深水湖蕩集聚中心。

〔註52〕（明）張國維：《吳中水利全書》卷18，孫鼎松郡水利志四，文淵閣四庫全書本。

〔註53〕（明）姚文灝編輯，汪家倫校注：《浙西水利書校注》，農業出版社，1984年，第87頁，周文英三吳水利。

〔註54〕（明）徐獻忠撰：《吳興掌故集》卷10，嘉靖三十九年刊本，成文出版社，1984年。

〔註55〕（明）姚文灝編輯，汪家倫校注：《浙西水利書校注》，農業出版社，1984年，第65頁，潘應武言決放湖水。

〔註56〕（明）張國維：《吳中水利全書》卷15，遵達納實哩集江湖水利，文淵閣四庫全書本。

〔註57〕（元）任仁發：《水利集》卷2。

〔註58〕（元）任仁發：《水利集》卷3。

三、圍田的生態背景

　　湖州「不當孔道，非必爭之地」，地理位置的優越使其遠離了宋末元初的戰亂，「靖康建炎，復免兵厄，今尙有唐末五代時屋宇，夫爲湖之百姓，尤爲至幸。」〔註 59〕人們在一些原湖泊水域中通過培育人工草蕩，這些湖泊都是淺水湖泊，在緩流的水環境與人工干擾不斷加強的情況下，許多湖泊迅速向沼澤化方向發展。當時將大面積的草蕩開墾成圍田的情況在湖州地區是很常見的，秦九韶曾在《數書九章》中舉用湖州圍草蕩的例子：

　　　　問有草蕩一所，廣三里，縱一百十八里，夏日水深二尺五寸，與溪面等平。溪闊一十三丈，流長一百三十五里入湖。冬日水深一尺，欲趁此時，圍里成田，於蕩中順縱開大港一條，磬折通溪。順廣開小港二十四條，其深同，其小港闊比大港六分之一，大港深比大港面三分之一，大小港底，各不及面一尺，取土爲埂，高一丈，上廣六尺，下廣一丈二尺，蕩縱當溪，其岸高廣倍其埂數，上下流各立斗門一所，面令田內目容水八寸，過餘水復溪入湖。里法三百六十步，步法五尺，欲知田積、埂土積、大小港底面深闊、冬夏積水、田港容水、過水、溪面泛高，各幾何？」

　　秦九韶有近三分之一的時間生活在湖州（今浙江吳興），自然科技史學界認爲，《數書九章》是 1247 年在湖州完成的。而湖州一帶正是兩宋「圍水造田」的中心，所以「與水爭田」在《數書九章》中得到充分的反映。〔註 60〕秦九韶曾寄居湖州，曾對當地的圍田作出估算。這裏所說的草蕩長約一百多里，應該就是指太湖邊的草蕩。此題有其眞實背景，首先，秦九韶與吳潛是好友，「吳潛有地在湖州西門外，當茗水所經入城，面勢浩大。」吳潛也確實提到過湖州當時有大量高產的農田，「二浙之田，獨湖、蘇、秀爲最美，而常、杭次之。」〔註 61〕吳潛首提湖州之田最美，並列於蘇、秀、常、杭之上，說明當時在太湖附近，也以湖州的稻田產量最高；其二，從當時的環境特點來看，秦九韶所言，還有其對應的生態背景：

　　　　關於溪面泛高，秦氏似乎是假定在每歲八節中，平均每節可滿

〔註 59〕　（宋）倪思：《經鉏堂雜志》卷 5，雪川，萬曆刻本。

〔註 60〕　郭書春：秦九韶《數書九章》序注釋，《湖州師範學院學報》2004 年第 1期。

〔註 61〕　（宋）吳潛：《許國公奏議》卷 2，《論計畝官會一貫有九害》，文淵閣四庫全書本。

蕩一次，而過出水則是全年各日平均復溪入湖的，這樣的假定，顯
然是根據經驗和想像而給出的，但泛高（平均泛高）應與湖水錶面
積的大小，有著密切的關係。〔註62〕

　　研究者認爲這個算術題是根據實際情況所作，並計算出草蕩圍墾成田的
實際面積爲 1884 頃 83 畝 96 步，原本作爲蓄水區的草蕩，在夏季可以蓄
2,867,400,000,000 立方寸水，也就是約 28 億立方米左右的水體，在圍墾成田
後，河港的容水量爲 96,552,000,000 立方寸，要過出 1,859,500,800,000 立方寸
的水體，也就是約 18.6 億立方米的水體。〔註63〕這種大規模圍田的情況與修
築一條沿太湖南岸一條完整塘路之後，圍田所要排出的水體規模大致匹配。

　　宋元時期嘉湖平原的農田水利建設中，築塘是首要工作，塘主要是爲圍田區
起擋水和防護作用。《嘉泰吳興志》記載「湖之城平，凡爲塘岸，皆築以捍水。」
〔註64〕在太湖南岸的沼澤低地開發過程中首先要阻截西部山溪溪流橫衝直下的
洪水威脅，然後才能具備圍墾的可能。在這個過程之後，湖沼低地可以進行圍田
開發：「郡地最低，性尤沮洳，特宜水稻，又田疇必築塘防水，乃有西成之望。」
〔註65〕塘路在嘉湖平原中就是第一級的防洪堤防，一般情況下，圍岸也多依塘
堤，圍岸之下的塍應該是一種介於第一級和第二級之間的擋水、防洪牆。

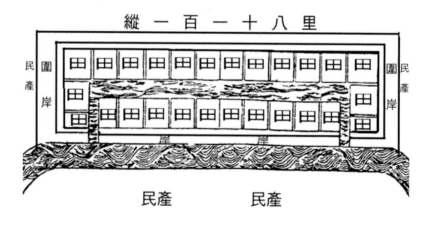

圖 23：南宋末期太湖南部圍田示意圖〔註66〕

〔註62〕李迪：《數書九章新釋》，安徽科技出版社，1992 年，第 258 頁。
〔註63〕李迪：《數書九章新釋》，安徽科技出版社，1992 年，第 262～264 頁。
〔註64〕《嘉泰吳興志》卷 1，嘉業堂刻本，成文出版社，1983 年。
〔註65〕《嘉泰吳興志》卷 20，嘉業堂刻本，成文出版社，1983 年。
〔註66〕圖片以下列文獻中資料爲底圖改繪：（宋）秦九韶：《數書九章》卷 6《圍田先

　　圖 23 是據《數書九章》中所舉例題所繪的湖州城附近地區的圍田圖，圖中有一條長一百一十八里的塘岸，這幅圖極可能描述的就是當時實際的圍田工程，這條塘可能就是《嘉泰吳興志》中所提到的官塘：「荻塘連亙東北，出迎春門外百餘里，今在城者謂之橫塘，城外謂之官塘。」〔註67〕同時，《數書九章》中還提到在圍田之前要大面積地種植草蕩，歷史時期湖州地區也確實有與書中所實際對應的生態景觀。

　　早在北宋初年，蘇軾於湖州城附近看到的景象是：「環城三十里，處處皆佳絕。蒲蓮浩如海，時見舟一葉。」說明湖州城周圍的一些淺水湖泊被人們種植水草的情況很普遍，當時湖州城外已經被大片人工種植的水生植被蒲、蓮群叢所覆蓋。「白蘋洲渚，蒲蓮如海，彌望渺然。」〔註68〕南宋時期湖州城附近有名的深水湖區白蘋洲也開始呈現出沼澤化趨勢，這裏的植物景觀是大片的蒲和蓮，孫鍾益說以蒲、蓮群落爲建群種的水生植物群落已經佔據了白蘋洲，這裏將蒲字用在蓮之前有生態學的特殊含義。蒲應是沼澤地中常見的香蒲科香蒲屬植物，蘇軾當年在湖州城外水域中香蒲（*Typha angustifolia* L.）是沼澤地中的一種優勢植物。水生植物生態的研究中認爲，沼澤區域的水生植被中如果過渡到以蒲這種挺水植物群落爲建群種的時候，表明這個區域沼澤化的過程已經基本完成。〔註69〕如果過度到以蓮藕爲典型植被時，說明沼澤化又更進一步了。湖州城附近的地區，南宋中後期水生植物更多見是蓮藕（*Nelumbo nucifera* Gaertn.）：「今鄉土多水泊，繞郭三二十里多種之，夏月彌望如錦秀。」〔註70〕《嘉泰吳興志》中記載南宋末年湖州城外水域中的水生植被，南宋時期，湖州城外以荷花之多，成爲一個著名的遊玩地點，「繞郭芙蕖拍岸平，花深蕩槳不聞聲。萬家笑語荷香裏，知是人間極樂城。」〔註71〕人工栽培的大面積蓮藕是當時湖州城周圍的典型景觀。淳熙十四年（1187年），姜夔在湖州曾寫下：「吳興號水晶宮，荷花盛麗。陳簡齋云：今年何以報君恩，一路荷花相送到青墩。」〔註72〕說明不僅湖州城一帶主體的植物景

　　　　計》，李迪：《數書九章新釋》，安徽科技出版社，1992 年，第 257 頁。
〔註67〕《嘉泰吳興志》卷 5，嘉業堂刻本，成文出版社，1983 年。
〔註68〕（宋）孫仲益《內簡尺牘編注》卷 5，文淵閣四庫全書本。
〔註69〕于丹：《水生植物群落動態與演替的研究》，《植物生態學報》1994 年第 4 期。
〔註70〕《嘉泰吳興志》卷 20，嘉業堂刻本，成文出版社，1983 年。
〔註71〕《嘉泰吳興志》卷 13，嘉業堂刻本，成文出版社，1983 年。
〔註72〕（宋）姜夔著，夏承燾箋校：《姜白石詞編年箋校》，卷 2，《惜紅衣》，上海古籍出版社，2007 年，第 21 頁。

觀是荷花，蓮的種植區域由湖州城東延伸至今烏鎮一帶。

秦九韶例舉的草蕩因該就是上述這種大面積連成片的沼澤地的一部分，沼澤地中還可能種植了使湖泊變乾的先鋒植物——茭草。宋魏了翁言：「菖蒲不能成頃畝，有絕細者，大者為今端午用之，菰蒲深處皆茭草蕩。」〔註73〕大面積連續的菖蒲、香蒲沼澤不多見，一般香蒲沼澤是與茭草伴生，香蒲在淺水區域為建群種，然而在面積更廣闊的淡水沼澤區域，優勢群落是茭草。茭草蕩一般選擇在冬季圍墾，秦九韶在《數書九章》中描述當時草蕩的水位，夏季水深二尺五寸，冬季水深才一尺。這樣廣三里，縱一百八十里的區域，如果全部圍墾成田，圍田總面積將達一千八百六十多頃。「尚書禮部侍郎兼侍講許奕等言，考訂到知湖州王炎奏：本周境內修築堤岸，變草蕩為新田者凡幾十萬畝，畝收三石則一歲增米三十萬碩。」〔註74〕王炎在湖州時，當地由草蕩圍成的新田已有幾十萬畝。這些草蕩都可以直接排水開墾，且都是「畝收三石」的高產新田。秦九韶在《數書九章》中的「圍田租畝」一例中記載：「問有興復圍田已成，共計三千二十一頃五十一畝一十五步。」〔註75〕從秦九韶所舉的事例來看，原低窪湖沼地區被圍墾成田的草蕩動輒上千頃，與上文王炎的奏疏相合，並且隨著太湖流域人口的增多，沼澤地的積水草蕩多被圍墾成田，葉紹翁在嘉定元年曾言：「蘇湖熟，天下足，元帥所知也。而況生齒日繁，增墾者眾，葦蕭歲闢，圩圍浸廣，雖不熟亦足以支數年矣。」〔註76〕

葉紹翁提到這種由草蕩開墾的新田在 13 世紀前後非常多，這些草蕩原都是一些湖泊。秦九韶在所舉的例子中，還提到草蕩「與溪等平」，大面積草蕩在湖州城外，位於苕溪水下游，這些地區原是湖泊。這種草蕩廣三里，縱一百八十里，在此基礎上形成的圍田面積達一千八百六十多頃。秦九韶在《數書九章》卷十「賦役類」中「圍田租畝」記載：「問有興復圍田已成，共計三千二十一頃五十一畝一十五步，分三等，其上等每畝起租六斗，中等四斗五升，下等四斗，中田多上田弱半，不及下田太半，欲知三色田畝及各租幾何？」〔註77〕深水區域中既養成草蕩，在此基礎上圍田就相對容易了，從上文可看

〔註73〕 （宋）魏了翁，（元）方回續：《古今考》卷34，文淵閣四庫全書本。

〔註74〕 《宋會要輯稿》第 123 冊，食貨六，嘉定二年正月十五日條。

〔註75〕 （宋）秦九韶：《數書九章》卷6，卷18，文淵閣四庫全書本。

〔註76〕 （宋）葉紹翁撰，沈錫麟、馮惠民點校：《四朝聞見錄》，乙集，函韓首，中華書局，1997 年，第 75 頁。

〔註77〕 （宋）秦九韶：《數書九章》卷6，卷18，文淵閣四庫全書本。

出湖州被圍墾成田的草蕩動輒上千頃。面對這樣的情況時，官員的對策卻各不相同：

> 尚書禮部侍郎兼侍講許奕等言，考訂到知湖州王炎奏，本周境內修築堤岸，變草蕩爲新田者凡幾十萬畝，畝收三石則一歲增米三十萬碩。前日朝旨決其堤岸而毀之，則一歲損米三十萬石。今既許其修築，復爲新田。然必畝納一石，然後官始給據。夫先納米後給據，此富民之利，貧民不便也。不若候其修築畢工種藝有收，然後畝納一石。〔註78〕

上文提到在湖州，由草蕩圍成的新田已有幾十萬畝，王炎在湖州時卻將這些圍田都廢掉，許奕認爲這樣做不明智。湖州本產米不多，這樣「畝收三石」的高產新田一年確實能讓湖州增賦不少。實際上王炎知湖州時，也面臨著這種窘境。一方面是湖州地少，出產並不多，「本州即無儲蓄，每年係朝廷截撥，上供寬剩錢，內用錢會，中半隨時價高，下責付牙儈收糴，官吏凜凜，常恐收糴愆期，支散不給。」〔註79〕當朝廷催繳糧餉時，湖州仍需從外州縣買糧轉濟。王炎在這種境況下又要迎合朝廷的治水政策，廢圍田。許奕認爲，這種由草蕩圍成的膏腴新田，被掘實爲可惜，還不如加以利用，收管其圍田之利，故「今既許其修築，復爲新田」。後來的統治者對湖州的圍田，實際上採取了放任不管的態度。

東苕溪流域的湖泊水域在北宋末年開始就已經開始被圍墾，「徙居餘杭，行視苕雪陂澤可爲田者即市之，遇歲連旱，田圍大成。」〔註80〕萬延提到他在苕溪附近經營圍田的情況，到南宋以後，浙西圍田的情況更加嚴重，水面被圍墾的例子更多，如衛涇所言：

> 自紹興末年，始因軍中侵奪瀕湖水蕩，功力易辦，創置堤堰，號爲壩田。民田已被其害，而猶未至甚者。瀦水之地尚多也。隆興、乾道之後，豪宗大姓相繼迭出，廣包強佔，無歲無之，陂湖之利日胺月削，已亡幾何。而所在圍田，則遍滿矣。以臣耳目所接，三十年間，昔之曰江曰湖曰草蕩者，今皆田也。〔註81〕

〔註78〕《宋會要輯稿》第123冊，食貨六，嘉定二年正月十五日條。

〔註79〕（宋）王炎：《雙溪類稿》卷23，申省論馬料劄子，文淵閣四庫全書本。

〔註80〕（宋）何薳撰，張明華點校：《春渚紀聞》卷2，瓦缶冰花，中華書局，1983年，第24頁。

〔註81〕（宋）衛涇：《後樂集》卷13，《論圍田箚子》，文淵閣四庫全書本。

　　圍田開發早期於淺水區，淺水區圍墾完之後，就向深水區進軍，原公共
水域在圍墾過程中被蠶食。對於嘉湖地區宋元時期沼澤地中興起的大量圍田
區域來說，圍岸是最基本的水利界限，宋元時期豪強圍墾的興起的過程中，
基層水利界限形成。隨著淺水沼澤的圍墾，水體被約束到地勢更低的地區，
鄉村河港與一些積水的蕩漾湖泊在這個過程中形成。在深水區的開發，如果
圍田的堤防工程不過關，圍田工程很容易被漾、蕩中的大風浪所毀，水禍在
這種深水圍田區很常見：

　　　　壬辰水禍已作，往往龍物示現，多至十餘。湖州土山有富人命
　　　數僕駕舟，往田所點視塍岸，至漾中。凡水闊之處名曰漾。忽舟若
　　　湊淺不能進，極力撐挽，略不為動。意必為暗石所礙，及令仆下水
　　　負，乃知舟正閣龍脊上，而篙亦正刺龍鱗間。警窘無策，遂捨舟，
　　　急令僕善水者負之登岸，急逃歸。再片時，龍躍而起，凡其處田疇
　　　數百畝皆為巨浸。〔註82〕

　　這段文獻雖加上了神秘化的色彩，但作者描寫了東苕溪流域的一處圍田
沒有能抵抗住風浪的襲擊而被湖水淹沒這一事件的整個過程。深水地區圍墾
過程中築堤防水更重要，黃震言：「大概曰作堤曰疏水，小概一日種芰。」〔註
83〕黃震說在江南低鄉國家層面負責組織的水利工作主要就是築堤以防洪澇，
高鄉則是深挖河港，開疏河道以排水，到元時，低鄉的圍岸修築則多以民間
力量組織進行：「浙西在水中做世界，官司常常深濬水路，居民常常修築圍岸。」
〔註84〕深水區中的堤岸很容易被風浪所毀，被沖毀的堤岸的重築需要大量的
資金投入，但是因官方權利淡出對低鄉地方水利堤岸的修理，往往是一些地
方上有識之士長期倡導鄉民募捐才能修成，這種情況在太湖地區一直延續：

　　　　郡之西北鄉有聞湖，俗稱巨浸，有時風水相激，白浪掀天，舟
　　　行輒覆，傷人無算。舊有埂，風水沖激殆盡，君概然有修築之志，
　　　皇皇焉勸募三年，不果。乃議傾家以成其事，商之親戚，格於子孫
　　　衣食事而事寢。其後，聞湖之濱有蔣孝廉蓮溪者，鑒於聞湖之險，
　　　與丈夫有同心，於是一倡一和，相助為理，鳩工興役，修築南埂，
　　　費鉅資三千餘金，閱一年而工竣。續募五百餘金，購良田二十餘畝，

〔註82〕（宋）周密撰，吳企明點校：《癸辛雜識》，中華書局，1997年。續集下，龍
　　　　負舟，第165～166頁。
〔註83〕（宋）黃震：《黃氏日鈔》卷67，讀文集。
〔註84〕（元）任仁發：《水利集》卷4。

以備歲修。〔註85〕

　　聞湖即今嘉善王江涇附近地區，現在王江涇附近最大的湖蕩是連四蕩，據連四蕩東天凝鄉村民回憶，今天蕩外的圩田是聯圩併圩建設之後的大圩，圩田區都有配套的閘管設施，雨澇時抽水機排水也很方便，但在傳統時代，如果堤岸一個口子被沖毀，這裏所有的農田都被淹沒在一片汪洋白水之下。〔註86〕

　　宋元時期太湖南部、東部地區形成的湖群水位多在 3 米以下，這些湖面受到氣象要素的局部干擾時，例如驟降暴雨或氣壓急劇變化時，尤其是颱風時期，湖區水位經常會急劇變化，這些地區圩田的圍堤外還必須種植保護堤岸的水生作物。堤腳外的淺灘中混植茭蘆防浪效果最好，范成大說：「至水發時高浪奔突，雖有如城之堤，數十百圍，一夕皆破。其有茭葑外護者，往往獨存。蓋其紛披遙曳，與水周旋，而不與之忤，比其及岸，已如強弩之末，狂怒盡霽。」〔註87〕范成大描述了堤岸外大片的茭草可以消浪，減輕水流的沖蝕。

四、茭草的種植

　　茭草是禾本科菰屬植物（Zizania Linnaeus），現分佈於我國的菰屬植物是一種多年生的水草，俗稱茭草、蒿草、菰蔣草等。其根、莖、葉、果都可以爲人們所利用。〔註88〕人工栽植爲收穫莖葉的茭草一般不用種子繁殖，茭草莖的基部分蘖芽和匍匐莖生長勢強，是固堤和使湖沼變乾的先鋒植物。〔註89〕茭草適宜於栽植於淺水湖蕩，浙西地區種植茭草的淺水湖蕩中由於風浪卷來的湖草、淤泥年年淤積，土壤肥沃，土層逐年增厚，形成葑田，「二浙下澤處，菰草最多，其根相結，而生久則並土浮於水上，彼人謂之葑田，刈去其葉，便可耕蒔。」〔註90〕在較深的水域，利用茭草可以營建架田。「若深水澤藪，則有葑田。以木縛爲田坵，浮繫水面，以葑泥附木架上，而種藝之。其木架田坵，隨水高下浮

〔註85〕　（清）朱福清撰，吳香洲點校：《鴛湖求舊錄》卷 1，章丈文江傳，鳳凰出版社，2010 年，第 151 頁。

〔註86〕　周晴：《嘉善縣採訪筆記》，2010 年 11 月，手稿。

〔註87〕　（明）姚文灝編輯、汪家倫校注：《浙西水利書》，農業出版社，1984 年，第40 頁，范文穆公《水利圖序》。

〔註88〕　翟成凱等：《中國菰資源及其應用價值的研究》，《資源科學》2000 年第 6期。

〔註89〕　南京大學生物學系，中國科學院植物研究所合編：《中國主要植物圖說・禾本科》科學出版社，1959 年，菰屬，第 635 頁。

〔註90〕　（宋）唐慎微：《證類本草》卷 11，四部叢刊本。

泛，自不淹浸。」〔註91〕這種葑田與淺水沼澤地中形成的葑田不一樣，利用菰屬植物強大的地下根莖於深水區中營造的浮在水面上的一種農田，茭草的草根盤結泥土堆疊在木架田坵上，這樣田浮於水面不會被水淹沒，在浙西地區是很常見的，「兩浙有葑田。蓋湖上有茭葑所相繆結，積久厚至尺餘，闊沃可殖蔬種稻，或割而賣與人。」〔註92〕這種水中的草墩在傳統時代太湖流域的深水湖區十分常見，「過去太湖和固城湖裏，也有由茭草、野藤和沉澱的沙泥年久積成的草墩，面積大的約一、二畝，小的約一、二分。天氣愈熱，生長愈多，大水時浮起，群眾稱爲浮墩（固城湖稱茭排）。……浮墩質鬆軟，取以防浪護坡時，可用特製長刀，把浮墩割成小塊，每塊約六、七米，寬約二米。用船拖到需要防浪的地段，在浮墩上打洞，再用竹樁穿入洞中，簽釘在臨水坡外約三米的水面上，使之隨浪起伏，破浪護堤。」〔註93〕

　　南宋偏安江南時期，嘉湖平原中許多地區都曾是駐兵牧馬之所，乾道年間嘉興至平望的運河沿岸的淺水灘地多是牧馬之地：「過合路，居人繁夥，賣鮓者尤眾，道旁多軍中牧馬。」〔註94〕牧馬之地有許多本是農田區：「淳祐五年，服闋部授嘉興府。嘉興縣通理考滿候代間奉使王疇迎合當路，意峻行括田之令，欲以嘉興縣管下上供經界苗田，強抑本縣供括作殿司天荒草蕩圍田。」〔註95〕爲滿足軍中馬匹飼養的需要，不惜將農田轉爲草蕩，南宋中後期在浙西地區很平常，衛涇言：「殿司嘗干內降關牧馬草地，冒民田幾千頃。」〔註96〕屯於淮東、南一帶的馬匹用茭草作飼料，這些茭草由兩浙地區供應：「係兩浙轉運司分下兩浙州軍支撥，應副本司照應，本路所買馬草，係是茭草，八、九月內收刈，十月始乾。」〔註97〕洪邁提到這些浙西蘇、秀地區還是一個夏季固定放牧的地點：「國家買馬南邊於邕管，西邊於岷黎，皆置使提督，歲所綱發者蓋逾萬匹，使臣將校得遷秩轉資，沿道數十州驛程券食廄圉薪芻之費，其數不貲，而江淮之間，本非騎兵所能展奮，又三衙遇暑月，放牧於蘇、秀，以就

〔註91〕　（元）王禎撰，繆啓愉，繆桂龍譯注：《東魯王氏農書譯注》，上海古籍出版社，2008 年版，第 364 頁，農器圖譜集之一，架田。
〔註92〕　（宋）吳曾：《能改齋漫錄》卷 14，記文，訴失蔬圃，文淵閣四庫全書本。
〔註93〕　《太湖水利史稿》編寫組：《太湖水利史稿》，河海大學出版社，1993 年，第304 頁。
〔註94〕　（宋）陸游：《入蜀記》卷 1。
〔註95〕　（明）莫震：《石湖志》卷 4，明刻本。
〔註96〕　（宋）衛涇：《後樂集》卷 17，蓋經行狀，文淵閣四庫全書本。
〔註97〕　《宋會要輯稿》食貨卷 40，乾道二年二月十三日條。

水草，亦爲逐處之患。」〔註98〕飼養於湖州的馬匹飼料中還有大量是穀物，馬料的供應給湖州府帶來沉重的壓力，知州王炎言：

> 照對本州管下有下菰城，係每年步司牧放之地，四月馬一匹日支料穀一斗，自五月至八月，馬一匹日支料穀七升，九月回程，馬一匹日支料穀一斗。開禧三年，共支馬料七千四百八十七石九斗，嘉定元年，共支馬料五千九十五石一斗三升……今幸邊防休兵，馬牧於郊，水甘草美，足以養矣。不用於戰陳，何必食之以穀。武王休兵歸馬華陽，魯僖重穀牧於坰野，其不食穀明矣。民食糟糠食野草，而馬反食穀，似非仁民愛物貴人賤畜之意。炎妄意謂，食馬以穀，理當盡數，住支縱，未能住支，則四月九月，馬日食一斗，當減而與之四升。自五月至八月，馬日食四升，當減而與之三升。如此則上可以合古人之禮，又可以見主上愛民之仁，又可以減縣官之虛費，又無損於國之武備欲望。〔註99〕

茭草養馬不可行，湖州地區有種大麥、早稻以供馬料者，《嘉泰吳興志》言：「穬麥是馬所食者。……今本土有大小麥，有穬麥，俗呼爲大麥。」〔註100〕王炎還提到湖州地區所栽植的早稻也是爲供給馬料：「本州管內多係晚田，少有早稻可充料穀。兼之早稻去年盡被蝗喫損，每年收糴已自艱難。目今小民飢餓，赴訴於官，乞行賑救，若更如每年收糴馬料之數，奪民之食充馬口腹，小民必然飢餓，性命不保。」〔註101〕王炎提到的這種馬與人爭食的情形一直延續到南宋末年。

湖州附近許多地區南宋時期都曾設牧馬寨，邱城曾是放牧地點，「邱城，《舊編》云在縣北十八里，近太湖，漢邱氏所居也。吳越錢氏嘗築城屯戍，以拒南唐，城今尚存，紹興間亦嘗牧馬。」〔註102〕牧馬地點後一度遷移到德清一帶，「牧馬寨在德清縣西九里，宋牧馬於此，淳熙間移於下菰城。」〔註103〕淳熙年間，殿司所管的肥壯馬匹都是在湖州下菰城附近的地區牧放，「侍衛步軍副

〔註98〕　（宋）洪邁：《容齋隨筆》續筆卷5，買馬牧馬，清修明崇禎馬元調刻本。
〔註99〕　（宋）王炎：《雙溪類稿》卷23，《申省論馬料箚子》，文淵閣四庫全書本。
〔註100〕　《嘉泰吳興志》卷20，嘉業堂刻本，成文出版社，1983年。
〔註101〕　（宋）王炎：《雙溪類稿》卷23，《申省論馬料箚子》，文淵閣四庫全書本。
〔註102〕　《嘉泰吳興志》卷18，嘉業堂刻本，成文出版社，1983年。
〔註103〕　崇禎《吳興備志》卷14。

都指揮使梁師雄言，本司諸軍遞年將肥壯馬差往湖州下菰城牧放，其新綱病瘠駝負等馬往西溪牧養。照得下菰牧馬官兵內有家累人，除量行挈券外，又承指揮各人依出軍例，日添口食米二升五合，鹽菜錢三十文，並於湖州按旬幫支。」〔註104〕《嘉泰吳興志》中記載下菰城附近放牧的馬匹有數千匹之多，「今菰城每歲殿司馬軍屯駐，牧馬數千匹。」〔註105〕湖州地區馬匹可能多採取舍飼，建馬廄的木材從浙南山區運來，「馬軍司申差人前去嚴州收買木植二萬條，添置湖州牧放寨屋。」〔註106〕南宋王朝幾乎將最好的馬匹都放在湖州飼養，但環境與飼料都決定了養馬業的失敗。南宋時期所買的大量西南馬不能適應浙西地區的生境，其環境也不適宜於牧馬，平原牧地不宜低窪洳濕，因低濕實為養馬者所忌。〔註107〕潮濕的環境加之長期給飼茭草，使得大批馬匹病瘦：「三省奏勘，會三衙戰馬見於浙西州軍牧放，緣地氣黑蒸，並喂飼茭草，多致病瘦。」〔註108〕牧馬場地的缺乏與馬匹飼養的失敗也是南宋王朝始終無法北上的一個重要原因。

　　總之，宋元時期大規模的圍墾最終導致整個太湖地區水利環境的惡化，一方面是大面積的蓄水陂湖被圍墾成田，龔明之評價郟、趙二人的治水措施也已經不能適應南宋末年嘉湖的水環境，「往時所在多積水，故所治之法如此，今所以有水旱之患者，其弊在於圍田，由此水不得停蓄，旱不得流注。民間遂有無窮之害。」〔註109〕另一方面形成一些局部死水化的河網，「鄉村釘塞築壩，河港皆在田圍中間」。〔註110〕原圍田內地積水只是被擠壓到局部的河港中間，河港中水位很高，多雨季節整個區域很容易形成內澇漬水的局面。元潘應武曾提出開掘積水，「今日參政為浙西生靈陳請決放湖水入海，此三百年一遇。」〔註111〕指出浙西的積水狀態到至元二十八年時，已存在了三百年，元代太湖東南部的水利環境並沒有好轉，積水依舊。宋元兩代嘉湖平原在積水、緩流的水環境下開掘的圍田土地利用主要是種稻，稻作經濟在這片湖沼

〔註104〕《宋會要輯稿》兵二六，淳熙十六年閏五月十七日條。

〔註105〕《嘉泰吳興志》卷20，嘉業堂刻本，成文出版社，1983年。

〔註106〕《宋會要輯稿》兵六，乾道二年七月五日條。

〔註107〕謝成俠：《養馬學》，畜牧獸醫圖書出版社，1958年，第239頁。

〔註108〕《宋會要輯稿》兵二一，乾道六年九月八日條。

〔註109〕（宋）龔明之撰，孫菊園校點：《中吳紀聞》卷1，趙霖水利，中華書局。1986年。

〔註110〕（元）任仁發：《水利集》卷3。

〔註111〕（元）任仁發：《水利集》卷3，至元二十八年潘應武決放湖水。

淤積平原的發展為這個地區明清時期發展成為江南最富裕、人口最密集的地區奠定了基礎。圍田開發的過程中也塑造了早期平原中的河網地貌：「或為川、溪、港、瀆而分，或為湖澤浦漾而聚。」〔註112〕在太湖南部的平原上，河道往往寬窄不一，河流串聯著數量眾多不規則的小湖泊。如湖州至德清一帶，有數以百計面積小於 0.5 平方千米的小型湖蕩零星分佈。這些湖蕩在早期是連片的湖泊，圍田興建的過程中，淺水水面被約束到局部地區形成常年水位較深的漾蕩。〔註113〕總之，嘉湖平原的河網於沼澤地的圍墾的過程中開始形成，這個過程中，原大面積連續的淺水沼澤濕地生境被破碎。

積水環境自宋以來長期延續，東西苕溪是太湖流域湖泊的主要水源，東西苕溪下游都流經山區與平原交界地帶，一遇山洪下泄，水流就向東部平原泛溢，清人錢泳對嘉湖平原的水流狀態有過很好的總結：

> 三吳水源，天目為大，其水東出臨安，泛溢而為苕、霅，入於具區。又自天目東南出杭州天竺諸山，彙而為西湖，一由昭慶寺前流入松木場為下河，一由湧金水門入城為濠，分佈諸河，至得勝諸壩為上河，以灌海寧之田。如西湖水溢，則由諸壩流入下河，合於餘杭塘河。一遇霖潦，則從石門、桐鄉、嘉興、松江以入吳淞、黃浦諸港，則下流先為浸溢，太湖之水相與抗衡，反無歸宿之路矣。〔註114〕

錢泳提到，西部天目山所來的水流是太湖流域水量的主要來源，這些水流都要流經湖州平原。但是因為雨季太湖水位與嘉湖平原存在著水位差，平原水位受太湖水位的控制，無法北排入湖，水流往東入吳淞、黃浦時也受下游低窪區潦水的壅堵，這種情況下，大量天目山所來水流在嘉湖平原中實際上是呈往復流動的形態，多雨的年份，整個平原區都處於洪潦威脅之下；少雨乾旱的年份，水流則從運河北部低窪區向運河南部地勢較高的地區流動，清初張履祥觀察到運河南北的水流狀況：「旱虐之日，從嘉禾至皂林，見運河之水，逆流而西，勢若奔馬，支流若長水、陡門、永新、秀溪、白馬諸港，急流南下，其勢亦然。」〔註115〕平原區中這種往復不定的水流狀況一直維持

〔註112〕成化《湖州府志》卷22，《弁山賦》。
〔註113〕黃宣偉編著：《太湖流域規劃與綜合治理》，中國水利水電出版社，2000年，第15頁。
〔註114〕（清）錢泳撰，張偉點校：《履園叢話》卷4，水學，來源，中華書局，2006年，第92～93頁。
〔註115〕（清）張履祥著，陳祖武點校：《楊園先生全集》卷6，《與曹射侯》，中華書

到 20 世紀。調查發現，京杭運河以南地勢抬升，運河以南桐鄉境內的澇水先
向西流至崇福，再折向北入爛溪塘，當東苕溪山洪入侵，又折向東經嘉興東
泄；沿杭州灣海鹽的澇水主流不是向東，而是由海鹽塘北排至嘉興再折向東
南經平湖上海塘和廣陳塘，經大泖港入黃浦江，少量澇水經魏塘、楓涇塘等
輾轉入黃浦江。〔註 116〕

第二節　14～17 世紀的圩田開發

　　湖州平原所在的低窪圩田生態區是太湖流域水網圩田生態區域的一部分。
宋元時期的圍田開發是於沼澤地中開闢出大小不等的碟形窪地。〔註 117〕14～17
世紀是在碟型窪地的基礎上進行的小圩形式的開發。日本學者濱島敦俊從水利
社會史的角度對江南圩田形態問題經行了綜合考察，他認為明清時期江南地區
的圩田開發過程中，包括嘉湖平原在內，都普遍存在著大圩分小圩現象；〔註 118〕
王建革認為圩田形態從大圩到小圩的變化是宋到明初吳淞江流域水環境變化導
致的結果，小圩的大量出現對應著吳淞江流域河網結構涇浜體系的形成，他也
對嘉湖平原農田土壤形成的生態歷史做了考察，但他的研究是以具有頭進、二
進、裏進田的大圩作為標準地貌單位進行研究，極為細緻地討論了嘉湖平原典
型的水稻土、桑園土在人工環境下的形成與演變過程；〔註 119〕以太湖流域為中
心的江南地區內部的湖州平原與蘇松平原，地貌條件差異仍十分之大，以吳淞
江流域為中心的蘇松地區的農田水利開發模式，並不足以代表整個江南地區圩
田開發的情形。湖州平原在太湖流域是一個較為獨立且具有自身地貌特點的地
理單元，平原的水環境與微地形也與蘇松平原不相同，圩田開發形態亦不同於
太湖東部吳淞江流域，湖州平原在洪澇交加的水環境中，形成了以圩蕩田為典
型的開發模式。

　　　　局，2002 年，第 168 頁。

〔註 116〕 林又禎：《杭嘉湖地區水利規劃的回顧》，《水利規劃》1997 年第 3 期。

〔註 117〕 徐琪：《太湖地區的農業生態及其分區》，《土壤學報》1982 年第 2 期。

〔註 118〕 （日）濱島敦俊：《關於江南「圩」的若干考察》，《歷史地理》第七輯，上海
　　　　人民出版社，1990 年。

〔註 119〕 王建革：《水流環境與吳淞江流域的田制》，《中國農史》2008 年第 3 期；王
　　　　建革：《技術與圩田土壤環境史：以嘉湖平原為中心》，《中國農史》2006 年
　　　　第 1 期。

一、圩田與圩蕩

　　吳越時期塘浦圩田體系分佈於葑淤較快的高平原地區，嘉湖平原中，江南運河古河道以南的地形稍高的地區中圩田分佈較多，一個標準的大圩中一般會出現頭進田、二進田和三進田的分化（圖24），其中頭進田與大圩岸相連，位於第一級臺階，二進田在第二級臺階上，頭進田與二進田中間有塍岸相隔。一般的三進田就是圩心田。

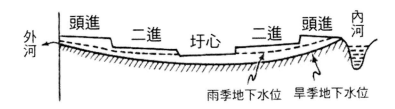

圖24：圩田縱向結構示意圖〔註120〕

　　明以後時期嘉湖地區的圩田開發主要以小圩形式進行，典型圩田一般爲幾百畝、數十畝。〔註121〕湖州地區的「圩」的結構不同於江淮一帶的圩，也不同於塘浦大圩，「圩」在湖州地區讀作「Yu」，當地人認爲有些「圩」與「圍」歷史上也是相同的，〔註122〕許多圩田所在的位置可能就是宋元時期所開墾的圍田，〔註123〕《南潯鎮志》中講述了湖州平原中新、舊圩田之間的分合關係：

　　　　考各圩之名定於宋代，兩圩之間，必有溝渠間隔，而一圩之地，
　　必相連屬。後世陵谷變遷，懼一、嘗三、笈一等圩各分爲三，並應
　　連而斷；悚四圩與懼一北圩則應斷而連，嘗推究其故，一由元代築
　　城，環城濬壕，一由明代宦家造墓、構屋，輒拘形家言，紛紛遷改，
　　如懼一北圩與中圩，中隔百間樓港；嘗三中圩與南圩，中隔西木行
　　港；笈一中圩與北圩，中隔司前港，皆元時城壕也。懼一中圩與南
　　圩，中隔後河，則以在董氏宗伯第後也。笈一南圩與中圩，中隔定
　　心港，則以建定心橋、三元閣也。嘗三北圩與中圩，中隔潯溪河，

〔註120〕圖片據下列文獻中所引地圖爲底圖改繪：徐琪、楊林章、董元華：《中國稻田生態系統》，中國農業出版社，1998年，第222頁，圖16-3，圩田景觀生態示意圖。

〔註121〕張芳：《明清農田水利研究》，中國農業科技出版社，1998年。

〔註122〕湖州市地名領導小組：《浙江省湖州市地名志》，1982年，編印本，第105頁。

〔註123〕徐琪：《中國太湖地區水稻土》，上海科學技術出版社，1980年。

則以其南有吳、曹、朱三家祖墓。其北又有吳氏、陸氏、董氏諸墓
也。悚四、懼一分界溝渠，亦必董氏造石人墳時塞之也。北柵外桂
花墳之北，隔水有小拜二圩，與大拜二圩中隔小港，亦董氏所鑿，
又東柵之倉潭，南柵之新開河，並以董氏住宅而開，此與臥塔創於
董氏，故老皆能言之。若懼、筊等圩，分合之故，則無復知之者，
今以形勢測之如此，而他圩之分合，皆可以類推矣。〔註124〕

　　根據汪日禎的考證，像南潯地區懼一圩、嘗三圩、筊一圩等，古今圩名
對應的圩田大小不一，這些圩田已經分解成數個小圩，而悚四圩與懼一北圩，
本是小圩，但被合併成一個大圩。圩田的分合併沒有可循的自然規律，最重
要的還是人為的拆合。元末張士誠在南潯建城，拆了很多圩，挖城壕和河港，
明代一些大家族為營建豪宅墓地，也會人工對原圩岸河港的水流進行改造，
另外，圩田中的高地一般被有錢人戶或大家族佔有。

　　圩蕩田是嘉湖平原分佈最廣的低窪田。嘉湖平原中圩蕩田的開發與整個太湖
東部地區的水流環境密切相關。黃浦江成為太湖東部地區泄水主幹，嘉湖平原中
泄水斷面南移，這種水流格局之下，嘉湖平原並沒有泄水優勢。吳淞江排水時，
澱泖區是嘉湖平原的一個承泄區，宋元以來澱泖區的圍墾使嘉湖平原洪澇水的承
泄區面積減少，雨季或暴雨時，浙西來水群湊於湖州東部平原區的低地中。在這
種水環境背景下，太湖南部的低窪平原中形成兩個水面集中的低窪積水區：一個
以菱湖為中心，一個以南潯為中心。圩蕩田主要分佈於滬杭線以北由湖沼淤積成
的湖州平原區中，其中菱湖、南潯又是圩蕩田分佈最集中的地區。〔註125〕到明
中後期，積水區中有大量圩蕩田的出現，徐獻忠言：「上源諸漾積受其流之處，
漸至填塞為蘆埭，為藕蕩者，又不知其幾也。」〔註126〕

　　積水區中由於挖掘河泥，墊高田面，沿河港築起較高的圩埭，形成一個個四
周環河的「圩頭」，這種圩田就是圩蕩田。圩蕩如水中的孤島，大的數百畝，小
的只數畝或數分。〔註127〕圩蕩田因圩外的河港（稱為外港）水位常與圩內田面

〔註124〕（清）汪日禎纂：同治《南潯鎮志》志六，古蹟一。
〔註125〕嚴重敏等：《杭嘉湖地區水土資源的綜合利用問題》，《地理學報》1959年第4
　　　　期。
〔註126〕（明）徐獻忠撰：《吳興掌故集》卷10，嘉靖三十九年刊本，成文出版社，
　　　　1984年。
〔註127〕浙江省土壤普查土地規劃工作委員會編：《浙江土壤志》，浙江人民出版社，
　　　　1963年，第170頁。

相平，或略高於圩心，因此，圩內排水困難。這種田中有水，水中有田的島狀圩田，是圩蕩田的典型景象。有些面積較大的圩蕩田也同圩田一樣形成頭進田、二進田與圩心田，但總體來說圩蕩田的田面高差比圩田區小，很多只有頭進與圩心的區別。〔註128〕圩蕩田地區水面積幾占總面積的一半或更多，圩蕩田中常受高水位的威脅，土壤經常處於淹水的還原狀態，排水通氣不良，土溫低，有機質分解慢，實際上很難形成高產的水稻田。

　　圩蕩田是太湖南部平原區中最典型的田制。圩蕩田的形制大約相當於《王禎農書》中所說的「櫃田」：「築土護田，似圍而小，四面俱置竇穴，如櫃形制。順置田段，便於耕蒔。若遇水荒，田制既小，堅築高峻，外水難入，內水則車之易涸。」在後面的詩文中，王禎還提到一種小型的櫃田：「大至連頃或百畝，內少塍埂殊寬平。」櫃田面積較小，堤岸的堅固直接關係著櫃田的收成：「江邊有田以櫃稱，四起封圍皆力成，有時卷地風濤生，外禦沖蕩如嚴城。」〔註129〕到明清時期湖州地區常見的圩就是這樣的一個包圍，清代湖郡水利專家凌介禧就描述了湖州的這種田制：「圩岸即田圍也。田圍皆河蕩環繞，潦則車出水，旱則車入水，圩岸之堤防，旱潦至要哉。」〔註130〕湖州平原中圩蕩田的開發與整個太湖東部地區的水流環境密切相關。黃浦江成為太湖東部地區泄水主幹，嘉湖平原中泄水斷面南移，這種水流格局之下，嘉湖平原並沒有泄水優勢。吳淞江排水時，澱泖區是嘉湖平原的一個承泄區，宋元以來澱泖區的圍墾使嘉湖平原洪澇水的承泄區面積減少，雨季或暴雨時，浙西來水群湊於湖州東部平原區的低地中。在這種水環境背景下，太湖南部的低窪平原中形成兩個水面集中的低窪積水區：一個以菱湖為中心，一個以南潯為中心。圩蕩田主要分佈於滬杭線以北由湖沼淤積成的低平原區中，其中菱湖、南潯又是圩蕩田分佈最集中的地區。〔註131〕到明中後期，積水區中有大量圩蕩田的出現，徐獻忠言：「上源諸漾積受其流之處，漸至塡塞為蘆埂，為藕蕩者，又不知其幾也。」〔註132〕

〔註128〕徐淇：《中國太湖地區水稻土》，上海科學技術出版社，1980年，第77頁。

〔註129〕（元）王禎撰，繆啟愉，繆桂龍譯注：《東魯王氏農書譯注》，上海古籍出版社，2008年版，第369頁，農器圖譜集之一，沙田。

〔註130〕（清）凌介禧：《慈珠仙館水利集》卷6，《高下各田圩岸宜修築》，《中華山水志叢刊》，線裝書局，2004年，第12冊。

〔註131〕嚴重敏等：《杭嘉湖地區水土資源的綜合利用問題》，《地理學報》1959年第4期。

〔註132〕（明）徐獻忠撰：《吳興掌故集》卷10，嘉靖三十九年刊本，成文出版社，1984年。

積水地區圩蕩田開發過程中最難的步驟之一是取土。鄉民利用水域中原有的堤岸根腳淺灘，水淺之時，在灘地上種蘆葦，較高一點的地方種楊樹這樣的耐澇樹木，數年可成堤岸。《張丹山漙錄》記載：「余少時聞故老傳說，直北諸圩皆有夾塘，今人皆怠惰廢弛，不復修整，一遇旱潦，倉惶戽救，率皆不及，此大病也。愚意以為，今夾塘之有根腳者，於春間或水淺時，先令鄉人放蘆，旁種楊樹，待其長大繁茂，漸灌以土，年年幫補，久久築實，補數年而成堤矣。」圩堤修成之後，堤岸上再種上桑樹，「堤成之後視其圩岸之淺薄者，彙角之孤單者，兩面增築，水潦時固藉以堵塞而漸幫闊，樹以桑枝，其利亦薄。」〔註 133〕蕩田區開發的重點在於維護圩岸的穩固，因積水區的堤岸比其它地區更容易受水流沖蝕：「水鄉多低田，故其澇勝於旱，而其利亦泄瀦於瀦。以宜下流，故圩岸為要務。」〔註 134〕

因地勢低窪，長期積水難排，太湖南部土壤類型大部分發育為地下水位過高的瀦育型水稻土，《補農書》中提到了這類「下鄉」低田，「無春花，故利遲」，〔註 135〕分佈在這些地區的土壤以青紫泥為主，青紫泥是一種潛育性水稻土，這種土土層深厚，質地黏，酸性強，處在長期淹水的狀態下，透氣性不好，土溫低，有機質分解慢。這些地區海拔高程多在 3.0～3.2 公尺間，不但地勢低，因積水難排，地下水位高，有的甚至終年積水。有的水田田身低陷，排水狀況更糟，這種田形狀似碗形，又稱「碗形窪田」，如碗形窪田在雙林的善璉公社等地面積小至幾畝。〔註 136〕湖州府所轄地區中以歸安縣的圩蕩田最多，因蕩的稅額輕，經營桑地可以獲得高利潤，這樣豪富就通過買通胥吏，「占蕩與地」，一般人戶可能較少經營蕩與桑地，只能種田，張履祥就說當地「弱民墾田」是一個普遍現象。〔註 137〕

平原西部和中部的歸安縣一帶因圩蕩田的開發，水系發育成河湖型水網，由河網串聯眾多小湖泊，這裏的水網沒有骨幹，有網無綱。這個地區受天目山溪流水源補給較多，在圍墾過程中，眾多的淺水蕩漾的水面被約束到局部地區而成，許多圩田是淺水湖泊經過改造的殘餘部分，其水網的特點是

〔註 133〕（民國）《南潯志》卷 4，河渠。
〔註 134〕（民國）《南潯志》卷 4，河渠。
〔註 135〕陳恒力編注，王達參校：《補農書研究》，中華書局，1958 年 4 月，第 20～21 頁。
〔註 136〕袁可能：《浙江省北部青紫泥的形成和肥力特徵》，《浙江農業科學》1962 年第 1 期。
〔註 137〕（清）張履祥：《楊園先生全集》卷 20，書改田碑後。

河道串聯若干不規則的淺水湖泊，河道寬窄不一，寬者達數公里，窄的在二十米以下，很多河段為湖泊所代替，像嘉興以北的部分地區，至今還保有湖泊的外觀，小塊圩田散佈在湖泊中，如水中孤島。同時圩上桑園密佈，圩內被小田塊「圩」分割（如圖 25 所示），河港密度百分率占 20% 左右，平均每隔 1～2 公里有河道一條，如原德清縣 28 萬畝水田中，舊有圩頭 1100 多個，平均每 257 畝就有一個圩頭。又如桐鄉每只圩頭只有 14 畝左右。全縣 46 萬畝水田中有圩頭 32,532 個，東苕溪中下段流經山丘與平原交界地帶，一遇山洪下泄，河道容泄不了，向東部平原泛濫，因此東苕溪以東的德清、湖州一帶是歷史上的重災區，同時在泛濫區形成了南北向串狀中小湖泊。菱湖、錢山漾、百畝漾等。湖州平原中部及以西的地區有數以百計的小型湖蕩，面積小於 0.5 平方千米，從地形高程看，地面高程均在 3 米左右。這些湖蕩在早期很可能是連片的湖泊，以後被圍墾成陸。湖蕩呈南北向分佈與東苕溪水流向東分散入平原有關。〔註 138〕如德清縣舊有較大的漾蕩 130 餘個，其中千畝以上的有 30 個，因此有「千塘萬圩」之稱。

〔註 138〕黃宣偉編著：《太湖流域規劃與綜合治理》，中國水利水電出版社，2000 年，第 6～16 頁。

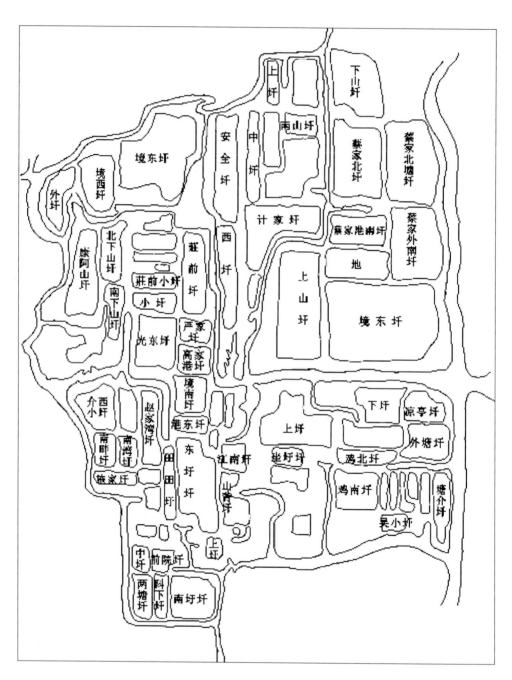

圖 25：1950 年代湖州馬腰鎮第三公社河網示意圖 〔註 139〕

〔註 139〕圖片改繪自：吳興縣農林局：《南潯公社關於馬腰大隊（馬腰鄉）土壤普查試點工作總結》《馬腰鄉第三公社全圖》，1958 年，湖州市檔案館藏，W73-11-13。

二、桑園、稻田與村莊

　　明清時期太湖南部地區以桑園爲典型的人工地貌景觀，此外是稻田。水網、桑與稻組合成景觀的江南鄉村風景。運河南岸的石門、桐鄉一帶是圩田集中分佈的地區，這裏旱地較多，桑園集中。〔註140〕萬曆年間的崇德，「上下地必植桑，富者等侯封，培壅茂美，不必以畝計，貧者數弓之宅地，小隙必栽，沃若連屬。」〔註141〕明末以來，由於蠶桑經濟在此區高速發展，運河以西的這片淤高地上幾乎所有的旱地都用來植桑。張履祥甚至向友人強調，這一地區靠近運河地勢較高的稻田都可以用來植桑：「近河之田，積土可以成地，不三、四年而條桑可食矣。」〔註142〕石門一帶出產的桑苗品種也隨植桑經濟繁盛而著名，這裏產出的桑苗被其它地區普遍引種，「輕船三板過南亭，蠶女提籠兩岸經。曲罷殘陽人不見，陰陰桑柘石門青。」〔註143〕清初朱彝尊曾寫道經嘉興南亭一帶，看到當地種的桑樹都是石門的品種。1950 年代的崇德縣，桑樹幾乎栽在任何高地，如旱地、田埂、屋前屋後、道旁、河流兩岸都是桑園。〔註144〕專業化桑園的經營改變了崇德縣的鄉村面貌，如圖 26 所示，這裏的鄉村景觀到 1950 年代大規模農田改造之前是水田、旱地交錯，並且高、低不平，鄉村田間橫埂、地墩、田角很多，鄉間道路彎曲狹小。〔註145〕

　　清初《補農書》作者桐鄉人張履祥所居住的楊園村就是處在一個面積較小的圩田之中（圖 26）。圩岸即運河支流金牛塘的岸，1950 年代的楊園村，沿金牛塘一帶都是桑地。這是頭進田，也是圩岸所在地，當地農民一般稱圩岸高地爲「圩頭」，圩頭種桑樹或其它旱地作物，張履祥說：「近河之田，積土可以成地，不三四年而條桑可食矣。桑之未成，菽、麥之利，未嘗無也。」〔註146〕在一個村子中，帶有「頭」、「老」、「崗」字之類的地名往往多是圩田

〔註140〕圖片根據下列文獻中地圖作爲底圖改繪：嚴重敏等：《杭嘉湖地區水土資源的綜合利用問題》，《地理學報》第 25 卷第 4 期，1959 年 8 月，杭嘉湖地區土地利用圖。

〔註141〕萬曆《崇德縣志》卷，2，物產。

〔註142〕張履祥著，陳祖武點校：《楊園先生全集》卷 6，《與曹射侯》一，（北京）中華書局，2002 年，第 169 頁。

〔註143〕（清）朱彝尊撰：《曝書亭集》卷 9，四部叢刊本。

〔註144〕崇德縣政府農林科：《一九五二年崇德縣養蠶工作總結》，1952 年，桐鄉縣檔案館，30-1-155。

〔註145〕桐鄉縣崇福公社普規辦公室：《用土壤普查成果制定今年豐產計劃》，1959 年，嘉興市檔案館，59-1-007。

〔註146〕（清）張履祥輯補：《補農書校釋》（增訂本），農業出版社，1983 年，第 164 頁。

中的高地，靠近河邊，桐鄉縣楊園村的小地名中，靠近河口的就有叫石坑頭、亭子頭的地方。

　　圩田區村舍一般多集中於靠河港圩岸的高地上（圖26），圩岸上也遍植桑樹，圩田的開發進程中伴隨著居住點不斷向圩田內部地帶延伸，這個過程伴隨著原圩內區域內涇、浜水系出現，「古者，人戶各有田舍，在田圩中浸以為家。欲其行舟之便，乃鑿其圩岸以為小涇、小浜。……說者謂浜者，安船溝也。涇、浜既小，是堤岸不高，遂至壞卻田圩，都為白水也。」〔註147〕在圖26 楊園村示意圖中，可以看到數條從一級河道開出來的涇浜，如西北角的長浜，涇浜邊一般都分佈有村舍。在嘉湖地區的圩田區中，人們對桑地的經營是以圍繞居住地點而進行，植桑地點有「內地」與「外地」之分：「內地年前、春初皆可種；外地患盜者，清明前種。年前種，桑秧以大為貴；清明邊種，桑秧以細為貴。」〔註148〕種在內地的桑秧是大桑秧，說明這些桑秧種在高地上，內地就是指村子附近的地勢較高的地方；外地指遠離村莊的桑地，這些地方培土、管理沒有村莊附近方便，地勢也低，栽種的是細桑秧。在低地植桑，須花很大的氣力培土，「人情慾速，治地多不盡力，其或地遠者，力有所不及耳。」〔註149〕張履祥提到清朝初年，由於肥料來源和人力的限制，圩田區的栽桑地點一般集中於圩岸及河港岸邊的高地和村民的房屋四周。一直到1950 年代的土壤普查檔案中記載中，嘉湖地區的農民仍普遍認為屋前屋後的旱地因為肥培管理方便，土壤肥性也很好，最適宜種桑，像桐鄉縣四管理區十六生產隊的金介門對，這裏有兩塊桑地，都在屋邊，當地農民認為這兩塊地適宜種桑樹。〔註150〕

　　一般來說，圩田中頭進田與二進田的地勢稍高，排灌條件好，而圩心田位於圩田的中央地帶，或是最低的地帶，易積水。圩心田在嘉湖地區又叫「裏進田」，在嘉湖平原圩區，一般地名帶有「裏」的，往往都是靠近圩心地帶，如1950 年代的楊園村，仍有叫打爐裏、塘田裏、楊園裏的小地名，這些地方

〔註147〕　（宋）范成大著，陸振岳點校：《吳郡志》卷19，水利上，江蘇古籍出版社。
〔註148〕　（清）張履祥輯補，陳恒力校釋，王達參校增訂：《補農書校釋》（增訂本），
　　　　　農業出版社，1983 年，第47 頁。
〔註149〕　（清）張履祥輯補：《補農書校釋》（增訂本），農業出版社，1983 年，第101
　　　　　頁。
〔註150〕　《桐鄉縣屠甸公社四管理區第十六生產隊旱地土壤調查表》1959 年，桐鄉縣
　　　　　檔案館，87-1-136。

都位於裏進田地區（圖 26）。〔註 151〕與裏進田相聯繫的水源一般是「漊」，「漊」是最低的水道支系，可以直通圩外河道。〔註 152〕在圩田治水體系被控制得很好的時代，「頭塍水從閘口放，二塍水從倒溝放，小圩下塍水從漊沼放。」圩心地區，由於排灌不便，需選擇地勢窪下處，從圩心深挖漊沼直接通外河。旱年壩塞漊口，蓄水溉田；潦時開通漊口，以利排水。「沿漊沼者下塘。下塘險峻，無畔易廢。下塘岸趾低下，塘岸孤危，必築畔岸，以嚴其防。田塍窪遠，雖有長溝，畢竟消水遲難。須於中圩相度低窪處開挑漊沼通涇，以資蓄泄，旱年壩塞漊口，蓄水灌溉；水年開通漊口，泄水耕作。」〔註 153〕從圖 26可以看出，靠近漊沼的裏進田處多積水池塘，這些區域的開發則是通過其他模式進行。

圩田中地勢低窪的裏進田和漊心田的開發，需先通過挖深池塘，將塘泥培高地基，《補農書》「策漊上生業」中講了一個裏進田開發的例子：

> 鑿池之土，可以培基，基不必高，池必宜深。其餘土可以培周池之地。池之西或池之南，種田之畝數，略如其池之畝數，則取池之水足以灌禾矣。池不可通於溝，通於溝，則妨鄰田而爭起。周池之地必厚；不厚，亦妨鄰田而叢怨。池中淤泥，每歲起之，以培桑竹，則桑竹茂而池益深矣。

這段話講的是張履祥為友人策劃如何進行一處裏進田的開發。張氏強調要利用漊沼本來的地勢，將漊港鑿深為池，用池中取出的土培基。培基即疊土將地面抬高，一是培房基，一是培地基，地基一般用來種桑。在圩田內的低窪積水區域植桑，必須將地基疊成高臺，否則桑樹無法存活。裏進田中因為長期地下水位高，少有人居住，經過這樣數年的培基之後，可以「築室五間，七架者二進二過，過各二間。前場圃、後竹木、旁樹桑。池之北為牧室三小間，圉丁居之。溝之東，傍室穿井。」張履祥建議他的朋友通過這種方式的經營，數年之後，地土培高，在低窪積水區中也可營造出局部良好的居住環境。

〔註 151〕陳恒力等：《補農書研究》，中華書局，1958 年，第 118 頁。

〔註 152〕王建革：《技術與圩田土壤環境史：以嘉湖平原為中心》，《中國農史》2006年第 1 期。

〔註 153〕（清）孫峻，（明）耿橘撰《築圩圖說及築圩法》，汪家倫整理，農業出版社，1980 年。

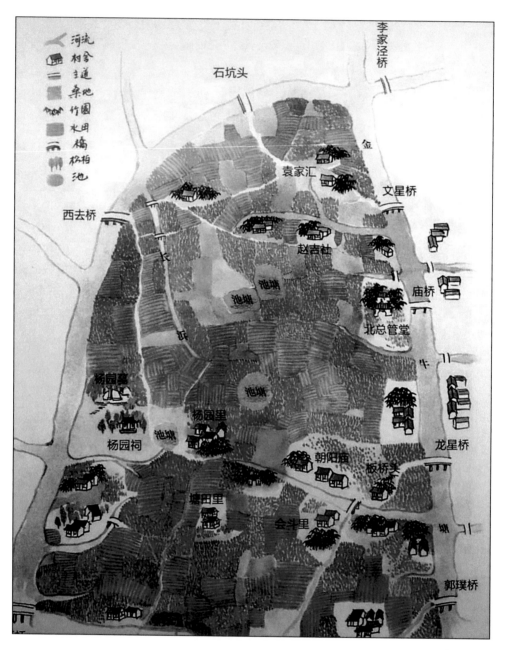

圖 26：1950 年代桐鄉縣楊園村示意圖〔註 154〕

〔註 154〕圖片改繪自：陳恒力等著：《補農書研究》，中華書局，1958 年，圖 9.桐鄉縣
楊園村田、地、池交錯圖。周晴：《從陂湖到桑田：浙江人在沼澤地裏孕育出
最頂級的絲綢》，《中國國家地理》2012 年第 1 期，第 88～89 頁，明代湖州
府城圖，于繼東繪圖。

　　《補農書》的作者張履祥居住的桐鄉縣楊園村就是位於圖中所示運河南岸的這個「成片桑園與稻田相交」的區域中。據張履祥描述，桐鄉縣的桑園一般分佈於兩個地方，村子住宅附近的桑地叫「內地」，遠離村莊的桑地為「外地」。桑園中依據肥培條件而產量不同，「每畝採葉八、九十個」的為上好桑地，這種桑地一年必須施四次肥料，罱兩次泥，深耕細作，並且桑地要經常除草，桑樹也要經常捉蟲。產量高的專業桑園一般分佈在村子附近或路旁等易於運肥施肥和耕作的地區。「新墐地和近水地埂」則用來壓條培育小桑苗。〔註155〕在 1950 年代的桐鄉縣屠甸鎮桃園鄉，屋腳門前的高地因肥料來源廣，一般都發展成專業桑園，桑地並不套種或種植其它糧食作物，因為近人家，要防雞食，近河圩頭因罱河泥方便，也被利用來做專業桑園。靠田近的田埂地，因挑稻乾泥方便，也是發展專業桑園的好地點。〔註156〕這種田中的桑埂地一般高出田面 1～3 米，與水田相互交叉，形成桑基稻田的土地利用模式（圖27）。

圖 27：民國年間桑基稻田景觀

資料來源：F. H. King: *Farmers of forty centuries or permanent agriculture in China, Korea and Japan*. 1911. Madison. Wis. Fig191.

　　圩田區中種桑也必須對地面加以人工的改造。種桑之前須先治地，治地是指栽培桑樹的培土過程。平原圩田區中地下水位高，必須通過不斷地疊加

〔註155〕（清）張履祥輯補，陳恒力等校釋：《補農書校釋》（增訂本），農業出版社，1983 年，第 75、76、113 頁。

〔註156〕桐鄉縣屠甸人民公社：《本社關於桃園管理區水田、旱地、花白、桑林、什地土壤種類方面匯總普查表》，1959 年 3 月～1959 年 4 月，桐鄉縣檔案館，87-1-138。

土層給桑根提供較爲乾燥的生長環境，桑樹的根系才能發育良好。植桑之前
還必須把地塊培成比平地高出幾尺的高臺，培育適合桑樹生長的地基，這樣
「治地」，每畝培高一尺約需 50 萬斤土，培高 5 尺需土 250 萬斤。桑田的擴
展往往在「培基」的基礎上進行，嘉湖地區稱爲「培基」，培基有兩種，一是
培房基，一是培地基，地基就是桑地基。陳恒力和王達認爲，從明代起，嘉
湖一帶開始培植桑基，到清末，由於桑基的擴展，已經使圩田區的微地形發
生了很大的變化。〔註157〕在桑園種植面積擴展的過程中，形成了「箱子田」
式的地貌（圖 27 所示）。箱子田四周爲種桑旱地，中間爲低窪水田。〔註158〕
箱子田集中分佈在桐鄉、嘉興市郊一帶，箱子田地區平均地形高程在 4～5 米，
但稻田與桑地地形高差達 2～3 米，一個由高崗桑地與窪地稻田組成的箱子大
小一般爲 10～50 畝，箱子田地區河網縱橫，每個箱子都可通河網。〔註159〕
傳統時代桐鄉縣楊園村的農田都是箱子田，當地的老人回憶，一般一個箱子
田內的稻田、桑地歸屬於一戶人家，箱子田稻田太低，經常積水。〔註160〕有
一些箱子田中桑埂地呈狹長的條帶狀，插花在稻田之間。〔註161〕

　　箱子田的形成是人們種植桑樹對平原水網地形加以改造的結果。農民
年年罱河泥和挑稻乾泥來堆疊桑地，稻田被越挖越深，桑地被逐年拓展、
培高。桑樹發根之後，地上部分要發育好，還得通過施河泥、人糞等作爲
追肥，改良桑園土壤結構，提高土壤肥力。「用河泥，半乾墾轉，敲碎最肥，
爲益尤巨。一歲中雨淋土剝，專藉此泥培補。」〔註162〕傳統時代肥料來源
缺乏，桑農需要用大量的河泥來補償桑園生長所消耗的地力。《沈氏農書》
的《逐月事宜》中記載，罱泥是當地農家經常性的工作，「候乾挑在遠地，
泥乾趁晴倒坯，曬曝如菱殼樣，敲碎如粉方肥。」〔註163〕罱來的河泥經過

〔註157〕陳恒力等：《補農書研究》，中華書局，1958 年，第 183 頁。
〔註158〕宮春生：《太湖地區土地類型特徵》，《太湖流域水土資源及農業發展遠景研
　　　　究》，中國科學院南京地理研究所，科學出版社，1988 年，第 65 頁。
〔註159〕黃宣偉編著：《太湖流域規劃與綜合治理》，中國水利水電出版社，2000 年，
　　　　第 10 頁。
〔註160〕周晴：《桐鄉縣楊園村採訪筆記》，2010 年 10 月，手稿。
〔註161〕桐鄉縣農業區劃委員會：《桐鄉縣農業綜合區劃》上冊，桐鄉縣農業區劃委員
　　　　會辦公室編印，1985 年。
〔註162〕（清）汪日禎撰：《湖蠶述》卷 1，蔣猷龍校釋，農業出版社 1987 年 10 月，
　　　　第 18、28 頁。
〔註163〕（清）張履祥輯補：《補農書校釋》（增訂本），農業出版社，1983 年，第 61
　　　　頁。

乾燥處理後，作爲肥料填加在原來的桑地土壤層之上。「河泥須用舟向市、村河中罱起，每年能以河泥澆復兩次，則桑葉必盛。一次在二、三月間，正欲茁芽之先，一次在秋末冬初，均需平鋪地面有五、六寸厚。」〔註164〕

　　桑埂的增多、培高改變了原來的水網圩田的地形地貌，圩田區的鄉村河網逐漸破碎化，如1956年的嘉興建成公社，平均每塊田面爲三十畝，在這三十畝田中間又各有小田段，大田塊與大田塊、小田段與小田段之間，都隔著桑埂。〔註165〕桐鄉縣楊園村一帶70歲左右的鄉民，都能回憶起箱子田的特點，但是經過1960年代的集體化、1980年代的農田水網改造之後，箱子田的地貌景觀在嘉湖平原已經基本消失。據桐鄉楊園村的老農回憶，現在經過改整之後的農田形態，相當於以前平坦的「蕩田」，在1960年代以前，只有西邊鄉的地勢低的地區才有蕩田，桐鄉縣幾乎都是箱子田。蕩田幾乎看不出地勢起伏，一個圩的面積比箱子田大得多。〔註166〕

　　綜上，明清時期圩田、圩蕩田是湖州平原中普遍的農田形態。圩田主要分佈於封淤較快的低窪地，但圩蕩田主要分佈於封淤較慢的湖泊窪地。〔註167〕農田開發過程中，由於長期挖掘河泥，墊高田面，沿河港築起較高的圩埂，形成一個個四周環河的「圩頭」。「圩頭」是嘉湖平原區中的地物單位，大小從幾十到千畝不等，圩頭間以大小河港相間隔。〔註168〕湖州平原以南地勢較高地區如桐鄉一帶的土地利用模式又稱「箱子田」，箱子田的開發將使平原區形成由大大小小的圩頭分割而成的高度破碎化、凌亂無序的水網。明清時期嘉湖平原蠶業中心集中在菱湖、南潯這兩個深水湖蕩集中區域。農民在深水的湖蕩中築起圩頭，圩頭上種桑，蕩內種荷、菱、水草或養魚，形成了傳統江南中經典的桑基魚塘農業生態模式；運河南部以桐鄉爲中心的地區，旱地較多，這裏形成的則是桑基稻田的農業生態模式。

〔註164〕（清）章震福：《廣蠶桑說輯補校訂》卷1，農工商部印刷科刊印，光緒三三年。

〔註165〕陳恒力等：《補農書研究》，中華書局，1958年，第123頁。

〔註166〕周晴：《桐鄉縣楊園村採訪筆記》，2010年10月，手稿。

〔註167〕嚴重敏等：《杭嘉湖地區水土資源的綜合利用問題》，《地理學報》1959年第4期。

〔註168〕吳興縣土壤普查土地規劃工作委員會編：《吳興縣土壤鑒定土地規劃報告》，1959年5月，湖州市檔案館，W73-12-16。

第三節　稻作生態

一、秧田

　　培育壯秧是水稻栽培中增產和豐收的先決條件。江南育苗移栽技術最遲在元代已經推廣，《王禎農書》言：「又有作為畦埂，耕耙既熟，放水勻停，擲種於內。候苗生五六寸，拔而秧之。今江南皆用此法。」〔註169〕王禎所說灌水的畦埂就是秧田。

　　傳統時代秧苗的培育過程中，農民要密切留意秧苗的發育，並要隨時通過控制秧田水流來調節秧田水溫，陳恒力在注釋中也提到，育秧工作是一種技術性很高的工作。〔註170〕菱湖鎮寺前圩一帶，在農業集體化的時代，秧田都由有經驗的老人來管理。〔註171〕《沈氏農書》中的秧田與播種的稻田不在同一處，秧田位於易於調節水流的地方：「若秧色太嫩，不妨閣乾，使其蒼老。所謂『秧好半年田』，謂其本壯易發生耳。」如果秧苗嫩弱，秧田也要進行烤田，這種秧田應該是位於灌溉排水方便的地勢較高之處。1950年代湖州苧南鄉仲家兜社的村民就選擇在水利條件好，管理方便，田腳好，靠近河港、撚河泥便當的向陽田做秧田，善璉區千金鄉新莊社的村民也是選擇小圈避風南北向的地段做秧田，因為這裏陽光充足。〔註172〕另外，一般靠河港的圩頭外圍地勢頗高，多分佈著夜潮泥土，這種土壤多生「田字草」、「鵝冠絲草」等肥田的雜草，最適宜於利用作秧田，在這種土壤中不但秧苗長得快，秧苗好拔，好洗，而且秧苗也較健壯有力，插後容易轉青復活。〔註173〕

　　《沈氏農書》逐月事宜中詳細提到秧田的工作事項，提出必須選擇在四月的晴天下種穀，沈氏對秧田的管理極為考究，「秧田最忌稗子，先將面泥（丕）去寸許，掃淨去之，然後墾倒，臨時罱泥鋪面，而後撒種。」選擇做秧田的，一般冬天不種任何作物，秧田要用河泥做底肥，1954年湖州苧南鄉的偉豐社，

〔註169〕　（元）王禎撰，繆啓愉，繆桂龍譯注：《東魯王氏農書譯注》，上海古籍出版社，2008年版，第144頁，百穀譜集之一，水稻。
〔註170〕　（清）張履祥輯補，陳恒力等校釋：《補農書校釋》（增訂本），農業出版社，1983年，第67～68頁。
〔註171〕　周晴：《菱湖鎮採訪筆記》，2010年11月，手稿。
〔註172〕　吳興縣農林水利局編印：《吳興縣1955年糧食、蠶桑、畜牧、水產典型經驗彙編》，編印本，第4，21頁。
〔註173〕　吳興縣土壤普查土地規劃工作委員會：《土壤志》，編印本，1959年，第17頁。

一畝秧板面要施 160 擔河泥作基肥，人們普遍認為施用河泥還可減少稗草生長，《沈氏農書》中也不贊同當時人用密播種來防稗草的做法，沈氏總結的經驗是，「果能刮盡面泥，草種已絕。」沈氏在當時已經指出秧田施用河泥，可以抑制稗草的生長。關於刮盡面泥一說，陳恒力在注釋中這樣解釋：「先將面泥除去，再罱泥鋪面，這樣既消滅雜草、害蟲，又使田面鬆軟肥沃，據當地老人說，這種細工夫，還未見過。」〔註174〕

沈氏強調秧田除草的工作，這種提到秧田管理細節實際是一種對雜草生理與水稻生理觀察之後得到的經驗知識。丁穎的研究中發現，雜草具有出苗早、生長快、枯死晚、開花成熟不整齊的特點。當土溫在攝氏五度到八度時，稻田中很多雜草都能發芽，其中多年生和越年生的雜草發芽更早，而水稻種子發芽則要求十度以上的溫度。由於雜草發芽早，生長快，水稻播種以前就可能有很多雜草叢生在地面，消耗了土壤中的養分。〔註175〕通過施河泥可抑制秧田雜草的生長。1954 年吳興縣的稻作經驗調查中，菁南鄉仲家兜村的吳連金說：「秧板面撳上河泥後，可以勿生稗草，使秧苗粗硬。」〔註176〕農民傳統經驗中對稻秧與雜草的植物生理並沒有科學的認識，但於對秧田施用河泥之後兩種植物的生長情況的經驗判斷卻長期存在。

二、田間管理

宋元時期浙西地區的湖沼地中大批湖沼灘地被圍墾，在已圍區域，圍田內部還要進行梯級開發，將圍內的低窪地開墾成稻田。《王禎農書》曰：「築圍圓合具其中，地勢之高下列塍域以區別之，澇則以車出水，旱則別入水田，有堤塘，自古然矣。」〔註177〕圍田中最先被開發的是圩岸周圍的高地，宋代反映江南地區農業情況的陳旉《農書》中已經提到：「山川原隰多寒，經冬深耕，放水乾涸；雪霜凍冱，土壤蘇碎。當始春，又編布朽薙、腐草、敗葉，以燒治之，則土暖而苗易發作；寒泉雖列，不能害也。……（秧田）於秋冬，即再三深耕之，……又積腐稿敗葉，劃薙枯朽根荄，徧鋪燒治，即土暖且爽，

〔註174〕（清）張履祥輯補，陳恒力等校釋：《補農書校釋》（增訂本），農業出版社，1983 年，第 16、67、68 頁。

〔註175〕丁穎主編：《水稻栽培學》農業出版社，1961 年，第 467～468 頁。

〔註176〕吳興縣農林水利局編印：《吳興縣 1955 年糧食、蠶桑、畜牧、水產典型經驗彙編》，編印本，第 21 頁。

〔註177〕《嘉泰吳興志》卷 20，嘉業堂刻本，成文出版社，1983 年。

於始春又再三耕耙，轉以糞壅之。」〔註178〕此時江南的稻農在晚冬或初春，將稻田翻開，用日曬或火燒的方法，提高土壤溫度。〔註179〕

　　吳中士人范成大歸隱石湖之後，往來田家，作有《臘月村田樂府十首》記錄吳中臘月的歲時習俗，其中之一是《照田蠶行》，這首詩詳細描述了南宋時期吳中石湖地區的照田蠶的情況：「鄉村臘月二十五，長竿燃炬照南畝；近似雲開森列星，遠如風起飄流螢。今春雨雹繭絲少，秋日雷鳴稻堆小；儂家今夜火最明，的知新歲田蠶好。夜闌風焰西復東，此占最吉餘難同：不惟桑賤穀芄芄，仍更苧麻無節菜無蟲。」〔註180〕照田蠶的時間集中在春節前後，活動的場所大多都是圍繞著稻田，其名稱又有「照田財」、「燒田財」等分化。到元明時期，「照田蠶」的習俗盛行於蘇松、嘉湖地區，高啟詩曰：「東村西村作除夕，高炬千竿照田赤，老人笑祝小兒歌，願得宜蠶又宜麥。明星影亂棲鳥驚，火光闢寒春已生。夜深燃罷歸白屋，共說豐年真可卜。」〔註181〕

　　江南大部分地區的照田蠶習俗大致與范成大在詩中所描述的情景相仿，後期江南的許多地方志書在描述照田蠶習俗的內容時，大多轉引下述內容：「以禿帚若麻稭、竹枝輩燃火炬，縛長竿之杪以照田，爛燃遍野，以祈絲穀」。〔註182〕照田蠶時是傳統時代江南農家製作火糞的時期，冬末春初農家在田間燒製的火糞，是水稻等農作物的最佳育苗用肥。范成大詩中說農家搜集各種垃圾、稭稈等，在農曆十二月二十四日至正月十五日這段時間赴田野點火焚燒。傳統時代製作火糞，燒草木灰、積土雜肥是江南鄉村的一件重要農事，一般每年的大燒集中在冬末或春初，其間風高物燥，少雨，又逢農閒，正是燒糞的好時節，據陳家恬回憶：「燒糞時，先抱幾個石頭，壘一小堆，或者用一個大石，作為糞堆核心。這是燒糞的關鍵所在。鋪上一層雜草，相對厚實些，堆上糞料，堆它三五層，下大上小，類似矮塔，點火引燃。村莊上空升騰著許多美麗的蘑菇雲，勝過所有炊煙。那時候，沒有麻將，沒有電視，夜生活一片空白，或者說漆黑一團。於是，有亮光的地方，就成了人們的好去處。男女老少圍在糞堆旁

〔註178〕（宋）陳旉：《農書》卷上，耕耨之宜篇，善其根苗篇。

〔註179〕石聲漢著：《石聲漢農史論文集》，中華書局，2008年，第30頁。

〔註180〕（宋）范成大著，富壽蓀點校：《范石湖集》卷30，《照田蠶行》上海古籍出版社，2006年，第412頁。

〔註181〕（明）高啟著：《高青丘集》卷2，《照田蠶詞》，（清）金檀輯注，徐澄宇、沈北宗點校，上海古籍出版社，1985年，第95～96頁。

〔註182〕（宋）范成大著，富壽蓀點校：《范石湖集》卷30，《臘月村田樂府十首並序》上海古籍出版社，2006年，第409頁。

邊，有的一邊取暖，一邊閒聊；有的在講故事、猜謎語；有的還會埋幾個番薯、薯蕷或芋艿到糞堆裏，煨熟了吃；有的則借著糞堆的火光，玩起鯉魚過龍門、老鷹叼雞、摸魚摸蝦、轉陀螺、摔紙牌、擲骰子、踢毽、踢框、跳框、跳繩、挑花等遊戲。向火之樂，其樂無窮。」〔註183〕

范成大提到江南農家根據燃火之後產生的火焰擺向來占卜來年收成狀況，深夜火焰忽而東擺忽而西擺，這種情況預示來年一定是豐年。范成大對這種占卜並不贊同。這種判斷有一定的道理，背後實際上是在說明「照田蠶」時的天氣與火糞製作之間的關係。「照田蠶」時使用的火把在夜間火焰的擺向實際上取決於當時的風向。火把的火焰沒有固定的擺動方向，說明「照田蠶」時天氣晴好，這種氣象狀況下製作的火糞肥效好，施於稻田可使稻田明顯增產。南宋以來江南地區水稻已多實行育苗移栽，農家在晚冬或初春製作的火糞主要施於秧田，據陳旉《農書》記載：「今夫種穀，必先修治秧田，於秋冬再三深耕之，俾霜雪凍冱，土壤蘇碎，積腐稿敗葉，劃薙枯朽根荄，徧鋪燒治，即土暖且爽，於始春又再三耕耙，轉以糞壅之。」〔註184〕《王禎農書》中更細緻地講到江南水鄉火糞的製作：「其火糞，積土同草木堆疊燒之；土熱冷定，用碌碡碾細用之，江南水多地冷，故用火糞。種麥種蔬尤佳。又凡退下一切禽獸毛羽親肌之物，最為肥澤，積之為糞，勝於草木。下水田冷，亦有用石灰為糞，則土暖而苗易發。」〔註185〕燒火糞時忌有大風。燒製火糞時以用暗火將土塊薰成烏黑色為好，若煙子跑走或以明火猛燃土塊成紅色時則不肥，這樣燒製的火糞雖然有機質含量減少，但速效養分有一定增高。〔註186〕燒火糞時需悶燒三到五天，不能見明火，需令其冒煙慢慢燃燒，待燒透之後，進行拌土，翻動拌勻或添加一些腐熟的人糞便，半個月後才可使用。火糞可促進江南主要農作物水稻秧苗的生長，也可以疏鬆秧田土壤，防止板結，據陳紅衛的考察，這一經驗在南方地區普遍存在，農民通常是播種後以火糞覆蓋在種子表面，用火糞做基肥不僅可以使土壤保持疏鬆，還能增高土壤溫度，

〔註183〕陳家恬著：《日落日出》，作家出版社，2011年，第186頁。

〔註184〕（宋）陳旉撰，萬國鼎校注：《陳旉農書》卷上，耕耨之宜篇，善其根苗篇，農業出版社，1965年，

〔註185〕（元）王禎撰，王毓瑚校：《王禎農書》農桑通訣集之三，糞壤篇第八，農業出版社，1981年，第37頁。

〔註186〕全國積肥造肥工作現場促進會議編：《土製化肥技術資料》，農業出版社，1959年，第279頁。

防止下雨時表土板結影響種子發芽。使用火糞的田塊，秧苗就長得特別健壯，水稻秧田使用火糞，秧苗生長好，而且疏鬆易拔。〔註187〕

在《照田蠶行》中，范成大講道當地農家還以田野所燃火的大小來判斷來年收成，火燒得最明亮的來年稻田和蠶桑經營必獲豐收。這種判斷是在講火燒與除蟲的之間應的生態經濟關係。江南地區的稻田田塊屬於小型獨立的人工濕地生態系統，潮濕的環境適宜於許多農業害蟲的生長，不休耕農田的病蟲害問題比較嚴重。冬季存留在稻田的害蟲幼蟲一般會相集成塊在稻根越冬，此時氣溫低，害蟲的活動能力弱，「照田蠶」可以將潛伏在其中的幼蟲燒死，在松江寒圩，「正月以稻草燒田中，曰「燒田蠶」。」〔註188〕冬春季節江南農家十分注意對田中留下稻根的處理，在《沈氏農書》中，沈氏一再強調冬春季節墾田的重要性，農曆的十二月要「墾阪田」，一月要「墾田」，「墾」在浙西地區是指人力用鐵耙翻土，冬春季節的通過翻耕可以將部分帶有蟲害的稻荏翻埋，「有倒垂死、蟲蛟死、乾死等諸病，耙功到，土細又實，立根在細實土中。耙了又輾過，根土相著，自然耐旱，不生諸病。」〔註189〕在翻耕的同時要通過火燒除掉殘留的稻根。

照田蠶的實際功能之一是燒田中殘留的稻椿，燒掉田中殘留的稻椿主要是爲除掉冬季存留在稻田害蟲如螟蟲等的幼蟲，冬末春初氣溫低，害蟲的活動能力弱，通過燒稻荏可以將潛伏在其中的幼蟲燒死。民國時期的農業專家仍然強調傳統方法在稻田蟲害防治中的作用，他們仍倡導在浙江的晚稻區要重視冬季水稻根的處理：「種晚稻而螟蟲危害的地方，既不能冬耕，又不能灌水，那要大家齊心掘毀稻根，掘出之後，先把泥去掉，略爲曬乾焚毀，或腐作肥料，但是這件事要大家齊心，否則收效極微，總之，稻根是螟蟲過冬的場所，無論如何是要毀滅的。」〔註190〕稻根在江南稱爲「稻穩」，《補農書》中提到稻穩是農家的必需之物。〔註191〕田中的稻根如果沒有挑完，殘留在田

〔註187〕陳紅衛著：《有機農業研究與推廣》，華文出版社，2008年，第106頁。

〔註188〕《寒圩志》，不分卷，風俗，《中國地方志集成·鄉鎮志專輯》，江蘇古籍出版社，1992年，第410頁。

〔註189〕（清）張履祥輯補，陳恒力等校釋：《補農書校釋》（增訂本），農業出版社，1983年，第27頁。

〔註190〕《浙江省建設月刊》，民國二十一年浙江省各縣第一期治蟲應行特別注意事項。《民國浙江史料輯刊》第二輯，第二十六冊。國家圖書館出版社，2010年。

〔註191〕（清）張履祥輯補，陳恒力等校釋：《補農書校釋》（增訂本），農業出版社，

中的稻根在照田蠶的過程中被燒毀，能破壞一些田間害蟲特別是螟蟲的生存環境，但正如上述民國時期所倡導的冬季害蟲防治工作中提到的，這項工作有賴於鄉村農民的共同參與。圖 28 是王弘力根據范成大《照田蠶行》一詩繪製的《照田》，文中題記「臘月廿五天正寒，長竿燃炬照南田。農家今夜火最旺，定知來年多稻蠶」。圖中三個農人正在提著火把在稻田裏走動，兩個農夫提著火把走在沒有燒過的稻根的右邊稻田中。

「照田蠶」集中的地點還有田邊埂地。明崇禎年間常熟一帶則在十二月二十五日，「田塍縱火，名『照田蠶』。」〔註 192〕民國政府在江南鄉村推廣治蟲時，仍特別提醒農民注意對田埂地的管理，「田埂的裂縫中，也躲著很多害蟲或過多蟲卵，把田埂用泥鋪厚，可以阻止他們出來，到明年插秧時，不妨再把田埂削薄。」〔註 193〕如民國年間的太倉縣在正月十五日的元宵節，「農家縛草燃田畔，謂之『照田蠶』。」〔註 194〕明清時期江南地區一些稻田的田間管理可能做得更加細緻，《沈氏農書》中記載十二月的事項中有削地灘腳塍一項，學海本中加上了「侯春另做」，〔註 195〕沈氏認爲在稻田收穫後將田埂完全除掉，等到春季之後再重新做田埂，稻田的除蟲效果會更好。直到光緒年間，「照田蠶」在崑山地區的實際功能仍非常明顯，這裏明確地提到「照田蠶」時要在田中及四圍全部都燒一遍，其目的就是爲了除蟲，崑山附近地區的「照田蠶」過程中，幾乎稻田、田埂及周圍地區都要燒一遍。「（正月）鄉間各家持柴把，燃火於所種田中，周歷遍照，兒童跳躍喧鬧，間施爆竹聲，謂之『照田蠶』，意取田中少蟲豸，非謂宜蠶也。」〔註 196〕圖 28 王弘力的《照田》中抓住了照田蠶進行場景的基本特點就是田埂。

1983 年，第 147 頁。

〔註 192〕崇禎《常熟縣志》，轉引自《中國地方志民俗資料彙編》華東卷（上），書目文獻出版社，1995 年，第 425 頁。

〔註 193〕《浙江省建設月刊》，民國二十一年浙江省各縣第一期治蟲應行特別注意事項。《民國浙江史料輯刊》第二輯，國家圖書館出版社，2010 年。

〔註 194〕民國《太倉州志》卷 3，風俗，成文出版社，1985 年，第 98 頁。

〔註 195〕（清）張履祥輯補，陳恒力等校釋：《補農書校釋》（增訂本），農業出版社，1983 年，第 24 頁。

〔註 196〕《光緒崑新兩縣續修合志》卷 1，風俗，《中國地方志集成‧江蘇府縣志輯》，江蘇古籍出版社，1991 年，第 31 頁。

圖 28：照田〔註197〕

　　自南宋以來，太湖流域小農經濟發達，眾多碎化的稻田斑塊是江南最常
見的地理景觀，「青天不盡鳥飛盡，吳楚山原似納衣」〔註198〕如范成大詩中所
描述的，當時太湖流域水田如百衲衣一般拼接於平原上。根據《吳興金石記》
所錄嘉熙元年（1237）的《南林報國寺碑》中可以看出，南宋時期湖州南潯
一帶的圍田區的稻田被分割成許多小田塊，南林寺接受周圍鄉民捐贈的田地

〔註197〕資料來源：王弘力：《古代風俗百圖》，遼寧美術出版社，2005 年，第 127 頁，
　　　　照田。
〔註198〕（宋）范成大著，富壽蓀點校：《范石湖集》卷3，《泉亭》，上海古籍出版社，
　　　　2006 年，第 37 頁。

大小都是十幾畝到幾畝不等一塊，如「沈氏一娘捨到崛墟村祀字一圍田柒畝三角，並嗣字三圍田三畝一角共一十一畝，本寺收租供眾。」〔註199〕江南水鄉的田塊極爲分散的狀況長期延續，如1950年代在沒有進行過農業合作化之前的吳興前山下生產隊，一塊麵積約爲250餘畝的稻田區，有田埂約有2000餘條。〔註200〕田塊小則田埂多，許多稻田害蟲會在堤岸、田埂附近地區越冬或產卵，冬春季節，大量稻田害蟲的活動範圍就是這些田間的小埂。一些食源較廣的害蟲如大螟，將田埂的雜草如枕頭草、三稜草、野稗草作爲中間宿主，這些雜草春天較水稻發芽吐葉得早，害蟲越冬代螟羽化之後，成蟲產卵於已經發出的青綠嫩葉上，然後轉移危害水稻。螟幼蟲在晚稻收割以後，往往從稻根、稻草中爬出鑽入到田塍雜草根際過冬。〔註201〕傳統時代農民通過火燒田埂也可起到一定的控制稻田的病蟲害的作用。明末《沈氏農書》中強調冬季滅除田塍雜草以防蟲害：「一切損苗之蟲，生子每在腳塍地灘之內，冬間鏟削草根，另添新土，亦殺蟲護苗之一法。」〔註202〕

南宋以來稻作是江南地區農家最主要的經濟來源，稻作與蠶桑並存是江南農業經濟的特色，而稻作是蠶桑經濟的基礎。在稻田生態系統中，作物、病蟲草害及相關天敵等物種共同構成自然生態與人爲干預相結合的復合生態系統。稻田生態系統內植物、動物與環境之間存在著相互合作、相互利用、相互制約的關係，農民是這個系統的管理者。「照田蠶」是江南的農民通過火燒來防除稻田蟲害，其中有著農民對稻田生態系統特點和農業昆蟲生理習性的深刻理解和認識，如范成大所總結的，這項農業活動具有一定的科學含義。

三、灘地作物與歲時管理

江南水網圩田區中，圩堤的防護工作是農民一年工作中的重要內容之一，其中蘆葦種植是圩岸防護工作中的重要事項，范成大的田園雜興詩中就提到太湖邊農民種植蘆葦護堤的場景：「斟酌梅天風浪緊，更從外水種蘆根。」范成大的詩中還提到當時農民在種植大片蘆葦的地方增築堤岸：「今朝南野試

〔註199〕陸心源纂：《吳興金石記》卷11，光緒刊本，第7～9頁。

〔註200〕吳興縣農業局：《吳興縣道場公社城南大隊土壤普查鑒定、土地規劃總結》，1959年，湖州市檔案，W73-12-77。

〔註201〕胡澍沛：《杭嘉湖平原螟害考》，《農史研究》第七輯，農業出版社，1988年，第92頁。

〔註202〕（清）張履祥輯補，陳恒力等校釋：《補農書校釋》（增訂本），農業出版社，1983年，第74頁。

開荒，分手耘鋤草棘場。下地若干全種秫，高原無幾謾栽桑。蘆芽碧處重增岸，梅子黃時早濬塘。田裏只知溫飽事，從今拼卻半年忙。」〔註 203〕大面積的蘆葦灘是適宜圍墾的地區，這些地區加築圩岸之後就可以開墾成農田。范成大將鄉間這種開發過程稱之爲「搭白」，因爲種植蘆葦的地區一般貼近年代較久遠的堤岸：「被水之田，其邊鄰湖瀼，土人所謂搭白之處，增築長堤，使高五六尺，基廣七八尺以上，秋冬之交，潢潦乾源，手足所及，土皆可取，閱春夏半年，至秋雨風潮，土已堅定，草茅之生，可恃爲安。」〔註 204〕范成大提到水鄉民間的秋冬於淺水取土起堤，春夏種草，種草之處可以圍墾成田。一般來說，鄉間簡易的築堤工程一般要經過三年才能完成，但水鄉築堤之初，蘆葦的種植最重要，清乾隆年間錢泳總結：「增築堤岸，亦有法焉。必今年築若干，高取葭菼以蔽之。明年增若干，高插水楊以護之。後年增若干，高取罱泥以益之。三年之後，草木根深，堤岸堅固矣。」〔註 205〕

水鄉農民爲防護圩岸，在堤岸外種植蘆葦，於堤外灘地中繁殖出大面積的人工蘆葦群落，1960 年代，江南水鄉圩岸外成片的蘆葦景觀仍十分常見：

> 圩埂上多是成片的蘆葦，間種著一些楓楊樹、榆樹，雜草、荊棘很少。每到春季，遠遠望去嫩綠的蘆葦婆娑弄影，煞是好看；而一到深秋，蘆葦花便洋洋灑灑隨風飄蕩，空氣中散發著蘆葦花那種枯燥的淡香；冬季到來，生產隊會組織社員去圩埂上砍蘆葦，成捆的蘆葦橫亙在圩埂上，分成一堆一堆，農民便每户派出一個代表抓鬮，然後將一捆捆砍下的蘆葦分到每家每户，作爲來年的薪柴。蘆葦分完之後，由生產隊長親自點燃一把火，將圩埂上的蘆葦樁點燃，整個圩埂上便煙霧繚繞起來，社員們並不離去，一直守在圩埂上，等火勢燒到大樹附近時，他們便會用水將樹木四周兩三米遠的地面澆透，防止火勢燒到樹木四周，將樹木燒死。直到圩埂上的蘆葦樁全部燒完變成了一小截黑樁、圩埂變成了一片黑色、火苗全部熄滅

〔註 203〕（宋）范成大著，富壽蓀點校：《范石湖集》卷 27，《四時田園雜興六十首》，上海：上海古籍出版社，2006 年，第 372～376 頁，《春日田園雜興十二絕》，第 442 頁，《檢校石湖新田》。

〔註 204〕（明）張國維：《吳中水利全書》卷 20，說，《范成大水利圍田說》，文淵閣四庫全書本。

〔註 205〕（清）錢泳撰，張偉點校：《履園叢話》卷 4，水學，圍田，中華書局，2006 年，第 102 頁。

後，他們才會撤離。等來年開春，被燒過的圩埂又會被更加茂密的蘆葦苗占滿。記憶裏的這個季節，是河浜最安靜的時候。除了片葉無存的大樹之外，整個圩埂上應該呈現一片黑色，那是燒焦的蘆葦椿、雜草、荊棘的殘留物。〔註206〕

范成大在《照田蠶行》中提到當地農家還根據「照田蠶」時田間因火焰產生的煙霧氣流對來年的農事收成進行占卜，但是范成大卻對農民以火焰形態來占卜不以為然，他認為「照田蠶」這一習俗具有的實際功能意義是可以使苧麻、菜的收穫更好，范成大詩言：「夜闌風焰西復東，此占最吉餘難同；不惟桑賤穀芃芃，仍更苧麻無節菜無蟲。」〔註207〕詩中提到的苧麻是江南水鄉傳統的纖維作物，江南常見的麻類作物還有黃麻。南宋時期江南麻類作物一般種植於灘地，《苕溪集》中有詩描述太湖東部地區的灘地景觀：「暗草黃麻，歸結堤沙」。〔註208〕苧麻和黃麻都是多年生宿根植物，根系發達，具有很強的固土能力，人們常種植在堤岸旁的高灘地，《嘉泰吳興志》記載種植於湖州平原區的麻類作物有牡麻、草麻、苧麻、胡麻等，「今鄉人種，先收牡麻，取其皮以緝布充衣，後收草麻取其子以供食。……牡麻則無食，今人作布及履用之」；雖然南宋時期太湖流域的蠶桑業已經比較發達，但當時麻仍是平民衣物的主要纖維原料來源，麻類作物栽培面積較大，是江南比較重要的作物，當時吳興地區蠶桑業的中心在西部山區，平原水鄉河灘地多種苧麻和黃草：「山鄉以蠶桑為歲記，富室育蠶有至數百箔，兼工機織；水鄉並種苧及黃草，紡績為布」。〔註209〕黃草實際上就是黃麻，在杭嘉湖一帶俗稱大麻為黃草。〔註210〕苧麻與大麻自南宋時期開始，都是江南水鄉普遍種植的纖維作物，「吳人績黃草若麻苧，貧且賤者服之。」〔註211〕吳興東鄉織黃草布的技術在嘉泰年間已經很先進：「黃草布出東鄉，有極輕細，織成花紋者，暑月可以為衣。今添。」〔註212〕湖州所產的黃草布到明代仍很有名。陳耀文在《天中記》中提別提到這種黃草布：「湖

〔註206〕《江南晚報》文學副刊，《家鄉的河浜》，轉引自 http://www.sanyue.org/sw/sb/18655.htm。

〔註207〕（宋）范成大著，富壽蓀點校：《范石湖集》卷30，《照田蠶行》上海古籍出版社，2006年，第412頁。

〔註208〕（宋）劉一止：《苕溪集》卷53，《望海潮》，文淵閣四庫叢書本。

〔註209〕《嘉泰吳興志》卷20，物產，嘉業堂刻本，成文出版社，1983年。

〔註210〕馬鍔：《杭州的大麻》，《中國農業科學》1952年第6期。

〔註211〕（宋）劉一止：《苕溪集》卷24，《黃草道衣贊》，文淵閣四庫全書本。

〔註212〕《嘉泰吳興志》卷20，嘉業堂刻本，成文出版社，1983年。

州有黃草布，出各縣，極細者與葛無異。」〔註213〕到明清時期，太湖流域的
圩田區的圩岸灘地麻的種植更加普遍，如《沈氏農書》記載每月農家的工作事
項中二月間農家要「搭地灘」、「沉麻子」，也就是要在灘地上種麻。〔註214〕

　　火燒是傳統時代農民對種麻地進行耕作管理的一個步驟。元代的《王禎農
書》中詳細記載了江南地區苧麻種植都是利用宿根，每年收割三次：「宿根在地
中，至春自生，不須栽種。荊、揚間歲三刈。」〔註215〕《田家五行》中記載元
末太湖南部吳興地區苧麻栽培一年中有頭苧、二苧、三苧三次收割：「諺云：頭
苧生子，沒殺二苧，二苧生子，早殺三苧。」〔註216〕當地人對苧麻的觀察極為
仔細，還可以根據苧麻生長的特徵來判斷氣象變化。一年三次收割苧麻在湖州
地區幾乎是每戶農家的工作事項，直到明清時期在江南地區仍是如此，《沈氏農
書》中記載：「湖州家家種苧為線，多者為布，一年植根，三時可刈，其後不煩
更種，稍加肥土足矣。」〔註217〕這裏說種植之後，一年割三次，以後年年施肥
即可，但沈氏在此處略去了一個技術環節，就是冬春季節的火燒。火燒對於苧
麻的培育管理來說十分關鍵，農民稱這種傳統技術為「燒苑」。「苑」是苧麻地
下部分的總稱。苧麻通常用地下莖進行繁殖，苧麻一年三次收穫後，體內營養
大大消耗，地上莖龍頭根損傷嚴重，冬季燒苑可以調節苧麻地下莖之間的平衡，
使次年出土的幼苗整齊一致，減少腳麻、雜草和病蟲害等，並有疏鬆土壤，增
加鉀肥，改良土壤的作用；冬春季火燒工作也同時清理麻園，可以全面、徹底
消除苧麻的枯枝落葉燒毀，搗毀病蟲越冬場所，今日許多地區栽培苧麻的農民，
在麻第三次的收穫之後仍有進行燒苑的習慣。〔註218〕苧麻和黃麻每年收穫的部
分為地上的直立草本莖。栽培過程中要使其地上莖的分枝越少越好，上文範成
大詩中所說的「苧麻長節」是苧麻地上莖出現分枝的情況，冬春季節的火燒可

〔註213〕　（明）陳耀文：《天中記》卷50，文淵閣四庫全書本。

〔註214〕　（清）張履祥輯補，陳恒力等校釋：《補農書校釋》（增訂本），農業出版社，
　　　　　1983年，第11～24頁。

〔註215〕　（元）王禎撰，王毓瑚校：《王禎農書》百穀譜集之十，苧麻，農業出版社，
　　　　　1981年，第159～160頁。

〔註216〕　（元）婁元禮：《田家五行》卷下，明張師說校訂本。

〔註217〕　（清）張履祥輯補，陳恒力等校釋：《補農書校釋》（增訂本），農業出版社，
　　　　　1983年，第119頁。

〔註218〕　李宗道編著：《苧麻栽培生物學基礎》，湖南科學技術出版社，1962年，第40
　　　　　～50頁；紀俊三、韓廷汝編著：《苧麻生產技術》，中原農民出版社，1987
　　　　　年4月，第58頁。

以減少分枝，使苧麻無節，而照田蠶時於田野的點火，也應包括麻田，在照田蠶過程中實施了麻田的冬季管理工作。

范成大在《照田蠶》詩中提到「照田蠶」的實際功能時有「菜無蟲」一項。南宋時期太湖流域的鄉村冬季栽培蔬菜的種類很多，陸游言：「吳中冬蔬常茂」，〔註219〕南宋時期吳興一帶沿太湖的淤積地十分肥沃，適宜種植蔥、韭等蔬菜，《嘉泰吳興志》記載當地：「韭薤土宜塗泥，春初尤佳」，又「冬蔥特宜於污下之地」；但種植根莖類的蔬菜，特別要防入春以後受蟲害，如南宋時期吳興地方冬季多種有白芹，這種蔬菜易受蟲害，《嘉泰吳興志》言：「今鄉土惟種白芹，冬至後作葅，甚甘美，春後不食，俗云：入春生蟲子」。〔註220〕冬季水鄉菜圃最常見的害蟲是金龜子，其幼蟲蠐螬在秋冬為害，至來年的三四月份羽化之後還會上陸活動為害，〔註221〕明末桐鄉張履祥提到這種蟲害在當地頻繁發生，水鄉種芋頭要盡力防除這種蟲害，「田間歲一易土，則蠐螬不生。入冬方起，則味足而甘碩」，他還特別提到作畦種芋於地溝中更容易遭蟲害，「種在地溝則省肥，……螬易生」。〔註222〕照田蠶時產生野火和薰煙在一定程度上可以起到菜地害蟲防治的作用；此外，火燒之後留下的草木灰還可作為一些豆類蔬菜的追肥。如蠶豆也是江南地區圩田區種於堤邊荒地常見的作物，蠶豆於秋季下種，翌年堤岸蠶豆春季開花結實，自南宋以來蠶豆花開就是典型的江南鄉村圩田景觀之一，范成大描寫春天的江南：「屋頭清樾暗荊扉，紫棋斕斑翠莢肥。」〔註223〕詩中所說的翠莢就是豆莢，經冬之後在春天結實，照田蠶一般燒後都是草木灰，灰肥中主要殘留物如磷酸鉀等可促蠶豆增產。

江南地區的農家在照田蠶過程中也施行對蘆葦灘地的管理。南宋以來江南地區的農家都習慣在堤岸外種蘆葦，蘆葦也是傳統時代水鄉居民主要的薪柴來源。范成大的詩中提到：「蘆芽碧處重增岸，梅子黃時早濬塘。田裏只知溫飽事，從今拼卻半年忙。」〔註224〕對蘆葦地進行火燒之後留下的灰可

〔註219〕（宋）陸游：《劍南詩稿》卷41，《歲晚》，文淵閣四庫全書本。
〔註220〕《嘉泰吳興志》卷20，物產，嘉業堂刻本，成文出版社，1983年。
〔註221〕高啓超：《土法防治地下害蟲》，《昆蟲知識》1959年第3期。
〔註222〕（清）張履祥輯補，陳恒力等校釋：《補農書校釋》（增訂本），農業出版社，1983年，第123頁。
〔註223〕（宋）范成大著，富壽蓀點校：《范石湖集》卷2，《春晚即事》，上海古籍出版社，2006年，第20頁。
〔註224〕（宋）范成大著，富壽蓀點校：《范石湖集》卷27，《檢校石湖新田》，上海古籍出版社，2006年，第442頁。

以肥田，宋時李樗指出江南當時普遍採用「佘田」法就是燒墾蘆葦地：「江南人其法縱火，拼蘆灰，經雨下種。」〔註225〕南宋以來太湖流域沼澤地的開發過程中，人們通過種植水生作物來向水要地：「小民射利，傍岸所在種菱蘆，菱蘆既生，泥沙藉之可以安立，不二三年可種菱藕，菱藕衍蔓，泥沙愈凝，不三四年可種苗稻，築為外圩，照前漸擴。」〔註226〕在圩岸外的河港的淺水灘地種植蘆葦留住泥沙，於這些逐漸淤高的地方又經營出更多適宜種稻和其它作物的田地。人們通過在堤岸外種植蘆葦的地下莖，在堤外水域中繁殖出大面積的人工蘆葦群落來使農田少受風浪的沖襲，范成大的田園雜興中有：「斟酌梅天風浪緊，更從外水種蘆根。」〔註227〕范成大詩中描述的吳中石湖地區新開墾圍田外的水域中，蘆葦一般由人工栽種，方法主要是根栽。

栽種蘆葦的灘地在照田蠶時也要進行火燒。元時戴表元乘船除夕時經過蘇州，發現一路上岸外蘆葦中都有火：「去年蘇州見除夜，蘆岸野火紅千架。」〔註228〕蘆葦因種植在臨水的灘地，收割時比較困難，農民對蘆葦的經營往往比較粗放，在收割時殘留散株較多，許多蟲體就在這些殘茬中越冬，冬季進行火燒是最有效的滅蟲方法之一。如蘆葦夜蛾是一種鑽蛀性的害蟲，80.7%的卵塊產在距地面13釐米以下的葉鞘內，而秋季人們收割蘆葦往往留下高於13釐米的蘆葦茬，這樣大部分蟲卵就被遺留在葦茬中，冬季利用蘆葦的殘茬落葉採取放火燒的辦法，可以消滅大部分卵。〔註229〕如危害蘆葦的主要害蟲豹蠹蛾在每年11月蘆葦收割後，部分幼蟲殘留在蘆葦苑內越冬化蛹，有些則在冬春時則全部鑽入地下莖內過冬，〔註230〕冬春的火燒能有效地大量消滅這些越冬的病蟲，同時還能增加蘆葦灘地的土壤肥力。

明清時期長江口灘地的開發進程也伴隨著「照田蠶」習俗的流播。如長江口北岸的南通、如皋一帶的草灘正月普遍燒灘地草。光緒《泰興縣志》也記載：

〔註225〕（宋）李樗：《毛詩集解》卷21，文淵閣四庫全書本。

〔註226〕（明）張國維：《吳中水利全書》卷22，議，《沈幾東南水利議》，文淵閣四庫全書本。

〔註227〕（宋）范成大著，富壽蓀點校：《范石湖集》卷27，《四時田園雜興六十首》，上海古籍出版社，2006年，第372～376頁。

〔註228〕（元）戴表元著，李軍、辛夢霞點校：《剡源逸稿》卷2，《除夜行贈大梁劉集卿》，吉林文史出版社，2008年，第501頁。

〔註229〕劉漢俊：《蘆葦夜蛾研究初報》，《山東農業科學》1981年第3期。

〔註230〕游蘭韶等：《蘆葦豹蠹蛾的研究》，《昆蟲學報》1994年第2期。

「（正月）農家束薪作炬，燒宿草。」〔註231〕在白蒲鎮，「元宵夜鄉農燒野草」，〔註232〕長江口草灘面積廣闊，宋元時期這些地區的人們普遍通過在灘地種草以積淤成田，《王禎農書》中提到：「瀕海之地，復有此等田法。其潮水所泛，沙泥積於島嶼，或墊溺盤曲，其頃畝多少不等，上有鹹草叢生，候有潮來，漸惹塗泥。初種水稗，斥鹵既盡，可爲稼田。」〔註233〕這些地區冬季的燒草有改良灘地土壤的作用，土壤中鹽分含量減低，灘地生長的植物也不同，南通一帶的農民將野草生長的情況作爲灘地進行墾殖的指標，當鹽土上生長茅草和蘆葦時，指示土壤中含鹽成份已不高，這時候可以進行墾殖。〔註234〕

　　清代的南通地區「照田蠶」又稱爲「照麻蟲」：「正月十五日爲元宵，村落間束薪引火燒田塍宿草，曰「照麻蟲」。」〔註235〕之所以稱照麻蟲，是因爲在沿海新開墾的地區往往以種植芝麻爲先鋒作物，芝麻有使草木根株腐敗的作用，明代反映江南地區農作技術的農書《便民圖纂》的耕獲篇中首先就提到開墾荒田的辦法也是先種植芝麻：「凡開墾荒田，須燒去野草，犁過，先種芝麻一年，使草木之根敗爛，後種五穀，則無荒草之害。」〔註236〕江南一般有荒地開墾的地區，一般都要種芝麻，江南士人朱國禎提到開荒地要先種芝麻一年，然後再種其它作物，「荒田開時先種芝麻一年，後種五穀，蓋芝麻能敗草木之根也。」〔註237〕芝麻生育期短，騰茬早，茬口輕，有利於輪作換茬，收穫後也要進行火燒之後才能種植下一茬作物。

四、濕地開發進程中的農業習俗傳承

　　彭世獎總結「火耕水耨」是古代江南河濱海岸和沮澤之地普遍施行的耕

〔註231〕光緒《泰興縣志》卷 3，《中國地方志集成・江蘇府縣志輯》，江蘇古籍出版社，1991 年，第 33 頁。

〔註232〕《白蒲鎮志》卷4，《中國地方志集成・鄉鎮志專輯》，江蘇古籍出版社，1992年，第 208 頁。

〔註233〕（元）王禎撰，王毓瑚校：《王禎農書》農器圖譜集之一，塗田，農業出版社，1981 年，第 193 頁。

〔註234〕劉象天著：《南通專區的棉墾調查》，載《華東師範大學地理集刊》第 1 輯，華東師範大學出版社，1958 年。

〔註235〕乾隆《直隸通州志》，轉引自《中國地方志民俗資料彙編》華東卷（上），書目文獻出版社，1995 年，第 517 頁。

〔註236〕（明）鄺璠著，石聲漢・康成懿校注：《便民圖纂》卷 3，耕獲篇，農業出版社，1982 年，第 33 頁。

〔註237〕（明）朱國禎著：《湧幢小品》卷 2，中華書局，1959 年，第 42 頁。

作方式，以火燒草是「火耕水耨」主要特點，休耕者燒野草，連耕者燒稻草都可以稱爲「火耕」，〔註238〕「照田蠶」是否直接傳承於「火耕水耨」？首先還需考察早期「火耕」的時間性。《史記・平準書》中記載：「是時山東被河菑，及歲不登數年，人或相食，方一二千里。天子憐之，詔曰：『江南火耕水耨，令饑民得流食江淮間，欲留，留處。』」應劭對「火耕水耨」的解釋是：「燒草，下水種稻，草與稻並生，高七八寸，因悉芟去，復下水灌之，草死，獨稻長。」〔註239〕可見漢唐時期江南濕地稻作農業中的「火耕」是在種稻之前燒草，漢唐時期江南地區仍存在許多沒有開墾的沼澤地，在這些沼澤地才能進行大面積的放火燒荒，開墾新田，據《鹽鐵論・通有》：「文學曰：荊、揚南有桂林之饒，內有江湖之利，左陵陽之金，右蜀漢之材，伐木而樹穀，燔萊而播粟，火耕而水耨，地廣而饒材。」〔註240〕「火耕水耨」施行的地理背景是有大量的拋荒地，晉杜預上疏中曾言：「諸欲修水田者，皆以火耕水耨爲便。非不爾也，然此事施於新田草萊，與百姓居相絕離耳，往者東南草創人稀，故得火田之利」。〔註241〕近代農學家天野元之助也認爲「火耕」時間是初春：「在初春地乾時放火，然後直播穀種。」〔註242〕如果從時間上來看，後期的「照田蠶」確實與江南早期的「火耕」農業有著傳承。

照田蠶作爲「火燒」功能的具體實施過程在江南內部各地區之間又存在著許多不同。南宋以後以「照田蠶」爲代表的放火燒荒在江南內部各區域之間的傳承特點不一樣，這與江南內部各區之間的農業開發的進程有關。照田蠶最先盛行於太湖東部的圍田區，這裏也是太湖流域平原中塘浦圍田水利開發最早的地區。據王建革研究，宋代江南吳淞江流域仍存在塘浦大圩，圩田內的水流得到控制，可以做到此處放水而彼處乾田，乾田時的土壤基本上任野草生長，爲以後耕作提供放火燒荒的機會，以燒荒後促進土壤有效氮素的含量增長。〔註243〕但只有在具有大面積沼澤灘地的地區才可能進行較大規模的放火燒荒，南宋時期范成大《照田蠶行》詩中直接描述的是太湖流域的石

〔註238〕彭世獎：《「火耕水耨」辨析》，《中國農史》1987 年第 2 期。

〔註239〕《史記》卷 30，平準書第八，中華書局，2008 年，第 1437 頁。

〔註240〕王利器校注：《鹽鐵論校注》卷 1，通有，中華書局，2011 年，第 41～42 頁。

〔註241〕《晉書》卷 26，志第十六，食貨，中華書局，2008 年，第 788 頁。

〔註242〕天野元之助著：《中國農業史研究》，御茶水の書房，1979 年，第 469 頁。

〔註243〕王建革：《宋元時期吳淞江流域的稻作生態與水稻土形成》，《中國歷史地理論叢》2011 年第 1 期。

湖一帶的鄉村場景，石湖緊鄰太湖，這裏有許多新漲的灘地，當時有很多新開發的圍田，他在詩中提到開荒的場景：「今朝南野試開荒，分手耘鋤草棘場。下地若干全種秫，高原無幾謾栽桑。」〔註244〕但到明清時期，江南太湖流域普遍存在的照田蠶習俗與早期「火耕水耨」中的「火耕」有很大的不同。明清時期江南太湖流域核心地區如蘇松平原、杭嘉湖平原人口密度較高，商品經濟發達，土地也進一步破碎化，「照田蠶」的形式在這些地區的特點與沿海地區不同，這些地區的照田蠶多以單獨的農戶家庭自發進行為主，一般為：「田夫牧豎俟昏時，爭立竿燎火於野。」〔註245〕在這些地區，核心家庭對照田蠶的傳承起著最為關鍵的作用，照田蠶也是鄉民對各家耕種田塊面積進行維護的方式。費孝通在《江村經濟》中分析江南鄉村農田田塊之間的邊界問題，在家產的傳遞過程中土地劃分的分界線是非實體的，「在田塊兩端的田埂上栽兩棵樹，用來作為分界標誌。遺產的各次相繼劃分，結果使個人佔有土地的界線變得非常複雜。農田被分為許多窄長的地帶，寬度為幾米。」〔註246〕鄉民們在稻田播種插秧做田埂的時候，還習慣通過侵佔邊界地區來多得到一點點的田面積，「俗於插種之時，有斬岸腳之惡習。」〔註247〕

在開發較晚的長江口沿岸地區和沿海灘地，「照田蠶」傳承的過程中也明顯具有早期江南稻作中「火耕」的一些特點，這些地區有較多的灘地資源，圍墾灘地的初期必須在冬春進行火燒，清除蘆葦等大型水草植被。如清代時期江南鄉村舉行的「照田蠶」儀式最為盛大而隆重是在吳江、黎里一帶，《清嘉錄》記載：「《吳江縣志》云：「鄉村之人，就田中立長竿，用蒿筱夾爆竹縛其上，四旁金鼓聲不絕，起自初更，至夜半乃舉火焚之，名曰「燒田財」。黎里、屯村為盛。蓋昔「照田蠶」之俗云。但在正月二十夜。」〔註248〕嘉慶《黎里志》記載了當地「照田蠶」的情況：「正月十三日，鄉人就田中立長竿，用

〔註244〕（宋）范成大著，富壽蓀點校：《范石湖集》卷27，《四時田園雜興六十首》，《檢校石湖新田》，上海古籍出版社，2006年，第442頁。

〔註245〕（元）婁元禮著，茅檜增輯：《田家五行》卷上，華南農業大學農業遺產研究室藏，抄本，第35頁，

〔註246〕費孝通著：《江村經濟——中國農民的生活》，商務印書館，2006年，第170頁。

〔註247〕（清）孫峻：《築圩圖說》，搶岸亦須築畔論，故宮珍本叢刊，海南出版社，第363冊，第417頁。

〔註248〕（清）顧祿撰，來新夏點校：《清嘉錄》卷12，《照田財》，中華書局，2008年，第205頁。

蒿筱夾爆竹縛其上，……少年好事者往往買雪炮（流星、賽月明之屬），遠遠射之，謂之『打田財』。間有打著燒去者，則田家再縛如初。自黃昏起，至夜半，或竟夜，乃舉火焚之，謂之『燒田財』，蓋即『照田蠶』之訛也。舊縣志載黎里為盛，今尤甚云。」〔註249〕這裏要將照田蠶儀式活動進行到半夜。黎里等地是江南開發較晚的湖蕩區，清中後期以來這一帶的稻作經濟十分繁盛，在這裏照田蠶要一直進行到半夜，或者通宵達旦。黎里地區的照田蠶是以一種集體活動的形式進行的，少年人向灘地中擲射花炮之類引火，點燃灘地上未收割的茭草、蘆葦。這些地區湖泊面積廣，具有面積廣闊的河湖灘地，「照田蠶」也可能是當地人們對鄉村公共資源進行管理的一種方式。

明清時期「照田蠶」在江南具有生產習俗與禮儀活動的雙重意義，地方政府的鼓勵對於其雙重意義的形成起了十分重要的推動作用。為了迎合國家的祭祀政策，地方官以照田蠶為依託，也在其中納入國家倡導的祭祀活動，清代政府所立的驅蝗神劉猛將也被江南鄉民們在照田蠶時搬了出來進行相關的祭祀活動，如在黎里：「旁設劉猛將軍之神，香燭、果品、羅列照耀，更有讚神曲，且拜且唱，四圍金鼓之聲不絕。」〔註250〕江南民間信仰多種多樣，但照田蠶的基本形式——在冬春在田間點火焚燒的基本形式一直保留到上個世紀末，張永堯、顧希佳通過考察嘉興建設鄉的「祀田蠶」的祭祀儀式發現，祀田蠶的習俗在江南水鄉流傳的過程中，作為全村性的祀田蠶活動被淘汰、簡化，而在農戶中舉行的小規模儀式今天仍受到許多人的歡迎。〔註251〕照田蠶的儀式在現代文明推廣下的江南鄉村，舊時與迷信雜合的歲時鄉村社區文化活動功能已經淡化甚至消失，但是它仍作為江南鄉村歲時習俗被鄉民傳承，這本身說明「照田蠶」對江南鄉村農戶來講有著更深刻的涵義。現代的農村雖然有著農藥和新耕作技術的推廣，農民不再需要頻繁地做田埂，但是直到1990年代，魏采蘋在蘇南水鄉調查元宵節的習俗時發現，當地的照田蠶習俗仍在延續，元宵節時家長帶著孩子在各家責任田的田埂上燒稻草：

　　　　十五的圓月尚未露面，人們抱著或挑著稻草，帶著孩子們前往

〔註249〕（清）徐達源等撰，陳其弟點校：《黎里志》卷 4，廣陵書社，2011 年，第 80～81 頁。

〔註250〕（清）徐達源等撰，陳其弟點校：《黎里志》卷 4，廣陵書社，2011 年，第 80 頁。

〔註251〕上海民間文藝家協會編：《中國民間文化——稻作文化與民間信仰調查》，學林出版社，1992 年，第 22～39 頁。

自家的責任田邊「踩田腳落」。他們點燃了稻草火把，火把照亮了夜空，也照亮了田間小路，他們沿著田塍一邊奔跑，一邊高喊著：「踩踩田角落，來年能收一千六！踩踩田角落，開年養個大獼獼！」一束稻草將要燒完，就將另一束稻草接上點燃。然後繼續奔跑著，高喊著。每燒到一個田角落，還要將火把放在田角落處燒燒。〔註252〕

　　南宋以來關於「照田蠶」的記載中普遍提到兒童的參與。在孩童眼中，每年於春節期間進行的「照田蠶」可能只是一項娛樂活動。江南地區方志中對於照田蠶的記載都普遍提到兒童的參與。在寒冷的時節，兒童也被大人領到田間。兒童就著「照田蠶」的火花在田野放爆竹，若干年後，放爆竹的兒童又成了「照田蠶」的農夫，「照田蠶」的習俗就通過這樣的方式在兩代人中間相傳。「照田蠶」時不僅使孩子從小熟悉了自家田產位置、界線，傳統時代農民在平時農作中總結積累的生態知識與技術經驗，也可能是通過眾多如照田蠶這樣的習俗教授給下一代。

本章小結

　　宋元時期由於太湖出水乾道吳淞江的逐漸淤塞，導致嘉湖平原許多地區也開始出現積水與緩流的水環境。在積水與緩流的水環境下圍田是嘉湖平原最普遍的開發形式，人們在湖沼淤積區中將田圍於水中，擋水於隄外，通過向水要土的過程開墾農田。明清時期的圩田開發主要是以桑基稻田、桑基魚塘的模式進行。本章通過對菱湖鎮興起的歷史地理過程進行復原分析，考察了一個典型江南水鄉聚落的形成過程。江南水鄉市鎮的早期建立過程與水流環境密切相關，水流環境是一個市鎮興起、賴以生存的關鍵因素，市鎮的興起、發展以及其內涵的充實過程始終都與市鎮周圍的水環境密切相關。水利工程是江南生態環境改造過程中最重要的技術手段，市鎮的興起與發展，也依賴於一個地區的水利建設。一般來說，水利條件改善的同時也伴隨著對市鎮及周邊地區的移民過程。菱湖鎮的興建過程為沼澤地中微地域開發過程的考察提供了一個經典的案例。

　　據章楷先生的研究，明中葉以後，中國很多地區的蠶桑業已經衰落甚至消失，不過浙西嘉興、湖州二府部分縣的蠶、桑、絲業未受影響，始終興旺

〔註252〕魏采蘋、屠思華：《蘇南水鄉元宵節習俗初探》，《東南文化》1992 年第 6 期。

發達。〔註253〕明末中後期以來，湖州地區還產生了一個著名的蠶絲品牌：七里絲。〔註254〕「七里」又稱「輯里」，本為湖州南潯附近的一個小村莊，據朱國楨的記載，萬曆年間「湖絲惟七里者尤佳，較常價每兩必多一分。」明末以來七里絲已成為優質湖絲的代名詞。朱國禎認為良好的水質是七里絲的品質保證，「其地載水作絲者亦只如常，蓋地氣使然。」〔註255〕直到近代，七里絲在世界蠶絲市場仍負有盛名。

桑樹是明清時期嘉湖地區最重要的栽培植物。然而，明清時期嘉湖地區蠶桑業生產一區獨勝，並長期維持著中國最優質蠶絲的產區地的中心地位，植桑業的發達可能並不是其最核心的原因。關於長江三角洲地區明清時期專業化經濟區域形成的背後，有一個值得深思的問題就是為何在旱地較多、更適宜於植桑的太湖東部蘇松平原區中，明清時期並沒有興起像嘉湖地區這樣繁盛的蠶業經濟。民國時期的蠶絲專家錢天達認為只有太湖南部這片沼澤低地中能繅出上等的七里白絲，因為整個區域內具有良好的水環境：「河流迂迴，水色清潔，化學成分配合得當，宜於製絲用水，洵屬天然產絲之區域。」〔註256〕沿著蠶絲專家的思考，要瞭解這種「水色清潔」的水環境背景如何形成，就需要從水生植被方面去分析產生這種良好水環境的生態背景。

綜上，在 9～17 世紀這個歷史時段內，太湖南岸低窪平原中濕地的自然面貌被改變了，自然的濕地景觀逐步演變成以桑、稻、漁為主要特徵的景觀，這種變化過程還集中體現在區域的植被變化上。以下以濕地植物為中心，討論景觀變化的具體過程。

〔註253〕章楷：《江浙近代養蠶的經濟收益和蠶業興衰》，《中國經濟史研究》1995 年第 2 期。

〔註254〕稽發根：《湖絲──輯里湖絲源流考》，《農業考古》2003 年第 3 期。

〔註255〕（明）朱國楨：《湧幢小品》卷 2，《蠶報》，中華書局，1959 年，第 44～45 頁。

〔註256〕錢天達：《中國蠶絲問題》第 1 章，概論，黎明書局，民國 25 年。

第四章　濕生植物

　　濕地生態系統是生物圈中初級生產量最高的生態系統，同時自然的濕地生態系統還具有較強的自我維持能力，太湖南部的低窪平原區具有鮮明的濕地生態特點，但對這一地區生境的描述首先還需回到生態學的定義上來界定。國際上對濕地的生態學定義有多種，雖各有側重，但基本都從水、土、植物三個要素出發，界定了多水（積水或飽和）、獨特的土壤和適水的生物活動為濕地的基本要素。歷史時期太湖南部的低窪平原，具備典型的濕地特徵。太湖本身水位極淺，湖底平坦，湖心與岸邊海拔高程落差極小，沿湖的地區在有堤防攔水的情況下，就能夠進行開墾利用。沿太湖的廣大低濕地從早期的淺水湖泊向沼澤濕地變遷的速度主要取決於泥沙沉積和人工圍墾程度兩大因素。從濕地生態學的角度分析，濕地的形成一般有兩種主要途徑：一種為陸化過程。陸化過程是由於水體系統水位、水體系統自身及流域的營養狀況、植物地理條件、水體系統的面積和性質、水體系統底部和四周的地形等條件的變化，水體系統不斷淤積使淹水深度變淺，並伴隨有水生植物的發育而形成濕地；另一種途徑為沼澤化過程。沼澤化過程中陸地系統由於河流泛濫、排水不良以及地下水水位接近地表或湧水等作用而形成濕地，平坦的盆地或河谷，如果下層由不透水層的黏土沉積物構成，而且周期性或長期被流動緩慢或靜止水過飽和，容易產生沼澤化過程。〔註1〕太湖南部濕地的形成實際是陸化過程與沼澤化過程共同作用的結果，第二章中對宋以後沼澤地在人類的干擾下成為人工化濕地的歷史過程進行了分析，實際上，人類對濕地干擾加強的過程中，也加速了濕地中典型水生植物群落演替的過程。

〔註 1〕呂憲國主編：《濕地生態系統保護與管理》，化學工業出版社，2004 年，第 4 頁。

第一節　沼澤植被

　　太湖南部的低窪平原歷史時期經歷了從陸地——湖泊——陸洲的易換過程，平原區北至吳興的邱城，南至杭州的老和山、水田畈；東至桐鄉羅家角之西，西至餘杭良渚，均分佈著良渚文化時期的遺存。中國科學院南京地理與湖泊研究所的研究人員綜合太湖湖區和太湖平原晚第四紀沉積剖面的孢粉分析結果表明，1500～800 年前的沉積時代，太湖流域的古植被類型爲常綠闊葉、落葉闊葉混交林，森林樹種有青岡、栲、芸香、麻櫟、漆樹屬、柳、栗等，還有木蘭屬、紫樹屬、冬青屬、桑屬、楓楊屬雜生其間，林下和平原地帶還廣泛分佈了蕨類、禾本科、藜科、蒿屬等草本植物，水域中爲藻類和水生植物繁衍之處。〔註2〕據此推論，晉唐時期，人類雖對太湖南部這片廣袤的濕地進行了干擾，但未完全改變濕地生態系統，尤其是濕地原生植被的總體面貌。「暮春三月，江南草長，雜花生樹，群鶯亂飛」，〔註3〕丘遲是吳興人，他在《與陳伯之書》中所描述的，正是太湖流域南部地區典型的原生濕地植被景觀，並且因爲當時吳地的人們對這種濕地景觀有著高度的認同感，陳伯之才會爲故國之景物動情而歸降。陳寅恪先生認爲南北朝時期，陳朝政權仍是由地方蠻族建立的政權，直到南朝末年，吳地本土的經濟和文化仍具有相當大的生存能力。〔註4〕江南地區真正被中原漢族文化征服，應該發生在隋唐時期，是在中原王朝對江南地區施行大規模的屯田經濟之後，漢族農業模式及桑、柳景觀才開始在江南推廣。但六朝時期太湖流域仍有大面積連續的未被開墾的沼澤濕地，當時太湖流域中的許多地區仍有未經人類干擾的水生高等植物群落存在。

一、浮葉植物

　　蓴菜（*Brasenia schreberi* Gmel.）爲多年生睡蓮科草本植物。據葉靜淵的考證，古籍中茆、鳧葵、水葵、露葵、馬蹄草都爲蓴菜的別名，是古人依據採收期的不同賦予蓴菜不同的名稱。〔註5〕《齊民要術・養魚第六十一》中詳細記載了蓴菜的種植方法：

〔註2〕孫順才，黃漪平：《太湖》，海洋出版社，1993 年，第 43～75 頁。

〔註3〕（南北朝）蕭統：《文選》卷 43，《與陳伯之書》。

〔註4〕萬繩南整理：《陳寅恪魏晉南北朝史講演錄》，黃山書社，2000 年，第 203～215 頁。

〔註5〕葉靜淵：《我國水生蔬菜栽培史略》，《古今農業》1992 年第 1 期。

近陂湖者，可於湖中種之；近流水者，可決水爲池種之。以深
淺爲候：水深則莖肥而葉少，水淺則葉多而莖瘦。蓴性易生，一種
永得。宜淨潔；不耐污，糞穢入池即死矣。種一斗餘許，足以供用
也。

蓴菜的栽培需要有特定的水文生態環境，其種植水域必須是水質清潔的
湖泊、池塘，還必須具備緩緩流動的活水水流，生長水域的水位不宜超過 1
～1.2 米。蓴菜的莖葉生長狀況還與生長期內水位的深淺有對應關係，水位深
則蓴菜莖根部分生長肥旺，水位淺則葉生長多。《齊民要術》還提到要收一斗
蓴菜留種，當指蓴菜冬芽。冬芽是蓴菜進行越冬無性繁殖和復壯的器官，由
肥大的莖、葉柄和縮小的葉片組成，外被膠質，《齊民要術・羹臛法第七十六》
中有：「絲蓴既死，上有根荄，形似珊瑚」，這裏說的形似珊瑚的根荄就是縮
小的葉片，是蓴菜冬芽的一部分。蓴菜冬芽具有較強的抗寒性，用冬芽做種
繁殖係數高，且有利於選種復壯，但蓴菜冬芽易形成離層而脫落母體，收集
有一定困難。《齊民要術・羹臛法第七十六》中還對栽培蓴菜的生長期特點及
人們採食利用情況也有詳細描述：

芼羹之菜，蓴爲第一。四月蓴生，莖而未葉，名作「雉尾蓴」，
第一肥美。葉舒長足，名曰「絲蓴」。入七月，盡九月十月內，不中
食，蓴有蝸蟲著故也。蟲甚細微，與蓴一體，不可識別，食之損人。
十月，水凍蟲死，蓴還可食。從十月盡至三月，皆食「環蓴」。環蓴
者，根上頭、絲蓴下茇也。〔註6〕

人們在不同的季節取食蓴菜的不同部位。春季採嫩葉，秋冬至初春食「環
蓴」，即冬芽。蓴菜的冬芽在越冬階段體內可溶性蛋白、可溶性糖以及水分含
量較高，〔註7〕當時冬芽是人們食用蓴菜的主要部分。蓴是太湖流域常見的菜
肴，《集異記》記載丹陽張承先「會有客，須蓴二斗，鯉魚二十頭」〔註8〕，
這裏說食蓴是以斗計，應是採收貯存好的蓴菜冬芽。太湖流域一帶的人們還
採食水底蓴根，蓴菜的根含有豐富的澱粉，《魏王花木志》曰：「蓴根，羹之
絕美，江東謂之蓴龜」。〔註9〕荒年人們還可採蓴根作充饑食糧，《嘉泰吳興志》

〔註 6〕　（後魏）賈思勰原著，繆啓愉校釋：《齊民要術校釋》（第二版），羹臛法第七
　　　　　十六，蓴，中國農業出版社，1998 年，第 463、589 頁。
〔註 7〕　徐國華等：《蓴菜冬芽越冬生理研究》，《西北植物學報》2000 年第 4 期。
〔註 8〕　《太平御覽》卷 980，菜茹部五，蓴。
〔註 9〕　《說郛》卷 104 下，文淵閣四庫全書本。

記載南朝德清沈顗：「兵荒採蓴荇根供食」。〔註10〕

　　蓴菜的莖也可食用，但栽培的蓴菜在生長旺盛期常有病蟲害，石聲漢認為《齊民要術》中所指蓴菜的病害蟲應該是某總環蟲、線蟲或圓蟲，他推測也許是某種動物的「蚴」，〔註11〕經現代的水生蔬菜專家研究驗證，這一推測完全正確。蓴菜的主要害蟲是椎實螺（*Radix anricularia,* Linnaens）和扁卷螺科的大臍扁卷螺（*Hippentis umbilicais.* Benson），椎實螺和大臍扁卷螺都是2～3年間完成1代，〔註12〕七八月間蓴菜的莖處於旺盛生長期，通氣組織發達，幼蟲十分容易鑽到莖中寄生，故《齊民要術・羹臛法第七十六》中說這種蟲與蓴菜一體，此時吃蓴菜對人體有害。如要在八九月間採食蓴菜的莖，就需對蓴菜進行長時間的燉煮。《齊民要術》引用《食次》蓴羹的具體做法中，蓴菜是主菜，魚肉是配菜，蓴菜都不會切斷，「絲蓴、環蓴，悉長用不切」。做蓴羹都必須在蓴菜燉熟之後再放入魚肉。也有將蓴菜的莖或根擇成小段，待魚肉熟之後再加入蓴菜的，但之前仍要將蓴菜在沸水中先滾過才能放入，這樣做應都是為了殺蟲：

> 《食經》曰：「蓴羹：魚長二寸，唯蓴不切。鱧魚，冷水入蓴；白魚，冷水入蓴，沸入魚。與鹹豉。」又云：「蓴細擇，以湯沙之。中破鱧魚，邪截令薄，準廣二寸，橫盡也，魚半體。煮三沸，渾下蓴。」〔註13〕

　　六朝以後人們食用蓴菜的主要部分不同。唐宋時期人們在太湖地區吃到的蓴菜羹主要用的蓴菜的莖做主菜。許多人遊歷江南時，在蘇州至嘉興的運河一帶都希望品嘗一下江南特有的蓴菜羹。楊萬里曾在吳江八尺一帶吃到江南名肴蓴菜羹，並歌詠之，「呼僮速買庬村酒，更煮鱸魚蓴菜羹。」〔註14〕《吳郡志》也記載：「蓴味香滑，尤宜芼魚羹」，〔註15〕但此時人們在吳江垂虹橋附近吃的卻是蓴菜的莖，詩文中通常描述的是蓴絲做羹。唐宋詩中歌詠對象一般是蓴植株細小的莖，通常稱為蓴絲，權德輿有詩：「舊遊憶江南，環渚留

〔註10〕　《嘉泰吳興志》卷16，著姓，卷20，物產。
〔註11〕　（北魏）賈思勰著，石聲漢校釋：《齊民要術今釋》卷9，中華書局，2009年，第843頁。
〔註12〕　趙有為主編：《中國水生蔬菜》，農業出版社，1999年，第144頁。
〔註13〕　《齊民要術校釋》（第二版），羹臛法第七十六，蓴，第590頁。
〔註14〕　（宋）楊萬里：《誠齋集》卷28，過八尺遇雨，四部叢刊本。
〔註15〕　（宋）范成大撰，陸振岳校點：《吳郡志》卷30，江蘇古籍出版社，1999年，第456頁。

蓬芡。湖水白於練，蓴羹細若絲」；唐代江東才子羅隱理解晉史中張翰所思的吳中蓴菜爲蓴絲，詩曰：「盤擎紫線蓴初熟，箸拔紅絲鱠正肥」，此處紫線亦言蓴菜，蓴菜葉下之莖帶紫色，因此詩人以紫蓴稱之，如韋莊詩中亦言「正是如今江上好，白鱗紅稻紫蓴羹」，〔註16〕人們都以蓴絲爲羹。宋人蔡戡亦有詩曰：「垂虹亭上少遲留，臥看冰輪萬里秋。正是蓴絲鱸鱠美，不妨乘興五湖舟」。〔註17〕蓴菜的莖極不耐儲藏，採收之後，半日味變，一日而味盡。今天人們在杭州西湖一帶吃的蓴菜，食用的是附有透明膠質的嫩梢和初生卷葉，亦十分名貴。蓴菜是多年生的水生草本植物，只有在大面積的淺水湖泊中進行長期以及大量的栽培繁殖之後，才能生長較多的蓴菜多芽和宿根。唐宋時期太湖流域農田水利開發強化，大面積的淺水湖泊濕地生境被擾亂，難以採集到大量的多芽，蓴菜對水質要求極爲嚴格，今日太湖地區水文生態環境急劇惡化，栽培區域已十分狹小。

　　關於蓴菜植物學特點的準確描述也見諸六朝時的文獻記載。陸德明《經典釋文》引鄭小同之言釋《毛詩・魯頌・泮水》中的茆：「江南人名之蓴菜，生陂澤中，《草木疏》同」；〔註18〕陸德明引《草木疏》爲陸機《毛詩草木鳥獸蟲魚疏》，《經典釋文・序錄》中記「陸機《毛詩草木鳥獸蟲魚疏》二卷」，陸機爲吳人，陸德明注云陸機：「字元恪，吳郡人，吳太子中庶子、烏程令」。〔註19〕《毛詩草木鳥獸蟲魚疏》也以蓴菜釋《詩》之「茆」，並將蓴菜的形態特點描述得十分詳細：「茆與荇葉相似，葉大如手，赤圓，有肥者，著手中，滑不得停，莖大如匕柄，葉可以生食，又可鬻，滑美，江東人謂之蓴菜，或謂之水葵，諸陂澤水中皆有」；〔註20〕這裏已明確指出蓴菜與荇（N.peltatum）的不同，蓴菜群落外觀與荇菜群落很相似，但蓴菜葉爲全緣，荇菜的葉細裂，荇是龍膽科水生植物，且南北方都有生長，今人劉義滿認爲《詩・泮水》的「茆」與《詩・關雎》中的「荇菜」茆都是今荇菜（N.peltatum）同物異地的

〔註16〕《全唐詩》卷323，權德輿《送別沅汎》；卷660，羅隱《覽晉史張翰思吳中鱸膾蓴羹》；卷697，韋莊《雨霽池上作呈侯學士》。
〔註17〕（宋）蔡戡：《定齋集》卷20，送萬謙問，文淵閣四庫全書本。
〔註18〕陸德明：《經典釋文》毛詩音義下，通志堂本，中華書局影印，1983年，第105頁。
〔註19〕陸德明撰，吳承仕疏證：《經典釋文序錄疏證》注解傳述人，中華書局，2008年，第84頁。
〔註20〕陸機撰，毛晉參：《毛詩草木鳥獸蟲魚疏廣要》卷上之上，言采其茆，叢書集成本。

異名，〔註21〕此結論似有待進一步討論。陸璣所言已明確提出江南的蓴菜葉
與荇葉大小相似，都是葉大如手，但蓴菜的葉形卻是「赤圓」，陸璣所描述的
茆對應的正是具全緣圓葉的蓴菜。足見當時江東地區的人們對蓴與荇這兩種
水生植物有著十分清晰的分類。六朝時期蓴菜在江南太湖流域有著廣泛的分
佈，蓴菜是江南水鄉的典型風物，人們有準確的認識及記載很正常，同時代
北方人對於蓴菜的稱呼指代卻是錯亂，《顏氏家訓》中記載：

> 梁世有蔡朗者諱純，既不涉學，遂呼蓴爲露葵。面牆之徒，遞
> 相仿傚。承聖中，遣一士大夫聘齊，齊主客郎李恕問梁使曰：「江南
> 有露葵否？」答曰：「露葵是蓴，水鄉所出。卿今食者綠葵菜耳。」
> 李亦學問，但不測彼之深淺，乍聞無以核究。〔註22〕

顏之推在江東一帶長大，後在北方爲官，據他講述，當時北方的讀書人
因爲不識蓴，當一個姓蔡的官員總把蓴叫做露葵時，當地人都跟著學舌。南
朝承聖年間，有一個來自南方的士人到北齊應聘求職，主客郎李恕因不知蓴
究竟爲何物，席間指綠葵菜爲蓴菜，卻問此客人江南有沒有露葵，這位來自
南方的士人告訴他露葵本是蓴菜，只有水鄉出產。在這裏可以看出當時北方
可能極少有蓴菜的分佈，因此未到過南方的北方人都不識蓴菜爲何物。六朝
時期上層知識分子對地方風物的宣傳使太湖地區的蓴菜在中原地區聞名，《世
說新語》載西晉滅吳後，陸機入洛，王武子向他誇耀中原美食，認爲江東無
物可及羊酪，陸機回答：「有千里蓴羹，未下鹽豉耳」。〔註23〕陸機的家鄉在
太湖地區華亭一帶，他說當地蓴羹味道超過洛下的羊酪。宋胡仔認爲千里爲
湖名：「蓋『千里』湖名也。千里湖之蓴菜，以之爲羹，其美可敵羊酪。然未
可猝至，故云但未下鹽豉耳。子美又有《別賀蘭銛詩》云：『我戀岷下芋，君
思千里蓴』，以岷下對千里，則千里爲湖名可知。」〔註24〕元·胡古愚考證千
里、末下都是太湖流域的小地名，「機云千里蓴羹、末下鹽豉，時人以爲名
對，……然則千里、末下皆吳中地名也。」〔註25〕

〔註21〕劉義滿：《由「薄采其茆」之「茆」談起——兼談蓴菜歷史》，《中國農史》1990
年第 3 期。

〔註22〕王利器撰：《顏氏家訓集解（增補本）》卷 6，書證第十七，中華書局，1993
年，第 410～411 頁。

〔註23〕《世說新語》言語。

〔註24〕（宋）胡仔纂集，廖德明點校：《苕溪漁隱叢話後集》卷第八，人民文學出版
社，1981 年，第 52 頁。

〔註25〕（元）胡古愚：《樹藝篇》蔬部卷 6，明純白齋鈔本。

今太湖流域的許多地區還被淺水濕地湖泊所覆蓋，這樣的環境適於蓴菜的栽培。六朝時期太湖正在形成，太湖流域具有廣闊的淺水沼澤濕地，當時今天吳江一帶都為太湖水域，太湖東部、南部地區仍是廣袤的淺灘、沼澤、湖泊並存的地貌，今太湖東部、南部地區普遍缺失六朝時期的文化遺址，如澄湖附近六朝時代的古文化遺址缺失。〔註26〕李時珍在《本草綱目》中總結只有江南太湖流域一帶的人們才熟諳蓴菜的食用方法，「蓴生南方湖澤中，惟吳越人善食之」，〔註27〕晉時吳人張翰因思念家鄉特有的食物蓴羹，甚至捨官而歸：

> 翰謂同郡顧榮曰：「天下紛紛，禍難未已。夫有四海之名者，求退良難。吾本山林間人，無望於時。子善以明防前，以智慮後。」榮執其手，愴然曰：「吾亦與子採南山蕨，飲三江水耳。」翰因見秋風起，乃思吳中菰菜蓴羹鱸魚膾，曰：「人生貴得適志，何能羈宦數千里以要名爵乎！」遂命駕而歸。〔註28〕

《齊民要術》中關於蓴菜的相關記載可能是來自太湖流域相關文獻的輯錄。〔註29〕《齊民要術》本身是一本綜合性的農書，許多內容參考了當時的農業文獻，有引用北方的，也有引用南方的，繆啟愉先生常在校釋中提出《齊民要術》中徵引的《食經》是南方著作，〔註30〕王建革結合六朝時期太湖東部地區的地理環境背景與《齊民要術·水稻十一》的語義分析《齊民要術》中隱含著江南太湖流域稻作特點，〔註31〕由此可見賈思勰在編寫蓴菜的相關內容時可能曾採編了當時江南吳地的相關歷史文獻。

〔註26〕 張修桂：《中國歷史地貌與古地圖研究》，中國社會科學出版社，2005 年，第 267 頁；伊煥章，張正祥：《對江蘇太湖地區新石器文化的一些認識》，《考古》1962 年第 3 期；復旦大學歷史地理研究室：《太湖以東及東太湖地區歷史地理調查考察簡報》，《歷史地理》創刊號，上海人民出版社，1981 年，第 188 頁。

〔註27〕 （明）李時珍：《本草綱目（校點本）》草部第 19 卷，蓴，人民衛生出版社，1977 年，第 1372 頁。

〔註28〕 《晉書》卷 92，文苑，張翰，中華書局標點本，1974 年，第 2384 頁。

〔註29〕 劉義滿也曾提出相關論點，《齊民要術》有關蓴菜部分的內容反映的是蘇州、杭州一帶的實際情況，據劉義滿：《由「薄採其茆」之「茆」談起——兼談蓴菜歷史》，《中國農史》1990 年第 3 期。

〔註30〕 汪維輝著：《〈齊民要術〉詞彙語法研究》，上海教育出版社，2007 年，第 12 頁。

〔註31〕 王建革：《宋元時期吳淞江流域的稻作生態與水稻土的形成》，《中國歷史地理論叢》2011 年第 1 期。

　　唐宋時期人們在太湖地區吃到蓴菜羹，卻主要是用蓴菜的莖來做主菜。
唐宋時期江南運河沿線是蓴菜分佈的集中區，江南運河因於太湖出口處築
堤，沿運河堤出現大面積靜水區，這些地區為蓴菜生長提供了適宜的生境。
許多人遊歷江南，為了品嘗一下江南特有的蓴菜羹，秋季特意在蘇州至嘉興
的運河附近暫時停留。楊萬里曾在吳江八尺一帶吃到江南名肴蓴菜羹，並歌
詠之，「呼僮速買庵村酒，更煮鱸魚蓴菜羹。」〔註32〕宋人蔡戡亦有詩：「我
為蓴鱸得得來，三高亭上且徘徊」，〔註33〕《吳郡志》也記載「蓴味香滑，尤
宜茫魚羹」，〔註34〕但此時秋季人們在吳江垂虹橋附近吃的卻是蓴菜的莖，詩
文中通常描述是蓴絲做羹，蔡戡詩曰：「垂虹亭上少遲留，臥看冰輪萬里秋。
正是蓴絲鱸鱠美，不妨乘興五湖舟。」〔註35〕蓴菜的莖極不耐儲藏，採收之
後，「半日味變，一日而味盡，」〔註36〕在無蓴菜分佈的地方，人終老不知其
味，蓴菜仍是江南的典型風物，李時珍在《本草綱目》中總結只有江南太湖
流域一帶的人們才熟諳蓴菜的食用方法，「蓴生南方湖澤中，惟吳越人善食
之」，〔註37〕今天人們在杭州西湖一帶還能吃到新鮮的蓴菜，但食用的卻是附
有透明膠質的嫩梢和初生卷葉了。〔註38〕

　　在江南，蓴菜群落一般與荇菜群落伴生。蓴和荇雖都是浮葉水生植物，兩
者的水上浮葉形態雖相似，但是植物生理完全不同。《顏氏家訓》書證篇記有：

> 《詩》云：「參差荇菜。」《爾雅》云：「荇，接餘也。」字或為
> 莕。先儒解釋皆云：水草，圓葉細莖，隨水淺深。今是水悉有之，
> 黃花似蓴，江南俗亦呼為豬蓴，或呼為荇菜。劉芳具有注釋。而河
> 北俗人多不識之，博士皆以參差者是莧菜，呼人莧為人荇，亦可笑
> 之甚。〔註39〕

〔註32〕　（宋）楊萬里：《誠齋集》卷28，過八尺遇雨，四部叢刊本。
〔註33〕　（宋）蔡戡：《定齋集》卷20，登三高亭，文淵閣四庫全書本。
〔註34〕　（宋）范成大撰，陸振岳校點：《吳郡志》卷30，江蘇古籍出版社，1999年，
　　　　　第456頁。
〔註35〕　（宋）蔡戡：《定齋集》卷20，送葛謙問，文淵閣四庫全書本。
〔註36〕　同治《湖州府志》物產。
〔註37〕　（明）李時珍：《本草綱目（校點本）》草部第19卷，蓴，人民衛生出版社，
　　　　　1977年，第1372頁。
〔註38〕　趙有為主編：《中國水生蔬菜》，農業出版社，1999年，第139頁。
〔註39〕　王利器撰：《顏氏家訓集解（增補本）》卷6，書證第十七，中華書局，1993
　　　　　年，第410～411頁。

　　顏之推長期在南方生活，後又在北方做官，據他分析，荇在江南是一種十分常見的水生植物，並且一般的民眾都知道這種植物，但在當時黃河以北的區域中，荇的分佈可能不像江南的分佈那樣廣，下到普通百姓，上到知識分子，一般都不能確指荇爲哪種植物。在顏之推的分析中沒有強調江南、北方的荇在植株形態上有差異，說明荇在當時確實是一種廣泛分佈的常見水生植物，但荇在江南的分佈，卻有一個逐漸變化的過程。《爾雅翼》記載：

> 江南人謂之蓴菜或謂之水葵，諸陂澤水中皆有。鄭小同亦云：
> 江南名之蓴菜生陂澤水中，但今蓴小於荇。陸璣所說蓴則大於荇，
> 今蓴菜自三月至八月莖細如釵，股黃赤色，短長隨水，深淺名爲絲
> 蓴。九月十月漸麤硬，十一月萌在泥中。麤短名瑰蓴，味苦體澀。

〔註 40〕

　　羅願是南宋時期的人，他根據自己手中得到的植物學文獻，對當時江南兩大典型水生植物群落：荇菜群落與蓴菜群落在歷史時期的特點進行了分析。他特別提到從晉代到南宋時期，江南蓴菜群落的變化過程：在魏晉時期的江南，蓴菜群落中的植株要大於荇菜，說明當時太湖流域的淺水湖泊中，蓴的水生植物群落一般與荇菜群落（Form. *Nymphoides peltatum*）伴生，但當時蓴的水生植物群落應該是優勢群落，其植株個體也較大；到羅願所生活的時代，他發現一般水澤中所見到的蓴的個體植株大小要小於同樣水域中荇的個體。這是因爲蓴的水生植物群落對水環境的適應能力要比荇菜群落弱。荇菜群落廣泛出現的水域，荇菜在群落內處於絕對優勢地位，荇菜的競爭能力使得它在水域中一旦成爲優勢種，必然抑制群落內其它植物的生長。使其它植物減少，重要值降低。〔註 41〕據羅願的描述，江南的野生蓴在南宋時期出現種群退化現象。

　　在顏之推對蓴菜與荇菜植株的描述中，也可以發現當時荇菜在江南也是隨處可見，江南人認爲荇菜是一種與蓴菜個體大小相似的水草，但與蓴菜相比，不堪作爲人的食物，名爲「豬蓴」，蓴與荇菜在六朝時期太湖流域中都曾有廣泛分佈。

〔註 40〕（宋）羅願撰，石雲孫點校：《爾雅翼》卷 5，黃山書社，1991 年。
〔註 41〕周進、陳家寬：《湖北斧頭湖浮葉水生植物群落研究.荇菜群落的結構》，《水生生物學報》1996 年第 1 期。

二、挺水植物

荻（Triarrhena Nakai.）是一類高大的灘地植物，濕地中隨著塘路的修建，荻群落開始入侵佔領平原湖沼濕地中的一些堤邊灘地。現在被視爲瀕危的野生水生植物荻，曾經是湖州平原濕地生境中的一種典型水生植物群落。湖州許多地名，如荻塘、荻港之類，即源於這些地方築塘修堤中，形成了以荻爲主植被景觀。「荻塘得名，苕溪、蘋洲之類，以其生荻之多也。」〔註42〕這是《嘉泰吳興志》中對湖州水生植被的描述，指出荻塘、苕溪、蘋洲這些地方，都以荻爲主要的水生植被。宋蘇頌《圖經本草》言：「江東人呼爲烏□者或謂之荻。荻至秋堅成，即謂之萑，其華皆名苕，其萌筍皆明□。」〔註43〕苕溪得名沿岸荻群落多，是因爲荻開花名苕。《植物名實圖考》曾辨析了荻與蘆葦（Form. *Phragmites australis*）兩種水生植物所適宜的不同生境：

> 大江之南，是多荻洲，爲柴、爲炭、則竈窯所恃也。其灰可煨，
> 可烘，爲防、爲築，則堤岸所亞也。其芽可食、可飼。幽燕以葦代
> 竹，江南以荻代薪，故北宜葦而南宜蘆。又葦喜止水，荻喜急流，
> 若強異性，固自不同。

荻和蘆葦雖同爲沼澤植被，但是生境不同。蘆葦喜生活在四周具有水面的環境，而荻適宜生長於長江中下游的河灘和湖灘地，荻有發達的根莖和龐大的不定根系，具備強大的固土能力，〔註44〕「強脆而心實者爲荻，柔纖而中虛者爲葦，澤國婦孺，瞭如菽麥。」〔註45〕荻的莖稈也較蘆葦更粗壯，堅實，在每年有落淤的洲灘地上，荻的生長一直保持良好。〔註46〕地勢抬高和開溝瀝水，沼澤環境發生改變，蘆葦群落被荻群落取代。江南地區荻群落曾在太湖南岸平原區中大面積出現，也與平原區中築塘之後濕地生態演替加速有關。根據濕地生態的順向演替過程，隨著沿塘堤灘地進一步淤高，洪水泛濫減弱，地下水位降低，荻侵入，當荻完全佔據整個灘地之後，著生其它水生植物的灘地成爲荻灘。

〔註42〕《嘉泰吳興志》卷 19，塘，嘉業堂刻本，成文出版社，1983 年。
〔註43〕（宋）蘇軾撰，胡乃長等輯注：《圖經本草》（輯複本），福建科學技術出版社，1988 年，第 273 頁。
〔註44〕中國濕地植被編輯委員會編：《中國濕地植被》，科學出版社，1999 年，第 178～181 頁。
〔註45〕（清）吳其濬著：《植物名實圖考》卷 14，隰草類，蘆，商務印書館，1957 年，第 354 頁。
〔註46〕《蘆葦》編寫組編：《蘆葦》，輕工業出版社，1978 年，第 97 頁。

三、早期的木本植物群落

太湖南部平原區可能曾經存在過原生的水松群落。水松〔Glyptostrobus pensilis〕爲中國特有的孑遺樹種，多生長在河流兩岸或沼澤地中。水松屬現僅存水松一種，是國家一級保護植物。據調查現水松多爲零星的栽植，分佈在東南和華南地區。大部分水松分佈地也只剩幾株孤立木，現所有的水松分佈區均爲人工分佈區，水松在我國已無野生群落。但是六朝時期江南的水松群落應屬十分常見，謝朓有《高松賦》曰：「旣芊眠於廣隰，亦迢遞於孤嶺」〔註47〕，「芊眠於廣隰」的高松，可能就是水松。「廣隰」是水松的生境，「芊」字形容的是水松的植物群落呈長條狀分佈的特點，「眠」說明水松群落只要建立，一般存在的時間都很長，近代調查發現珠江三角洲就曾大量存在 1000 ～2000 年的古水松群落。〔註48〕六朝時期太湖口爲一片廣袤的沼澤濕地，吳淞古江「廣約十里，深不可測。」〔註49〕早期吳淞江上游分佈著大片水松群落。水松葉的形態與一般松科植物的松針有所不同，有多種複雜的形態，水松有一種可以保存達 2～3 年之久才脫落的多年生鱗狀葉片，在小枝上呈螺旋狀排列，葉片五個著生在小枝上，〔註50〕所以水松又有「五粒松」之稱。唐末的吳淞江上游還有殘留的水松群落。陸龜蒙隱居於吳淞江上游附近的區域，他的詩中提到這裏的五粒松：「松齋一夜懷貞白，霜外空聞五粒風。」〔註51〕水松的側根發達，生於水邊或沼澤地的樹幹基部膨大呈柱槽狀，並有露出土面或水面的屈膝狀呼吸根。皮日休也經常在太湖附近地區遊玩，他的詩中則提到在蘇州虎丘附近的小溪邊泊船時，堤岸上著生的水松的呼吸根可用來繫船：「船頭繫個松根上，欲待逢仙不擬歸。」〔註52〕

六朝時期吳地的人們顯然有著不同於漢文化的植物文化，最典型是對銀杏這種植物的認同。銀杏〔*Ginkgo biloba* L.〕是特產於中國的孑遺樹種，銀杏在中國有 10 餘個別稱。左思《吳都賦》中有「平仲桾櫏，松子古度」，李善解釋「平仲之木，其實如銀」，後人多以平仲爲銀杏樹。據《中國銀杏志》中

〔註47〕　《草木典》卷 198。
〔註48〕　徐英寶等：《珠江三角洲的水松生長調查》，載《華南農學院學報》1980 年第 4 期。
〔註49〕　（元）任仁發：《水利集》卷 4。
〔註50〕　徐祥浩等：《水松的生態及地理分佈》，載《華南師範大學學報》1959 年第 3 期。
〔註51〕　《全唐詩》卷 628，《和襲美寒夜文宴潤卿有期不至》。
〔註52〕　《全唐詩》卷 615，《虎丘寺西小溪閒泛三絕》。

的觀點，三國魏晉時期，銀杏盛植於江南。〔註53〕南朝人的藝術構思中，銀
杏是一種最具認同感的植物。南京西善橋南朝墓中的《竹林七賢與榮啓期》
磚畫，爲了突出人物，特以多種不同的樹木間隔，人物被置於兩樹之中，南
壁磚畫中，有銀杏兩株，水松一株，水杉一株，柳一株；北壁磚畫中，有銀
杏三株，柳一株，〔註54〕磚畫中出現數量最多的植物就是銀杏樹。〔註55〕

　　南北朝時期的江南尙處於開發的初期，太湖流域仍有大面積沒有被嚴重
干擾的沼澤地，沼澤地的植物群落與隋唐及以後的時代不同，唐代中後期在
太湖平原進行大規模的屯田開發，宋以後江南地區圍田的大量興起，大片濕
地被排開開墾的同時，適宜水松、銀杏群落生長的生境也被破壞，水松、銀
杏在江南濕地中逐漸減少並消失。南宋末年久居湖州的周密提到他從沒見過
五粒松，「凡松葉皆雙股，故世以爲松釵。獨栝松每穗三鬚，而高麗所產每穗
乃五鬚焉，今所謂華山松是也。」〔註56〕水松、銀杏這樣的植物群落隨著江
南農田開發的進程已經完全消失。

四、沼澤地開發中的濕生木本植物

　　在低位沼澤從蘆葦群落開始，蘆葦植株枯體堆積地一旦變得乾燥，赤楊
等隨而入侵形成濕生林，低窪的水濕地形成以大型莎草科爲主的濕生植物草
地。這種草地和濕生林中的木本植物形成鑲嵌狀的分佈。在河邊土壤易於淤
積之處，有柳樹的滋生，而在落葉闊葉林區可見有楓楊林、春榆林等。〔註57〕
在江南水鄉的開發歷史中，人們往往也是利用這些處在不同演替階段的濕生
植物，使地形加速淤高。如楓楊曾廣泛栽植於江南堤岸及其灘地上。水楊樹
樹冠廣展，枝葉茂密，生長快速，根系發達，特耐漬耐澇，適應力強，樹幹
連續浸泡水中數月而不死，加之它樹冠大枝葉繁茂，因此圩堤旁用它做防浪
林。楓楊樹的外形既有楓樹堅強挺拔，又有楊柳的飄逸婆娑，樹枝條繁茂，
生長迅猛，十年時間就能長成幾百斤重的大樹，水楊樹枝幹再生能力特強，

〔註53〕曹福亮主編：《中國銀杏志》，中國林業出版社，2007年，第30、31頁。
〔註54〕姚遷、古兵編著：《六朝藝術》，文物出版社，1981年，南京西善橋南朝墓磚
　　　　畫，一六二，南壁竹林七賢磚畫（拓片），一六三，北壁竹林七賢磚畫（拓片）。
〔註55〕梁立興等：《銀杏野生種群的爭論》，《林業科學》2001年第1期。
〔註56〕（宋）周密撰，吳企明點校：《癸辛雜識》，中華書局，1997年，前集，松五
　　　　粒，第39頁。
〔註57〕日本生態學會環境問題專門委員會編：《環境和指示生物（陸地分冊）》，中國
　　　　環境科學出版社，1989年，第190頁。

是水鄉較好的薪柴樹種。楓楊的葉、樹皮含有揮發油和水楊酸，農民收集葉在稻田邊，可以防治稻飛蝨、稻葉蟬等。〔註 58〕楓楊葉含水楊酸，對釘螺等有一定的防治作用。湖州平原沿塘堤的淤高地中有大量楓楊林，王安石在送友人歸湖州的詩中曾言：「橘柚供南貢，楓槐望北宸。」〔註 59〕北宸指方位，太湖在湖州平原以北，這裏點出太湖南岸的沼澤地中多楓、槐。

在一些人類干擾程度較弱或者沒有人類干擾的地區，隨著洲灘的淤高，從蘆葦優勢群落演替到楓楊這種木本植物爲優勢群落，一般需要幾十年的時間，從詩文中的信息來看，直到明末，太湖南部沼澤地中仍有以楓楊等木本植物群落爲優勢種的灘地。《便民圖纂》中的內容大部分反映太湖流域的情況，其中的耕織圖中描繪了稻田和岸旁有多處楓楊，其圖畫中準確描繪了楓楊葉和主幹、枝幹的形態，謝肇淛在湖州登上平原中的峴山，在山上看到平原中許多地區分佈著有層次的楓林：「依憑欄望，遠近雲樹，翠色可餐而丹楓錯落。」〔註 60〕一些來湖州遊玩的旅客在運河旁看到的也是成片的楓林：「夾岸霜楓引去舟，故人何在雲溪頭。當門流水堪垂釣，入坐青山是臥遊。」〔註 61〕一些塘路沿岸楓林密佈應是水鄉典型的風景：「青楓白鷺依秋岸，遠水孤帆入暮天。」〔註 62〕

太湖地區的沼澤灘地開發初期中，在較高的地方人工栽種的一般是橘樹等果木，一直到南宋末年，太湖南部平原低鄉沼澤地區的植桑業還未興起。〔註 63〕蠶桑業主要集中於西部山鄉，東部水鄉以種麻類作物爲主：「本郡山鄉以蠶桑爲歲計，富室育蠶有至數百箔，兼工機織；水鄉並種苧及黃草，紡績爲布，有精緻者，亦足以見女工之不鹵莽。」〔註 64〕嘉興地區的植桑業在宋代也不發達，「蘇、秀兩州鄉村，自前例種水田，不栽桑柘。」〔註 65〕唐張藉有詩

〔註 58〕 廣西農業科學院，廣西植物研究所編：《土農藥防治水稻病蟲害》廣西人民出版社，1972 年，第 38 頁。
〔註 59〕 （宋）王安石：《臨川集》卷 16，《送周都官通判湖州》，四部叢刊景明本。
〔註 60〕 （明）董斯張編：《吳興藝文補》卷 40，《遊峴山記》。
〔註 61〕 （明）劉世教：《研寶齋遺稿》卷 2，《雪川訪茅穉修頗有登徒之好》，明天啓六年劉祖鐸等刻本。
〔註 62〕 （清）戴璐撰：《吳興詩話》卷 1，民國吳興叢書本。
〔註 63〕 具體的研究參見鄭雲飛：《宋代浙江蠶業的開發》，載《中國農史》1990 年第 1 期。
〔註 64〕 《嘉泰吳興志》卷 20，嘉業堂刻本，成文出版社，1983 年。
〔註 65〕 （宋）程俱：《北山小集》卷 37，《乞免秀州和買絹奏狀》，文淵閣四庫全書本。

描述江南人家多種橘：「江南人家多橘樹，吳姬舟上織白苧。」〔註66〕唐代太湖南部、東部的水鄉農家的園子多以種橘樹爲主，「去越從吳過，吳疆與越連。有園多種橘，無屋不生蓮。夜市橋邊火，春風寺外船。此中偏重客，君去必經年。」〔註67〕太湖南部吳興附近的湖泊中新淤漲出的灘地上，多是橘林，蘇軾也有詩描述：「餘杭自是山水窟，側聞吳興更清絕。湖中橘林新著霜，溪上苕花正浮雪。」〔註68〕南宋末年，湖州水鄉河港岸邊種橘樹的人家很多，《嘉泰吳興志》記載：「水村人家多種成林，畫溝塍，常運水灌漑，有至數百樹者。」〔註69〕當時沼澤地中廣闊的湖泊水面積能起到調節小氣候有關，宋人龐元英總結太湖中的洞庭山產橘多且味美，就是因爲獨特的湖區小氣候所致：「洞庭四面皆水也，水氣上騰，尤能闢霜，所以洞庭柑橘最佳。」〔註70〕太湖地區曾是一個柑橘栽培的中心區域，《太湖流域農業史稿》中總結太湖地區柑橘類果樹的栽培，自唐朝起，盛而不衰，一直延續了一個很長的時間，但到明清時期柑橘的種植衰落了。〔註71〕

　　榆和柳是明清時期江南水鄉堤岸常見的樹種：「新築圩岸下種菱蘆，植桑榆等樹，使日久月深，根株蔓衍，聯絡岸身，庶獲苞桑之固。」〔註72〕明代治黃專家劉天和（1479～1545）正德年間曾爲吳興知府，他在嘉靖年間出任總理黃河，當時黃河南徙泛濫，劉天和治理堤防時，感歎當地堤防建設簡陋，幾乎沒有植物護岸，他在當地推廣了江南常見的柳樹種植技術，「余行中州，歷觀堤岸，絕無極堅者。且附堤少盤結繁密之草，與南方大異，爲之憂虞，迺審思備，詢而施植柳六法。」〔註73〕植柳六法應是劉天和詢問和總結得出的江南地區植柳經驗，這是一套十分精細的堤防養護措施。低柳種於堤身上下，固堤防沖，深柳種於堤前迎頂沖之水，漫柳種在無堤漫流河段，兩岸密植數十層，以促淤生成自然堤，高柳植於堤身內外，可阻水勢。

〔註66〕　（唐）張籍：《張司業詩集》卷1，《江南曲》，四部叢刊景明本。

〔註67〕　（清）徐倬編：《全唐詩錄》卷89，《送友遊吳越》，文淵閣四庫全書本。

〔註68〕　（宋）蘇軾著，（宋）施元之注：《施注蘇詩》卷5，《將之湖州戲贈莘老》，文淵閣四庫全書本。

〔註69〕　《嘉泰吳興志》卷20，嘉業堂刻本，成文出版社，1983年。

〔註70〕　（宋）龐元英：《文昌雜錄》卷4，清學津討原本。

〔註71〕　中國農業科學院、南京農業大學中國農業遺產研究室，太湖地區農業史研究課題組編著：《太湖地區農業史稿》，農業出版社，1990年，第244頁。

〔註72〕　光緒《嘉善縣志》卷2，水利。

〔註73〕　（明）劉天和：《問水集》卷1，《四庫存目叢書》史部第221冊，地理類，國家圖書館藏明刻本，1996年，第256～258頁。

太湖南岸沼澤地的開發以杞柳爲作爲先鋒植物，這種杞柳在太湖南岸濱湖地區的開發過程中，曾被廣泛種植，「濱湖諸民，徧植杞柳，塡委諸漊，日積月累，漸成蘆蕩。」〔註74〕《便民要纂》中提到江南農家多在田間種植做編織材料的「杞柳」：「二月間，先將田用糞壅灌，戽水耕平。以柳鬚斷作三寸許，每人一握，隨田廣狹，併力一日齊種，頻以濃糞澆之。有草，即用小刀剗出；田勿令乾。八月斫起，削去柳皮，曬乾爲器。根旁敗葉掃淨則不蛀。至臘月間，將重長小條梗斫去，長者亦可爲器，舊根常留。」〔註75〕湖州人汪日楨在《湖雅》中提湖州水鄉常見的水楊：「水楊即蒲柳」。〔註76〕據此推論，上述文獻中的杞柳應是指簸箕柳，枝條常用於編織器物，也是江南常見的柴薪。這種柳樹低矮條弱，又稱蒲柳。杞柳耐水淹，鬚根多，許多魚類是在楊柳的水中鬚根上產卵。農家營建池塘養魚時，也習慣在池塘邊種楊柳。如查慎行描述海寧一帶的池塘：「方池一畝萍初合，四月中旬未有蛙。簇簇銀針齊上水，綠楊影動散魚花。」〔註77〕這是江南典型的初夏景觀，詩中的綠楊即指杞柳。這首詩作於康熙三十年四月中旬，描寫當地鄉村的池塘，詩中以銀針喻小魚，岸邊是綠楊，栽植楊樹也可以爲池塘起到遮蔭作用。

第二節　水生植物的種植與農業開發

江南湖沼澤濕地開發的歷史進程中，人們對水生植物資源的利用技術十分精細，通過對水生植物的種植與利用的技術進行細緻的分析，可以更好地理解江南水鄉農業生態的一些特點。湖州平原是太湖流域地勢最低的地區，平原海拔僅爲 1.2～2.0 米，〔註78〕太湖的主要水源苕溪經由湖州平原入太湖，在這片低窪平原區中形成了水域面積廣闊的湖沼濕地，歷史時期始菱始終都是江南最常見的一種水生植物。相比於荇、蓴等浮葉水生植物以及菰、蒲等

〔註74〕 崇禎《吳興備志》卷 17，水利。
〔註75〕 （明）鄺璠著，石聲漢、康成懿校注：《便民圖纂》，農業出版社，1959 年，第 38 頁。
〔註76〕 （清）汪日楨：《湖雅》卷 4，光緒刻本。
〔註77〕 轟世美選注：《查慎行選集》，上海古籍出版社，1998 年，初夏園居十二絕句，第 182 頁。
〔註78〕 中國科學院南京地理研究所，水利部太湖流域管理局：《太湖流域水系與地形圖》，1987 年。此圖標高採用 1956 年黃海高程系，改成上海地方吳淞高程系加 1.6 米，改成長辦吳淞高程系加 1.9 米。

挺水水生植物，菱在水生植物中對水位的生態適應譜較寬，並且菱還能適應深水環境，水深1～4米，底土比較鬆軟、肥沃，水流相對靜止的池塘、河港和湖泊水體中菱都可以生長，〔註79〕在江南的湖沼地中，菱這種水生植物的分佈範圍遠大於茭等水生植物，並且在江南沼澤濕地開發的進程中，人們對菱這種水生植物資源的利用遠遠超過了對其它水生作物的利用程度。在這一部分中，主要以水生植物菱爲中心，詳細討論濕地開發進程中，利用水生植物即栽培的技術措施，向更難開發利用的深水區進軍的過程。

一、湖沼濕地與折腰菱

　　湖州平原的主要水系爲苕溪水系，來自於天目山南北兩麓的眾溪流水匯入東西苕溪之後，再分散入太湖南部的湖州地區的水網，雨季山溪急流泛濫於這個低窪區域，在湖州平原與天目山交界的地區形成了眾多的湖泊。《嘉泰吳興志》記載湖州平原中的湖泊如苧溪漾「闊數百頃」，湖趺漾「廣二百頃」，〔註80〕今天湖州平原上仍殘留著數以百計的0.5平方千米左右的小型湖蕩。唐中後期以來，許多詩文都在描述東苕溪流域的湖沼濕地風光，陸龜蒙有詩寫這種環境：「一派溪隨箸下流，春來無處不汀洲。漪瀾未碧蒲猶短，不見鴛鴦正自由。」〔註81〕這首詩中描述的汀州正是春季之後水流入湖州平原之後形成的水面，湖灘草洲間的淺碟型窪地隨著一年一度的水位上漲，形成大量的淺水湖群，湖泊淺水地帶蒲草發芽，春季漲水之後這種淺水草型湖泊在湖州城附近的地區幾乎處處可見，當時湖泊中的開倘水域中，菱是常見的水生植物，《嘉泰吳興志》分析，湖州東南的菱湖在唐時就已經因產菱多而著名：「菱湖在歸安縣東南四十五里，唐崔元亮開，即凌波塘也，其地產菱。」〔註82〕當時的地方官崔元亮曾倡導在菱湖附近的水域植菱：「察土宜，知郡城南土肥澤，水勢平緩，多污泥，獨宜菱。」〔註83〕菱作爲先鋒植物很容易在這種淤泥底質湖泊環境中紮根生長，唐末吳興詩僧皎然在大曆年間贈給當地一位隱士的詩句中寫道他所居地附近的景觀：「路入菱湖深，迹與黃鶴近」〔註84〕，

〔註79〕蘇州農學院《水生作物的栽培》編寫組：《水生作物的栽培》，上海人民出版社，1971年，第5～22頁。
〔註80〕《嘉泰吳興志》卷5，漾，嘉業堂刻本，成文出版社，1983年。
〔註81〕（唐）陸龜蒙：《甫里先生文集》卷11，《自遣詩三十首並序》。
〔註82〕《嘉泰吳興志》卷5，湖，嘉業堂刻本，成文出版社，1983年。
〔註83〕（清）孫志熊纂：《菱湖鎮志》卷11，物產，菱，光緒刻本。
〔註84〕《全唐詩》卷815，《杼山禪居寄贈東溪吳處士馮一首》，皎然。

皎然朋友的居所附近長滿了菱，如皎然在詩中所描述，他去拜訪此人所經過
的地區人的活動痕跡如水鳥一般，當時太湖南部的湖州平原中，大部分地區
是未經人類干擾或受人類干擾程度較輕的濕地生境。在廣闊的淺水濕地中，
農業經營的主要形式是葑田。葑田如浮毯，是一種由菰屬植物與菱、藕等多
種水生植物著生的漂浮草甸，梅堯臣在湖州曾有詩：「湖山饒邃處，曾省牧之
遊。雁落葑田闊，船過菱渚秋。野煙昏古寺，波影動危樓。到日尋題墨，猶
應舊壁留。」〔註 85〕詩人描述出當時湖州地區由寬闊的河流、湖泊所構成的
清遠之景，自然的湖沼濕地生境之中出現斑塊狀分佈的葑田，當時菱是組成
葑田的主要水生植物之一，梅堯臣慶曆元年赴湖州稅監，離開湖州之後仍十
分懷念湖州水鄉的風物，這種水中浮島似的葑田景觀在東苕溪流域十分常
見，所以也在其詩中頻繁出現，他另有一詩曰：「勉做程鄉尉，折腰還自甘。
卞峰頃照黛，霅水曉澄藍。葑上春田闊，廬中走吏參。到時蘋葉長，柳惲賦
江南。」〔註 86〕

　　宋時的湖州的地方文獻中已經詳細地描述出當地的水文生態景觀：
「《舊編》云天目山南來之水，自臨安餘杭至郡南門，二百六十餘里，又地
多湫泊，故其勢緩而流清。」〔註 87〕《嘉泰吳興志》所引的《舊編》是淳
熙年間周世南所編的《吳興志舊編》〔註 88〕，淳熙年間湖州平原中的許多
淺水湖泊的水文特點是水流緩慢，水體清澈，這種水域是菱生長的理想區
域，但《吳興志舊編》中描述的湖沼景觀在白居易守蘇杭時就已經存在，
當時離湖州城不遠處有一處湖泊稱爲白蘋洲，是江南文人的郊遊聚集之
所，白居易曾所作《白蘋洲五亭記》言：「湖州城東南二百步，抵霅溪，連
汀洲，洲一名白蘋。……每至汀風春溪月秋，花繁鳥啼之旦，蓮開水香之
息，賓友集，歌吹作，舟棹徐動，觴詠半酣，飄然悅然。遊者相顧，咸曰：
此不知方外也，人間也。」〔註 89〕菱是當時這些湖泊濕地中的主要水生植
被，吳興詩人皎然描述他在湖州城郊外送客的情景，當時正值九月重陽，

〔註 85〕　（宋）梅堯臣著，朱東潤編年校注：《梅堯臣集編年校注》，《赴霅任君有詩相
　　　　　送仍懷舊賞因次其韻》，上海古籍出版社，2006 年，第 190 頁。
〔註 86〕　（宋）梅堯臣著，朱東潤編年校注：《梅堯臣集編年校注》，《送任適尉烏程詩》，
　　　　　上海古籍出版社，2006 年，第 190 頁。
〔註 87〕　《嘉泰吳興志》卷 5，水，嘉業堂刻本，成文出版社，1983 年。
〔註 88〕　洪煥椿編著：《浙江方志考》，浙江人民出版社，1984 年，第 133 頁。
〔註 89〕　（唐）白居易著，朱金城箋注：《白居易集箋校》卷 71，《白蘋洲五亭記》，上
　　　　　海古籍出版社，2008 年，第 3798～3799 頁。

滿湖秋色由菱群落的季相表現出來：「重陽千騎出，送客為踟躕。曠野多搖落，寒山滿路隅。晴空懸蒨旆，秋色起菱湖。」〔註90〕這種長滿菱的湖沼景觀直到北宋初年可能還沒有太大的改變，俞汝尚曾描寫北宋初年湖州城附近的湖泊中，主要水生植被仍是菱與蘋：「清明沖節是身謀，御史郎官不肯留。回首軒裳雙脫屣，放懷天地一輕漚。卞雲茗月柴門靜，菱雨蘋風野艇秋。仰羨冥鴻空自媿，區區圖報未知休。」〔註91〕詩中描寫的景色是在春季，湖泊中的開敞水域已布滿菱的植株。

唐代湖州平原地區湖沼濕地中生長的菱可能以野菱居多，但已經出現一個有名的栽培品種，即折腰菱。折腰是描述這種菱的果實兩角彎曲的形態特點，《酉陽雜俎》稱：「折腰菱多兩角」；〔註92〕錢起曾有詩描述當時江南人家用折腰菱待客的情景：「細竹漁家路，晴陽看結罾。喜來邀客坐，分與折腰菱。」〔註93〕可知折腰菱在唐末已成為江南水鄉人家常見的食物。宋時折腰菱也是太湖流域菱的主要栽培品種之一，成熟的折腰菱果實內果皮十分堅硬，外果皮經採摘曬乾之後即腐朽，農家收穫儲存的折腰菱果實顏色都呈漆黑色，宋人有詩以烏鴉的形態來描述折腰菱果實的形態：「麻生三歲不開花，腰菱兩角黑如鴉」〔註94〕。據1950年代的調查，折腰菱仍是湖州一帶有名的菱品種。〔註95〕唐代江南水鄉的居民已經對菱這種水生植物進行了馴化栽培，使其能廣泛栽培在當地的湖沼濕地生境中。折腰菱果實比一般菱品種果形大，成熟後果柄不易脫落，並且果實富含澱粉，宜於風乾儲存，宋人有詩：「人居澤國勝居陵，十月陂塘未結冰，殘葦亂菱收拾後，斷筐分曬折腰菱。」〔註96〕折腰菱成熟期比野菱晚，收穫的時期到晚秋十月，菱果曬乾後就被水鄉的農戶當糧食儲藏。一直到1950年代折腰菱仍是湖州最有名的特產，湖州平原的人們仍習慣在深水的河港和湖蕩中栽種折腰菱。〔註97〕

〔註90〕《全唐詩》卷819，《九日同盧使君幼平吳興郊外送李司倉赴選》，皎然。

〔註91〕《嘉泰吳興志》卷17，引滕甫詩《送俞退翁致仕》，嘉業堂刻本，成文出版社，1983年。

〔註92〕（唐）段成式撰，方南生點校：《酉陽雜俎》前集卷19，芰，中華書局，1981年，第184～185頁。

〔註93〕（唐）錢起：《錢考功集》卷9，四部叢刊本。

〔註94〕（宋）姚補之：《雞肋集》卷10，跋遮曲。

〔註95〕虞稽舜、董新一編著：《種菱法》，科技出版社，1953年，第10頁。

〔註96〕（宋）陳思：《兩宋名賢小集》，卷280，《太洲湖》。

〔註97〕虞稽舜、董新一編著：《種菱法》，科技出版社，1953年，第9頁。

折腰菱是一種適應深水區域種植的菱品種，在栽培菱中，折腰菱的生長力最強，可生長在 3～4 米左右的深水中。〔註98〕折腰菱是水鄉居民經過長期的定向培與馴化，使菱適應水深的能力增強而形成的品種。唐末開始，湖州平原中的一些湖沼濕地已經被開闢成稻田，但因水位較高，一些稻田都以隔年淹水來進行休耕，「吳人以一易再易之田，謂之白塗田，所收倍於常稔之田，而所納租米，亦依舊數，故租戶樂間年淹沒也。」〔註99〕農戶會在淹沒的休耕田內種菱，陸龜蒙在與皮日休的唱和詩中講道在深水區域休耕種菱的效果很好：「池平鷗思喜，花盡蝶情忙。欲問新秋計，菱絲一畝強。」〔註100〕陸龜蒙有別業在東苕溪流域，他與皮日休的唱和詩多是描述苕溪太湖一帶的水鄉風光，在這首詩中，陸龜蒙描寫的是春末夏初的場景，詩人提及他已經準備好在一些水位較深的沼澤地帶種菱，並且他還培育了用來栽種的菱的幼苗。田中種菱不但可以收穫果實，菱的植株秋季經霜之後枯死，有機殘體沈於水底，經過一年休耕期內種菱，還可以起到培肥稻田土壤的作用。陸龜蒙在詩中用「菱絲」極為形象地描述菱幼苗的植株形態，菱苗的幼株發育時，長出大量簇生向地性的粗如鉛絲的單條不定根，像這種育苗移栽的方法，能增加菱在水位較深地方的成活率。當時於休耕的深水田中種菱，可能已採用育苗移栽的方法，陸龜蒙應是先培育了面積一畝大小的菱苗，這些菱苗育成之後再移栽到深水田中去。

二、栽培品種增多

自南宋時期開始，湖州地區的人們對菱這種水生植物的生理生態特點的觀察和記錄更加仔細。現代水生植物學的研究中總結出菱屬植物中最顯著的差異是開花時間的不同，一般栽培菱開花的時間均在傍晚至第二天清晨，而野菱的開花時間一般在白天，〔註101〕這種差別在《嘉泰吳興志》已經有總結：「菱花夜開晝合，故性寒。」〔註102〕編志者已經能根據夜晚開花之栽培菱的性狀來總結當地菱的植物生理特點。當時人之所以有這樣精準的判斷，其生態背景是南宋時期湖州一帶菱的栽培種已經很多。菱屬植物的莖、葉及果實

〔註98〕 虞稽舜、董新一編著：《種菱法》，科技出版社，1953 年，第 10 頁。
〔註99〕 （宋）范成大著，陸振岳點校：《吳郡志》卷 19，水利上，江蘇古籍出版社，第 271 頁。
〔註100〕《全唐詩》卷 622，《襲美見題郊居十首，因次韻之以伸榮謝》，陸龜蒙。
〔註101〕 丁炳揚等：《菱屬植物傳粉生物學的初步研究》，《杭州大學學報(自然科學版)》1996 年第 3 期。
〔註102〕《嘉泰吳興志》卷 20，物產，嘉業堂刻本，成文出版社，1983 年。

等器官大小因栽培而發生改變，野菱的植物體的葉和果體積較栽培種變小，
南宋時期菱在江南廣泛栽培，人們對栽培菱植株特點也有極爲細緻的描述，
南宋詩人楊萬里曾經在詩中形象地描述了栽培菱的水上莖葉特徵：「柄似蟾蜍
股樣肥，葉如蝴蝶翼相羞。蟾蜍翹立蝶飛起，便是菱花著子時。」〔註103〕栽
培菱的葉柄大且突出，葉片面積大如蝶翼，相比於葉柄細小，葉片單薄並緊
貼水面的野菱，栽培菱的植株特點已經出現了較大的差異，栽培菱因種群密
度大，植株個體大，在種植的水域菱的莖葉緊湊地布滿整個水面。

　　南宋時期居住於湖州平原濕地的居民在食物來源上很大一部分要依靠菱
這種水生作物。菱的果實含豐富的澱粉，菱在相當長時間內是當地重要的糧
食替代品，《嘉泰吳興志》言：「秋晚採實竹箔曝乾，去殼爲米，亦爲果，有
收至十數斛者。」〔註104〕濕地中可以用來種稻及其它糧食作物的土地資源稀
缺，當地人對菱這種水生作物有很強的依賴性，這種情況在江南水鄉濕地的
開發過程中都普遍存在。明時杭州人田藝蘅總結：「吾鄉以菱芋爲兩熟，一物
不熟，亦稱一荒。」〔註105〕明代嘉興地方志中亦記載：「時值不旱不潦，乃稱
菱熟，亦鄉民一大關係也。」〔註106〕董斯張也在詩中寫道秋季在他隱居的湖
州鄉村的鄰居以菱米爲食：「荷篠有林叟，去余三四家。炊香菱角米，絮熟葦
條花。」〔註107〕這裏描述的是普通的農家平時用來菱的果實做飯煮粥的場景。
到了饑荒年歲，菱果實的重要性在江南水鄉更加凸顯，《嘉泰吳興志》記載：
「採而焙乾之，以備凶年，號菱米」〔註108〕，直到今天，江南許多地區人們
還習慣將菱的果實叫做菱米，傳統時代湖州東苕溪流域的水鄉農戶每年都還
要儲存幾百斤的菱米。〔註109〕

〔註103〕（宋）楊萬里：《誠齋集》卷32，《菱沼》，四部叢刊本。
〔註104〕《嘉泰吳興志》卷20，物產，嘉業堂刻本，成文出版社，1983年。
〔註105〕（明）田藝蘅撰，朱碧蓮點校：《留青日箚》卷26，《菱飯芋羹》，上海古籍
　　　　出版社，1992年，第493～494頁。
〔註106〕崇順《嘉興縣志》卷10，物產，菱，日本藏中國罕見地方志叢刊，書目文獻
　　　　出版社，1991年，第416頁。
〔註107〕（明）董斯張：《靜嘯齋存草》卷4，秋日村居十首，其九。
〔註108〕《嘉泰吳興志》卷5，河瀆，嘉業堂刻本，成文出版社，1983年。
〔註109〕湖州菱湖的費月梅老人出嫁前是東苕溪沿岸菱湖查家艣村的村民，她回憶幼
　　　　年時查家艣村每家每戶的倉裏一般都有三個堆：菱角堆、芋頭堆、紅薯堆，
　　　　當地農家每天都要用這些食物補細糧的不足，菱米、芋頭、紅薯和米一起煮
　　　　成的稀飯，是傳統時代當地農家的主食。周晴：《菱湖採訪筆記》，2010年11
　　　　月1日，《菱湖鎮五桂廳費月梅老人訪談》，手稿。

　　隨著對湖沼水面利用與開發程度的加強，菱的栽培品種逐漸增多，像折腰菱到宋時已經成爲一種十分常見的栽培品種。當時深水區域的植菱技術已經推廣，折腰菱的價格也十分便宜，梅堯臣有詩言：「藤纜繫橋青板船，折腰大菱不值錢。」〔註110〕范成大講述南宋時期折腰菱的栽培很多，「折腰菱多兩角，《酉陽雜俎》折腰菱唐甚貴之，今名腰菱，有家菱、野菱二種。」〔註111〕南宋時期還出現了許多新的栽培品種，范成大統一歸爲家菱類。《嘉泰吳興志》對湖州眾多栽培菱品種有所描述：「兩角者，有果菱，差小，有湖跌菱，色紅，又有青菱，色青，角而曲利。四角者，有野菱，最小，角極銛，有太州菱，實豐而美，土人所重。近又有無角者，謂之餛飩菱，以其形似也。」〔註112〕值得注意的是餛飩菱的出現，修志者根據果實的大小、有角無角兩個特徵來區分當地眾多的菱品種，明確地提出餛飩菱的得名是因果實形似餛飩，沒有角。根據《嘉泰吳興志》的記載，可以確認餛飩菱就是今無角菱之一種。無角菱的果實全形，沒有角，是菱中最進化的品種。葉靜淵先生認爲無角菱宋代在湖州一帶首次培育成功，〔註113〕無角菱可能最先是在東苕溪流域一帶的栽培菱中被選育出來的。方勺曾買宅隱居於吳興烏程縣東部的泊宅村，他在《泊宅篇》中曾用當地菱果的形態來向人介紹閩廣之地的木棉的果實：「閩廣多種木棉，樹高七八尺，葉如柞，結實如大菱而色青。」〔註114〕方勺所說的「大菱」應就是無角菱，木棉的果實無角，顏色青綠，這與無角菱的果實形態極爲相似，因爲二角、四角菱品種的果實外皮色澤都會分化紅、綠兩種顏色，而無角菱果實的皮色不會出現分化，只有綠色。〔註115〕總之，宋代無角菱僅在太湖流域有較大規模的栽培，並且無角菱的集中栽培區是在湖州平原。

　　宋時湖州平原水鄉的種菱技術已經十分精細，這是無角菱品種在湖州平原長期產出於此地的原因。人們在種菱時對於清除雜草這項工作已經十分重視，蘇軾提到湖州、蘇州一帶的種菱技術，「吳人種菱，每歲之春刪除潦漉，

〔註110〕（宋）梅堯臣：《宛陵集》卷4，《邵郎中姑蘇園亭》，四部叢刊本。
〔註111〕（宋）范成大撰，陸振岳校點：《吳郡志》卷30，土物下，江蘇古籍出版社，1999年，第457頁。
〔註112〕《嘉泰吳興志》卷20，物產，菱，嘉業堂刻本，成文出版社，1983年。
〔註113〕葉靜淵：《我國水生蔬菜栽培史略》，《古今農業》1992年第1期。
〔註114〕（宋）方勺撰，許沛藻、楊立揚點校：《泊宅篇》卷3，中華書局，1983年，第10、16頁。
〔註115〕虞稽舜、董新一編著：《種菱法》，科技出版社，1953年，第8頁。

寸草不遺，然後下種。」〔註116〕無角菱的培育較其它菱品種需要更精細的技術，
長期除草、除野菱能保證栽培菱在所種植水域中的種群優勢。〔註117〕在種植無
角菱的菱蕩中，不是所有的果實都不長角，只是生長出大多數果實無角，如果
選、留種不嚴格，老蕩清蕩不及時，無角菱的品種優勢也不能長期發揮。今嘉
興南湖所產的無角菱一直飽有盛名，是江南水鄉的有名特產之一，南湖菱可能
即為宋代的餛飩菱。〔註118〕無角菱品種育成的關鍵在於其選種與栽培的技術，
據調查，無角菱只要三年不選種，無角的果實也要出角，因此年年選種才能保
持無角菱品種的無角遺傳因子。無角菱種植的區域必須年年進行清蕩、篦野菱、
除雜草；此外，無角菱的抗風浪能力弱，果實易掉落，所以必須選擇好避風的
河灣與蕩灣種植，如果沒有這樣的種植環境，在種植前還必須在種菱的水面通
過一些技術措施設置防護欄，江南地區將這種在水面圈出的菱的種植區稱為菱
蕩。〔註119〕南宋時期圍菱蕩已經成為種菱時的普通技術環節，范成大詩曰：「探
菱辛苦廢犁鋤，血指流丹鬼質枯。無力買田聊種水，近來湖面亦收租。」種菱
的過程也是對水面進行圍占的過程，被發現了還要收租，說明這些種菱的水面
固定，種植水生作物的水面外要種上蘆葦來防護風浪：「湖蓮舊蕩藕新翻，小小
荷錢沒漲痕。斟酌梅天風浪緊，更從外水種蘆根。」〔註120〕人們種菱或藕等水
生作物之前，水面外圍要栽種蘆葦等其它水生作物，由蘆葦組成的「水上防護
林」可以保護菱植株生長過程中少受風浪的襲擊。

　　總之，南宋時期的太湖南部的湖州平原區在豐水環境中出現了眾多的菱
品種，種菱是人們進行濕地農業開發的一種重要形式。經過長期對菱的栽培，
人們熟悉了菱的生理，栽培的技術中更體現出對菱這種水生植物生理生態、
種植技術的高度掌握。入宋以後太湖南部地區菱的種植技術逐漸精細化，出
現了栽培、選育都有一定技術要求的無角菱品種，南宋中後期無角菱在江南
的廣泛種植也表明人們對水面的利用方式也日趨集約化。

〔註116〕　（宋）蘇軾著，孔凡禮點校：《蘇軾文集》卷30，《申三省起請開湖六條狀》，
　　　　　中華書局，2008年，第866～873頁。
〔註117〕　吳耕民著：《中國蔬菜栽培學》，科學出版社，1957年，第511～512頁。
〔註118〕　游修齡編著：《農史研究文集》，中國農業出版社，1999年，第83頁。
〔註119〕　宋秀珍：《嘉興特產——南湖菱》，載中國園藝學會編：《中國名特蔬菜論文
　　　　　集》，中國科技出版社，1987年，第323～324頁。
〔註120〕　（宋）范成大著，富壽蓀點校：《范石湖集》卷27，《四時田園雜興六十首》，
　　　　　上海古籍出版社，2006年，第372～376頁，《晚春田園雜興十二絕》，《春日
　　　　　田園雜興十二絕》。

三、種植面積擴大

平原區的湖沼濕地中隨著菱蕩的增多，水面利用程度的加強，原本連續的水面開始被分割，這個過程兩宋時期一直延續。如臨平湖到南宋時期沼澤化已經十分嚴重，幾乎所有的水面都種植有水生植物。楊萬里經過臨平時，發現臨平湖的水面被菱蕩和藕蕩分割，他在詩中這樣描述這一代的水面開發：「朝來採藕夕來漁，水種菱荷岸種蘆。寒浪落時分作蕩，新流漲後合成湖。」〔註121〕南宋中後期以後的臨平湖，只是在降雨較豐的季節才具有一定的水量，一旦進入旱季，水面都被分割，用來種植水生作物，人們在水中擇高地而居，楊萬里詩曰：「人家星散水中央，十里芹羹菰飯香。想得薰風端午後，荷花世界柳絲香。」〔註122〕西湖的生境與臨平湖相似，都是平原淺水湖泊，蘇軾曾對西湖的生態災難進行過治理，他曾指出西湖當時的「葑田」之害形成過程實際上也就是西湖湖邊水面被租戶種菱圍占的過程。蘇軾發現湖邊人戶起先只是租湖面種菱，但最後種菱區域都成為葑田，「湖上種菱人戶自來鑾割葑地如田塍狀，以為疆界。緣此即漸葑合，不可不禁。」〔註123〕蘇軾用的比喻很形象，當時西湖旁邊的水域原本只是將湖邊水域分租給種菱人戶，西湖水域的侵佔的過程如同肉鋪店割肉一般，最後水域快被一條一條連續的葑田侵佔，甚至快到湖中央。

水生植物菱的莖具備強大的透水生長能力，菱葉可以在較深的水域浮於水面生長，如果人們將菱與菰、蒲等具備強大地下根莖的水生作物配合種植，可以在湖泊中人為地營造大量的漂浮草甸。這樣一種開發模式在江南也稱為葑田，但這種葑田不同於唐代廣闊水面之中自然形成的大面積浮島濕地，前者一塊葑田形成的時間可能很長，後者則是對湖沼濕地生境進行強烈干預而預備進行農業開發的模式。早期濕地生境中的葑田的利用特點在皮日休的詩中可以窺見：「芒鞋下葑中，步步沈輕罩。既為菱浪颭，亦被蓮泥膠。人立獨無聲，魚煩似相抄。滿手搦霜鱗，思歸舉輕棹。」〔註124〕皮日休所描寫的這塊葑田還在形成過程中，還沒有很厚的水生植物層，他踏著草鞋所下到的這片葑田中，一路上小心翼翼，但仍險些掉入附近長著菱和蓮藕的水中。但兩

〔註121〕　（宋）楊萬里：《誠齋集》卷29，《過臨平蓮蕩》，四部叢刊本。
〔註122〕　（宋）楊萬里：《誠齋集》卷29，《過臨平蓮蕩》，四部叢刊本。
〔註123〕　（宋）蘇軾著，孔凡禮點校：《蘇軾文集》卷30，《申三省起請開湖六條狀》，中華書局，2008年，第866～873頁。
〔註124〕　《全唐詩》卷611，《奉和魯望漁具十五詠》，《罩》，皮日休。

宋時期在江南出現了大量人工營建植物層較厚的葑田:「二浙湖上菱葑相結,
積久厚至尺餘,潤沃可種蔬稻。裁割成段,可以水中牽引往來,土人謂之葑
田。」〔註125〕這種可移動的葑田類似於今天用來治理水體富營養化水域的小
面積水生植物浮島,用小船可以拖曳往來,范成大有詩描述:「圩萊一棱水周
圍,歲歲蝸廬沒半扉。不看茭青難護岸,小舟撐取葑田歸。」〔註126〕到南宋
中後期,人們已經完全掌握如何通過水生植物來經營葑田,這種小塊葑田的
水面較廣的地區先培育好,再移到圍田堤岸附近,用來保護堤岸。

　　南宋時期是浙西地區圍田大量興起的時代,湖州平原中許多水位較淺湖沼
濕地被圍墾成農田。東苕溪流域的湖泊水域在北宋末年開始就已經被圍墾,「徙
居餘杭,行視苕霅陂澤可為田者即市之,遇歲連旱,田圍大成。」〔註127〕這
是萬延提到他在苕溪附近看到的經營圍田的情況,湖沼濕地被大面積圍占成
農田之後,原河流、湖泊中的水體被約束到局部的地區形成常年積水的蕩漾。
菱比蘆葦、茭草等其它水生植株更能適應深水環境,所以菱又可以種植在較
深的積水區域中。在早期太湖流域的湖沼濕地開發時,可能官方一開始對種
植菱、藕這樣的水生植物不收稅,但是也有人利用這種機會,將一些水面圈
占,再通過種植菰、蒲等大型水生植物使圈占的湖泊水域淤淺、沼澤化的過
程加快,最終使這些水域盡快成為能種稻的地區。隨著圍田的逐漸增多,濕
地中形成了形態固定的河港,農家仍可利用圍田外的漾蕩和河港水面種菱來
做綠肥,南宋時期江南的人們在大小河港中撈河泥肥田已經是十分普遍的習
俗:「竹罾兩兩夾河泥,近郭溝渠此最肥。載得滿船歸插種,勝如販賣領南歸。」
〔註128〕傳統時代東苕溪流經的湖州、嘉興地區的農民一直保留著用菱的莖葉
加河泥漚肥的習慣,農民普遍認為水草種植以種菱為最好,種菱不僅能產菱
角,另外種菱區域的河泥,因有菱的莖葉和根腐爛在上面,這些地方的河泥
與蕩泥也比較肥。〔註129〕據1950年代的調查,一畝水面如果產菱枝葉15～

〔註125〕 (宋)朱勝非:《紺珠集》卷11,葑田,文淵閣四庫全書本。
〔註126〕 (宋)范成大著,富壽蓀點校:《范石湖集》卷27,《四時田園雜興六十首》,
　　　　　上海古籍出版社,2006年,第372～376頁,《春日田園雜興十二絕》。
〔註127〕 (宋)何薳撰,張明華點校:《春渚紀聞》卷2,瓦缶冰花,中華書局,1983
　　　　　年,第24頁。
〔註128〕 (宋)陳起:《江湖小集》卷12,毛珝:《吳門田家十詠》,文淵閣四庫全書
　　　　　本。
〔註129〕 江蘇省水產幹部訓練班編:《水生植物種植資料彙編(第一輯)》,俞巧生:《水
　　　　　生植物種植經驗初步總結——本輕利重的付業》,1962年,編印本,第32頁。

25 擔，這些枝葉就可解決一畝田的基肥或一畝田的 1～2 次追肥。〔註130〕

　　江南河網地區種菱還可以維護河道岸坡少受波浪侵蝕。南宋時期湖州平原區中的主要水系東苕溪是一條連接湖州城與杭州城的交通要道，特別是南宋偏安江南時期，官方在湖州平原區中開出運河，東苕溪沿線運河有許多夜航船，「我家苕霅邊，更更聞夜船，夜船聲欸乃，腸斷愁不眠。」因來往船隻多，河道中的岸坡也會受到不同程度的破壞，種菱不僅可以利用菱強大的根系保護土壤，更能起到固灘固岸的作用，岸邊水面大面積菱的生長，可以消耗水流動能，減輕船行波對河岸造成的冲刷侵蝕作用。當時運河中種菱應該是官方倡導的結果，楊萬里在詩中把這種種滿菱的官方河道稱為「菱壕」：「官壕水落兩三痕，正是秋初雨後天。菱荇中間開一路，曉來誰過採菱舡。」〔註131〕運河中的水面原本幾乎被菱的莖葉所布滿，詩人坐船經過這條河道時可能時間在清晨，但是他發現更早的時候已經有採菱船經過，布滿河面的菱葉已經被採菱人翻動，他沿著採菱船開出的路線往前行。菱的果實被採摘之後，大多就地賣給經由運河的旅客，元時方回經過運河長安閘時，看到一些船戶煮菱角出售：「長安才上堰，風物似微饒。野老能相認，輕船不待招。炊菱開甑熱，稱鯽滿籃跳。偶有樽中物，何為靳一澆。」〔註132〕在東苕溪流域一些航運量較大的河港中，種菱可以抵消一部分風浪對堤岸的侵蝕作用。

　　東苕溪在湖州平原區中河道坡度平緩，河灣、湖泊眾多，楊萬里的詩文中這樣形象地描述：「菰蒲際天青無邊，只堪蓮蕩不堪田。中有一溪元不遠，折作三百六十灣。正如綠錦也衣上，玉龍盤屈於其間。前船未轉後船隔，前灣望得到不得。及至前灣到得時，只與後灣才咫尺。朝來已度數百縈，問知德清猶半程。老夫乍喜棹夫悶，管有到時君莫問。」〔註133〕這首詩描寫的是整個東苕溪的河流形態，當時河流沿線仍有許多淺灘與沼澤，《嘉泰吳興志》記載有：「天目山南來之水，自臨安餘杭至郡南門，二百六十餘里，又地多湫泊，故其勢緩而流清。」〔註134〕這些數量眾多的河灣與湖沼水面平靜，適於菱的生長，楊萬里經過東苕溪沿途的河港，他觀察到菱是主要的水生植被之

〔註130〕虞稽舜、董新一編著：《種菱法》，科技出版社，1953 年，第 4 頁。
〔註131〕（宋）楊萬里：《誠齋集》卷 10，《七月既望晚觀菱壕》，四部叢刊本。
〔註132〕（元）方回：《桐江續集》卷 14，《過許村》，文淵閣四庫全書本。
〔註133〕（宋）楊萬里：《誠齋集》卷 13，《過霅川大溪》，四部叢刊本。
〔註134〕《嘉泰吳興志》卷 5，水，引唐人記，嘉業堂刻本，成文出版社，1983 年。

一，「深於池沼淺於河，動地風來也不波。只道東來行役苦，胡床面面是菱荷。」
〔註135〕這首詩描寫的是近景，是東苕溪沿線河港中的景色，詩人坐在東苕溪
舟中的小凳上，船外迎面的景物都是菱與荷花。

四、水生植物與水產

唐宋時期東苕溪流域的湖沼濕地尚處於人類活動初步干擾之下，具備豐
富的水生野生動植物資源，當地的民眾以採集這些野生動植物為生。當時東
苕溪流域許多沒有被開發成人工稻田濕地生境的地區，仍存在著眾多的鳥類
資源。據《嘉泰吳興志》記載，沼澤地中常見的野生水禽有溪鶒、鸕鶿、鳧
等，並且這些鳥類常被當地居民捕捉買賣。當地人習慣以野鴨為饋贈禮物，「鳧
即野鳧也。冬初出盛，俗所貴尚以為饋送，大者號對數。」唐宋時期的東苕
溪流域鸕鶿是十分常見的水鳥，《嘉泰吳興志》載：「今之鸕鶿也，好群飛，
沈水食魚，故名洿澤，俗呼為淘河。故老相傳郭璞遷城時有鳥輒銜標去伺之，
乃淘河也。得而刳之，至今買此鳥必去頭。」〔註136〕，鸕鶿科具有寬大長直
而扁平的嘴，嘴下有巨大的喉囊，以喉囊捕食魚類，喜好群體活動，這裏所
說的鸕鶿就是今鸕鶿科（Pelecanidae）鳥類。〔註137〕今屬於國家一類保護動
物的鸕鶿在南宋時期湖州地區是人們常見的食物。唐宋時期生活與湖州平原
水鄉居民生活條件相對優越，宋時還流傳著這樣的說法：「里諺曰：放爾生，
放爾命，放爾湖州做百姓。此乃唐末五代之語。」〔註138〕在自然資源十分豐
富的濕地生境之中，生活於湖州平原的人們食物來源、經濟來源是多樣化的。
唐宋時期湖州平原中仍生活著大量專以捕魚為生的漁民。據《嘉泰吳興志》
的記載：「郡有漁戶，專以取魚為生，風朝雨暮，月夜雪天，鼓枻鳴榔，披蓑
垂釣，悠揚波上，宛若圖畫。」〔註139〕

廣闊的天然湖泊水域與豐富的水生動植物資源的存在，生活於這樣環境
裏的人們熟諳如何獲取豐富的水產資源，在種菱的區域水產的產量都很高，
人們通過利用種菱這種生態方式獲取更多的水生動物資源。〔註140〕炎夏時魚

〔註135〕（宋）楊萬里：《誠齋集》卷8，《苕溪登舟》，四部叢刊本。
〔註136〕《嘉泰吳興志》卷20，嘉業堂刻本，成文出版社，1983年。
〔註137〕諸葛陽主編：《浙江動物志·鳥類》，浙江科學技術出版社，1990年，第39頁。
〔註138〕（宋）倪思：《經鉏堂雜誌》卷5，雪川，明萬曆刻本。
〔註139〕《嘉泰吳興志》卷20，物產，魚屬。
〔註140〕江蘇省水產幹部訓練班編：《水生植物種植資料彙編（第一輯）》，俞巧生：《水
　　　　生植物種植經驗初步總結──本輕利重的副業》，1962年，編印本，第32頁。

喜愛在生長菱的陰涼水域中，冬季種菱的區域溫度較高，也是魚類喜歡聚集的場所，菱與一些沈水植物如苦草等水草構成的植物群落帶不僅給許多蟹類提供了食料，同時也是許多黏卵性魚類索餌、棲息、避敵的場所，魚群和蟹類都喜歡聚集在長有菱的河灣和湖灣，高似孫在《蟹略》中提到：「吳越人採夏蟹曰蘆根蟹，謂止食菱蘆根也。」〔註141〕在天然的湖泊和外蕩中，河蟹的生長情況主要看水域中水生植物的生長情況，一般水草覆蓋面積大的區域出產的河蟹個體就大，菱的植株處在春夏之交沈於水中的嫩葉是河蟹的餌料來源之一，〔註142〕所以夏季一般在長有菱幼苗的區域都能捉到河蟹。

菱的成熟葉、莖魚類和蟹類都不喜食，所以在菱生長的區域捕捉水生動物有季節性。隨著每年夏季菱的植株快速生長，菱葉逐漸成熟，葉柄充滿氣囊，形成菱盤，葉片浮出水面，並且葉表面長成具發達的角質層或蠟質層，這種成熟的菱葉一般水生動物不能消化。〔註143〕但入秋之後，菱的莖葉即開始凋落並且迅速腐爛，這些植株殘體又是許多小型水生動物的食物來源，一些以小型水生動物為食的大型甲殼綱動物此時在原來菱生長的區域富集。唐宋時期在湖州的東苕溪流域秋季出產一種大型的「紫蟹」可能和菱的大規模生長有關。明代人湖州人徐獻忠對當地盛產的紫蟹的地理分佈和生態習性進行了詳細的講述：「相傳太湖產紫鬚蟹，自爛溪以東至分湖皆可得之，昔人謂蟹腹有真稻芒，霜降後入海。」〔註144〕唐宋時期湖州的紫蟹已經很有名氣，杜牧求官到湖州，作有一詩：「越浦黃柑嫩，吳溪紫蟹肥。」〔註145〕他提到的黃柑和紫蟹都是湖州東苕溪流域的特產。高似孫在《蟹略》中把出產自吳興苕溪的蟹歸為「溪蟹」類，並引《吳興志舊編》云：「九月間，溪蟹大如盌，極稱美。」〔註146〕這種大如盌秋季出產的溪蟹可能正是杜牧所稱道的「紫蟹」。

〔註141〕（宋）高似孫：《蟹略》，夏蟹，載黃純豔、站秀梅點校：《宋代經濟譜錄》，甘肅人民出版社，2008年，第155頁。

〔註142〕許步邵等：《河蟹養殖》，政協湖州市委員會培訓中心編印，1992年，編印本，湖州市圖書館藏，第17頁。

〔註143〕蘇州專區水產資源勘察調查隊：《太湖水產資源勘查調查報告》，編印本，1958年8月，中國科學院南京地理研究所資料室藏。

〔註144〕（明）徐獻忠撰：《吳興掌故集》，物產類，嘉靖三十九年刊本，成文出版社，1984年，第807頁。

〔註145〕《全唐詩》卷522，《新轉南曹未敘朝散初秋暑退出守吳興書此篇以自見志》，杜牧。

〔註146〕（宋）高似孫：《蟹略》，夏蟹，載黃純豔、站秀梅點校：《宋代經濟譜錄》，甘肅人民出版社，2008年，第152頁。

高似孫還提到溪蟹僅在秋天湖州的苕溪流域才能捕獲，所以這種溪蟹應該是以水生動植物的殘體爲食的蟹，與前面所述吃菱苗和蘆葦嫩根的夏蟹相比，這種蟹的體型更大，味道更鮮美。蘇軾也曾做詩吟詠湖州紫蟹：「紫蟹鱸魚賤如土，得錢相付何曾數。碧筒時作象鼻彎，白酒微帶荷心苦。運肘風生看斫膾，隨刀雪落驚飛縷。不將醉語作新詩，飽食應慚腹如鼓。」〔註147〕

秋冬季節河湖水位下降，枯死的菱的水生植物殘體還可以爲一些江湖洄游型及半洄游型魚類、蟹類提供食物，秋冬季節，人們在春夏時水生植物生長旺盛的河灣、湖灣區域捉魚捕蟹。蘇軾曾往來於杭州與湖州之間，他有詩描寫當地秋冬時節的捕魚場景：「天寒水落魚在泥，短鉤畫水如耕犁。渚蒲披折藻荇亂，此意豈復遺鰍鯢。偶然信手皆虛擊，本不辭勞幾萬一。一魚中刃百魚驚，蝦蟹奔忙誤跳擲。漁人養魚如養雛，插竿冠笠驚鵜鶘。豈知白挺鬧如雨，攪水覓魚皆已疏。」〔註148〕蘇軾在詩中稱這種捕魚方式爲「畫魚」，人們將鐵釘釘在木頭上製作成捕魚工具，利用這種特殊的捕魚工具在枯萎的水生植物叢中耕耙，這些地方往往魚類資源甚多，漁人在捕獲一條的同時，逃匿的蝦和蟹則更多。蘇軾還細緻地描寫了捕魚區域的生境，雖然此時菱的莖葉在經霜後已經枯萎凋落，但淺渚中還能見到蒲草、藻、荇的植物殘體，魚、蝦、蟹等多種眾多水產就藏匿在其中。蘇轍與蘇軾一起遊湖州時，他與蘇軾的唱和詩中也描述了湖州東苕溪道中所見的捕魚場景：「吳人以長釘加杖頭，以杖畫水取魚，謂之畫魚。潛魚在淵安可及？垂餌投竿易如拾。橫江設網雖不仁，一瞬未移收百十。畫魚何者漫區區，終日辛勤手拮据。已嫌長網不能遍，肯信一竿良有餘。鯤鯢駭散蛟龍泣，獲少驚多亦何益！願從網罟登君庖，碎首屠鱗非所惜。」〔註149〕蘇轍詩雖也是以畫魚爲題，但描述的角度和蘇軾不同，蘇轍寫道當時東苕溪流域還有一種常見的捕撈方式是設網斷，即用蘆葦編作圍欄以捕魚，這種捕撈方式在《嘉泰吳興志》中也有記載：「又有據水畔設網，編葦爲斷。」〔註150〕漁民在捕撈中施行「編葦爲斷」方式的同時，

〔註147〕 （宋）蘇軾著，（清）王文誥輯注，孫凡禮點校：《蘇軾詩集》卷19，《泛舟城南，會者五人，分韻賦詩，得「人皆苦炎」字四首》，中華書局，2009年，第975～978頁。

〔註148〕 （宋）蘇軾著，（清）王文誥輯注，孫凡禮點校：《蘇軾詩集》卷8，《畫魚歌（自注湖州道中作）》，中華書局，2009年。

〔註149〕 （宋）蘇轍著，陳宏天、高秀芳點校：《蘇轍集》卷4，《和子瞻畫魚歌》，中華書局，1999年，第80頁。

〔註150〕 《嘉泰吳興志》卷20，物產，嘉業堂刻本，成文出版社，1983年。

還需要在捕撈的水域種上一些菱，這樣的可以誘集、捕捉到更多的水生動物資源。

　　總之，生活於水鄉的人們對水生動植物資源利用的習慣、方式自宋以來都有著很好的傳承，水鄉農民對河港、湖泊中的土著水生植物、動物資源有著很強的依賴性。如明時湖州長興一帶的山區地少人多，長興一帶的男子到苕溪流域的河流湖泊水域中種菱捕魚者很多，謝肇淛寓居吳興時，有詩講述這樣的地方風俗：「長興男兒最輕死，多在公門少在里。水田力薄租稅繁，十年逋負官倉米。私開菱蕩爭捕魚，負鹽夜下四安壚。不然東入太湖去，日望朝廷下赦書。」〔註151〕到清代，隨著江南水鄉水面利用的加強，人們對於水面種菱以捕魚的生態之法已經成為水鄉的一條常識：「有所謂野蕩者，蕩面必種菱芡，為魚所喜而聚也。」〔註152〕

　　濕地中有著豐富的水生動植物資源，當地人對水生動植物資源的利用的方式也多樣化。在天然淺水湖泊的徜水區中，生物多樣性也極為豐富。〔註153〕一些沈水植物如苦草等水草是許多魚類、甲殼類動物的食料，眾多水草構成的群落帶也是許多黏卵性魚類索餌、棲息、避敵的場所。

　　有大量魚類、蟹類分佈的區域同時也是水禽的棲息地，一些水禽可以依靠這些資源過多。據《嘉泰吳興志》記載，沼澤地中常見的野生水禽主要有溪鵝、鷈鶘、鳧等。這些鳥類常被捕殺買賣，當地人也常以野禽為饋贈禮物，「鳧即野鳧也。冬初出盛，俗所貴，尚以為饋送，大者號對數。」這裏的鳧應該是一種冬候鳥野鴨。以鷈鶘為例，《嘉泰吳興志》載：「今之鷈鶘也，好群飛，沈水食魚，故名洿澤，俗呼為淘河。故老相傳郭璞遷城時有鳥輒銜標去伺之，乃淘河也。得而刐之，至今買此鳥必去頭。」〔註154〕據上文描述，鷈鶘應為今鵜鶘科（Pelecanidae）鳥類，鵜鶘科具有寬大長直而扁平的嘴，嘴下有巨大的喉囊，以喉囊捕食魚類，所以捕到鵜鶘，一般要把頭去掉。鵜鶘的飛行能力強，喜群棲。〔註155〕鵜鶘目前數量很少，屬於國家一類保護動物。

〔註151〕（明）謝肇淛：《小草齋集》卷87，古詩，《男兒行》，明萬曆刻本。

〔註152〕（清）顧祿撰，來新夏點校：《清嘉錄》卷11，起蕩魚，中華書局，2008年，第188～189頁。

〔註153〕吳徵鎰主編，中國植被編委委員會編：《中國植被》，科學出版社，1980年，第693頁。

〔註154〕《嘉泰吳興志》卷20，嘉業堂刻本，成文出版社，1983年。

〔註155〕諸葛陽主編：《浙江動物志·鳥類》，浙江科學技術出版社，1990年，第39頁。

但是，據元代居住於湖州的婁元禮觀察，太湖南部的河港中仍有鸕鶿出現，但較宋時數目已經減少，當地人根據鸕鶿出現與否來占卜洪澇災害：「鸕鶿一名淘河，河塘中鵝鸛之屬，其狀異常，可畏之鳥水準也，每來必主大水，甚驗。」〔註156〕《嘉泰吳興志》對當時湖州地區濕地中水禽種類有一個大致的判斷：「野禽多鷗、鷺。」說明南宋末年開始，鸕鶿這些大型水禽的種群已經在減少，濕地中的水禽以小型的鷗、鷺為主。南宋時期圍田的興建，沼澤處於農田開發的初期，農家常畜養大量家禽。例如鵝，「今水鄉田家多畜」；鴨也飼養很多：「今水鄉樂歲尤多畜，家至數百雙，以竹為落，暮驅入宿，明旦驅出，已收之田，食遺粒，取其子以賣。」〔註157〕

沼澤地中因塘路的修建，一些有拋石護岸、水生植被繁茂的地帶，由於其多孔性和豐富的生態形式有利於淤泥附著，這些地區為一些珍稀的兩棲類動物提供了適宜的棲息條件，南宋時期《泊宅篇》中曾記載：

> 烏青墩鎮在湖、秀二郡之間，有烏將軍廟，前一池，黿居其中，蕃息日繁，窟穴漸深。其大者如甕盎，每春夜遺卵岸草，鎮人競取鹽之，以為包苴之物。靖康初，右史周離亨謫監鎮稅，慮其為患，效韓退之為文投之，徙吳淞江中，眾漁爭取，鬻以充庖，數日而盡。

〔註158〕

黿（*Pelochelys bibroni*（*Owen*））生活於江河、湖泊、溪流的深潭中，以螺類、小蝦、小魚、泥鰍等為食，也吃水生植物。黿在岸邊向陽的沙灘上產卵，靠日光自然孵化。《浙江省動物志》的記載中，黿在湖州曾有分佈，但目前瀕臨滅絕，僅浙江的甌江有少量分佈，係國家一類珍稀保護動物。〔註159〕南宋時期黿在湖州是一種常見的動物，《嘉泰吳興志》言：「《舊編》云鄉土有黿，人不以為珍。……烏程烏將軍廟前大池中有大黿甚多，人不敢捕。」〔註160〕黿不僅常見，當時太湖地區常見黿的個體可能比現在的個體要大的多。上面《泊宅篇》中的記載也提到當時塘堤外大面積的灘地與岸外的草叢都提供了適宜於黿產卵

〔註156〕江蘇省建湖縣《田家五行》選釋小組：《田家五行》選釋，鳥獸類，中華書局，1976年，第42～43頁。
〔註157〕《嘉泰吳興志》卷20，嘉業堂刻本，成文出版社，1983年。
〔註158〕（宋）方勺撰，許沛藻、楊立揚點校：《泊宅篇》卷6，中華書局，2007年，第33～34頁。
〔註159〕黃美華主編：《浙江省動物志·兩棲類·爬行類》，浙江科學技術出版社，1990年，第127頁，黿。
〔註160〕《嘉泰吳興志》卷20業堂刻本，成文出版社，1983年。

及孵化的生境，因爲黿的繁殖數量太多，當時甚至還成爲一種生物災難，烏鎮的政府官員不得不對此加以控制，將黿產的卵投到吳淞江中去。

沼澤濕地中還有狸和獺經常出沒，《嘉泰吳興志》中狸、獺、兔：「水鄉處處有之，搜捕魚食。」〔註161〕這種狸應不是犬科動物之貉（*Nyctereutes procyonoides* Gray），雖然在浙江許多地區貉也被稱爲狸，但是貉聽覺不靈，行動遲緩，湖州附近沼澤區中的狸還能捕水禽，倪思將他的一對鸂鶒鳥放到水中，被狸捕去吃掉，甚是痛心：「鸂鶒一對，籠養甚馴，閔其久閉，縱之池間，乍得清波游泳，撲漉甚適，野性自是，遂不可得。兩復取無，幾何爲野狸所食。」〔註162〕推測這種狸應該是貓科之豹貓（*Felis bengalensis* Kerr），在浙江狸貓是豹貓的別名，豹貓性兇猛，以鳥類爲主食，偶入農舍盜食家禽，俗名「拖雞豹」。〔註163〕宋時「雞爲狸害」在吳興農家中一件很平常的事情。〔註164〕東苕溪沿線水流緩慢清澈，魚類較多，這樣的生境也爲水獺（*Lutra lutra* Linnaeus）所喜棲息。

江南農家投入大量的時間和勞力撈取菱等水生植物作爲肥料。明清以後東苕溪流域濕地農業的開發模式發生變化，以湖州爲中心的地區成爲中國蠶桑業最繁盛的區域，桑基魚蕩成爲最常見的經營模式，但菱的種植在這裏仍很普遍，人們將上等的池塘用來專業養魚，下等的池塘用來種菱：「其蕩上者種魚，次者菱莕之屬，利猶愈田，而稅益輕。」〔註165〕菱湖一帶的習慣是將養魚與種菱輪換，根據當地鄉老的經驗，蕩裏如果多年連續養魚，往往魚會生病，成群瘟死，所以一般在同一池蕩裏，養魚兩年後，便得種菱兩年，這樣輪流更替，魚壯而菱肥。〔註166〕同時，一些不養草魚的池塘，塘基邊也要種上一些菱，可以改善魚類的生長環境，以供給魚類遮蔭與活動的需要。菱也是塘岸沿線種植最多的水生作物，「爛溪塘接雪溪塘，家家種菱作秋糧」，〔註167〕從這裏的描述來看，一直到清代，菱仍是東苕溪流域最常見的水生作物。

〔註161〕《嘉泰吳興志》卷20 業堂刻本，成文出版社，1983年。
〔註162〕（宋）倪思：《經鉏堂雜誌》卷4 文淵閣四庫全書本。
〔註163〕浙江動物志編輯委員會：《浙江動物志・獸類》，浙江科學技術出版社，1989年，第103、115、121頁。
〔註164〕（明）董斯張：《吳興藝文補》卷15 余禪師傳，釋德洪，明崇禎六年刻本。
〔註165〕（清）張履祥：《楊園先生全集》卷20 四庫全書存目叢書》，齊魯書社，1996年，子部第165冊。
〔註166〕吳耕民著：《種菱》，商務印書館，第3頁。
〔註167〕（清）孫原湘：《天真閣集》卷5《採菱詞》，清嘉慶五年刻增修本。

本章小結

太湖流域具備大面積的河流、湖沼濕地資源，菱、蓴等都是太湖南部平原沼澤濕地中的典型植物，在稻作和蠶桑經濟之外，水鄉的人們還通過利用河港、湖泊水域的水生生物資源，創造並積累了高度繁榮的地區經濟和文化。唐以後江南開始普遍在堤岸上種柳、種桑，太湖流域沼澤區中最常見的木本植物被桑與柳所取代，這是漢文化移植江南之後的一個農業生態系統中江南植物意象，農業開發過程中，濕地中常見的水生植物也被人工馴化培育的菱、茭草等取代。隨著人類對湖沼濕地干擾不斷加強，在人類的調控下，濕地農業生態系統中物種結構較之原生的濕地生態系統，總體來說是由複雜趨向簡單；浙北的湖州平原是中國對菱進行人工馴化栽培最早最集中的地區之一，水鄉的人們對菱也積累了豐富的栽培經驗，培育出許多有名的菱品種，〔註168〕歷史時期菱一直是湖州平原低濕地中最常見，也是農民最喜歡種植的水生植物。

明清時期蠶絲業在太湖南部以湖州東苕溪流域為中心的地區興起，與菱等水生植物的種植有重要的聯繫。東苕溪流域兩個種菱集中的區域也是蠶桑業最為繁榮的區域，特別是以菱湖、雙林為中心的地區，明清時期是湖絲的集中產區。中科院南京地理湖泊研究所在東太湖的水體試驗研究結果表明，栽培菱的區域，水體透明度高，含沙量小，種菱的水面碧波漣漪，水較清澈。種菱可以改善湖泊和河港的水環境，栽培菱的區域生物量明顯增加，螺、蜆等底棲動物的種類和個體數量明顯增加；植菱後，水體中的溶解氧含量無論與同期的徜水區比較，還是與栽種前的本底情況相對照，均保持著較為豐富的特點；植菱區的水體 PH 值與溶解氧的日變幅均較徜水區大。〔註169〕宋人釋道潛有詩言：「松陵接苕雪，迤邐皆清源。舟子宜夜泛，蘋風生夢魂。回塘官柳行，千樹如雲屯。」〔註170〕這首詩描寫的就是這種沼澤地開發初期階段，湖州東部平原區優越的水環境，「迤邐皆清源」一句說明從東苕溪水系向東一

〔註168〕游修齡編著：《農史研究文集》，《說菱》，中國農業出版社，1999 年，第 81
～86 頁；葉靜淵：《我國水生蔬菜栽培史略》，《古今農業》1992 年第 1 期；
夏如冰：《古代江南菱的栽培與利用》，《中國農史》1996 年第 1 期。

〔註169〕竇鴻身等：《試驗區植菱後某些環境因子變化的初步觀察》，載中國科學院南
京地理與湖泊研究所編：《東太湖環境條件與水體農業試驗研究文集（第
1）》，編印本，1982 年，第 4-25-31 頁。

〔註170〕（宋）釋道潛：《參寥子集》詩集卷 9《送錢持王主簿西歸》，四部叢刊景宋
本。

直到吳淞江上游，這中間河網中的水流都是來自天目山溪流的清流，這種水流環境與吳淞江流域大爲不同。唐宋時期吳淞江中下游塘浦圩田區的開發加速，吳淞江下游的淤淺帶來的泄水不暢，加之吳江運河的修築之後，吳淞江上游太湖口的排水亦不暢，實際上整個吳淞江流域的水流環境處在不斷的惡化之中，反之東苕溪流域卻多有溪水，爲繅絲提供了良好的水質條件，如德清縣東部的西苕漾附近，「其水清澈，蠶時村民多取以繅絲，蓮蒲雜生，葦柳相映，亦江鄉一勝初也」。〔註171〕

　　太湖東部、南部的沼澤地區宋初開始，因爲吳淞江的排水不暢，沼澤區中都面臨著積水環境，但清人錢泳發現嘉湖地區的水面利用率遠比蘇、松、常、鎮地區爲高：「三吳圩田，亦在在皆有。農民習懶性成，惟知種苗禾，種豆麥蔬菜而已，其有水者則棄之，何也？余以爲水深三、四尺者，種菱芡，一、二尺者，種芰荷，水不成尺者則種茭白、慈姑、荸薺、芹菜之屬，人能加之以勤儉，雖陂湖亦田也。試看杭嘉湖三府，桑麻遍野，菱芡縱橫，有棄地如蘇、松、常、鎮四府者乎？」〔註172〕水生植物在河港及湖泊水域的普遍種植可以在一定程度上改善水質，明中葉以後蠶絲業在以湖州爲中心的低濕地中獨勝起來，背後依託的是比其它地區更好的水環境背景，湖州地區具有比太湖流域其它地區更適宜繅絲的清潔水流，因而明清時期太湖流域蠶絲生產的中心長期集中在湖州地區。

〔註171〕　（清）嵇曾筠：雍正《浙江通志》卷 12 淵閣四庫全書本。

〔註172〕　（清）錢泳撰，張偉點校：《履園叢話》卷 4 水學，協濟，中華書局，2006年，第 110 頁。

第五章　植桑與農業生態

　　蠶桑是湖州平原農業生態中最為典型的組分，明中葉到清前期，中國蠶桑生產的區域相對縮小，集中於湖州、嘉興地區，[註1] 湖州是國內外絲織原料的主要供應地，蠶絲販賣商稱這一帶生產的蠶絲為「湖絲」。蠶業的繁榮以湖州、嘉興地區農村先進的栽桑養蠶技術為基礎，桑樹種植作為蠶桑生產的第一步，桑葉的質量直接影響到蠶的發育、成長及繭絲的質量。嘉湖平原區是太湖流域歷史最悠久的老蠶區，也是明清時期中國蠶桑經濟最為發達的區域，當地的農民在長期的實踐中積累了豐富的蠶桑生產經驗，形成了一套極為精細的桑樹栽培和管理技術，這些技術基於明清時期嘉湖地區高度繁榮的蠶桑經濟而產生，又與嘉湖地區特殊的農業生態背景相聯繫。

第一節　湖桑的形成與栽培

　　湖桑起源問題的研究是中國蠶桑業史上的重大問題。清末蠶政施行時，各省赴浙江杭嘉湖一帶大量引種當地栽培的葉大、高產、優質桑苗，這些優良桑種被統一名之湖桑。[註2] 湖桑通常矮小，主要通過養枝條來獲得桑葉的豐產，如衛傑所言：「湖桑葉圓而大，津多而甘，其性柔，其條脆，其幹不高

〔註 1〕　（元）王禎《農書》中稱：木棉「比之蠶桑，無採養之勞，有必收之效。」
　　　　　但從元代到明初，嘉湖一帶的蠶桑業並沒有衰落，反而更加繁榮，如明代後
　　　　　期郭子章的《蠶論》中說：「今天下蠶事疏闊矣。東南之機三吳、越閩最夥，
　　　　　取給於湖繭。」東南織絲所用的原料，皆來自於湖州地區。
〔註 2〕　章楷編：《中國古代栽桑技術史料研究》，農業出版社，1982 年，第 1 頁。

挺，其樹鮮老株，採折最便。」〔註3〕在現代的桑樹品種分類中，湖桑是太湖流域眾多桑品種的統稱，湖桑類型中有豐富的種質資源，目前已收集保存的就有 360 餘份，其品種栽培特性中都具有樹冠開展、枝條粗長，葉形大，花果少的特點。〔註4〕農史學界對湖桑起源問題進行了長期的討論，周匡明認為湖桑起源於北方魯桑，宋室南渡時伴隨著北方果樹嫁接技術傳入嘉湖地區後，人們將果樹嫁接移用於桑樹，使魯桑通過嫁接改換，在當地逐漸形成了具有江南特點的眾多桑樹新品種。〔註5〕但鄭雲飛通過梳理分析古農書中「魯桑」含義，發現古農書和蠶桑書中所記載的魯桑是指具有葉質好、產量高的經濟性狀的一類桑樹群體品種。〔註6〕蔣猷龍認為歷史文獻中的「荊桑」也不是一個桑品種，僅是一些地區實生桑的通稱，他對歷史時期浙江地區桑品種形成和分化進行了分析，發現現代湖桑中的某些桑品種性狀與現代桑樹品種分類學中的魯桑（*M. multicaulis* Perr.）有相似之處，但目前已發現的眾多湖桑地方品種並非都由魯桑變異而來。〔註7〕

　　湖桑中的地方品種以杭嘉湖地區最豐富，1950 年代以來，浙江省農業科學院蠶桑研究所的研究人員對太湖流域杭嘉湖地區桑樹品種的種類、分佈及性狀等問題進行了詳細的調查，經過整理分類發現該地區屬於湖桑系統的地方栽培品種有二百多個。〔註8〕湖桑中眾多栽培品種的形成是經過長期自然選擇和人工選擇的歷史過程的結果，明代杭嘉湖地區培育的優質桑樹種苗已大量輸往其它地區，如汪應軫於正德年間任泗州知府時，曾從湖州購進大批桑苗，招募技術人員在泗州發展蠶桑業：「出知泗州，泗民惰，弗知農桑，應軫至，首勸民耕，出幣金，買桑湖州而植之，募桑婦來教」〔註9〕，到清末時，震澤縣西南地區一個小地域內地方品種甚多，「其名品不下二三十種」。〔註10〕但杭嘉湖地區豐富桑樹地方品種積累的背後有更為深遠的歷史。《中國農業科

〔註 3〕（清）衛傑撰：《蠶桑萃編》卷 2，華書局，1956 年，第 40 頁。
〔註 4〕中國農業科學院蠶業研究所主編：《中國桑樹品種志》，農業出版社，1993 年，第 3 頁；柯益富主編：《桑樹栽培及育種學》，中國農業出版社，1997 年，第 181 頁。
〔註 5〕周匡明：《蠶業史論文選》，中國文史出版社，2006 年，第 268 頁。
〔註 6〕鄭雲飛：《「荊桑」和「魯桑」名稱由來小考》，《農業考古》1990 年第 1 期。
〔註 7〕蔣猷龍：《浙江桑品種的形成和分化》，《古今農業》1987 年第 1 期。
〔註 8〕湖州蠶業史編寫組：《湖州蠶業史》，湖州市圖書館，1980 年，第 24 頁。
〔註 9〕（明）尹守衡撰：《皇明史竊》卷 90 傳第六十八。
〔註10〕光緒《震澤縣志》卷 4，物產。

學技術史稿》中提出在南宋時期杭嘉湖地區就已經出現具有優良經濟性狀的湖桑品種，只是當時無湖桑之名。〔註11〕

一、生態型

　　南宋時期杭嘉湖地區栽培的桑樹品種中已出現分別適宜於在山區和平原兩種不同環境條件下種植的生態型。《嘉泰吳興志》記載有：「今鄉土所種，有青桑、白桑、黃藤桑、雞桑，富家有種數十畝者；檿桑，山桑也，生於野。」〔註12〕山桑是喬木桑，《爾雅義疏》總結其特點之一是「性尤堅緊」，〔註13〕山桑主幹部分木質好，在一些陂塘堤岸初築的時候，其上種植山桑，繫牛於其幹，《陳旉農書》中記載：「若高田視其地勢，高水所會歸之處，量其所用而鑿為陂塘，約十畝田即損二三畝以瀦畜水；春夏之交，雨水時至，高大其隄，深闊其中，俾寬廣足以有容；隄之上，疏植桑柘，可以繫牛。牛得涼陰而遂性，隄得牛踐而堅實，桑得泋水而沃美，旱得決水以灌溉，潦即不致於瀰漫而害稼。」〔註14〕種植這些樹大根深的喬木山桑還可以起到鞏固堤岸的作用，農家在院落裏也會栽植樹幹堅實的喬木桑以拴牲畜，范成大詩言：「行人莫笑田家小，門戶雖低堪灑掃。大兒繫驢桑樹邊，小兒拂席軟勝氈。」〔註15〕

　　南宋時期西部山區種植的桑種與平原地區有很大的不同，當時西部山區有不少的荒野，郝懿行在《爾雅義疏》中總結裂葉型桑種多栽植在山地環境中，稱為山桑：「山桑葉小於桑而多缺刻」，〔註16〕裂葉型桑種在杭嘉湖地區的山區也較為常見，《嘉泰吳興志》中記載有：「葉椏者名雞桑」，〔註17〕《集

〔註11〕　梁家勉主編：《中國農業科學技術史稿》，農業出版社，1992年，第434頁。

〔註12〕　（宋）談鑰撰：《嘉泰吳興志》卷20，《宋元方志叢刊》，中華書局，1990年，第4864頁。

〔註13〕　（清）郝懿行著：《郝懿行集》第4冊，《爾雅義疏》釋木第十四，齊魯書社，2010年，第3601頁。

〔註14〕　（宋）陳旉撰，萬國鼎校注：《陳旉農書校注》卷上，地勢之宜篇，農業出版社，1965年，第25頁。

〔註15〕　（宋）范成大著，富壽蓀點校：《范石湖集》卷3，田家留客行，上海古籍出版社，2006年，第30頁。

〔註16〕　（清）郝懿行著：《郝懿行集》第4冊，《爾雅義疏》釋木第十四，齊魯書社，2010年，第3601頁。

〔註17〕　（宋）談鑰撰：《嘉泰吳興志》卷20，物產，《宋元方志叢刊》，中華書局，1990年，第4864頁。

韻·麻韻》謂：「椏，江東謂樹岐為杈椏」，〔註18〕用葉椏來描述雞桑葉型開裂分叉的特點。《嘉泰吳興志》的編志者將雞桑與青桑、白桑、黃藤桑同記於鄉土所種桑種之範疇內，說明當時雞桑在當地是常見的，但湖州一帶的雞桑似為一種葉質不好、產量不高的桑樹類型。《陳旉農書》中認為農家在桑樹育苗之初首先要注意選種，如果種下的桑籽種子不飽滿，就易長出雞桑，雞桑顯然是產量不高，葉質不好的一種桑，「若欲種椹子，則擇美桑種椹，每一枚剪去兩頭，兩頭者不用，為其子差細，以種成雞桑、花桑，故去之。」〔註19〕山地環境中，自然實生繁殖的桑樹多，其中則容易出現較多的雞桑，夏緯瑛分析雞桑應是一種野生的桑樹（*Morus australis* Poir.），〔註20〕南宋時期杭嘉湖地區的山區農家有採摘雞桑來飼蠶者，陸游描寫山陰地區婦女在山中採雞桑：「山入柴門穿，橋通野路長。群童挑燕筍，幼婦採雞桑。」〔註21〕

在杭嘉湖地區山區和平原的交界地帶，有一些山溪河谷小平原，這些地區有大面積的溪灘地，南宋時期江南地區溪灘地農民對於植桑的積極性可能遠超過其它栽培作物，程珌在富陽勸農時，發現富陽的鄉民在溪灘地極力發展植桑，富陽地區的溪灘資源很豐富，但而溪灘地土壤多為砂性土，這種土壤一般土質疏鬆，保水蓄肥能力較弱，有機質含量較少，植桑時也需施用大量糞肥，「此邦之人，重於糞桑，輕於壅田，況是土色帶沙，糞又不至，則米不精綻，根不耐旱。」〔註22〕桑樹比其它作物具備更強的抗旱和耐澇能力，溪灘地的砂質壤土勤施有機肥料改良土壤，植桑所得的收益較之其它區域更豐。新淤漲出的溪灘地區域一般都是栽桑較多的地區，杭州餘杭一帶的溪灘地上遍植矮桑，楊萬里有詩描寫這種景觀：「樹樹低桑不要梯，溪溪新漲總平堤。」〔註23〕

從現藏黑龍江省博物館的宋宮廷仿繪樓璹《蠶織圖》來看，南宋時江南地區的桑樹主要有兩種不同的樹型，如圖 29 和圖 30 所示。圖 29 和圖 30 中

〔註18〕 （宋）丁度：《集韻》，上海古籍出版社，1985 年，第 209 頁。
〔註19〕 （宋）陳旉撰，萬國鼎校注：《陳旉農書校注》卷上，地勢之宜篇，農業出版社，1965 年，第 53 頁。
〔註20〕 夏緯瑛：《植物名釋札記》，農業出版社，1990 年，第 306 頁。
〔註21〕 （宋）陸游著，錢仲聯校注：《劍南詩稿校注》卷 20，訪野人家，上海古籍出版社，2005 年，第 1551～1552 頁。
〔註22〕 （宋）程珌：《洺水集》卷 19，壬申富陽勸農，明崇禎元年刻本。
〔註23〕 （宋）楊萬里撰，辛更儒箋校：《楊萬里集箋校》卷 13，春盡捨舟餘杭，雨後山行，中華書局，2007 年第 662 頁。

的桑樹都位屋旁。圖 29 中樹形比較矮小，而圖 30 中桑樹的樹形比較高大，樹體形態爲單幹直立的喬木式養成，採桑人需要乘梯。圖 31 是元程棨摹南宋樓璹《蠶織圖》採桑部分的截圖，圖中 31 的矮桑可能在杭嘉湖地區更常見，這裏描繪的是一個規模較大的桑園，我們可以看到桑園中幾乎都是矮桑，桑樹主幹的高度與成年男子的身高相當，圖 31 中一男子正在伸手摘桑，另一持斧男子乘桑梯砍去桑園中一株桑樹過長的枝條，其它的矮桑樹並不需要乘桑梯伐條，這個男子在伐這株桑樹時，順勢把桑梯靠在了桑園中的一株沒有伐條的矮桑樹上。王楨《農書》中曾引梅堯臣的詩句說：「柔桑不倚梯，摘桑賴高几。每於得葉易，曾靡憂枝披。躋陞類拾級，上下異緣蟻。閒置草舍旁，雞鳴或棲止。」〔註 24〕梅堯臣在北宋慶曆年間爲湖州稅監，他在詩中提到飼養吳蠶的情況應就是當時他在湖州爲官時的見聞，這種柔桑應是成林桑園種植的矮小桑樹，只要借助桑几就可摘桑，這種能使家雞方便飛上去打鳴的桑几，比桑梯低矮，說明當時湖州一帶的桑園中可能已經普遍栽植矮桑。但是到南宋時期，杭嘉湖地區栽植的桑樹，樹幹又更低矮。南宋時期矮幹桑樹應已經在浙西杭嘉湖地區普遍推廣，程大昌講述浙西、浙東地區桑園普遍都是矮幹、密植，每年施行夏伐：「今浙桑則然，歲生歲伐，率皆稠行低幹，無有高及二丈者。」〔註 25〕

〔註 24〕王毓瑚校：《王禎農書》農器圖譜集之十七，蠶桑門，農業出版社，1981 年，第 395 頁。
〔註 25〕（宋）程大昌：《續演繁露》卷 5，談助，桑無附枝，清學津討原本。

圖 29：南宋時期江南地區住宅旁樹型矮小的桑樹〔註26〕

〔註26〕王紅誼主編：《中國古代耕織圖》紅旗出版社，2009年，第 60 頁。

圖 30：南宋時期江南地區住宅旁樹型高大的桑樹〔註27〕

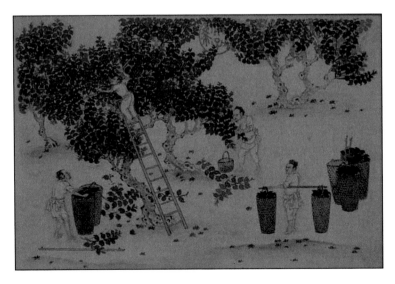

圖 31：南宋時期江南地區規模較大的桑園〔註28〕

〔註27〕王紅誼主編：《中國古代耕織圖》，紅旗出版社，2009 年，第 60 頁。

中國農業科學院蠶業研究所編著的《中國桑樹栽培學》中總結，湖桑地方品種中多適宜於在平原水鄉地區種植。〔註29〕杭嘉湖平原高濕環境爲枝條粗、葉形大的湖桑類型桑種形成提供了適宜的生長環境條件。〔註30〕太湖和眾多湖沼水域的水汽調節使南宋時期杭嘉湖平原地區的氣候溫暖濕潤，「吳興三面切太湖，涉足稍峻偉，浸可几席盡也。……湖之重勢而蔽遮其寒風。」〔註31〕南宋時期杭嘉湖平原進行圩田開發的低窪地區，早期多爲水生植物生長茂盛的湖泊，在湖泊沼澤化與圍墾之後形成的水稻土剖面中，犁底層下普遍積留著一層沼澤腐泥層，這種土壤被當地農民稱爲青紫泥，黑泥土組是青紫泥的主要土組。〔註32〕《嘉泰吳興志》記載湖州平原地區的土壤情況：「其土盧，其田沮洳」，〔註33〕《釋名・釋地》中有：「土黑曰盧」，〔註34〕說明這裏普遍發育的是沼澤黑土。宋室南渡之後，緊鄰臨安都城的杭嘉湖地區人口劇增，平原水鄉中的沼澤地區多被開墾成圩田，植桑種稻地區增多：「今也行都所在內奉萬乘，外供六師，而水利之不講不詳，號稱十年九潦。古者塘堰陂湖顧已變爲桑田之野。」〔註35〕到南宋中後期，杭嘉湖一帶的蠶桑業已十分興盛：「本郡山鄉以蠶桑爲歲計，富室育蠶有至數百箔，兼工機織；水鄉並種苧及黃草。」〔註36〕趙過在《寄湖州趙侍郎》中也提到當時湖州平原中已是村村植桑的景觀：「桑柘村村煙樹濃，新秧刺水麥梳風。」〔註37〕而范成大

〔註28〕 王紅誼主編：《中國古代耕織圖》，紅旗出版社，2009年，第93頁。

〔註29〕 中國農業科學院蠶業研究所主編：《中國桑樹品種志》，農業出版社，1993年，第3頁；柯益富主編：《桑樹栽培及育種學》，中國農業出版社，1997年，第181頁。

〔註30〕 中國農業科學院蠶業研究所編：《中國桑樹栽培學》，上海科學技術出版社，1985年，第3頁。

〔註31〕 （宋）葉適著，劉公純等點校：《葉適集》水心文集卷11，湖州勝賞樓記，中華書局，2010年，第200頁。

〔註32〕 嘉興專區土壤普查土地規劃工作委員會編：《嘉興專區土壤志》，湖州市檔案館，1959年，第21頁。

〔註33〕 （宋）談鑰撰：《嘉泰吳興志》卷20，物產，《宋元方志叢刊》，中華書局，1990年，第4857頁。

〔註34〕 （東漢）劉熙撰，（清）畢沅疏證，王先謙補，祝敏徹等點校：《釋名疏證補》，中華書局，2008年，第27頁。

〔註35〕 （宋）薛季宣：《浪語集》卷28，策問二十道。

〔註36〕 （宋）談鑰撰：《嘉泰吳興志》卷20，物產，《宋元方志叢刊》，中華書局，1990年，第4859頁

〔註37〕 （宋）劉過撰：《龍洲集》卷4，寄湖州趙侍郎，叢書集成本，中華書局，1985年，第22～23頁。

有詩言及石湖附近地區未開發前是「春入葑田蘆綻筍，雨傾沙岸竹垂鞭」的景觀，湖沼被新開發成圩田後，桑樹可種植在圩田中的高地上，「下地若干全種秫，高原無幾謾栽桑」，〔註38〕

平原區因地下水位普遍過高，必須選擇適宜水鄉種植的抗澇桑品種，南宋時期江南太湖流域的水鄉多選擇種植青桑，俞宗本的《種樹書》中曾總結：「若是矮短青桑，宜水鄉田土水畔種。」經康成懿考證，俞宗本（1330～1401）是太湖流域蘇州吳縣人，此書成於 1379 年，但其書系由眾多前人所撰古農書編纂而成，俞宗本言：「閒居城南，因採前人之言，參互校訂，悉並錄之」，〔註39〕因此書中所述應至少反映了南宋末年以來的太湖流域地區的植桑情況。青桑類型確實是南宋時期杭嘉湖地區水鄉地區種植最多的品種群體，《嘉泰吳興志》和《咸淳臨安志》的物產桑下都首列青桑。杭嘉湖平原水鄉在圩田開發過程中，適應於低濕地區種植並適宜養成低矮樹型的青桑類型品種得到了普遍種植，楊萬里經常往來於杭嘉湖一帶的航路，他看到河流沿岸種的都是矮稈桑，這種矮稈桑有著很長的枝條：「夾岸瀕河種稚桑，春風吹出萬條長」〔註40〕，種植在平原水鄉地區桑樹具有的枝條粗長的特徵，這也是現代湖桑類型桑樹品種的主要特性。

總之，南宋時期該地種植的桑樹形成了適宜於山區、溪灘地、平原水鄉種植的生態型，特別是形成了適宜於低窪平原區種植的矮稈青桑類型。樹型矮小、葉形大也是現代湖桑類型桑品種的主要性狀之一，但這些特性需要通過一些特定技術措施，進行定向培育才能形成。

二、矮化、嫁接與整型

種植在平原水鄉地區的桑樹具有樹型矮小、枝條粗長的特徵，鄭雲飛認為南宋中後期以來對桑樹普遍施行夏伐是杭嘉湖地區的桑樹樹型矮化的原因。〔註41〕但夏伐可能並不是平原地區形成「矮短青桑」品種類型的直接原因。首先，夏伐的作用是局部和暫時的，一年一度的夏伐只能控制枝條生長

〔註38〕（宋）范成大著，富壽蓀點校：《范石湖集》卷11，初約鄰人至石湖，卷33，檢校石湖新田，上海古籍出版社，2006年，第138、442頁。

〔註39〕（元）俞宗本著，康成懿校注：《種樹書》農業出版社，1962年，第2、80～84頁。

〔註40〕（宋）楊萬里撰，辛更儒箋校：《楊萬里集箋校》卷29，桑疇，中華書局，2007年，第1477頁。

〔註41〕鄭雲飛：《中國桑樹夏伐的起源及其發展》，《古今農業》1989年第2期。

的頂端優勢，而桑樹整體樹型的矮化效果的實現，需要從桑苗定植開始就施以一系列的技術措施，南宋時期杭嘉湖地區的桑樹栽培技術中，嫁接對於樹型矮化的作用不容忽視。《種藝必用》記載：「浙間植桑，斬其桑而植之，謂之嫁桑。」〔註 42〕這裏說的「嫁桑」應不是指今天的桑樹無性繁殖技術，俞宗本《種樹書》五月之下有斬桑，指的是夏伐，「採後即斬，不可過夏至節」，說桑苗在定植時也要斬，技術應與夏伐相似，因此《種藝必用》中的「嫁桑」當指對桑苗進行截頂之後的再栽植，對桑苗進行截頂之後，通過選擇更多的壯芽來培育枝幹的層次，培養適宜的樹型結構，形成合理的樹冠，以利於枝葉更好地採光。對於定植的桑樹，在樹幹部分進行輕度的砍伐可以抑制主幹部分的營養生長，使桑樹的同化產物集中供應於桑條與桑葉的生長。《王禎農書》中更引梅堯臣的詩句進一步說明：「始時人謂戕，利倍今乃信」。〔註 43〕砍斫的過程中使原有直立生長的樹苗樹干木質部和韌皮部受到損傷，桑園中桑樹主干上都留有砍斫的疤痕，這種形態在文中所引的耕織圖圖片中都可以見到。

　　宋以來在杭嘉湖平原水鄉種植的桑樹栽培品種的桑葉質量已經明顯優於其它地區。《王禎農書》引梅堯臣詩曰：「魯葉大如掌，吳蠶食若駿。」〔註 44〕這裏的魯葉，不是指魯桑的桑葉，而是描述一類葉質較優的桑葉，〔註 45〕清代朱祖榮在其《蠶桑問答》對於湖桑與魯桑之間關係的問題有很好的總結，「魯桑少甚葉厚而多津，……今之湖桑枝幹條葉豐腴者即魯桑之類也」。〔註 46〕這種質量很好的桑葉用來飼養吳蠶食口好，詩中描述當地太湖地區栽培桑樹的桑葉葉形特大，面積大小如成人手掌，如今天湖桑葉片。今湖桑 32 號（荷葉白類型）的葉長 20 釐米，葉幅 16 釐米左右，〔註 47〕成葉幾與成年男子手掌面積相等。《品芳錄》記載，「湖州接桑名荷葉白者為最」。伴隨著宋以來杭嘉

〔註 42〕（宋）吳懌撰，（元）張福補遺，胡道靜校注：《種藝必用》，農業出版社，1963年，第 30 頁。

〔註 43〕王毓瑚校：《王禎農書》農器圖譜集之十七，蠶桑門，農業出版社，1981 年，第 396 頁。

〔註 44〕王毓瑚校：《王禎農書》農器圖譜集之十七，蠶桑門，農業出版社，1981 年，第 396 頁。

〔註 45〕鄭雲飛：《「荊桑」和「魯桑」名稱由來小考》，《農業考古》1990 年第 1 期。

〔註 46〕（清）朱祖榮輯：《蠶桑答問》卷上，桑種第一。

〔註 47〕中國農業科學院蠶業研究所主編：《中國桑樹栽培學》，上海科學技術出版社，1985 年，第 52 頁。

湖地區的土地開發、尤其是南宋時期海上絲綢之路的發達，杭嘉湖地區最遲在南宋已經形成了一些改良的優良桑樹品種。元代，唐棣總結出苕溪流域種植的桑樹品種不僅有其形態上的特點，甚至桑葉飼蠶繰絲的效果也優於其它地區，他在《上復齋郎中》詩中云：「吳蠶繰出絲如銀，蓬頭垢面忘苦辛，苕溪矮桑絲更好，歲歲輸官供織造。」〔註48〕杭嘉湖地區東苕溪流域緊鄰天目山，有可供繰出上等白絲的優良山溪水源，宋末元初的吳興畫家倪瓚描述東苕溪的溪流水質清潔程度異於他出，其支流餘不溪「溪流冬夏盈演，玉光澄映，與他水特異」，〔註49〕緊鄰臨安的太湖流域中的蘇松地區則不具備如此優越的水質資源，因此南宋以降至明清時期中國蠶桑業最繁盛的地區長期集中於杭嘉湖地區。

　　嫁接是南宋時期浙西地區的農民獲取優良桑樹品種的常見技術措施。桑樹嫁接時，通過選用頂端優勢明顯的枝條，利用像果樹一樣的嫁接方法進行嫁接來獲得更好的枝葉，《陳旉農書》言：「若欲接縛，即別取好桑直上生條，不用橫垂生者，三、四寸長，截如接果子樣接之，其葉倍好。」〔註50〕這裏所說的果子樣，究竟是不是指嫁接方法如同嫁接果樹一般，似乎不甚明晰。如果從嫁接方法上而言，南宋時期人們對果樹已有數次嫁接的技術，「果實凡經數次接者，核小」。〔註51〕桑樹嫁接時也可能採用數次嫁接來獲取良種，蠶桑專家朱美予先生認為，湖桑這一桑種系統的形成正是通過嫁接而愈臻佳勝。〔註52〕南宋時期浙西地區的農民在進行果樹嫁接時，留砧位置都很低，接近根部，嫁接部位要用泥堆封住，如《種藝必用》所言：「栽果子木，擇取低處，候裁接了，用泥深蓋過」，〔註53〕在圖31宮廷仿繪樓璹《蠶織圖》的局部圖中也可以看到，桑樹樹幹在接近地面部分都普遍存在著因嫁接而形成的十分明顯的愈傷組

〔註48〕　（元）顧瑛輯，楊鐮等整理：《草雅堂集》卷3，古詩一首上復齋郎中，中華書局，2008年，第332頁。
〔註49〕　（元）顧瑛輯，楊鐮等整理：《草雅堂集》卷9，餘不溪詠並序二首，中華書局，2008年，第740頁。
〔註50〕　（宋）陳旉撰，萬國鼎校注：《陳旉農書校注》卷下，種桑之法篇第一，農業出版社，1965年，第55頁。
〔註51〕　（宋）吳懌撰，（元）張福補遺，胡道靜校注：《種藝必用》，農業出版社，1963年，第29、30頁。
〔註52〕　朱美予著：《栽桑學》，中華書局，民國二十四年，第73頁。
〔註53〕　（宋）吳懌撰，（元）張福補遺，胡道靜校注：《種藝必用》，農業出版社，1963年，第30頁。

織，這種痕跡與嫁接過後的桃、杏果樹樹幹形狀確實有些相似。

《農桑輯要》對宋代以來的桑樹嫁接的具體技術過程做了全面的總結，提出獲得好的桑苗關鍵是要利用荊桑的根系的優點與魯桑類型枝葉的優點：「桑種甚多，不可遍舉，世所名者，「荊」與「魯」也。……荊之類，根固心實，能久遠，宜爲樹。魯之類，根不固而心不實，不能久遠，宜爲地桑。然荊桑之條、葉，不如魯桑之茂盛，當以魯桑條接之，則能久遠而又茂盛也。」〔註54〕《農桑輯要》中記載一些嫁接技術可能直接總結自江南地區的農書。據徐光啓考證，《農桑輯要》作於元初，〔註55〕元政府曾發動地方官員在江南廣泛搜羅農書，據元任仁發《水利集》卷三中記載：「曾著求江南百姓衣食根本圖書，勸人農桑」，另外，《農桑輯要》刊行之後還曾一度推廣於於江浙行省的其它地區，其中桑樹栽植部分的作者苗好謙本人還曾親自在浙東一帶負責植桑技術的推廣：「仁宗延祐二年，詔江浙行省印《農桑輯要》一萬部，頒降有司遵守，勸課三年，以浙東廉訪司僉事苗好謙課農桑有效，賜衣一襲。」〔註56〕《農桑輯要》中特別提到要利用老桑樹的根做砧盤來進行插接。插接法是腹接的一種，在老的大桑樹近地面的地方鋸斷，挖去主根，將所有較粗的側根分鋸成砧盤，每一砧盤上插上接穗。嫁接時，砧木的選擇十分重要。種植於地下水位較高地區的桑樹必須具有強健的根系，才能有更強的耐澇能力，因此嫁接時要利用實生桑或者老桑樹的發達根系。實生桑通過採桑子播種，獲得桑苗的周期過長，廢棄的老桑樹的根可以直接作爲砧盤以供嫁接。老桑樹的桑根不僅對當地的土壤環境具有較強的生長適應能力，桑根儲存的營養物質還可以支持接穗的生長，《嘉泰吳興志》中記載了當時湖州東部的平原區中曾有很多的老桑園：「烏程東南三十里有桑墟。」〔註57〕這種桑墟是一種很好的資源，農家植桑時，可以利用這些老桑園中廢棄桑樹的根系來繁殖桑苗。通過嫁接更新老桑樹的技術在杭嘉湖地區的鄉村在 1960 年代仍在使用，「（老桑樹）枝幹呈衰老狀態，但其根部仍然健全地生長著，在春季春分期間，就幹的腹部或稍近根的地方，用接枝刀在皮層上割成人字形或丁字形切口，而後採取五六寸長的接穗，在它的

〔註54〕 （元）大司農司編，石聲漢校注：《農桑輯要校注》卷 3，論桑種，農業出版社，1982 年，第 80 頁。
〔註55〕 （明）徐光啓：《農政全書》卷 35，蠶桑廣類，木棉。
〔註56〕 《新元史》卷 69，志第三六。
〔註57〕 （宋）談鑰撰：《嘉泰吳興志》卷 20，物產，嘉業堂刻本，《宋元方志叢刊》，中華書局，1990 年，第 4864 頁。

基部削成大傾斜面，插入皮層上的切口內，用稻草或皮麻包紮好，上面塗一層接蠟或泥，不久就活起來了。」〔註58〕

　　嫁接過程中也可促使一些優良變異的快速形成。《種藝必用》中提到桑樹和果樹嫁接都要使其在「令接處生根」，〔註59〕促使其在嫁接部位生長新根，或是用老桑樹根做砧盤，都可以促使形成嫁接嵌合體，誘導芽變，而只要有良好的栽培條件，接芽就有出現葉形變大變厚、發芽期變早等優質芽變性狀的可能性。〔註60〕人們可將具有優良變異性狀的枝條進行嫁接繁殖，育成豐產桑園。紹興年間桑樹嫁接技術已經在湖州一帶普遍施行，《陳旉農書》中認為湖州安吉一帶的植桑技術較其它地區先進，當時湖州地區蠶桑業之發達程度遠遠超過江浙其它地區：「彼中人唯藉蠶辦生事」，陳旉還強調了嫁接在湖州安吉一帶普遍施行：「湖中安吉人皆能之」。〔註61〕湖州平原地區臨近安吉，南宋時期安吉山區的桑樹嫁接技術應最先被推廣到這裏，浙東地區桑樹嫁接技術應也是源自浙西地區。南宋時期桑樹嫁接已經在浙東、浙西地區普遍推行，從宋宮廷仿繪樓璹《蠶織圖》和元程棨臨摹《蠶織圖》中所繪的桑樹可以看到，幾乎所有的桑樹在主幹靠近地面之處都有嫁接之後留下的明顯的愈傷組織痕跡。雖然主幹部分外形不甚美觀，但卻形成條長葉大的枝葉，而且主幹以上的桑樹樹冠部分層次明顯，這說明當時江南地區已有比較成熟的桑樹整型修剪技術。

〔註58〕　浙江省農業廳特產局蠶桑科：《加興地委關於加湖蠶桑資料（第二部分　民國時代生產概況）》中共浙江省嘉興地方委員會政治研究室編，1961 年 12 月，浙江省檔案館，J-116-15-301。

〔註59〕　（宋）吳懌撰，（元）張福補遺，胡道靜校注：《種藝必用》，農業出版社，1963 年，第 30 頁。

〔註60〕　李繼華編著：《嫁接的原理與應用》，上海科學技術出版社，1984 年，第 14～15 頁；蘇州蠶桑專科學校主編：《桑樹栽培及育種學》，農業出版社，1980 年，第 166～168 頁。

〔註61〕　（宋）陳旉撰，萬國鼎校注：《陳旉農書校注》卷下，種桑之法篇，農業出版社，1965 年，第 55 頁。

圖 32：南宋時期江南地區的桑樹樹型與一年生枝條〔註62〕

圖 33：清代湖桑桑園〔註63〕

〔註62〕王紅誼主編：《中國古代耕織圖》，紅旗出版社，2009 年，第 91 頁。
〔註63〕（清）宗景藩撰：《蠶桑圖說》，種接本桑並剪桑圖，光緒刊本。

　　《農桑輯要》中記載了低矮桑樹的樹形養成方法：「芽條漸長壯，止可留二條，後爲「雙身樹」也。當年可長八、九尺，一丈。至大人高時，截去稍。其橫枝自長，勿採剝。至臘月內，科截橫條，每一身可留三四枝，各長一尺。明年爲柯，柯上起條。採令稀均，至秋成樹。」〔註64〕這裏說頭二年中，將嫁接苗培養成中高幹樹型，使其建立強壯的根系和堅強的骨幹樹型，培育的定植桑樹的主幹被控制在 3 米左右。圖 32 爲程棨摹樓璹《蠶織圖》中的局部圖，桑園中成年男子直接伸手採摘桑嫩葉。這幅畫中桑樹主幹基部都比較低，枝干上的枝條向四方開展，均爲整齊、日光透射良好的立體樹冠。圖 32 中右邊的這棵桑樹是一株比較標準的矮桑樹形，明顯有著兩個主枝幹，由兩個主枝干上又留有一層枝幹，在第三層枝干上抽生枝條，形成樹冠，枝條著生於第三層枝干上。這種湖桑樹型在清末的杭嘉湖地區十分常見，如圖 33。此圖爲清光緒年間錢塘人宗景藩所撰《蠶桑圖說》中關於剪桑部分的截圖，這是清末湖桑的標準樹形，通常又被稱爲拳桑，栽植的時候「須剪去下面直根」，樹幹總高度爲一人高，主枝幹一般分爲三個層次，最上一層枝干上長一年生枝條，「年年去舊留新，樹頭皆成拳形，條柔葉嫩，樹大而不高，尤便剪採」。〔註65〕對未成型的桑樹要施行春伐，在湖州一帶俗稱「悶拳」，目的是爲了留養樹勢，使樹身強壯，增加發條數，使枝條發育得更好。湖桑最常見的三腰六拳樹形養成一般需要十年時間，具體過程是以兩年爲率培養枝幹層次，二年養一幹，隔年伐條，至第十年養成第三枝幹，十年後才可以年年夏伐。〔註66〕這種隔年伐條的方式可以促使養成更利於枝條分配與採光的單株樹型。地上部分樹干與枝條形態的建立需要農家在栽桑與桑地耕作時對桑樹地下根系的生長進行控制。對應於枝條生長多，湖桑根系特點是支根粗而發達。農家在栽植桑苗時十分注意根的處理，去掉直根和一部分鬚根，清朱祖榮總結湖桑栽種時首先要去掉直根，「不去直根則樹少岐枝，難於茂盛」〔註67〕如果不去直根，桑樹生長頂端優勢過強，在同一位置很難長出同樣茂盛枝條。桑苗栽植之後，要進行深耕，繼續控制主根的生長，《分門瑣

〔註64〕　（元）大司農司編，石聲漢校注：《農桑輯要校注》卷 3，栽桑，接換，農業出版社，1982 年第 93 頁。
〔註65〕　（清）宗景藩撰：《蠶桑圖說》，種接本桑並剪桑，光緒刊本。
〔註66〕　《吳興縣蠶桑生產調查報告》，浙江省檔案館，1957 年，J-116-13-98。
〔註67〕　《中國農業科學院蠶業研究所蠶業科學研究資料彙編》，中國農業科學院蠶業研究所編印，1962 年。

碎錄》記載栽桑之後「其下常劚掘」，﹝註68﹞即通過深耕阻止主根和一部分鬚根的生長。

樹型養成之後，夏伐是每年桑園管理中的重要事項。趙孟頫曾作《耕織圖詩》，對江南農家桑樹的夏伐過程做了描述：「三月蠶始生，纖細如牛毛。婉變閨中女，素手握金刀。切葉以飼之，擁紙散周遭。庭樹鳴黃鳥，發聲和且嬌。蠶饑當採葉，何暇事遊遨。田時人力少，丈夫方種苗。相將挽長條，盈筐不終朝。數口望無寒，敢辭終歲勞？」詩中講的是春蠶壯蠶期之前的採葉情形。趙孟頫從小生長於湖州，後被舉薦北上大都，他在仁宗時奉敕撰《耕織圖詩》，其中必然加入自己幼年以來生活地區蠶桑生產熟悉場景的描述，蠶兒在大眠以前，食葉量不甚多，此時桑葉收穫用「挽長條」摘下桑葉即可。「不憂桑葉少，遍野如綠煙」描寫的正是夏伐的情景，蠶三眠以後食葉量猛增，此時桑樹已進入生長旺盛期，這時用伐條收穫桑葉採桑才能滿足蠶的飼育需要。「釜下燒桑柴，取繭投釜中」﹝註69﹞則是指夏伐後的枝條被運回家中，摘下桑葉飼養春季的壯蠶，剩下的枝條則被用來當作薪柴，農家還用桑柴來做柴火煮收穫的春蠶繭。南宋時期太湖地區對桑樹施行夏伐十分常見，范成大的《科桑》詩言：「斧斤留得萬株枯，獨速嵯岈立暝途」﹝註70﹞，描寫的就是太湖流域夏伐後桑樹枝幹底部參差不齊的樣子。

湖桑培育的重點在於養成好的枝條，衛傑在《蠶桑萃編》中總結：「湖桑工夫最細，養條漸成極品」，﹝註71﹞春季對於已養成一定樹型桑樹主枝干上著生的一年生枝條要對桑樹枝條進行剪梢和摘心，適度地抑制其頂端優勢，促進枝條上其它部分的芽葉生長。圖34中所繪的就是一男子正在掐去桑樹枝條頂端的嫩梢，在桑樹發芽之後摘去生長在枝條芽頂端呈鵲口狀的嫩頭，可以促進葉質成熟並使桑葉增產。對於夏季桑葉成熟期的桑樹枝條，採桑葉也要注意其順序。圖34是南宋梁楷所繪的《耕織圖》局部圖，梁祖籍山東，居錢塘，嘉泰年間曾為畫院侍詔，他的畫也應反映了當時杭嘉湖地區的技術。圖

﹝註68﹞化振紅：《分門瑣碎錄校注》農桑，種桑法，四川出版集團巴蜀書社，2009年，第35頁。
﹝註69﹞（元）趙孟頫著，任道斌輯集、點校：《趙孟頫文集》卷2，題耕織圖二十四首奉懿旨撰，上海書畫出版社，2010年，第24～25頁。
﹝註70﹞（宋）范成大著，富壽蓀點校：《范石湖集》卷7，科桑，上海古籍出版社，2006年，第86頁。
﹝註71﹞（清）衛傑撰：《蠶桑萃編》卷2，中華書局，1956年，第39頁。

中描繪了一男子的採桑動作以及整株桑樹的樹葉分佈情況。圖 34 中整個桑樹枝條的桑葉都很稀疏，桑樹上的枝條顯然都被耘採過，枝條上部所留的桑葉明顯多餘枝條下部，而這個男子在畫中正在將餘下枝條下半部分的桑葉採下來。這種採葉方式同時也是一種養桑技術，先採枝條下部的桑葉，將枝條新梢上的桑葉留養幾片桑葉，以保證桑樹枝條在晚秋能繼續進行光合作用。這種採養技術在杭嘉湖地區鄉村被保留下來，1960 年代初李作舟等在吳興、桐鄉、德清等地調查發現，實行隔年夏伐採養是當地桑樹管理素有的習慣，採養可減少因年年夏伐帶來的樹液大量流失和養分的消耗，利於培養樹勢，使次年的春葉獲得增產。〔註72〕

圖 34：南宋時期江南地區的桑葉採摘〔註73〕

〔註72〕李作舟等：《桑樹隔年夏伐在培養樹勢和增產上的意義》，《蠶業科學》1964年第 4 期。
〔註73〕王紅誼主編：《中國古代耕織圖》紅旗出版社，2009 年，第 75 頁。

　　總之，南宋時期在太湖南部杭嘉湖地區已經具有今天湖桑優良性狀的桑樹品種，並且在當時得到了普遍的栽培，形成了特定樹形養成的栽培管理技術。杭嘉湖地區桑樹桑葉產量、質量及飼蠶所得的生絲質量明顯優於其它桑種系統，南宋時期杭嘉湖平原水鄉地區普遍栽培樹型矮化的桑樹，以便於桑園管理、桑葉採收和促成桑樹豐產，桑樹樹型矮化也使人們能對所栽培桑樹的枝、葉形態進行更細緻的觀察。

三、觀察與選擇

　　農家一般根據桑樹植株的外部形態對桑樹品種進行分類與命名。《咸淳臨安志》記載：「桑數種，曰青桑、白桑、拳桑、大小梅、紅雞爪之類。」〔註74〕其中青桑與白桑可能是依據枝條皮色的分類。農家對桑樹新品種的命名一般應首先依據植株的表型特徵，以桑樹器官上較爲特殊的形態學特點爲依據進行命名。宋以來的湖桑分類與近代湖桑的分類有著相似性，都是以皮色爲主要分類依據：「湖桑又有紫皮、青皮、紅皮、黃皮、白皮等種。」〔註75〕桑樹表皮皮層間所產生的木栓質顏色因品種的不同而有較大的差異，不同桑樹品種的枝條一般都具有特定的皮色，枝條的皮色也是現代桑樹栽培與育種學上識別桑品種的依據之一。依據枝條的皮色，湖桑又可分爲青皮湖桑、黃皮湖桑和紅皮湖桑三種。枝條皮色往往還應著某些比較明顯的經濟性狀。如《分門瑣碎錄》已經總結出白桑是桑葉葉形更大、葉肉更厚的品種類型，白桑類型的桑葉用來飼蠶，所得繭絲質量更好的品種：「白桑葉大如掌而厚，得繭厚而堅，絲每倍常。」〔註76〕這裏所說的「白」當指皮色灰白或青灰的品種，黃省曾的《蠶經》將白桑的枝條形態、芽的著生情況及桑葉性狀都進行了詳細的描述：「白皮而節疏、芽大者，爲柿葉之桑，其葉必大而厚，是堅繭而多絲。」〔註77〕黃省曾提到這種白桑是一種柿葉之桑，可能是白桑類的品種桑葉葉形與柿葉相似，如德清、吳興的主要栽培品種之一白條桑，皮色青灰白色，成葉卵圓型，正與柿葉相似。〔註78〕但地方品種中往往普遍存在著同

〔註74〕《咸淳臨安志》卷58，風土。

〔註75〕樂嗣炳編輯，胡山源校訂：《中國蠶絲》世界書局印行，1935年，第20頁。

〔註76〕化振紅：《分門瑣碎錄校注》農桑，種桑法，四川出版集團巴蜀書社，2009年，第31頁。

〔註77〕（明）黃省曾：《蠶經》卷1，藝桑總論，叢書集成本。

〔註78〕浙江農業大學編：《浙江省蠶桑蠶種技術訓練班講義》，浙江農業大學圖書館，1972.11～1973.1。

名異種或同種異名的現象，如著名地方品種「桐鄉青」在杭嘉湖地區的別名就有五眼頭、青皮湖桑、白皮湖桑等，〔註79〕而名爲「荷葉桑」的品種幾乎在杭嘉湖地區都有分佈，各地雖都有這一名稱，但並不見得都是同一品種。〔註80〕

　　桑葉的葉形與質量是農民選擇一個桑種的主要標準，南宋以來，桑樹夏伐技術已經在杭嘉湖地區推廣，〔註81〕人們關注一年生枝條的發芽率、產葉量等性狀，因這些性狀直接關係到當年的產葉量。夏伐的施行，使大部分春蠶期的桑葉都由一年生枝條上的多芽生長，桑樹樹幹高度降低，枝條部分在桑樹整體中占的比例較大，南宋時期的文人對芽眼的觀察很仔細，如詩人方壺在初春時節經過嘉興城附近的地區時，發現當地桑樹的芽眼都呈黃色，「鴉聲欲斷雄聲起，柳眼已青桑眼黃。故鄉春事正如許，春事只緣思故鄉。」〔註82〕詩人在題名中標注此詩作於甲辰（1184 年）正月二十七，這時桑樹未發芽，其多芽的形態仍十分明顯。枝條、芽眼顏色偏黃的品種都屬於經濟性狀良好的類型。據《中國桑樹栽培學》中總結，湖桑中許多品種的芽眼顏色是以偏黃色爲主。〔註83〕宋元時期，杭嘉湖地區芽眼偏黃的品種應屬最好的桑品種類型，直到明末的《沈氏農書》中所列最好的三大桑樹品種中，黃頭桑仍是其中之一：「種桑以荷葉桑、黃頭桑、木竹青爲上」〔註84〕，枝條上芽眼的分佈與形態也決定著葉片的著生形態，葉片呈斜生型的品種，能較好地適應低矮型桑樹枝幹部分受光不足的情況，枝條葉片斜生，葉間距離大，上層葉片攔截一定的陽光後，仍有相當數量的陽光透過到中下層，使中下層葉片能保持較高的光合能力，湖桑中栽培面積最廣的地方品種之一桐鄉青，就

〔註79〕　浙江省農科所長安蠶桑試驗場：《浙江省桑樹地方品種的分佈概況及幾個主要品種性狀》，《蠶絲通報》1958 年第 4 期。

〔註80〕　宜霞章等：《浙江省桑樹地方品種調查報告》，《蠶業科學通訊》1957 年第 4 期；中國農業科學院蠶業研究所主編：《中國桑樹品種志》，農業出版社，1993 年。

〔註81〕　鄭雲飛：《中國桑樹夏伐的起源及其發展》，《古今農業》1989 年第 2 期。

〔註82〕　（宋）陳思：《兩宋名賢小集》卷 193，方壺存稿，閏十一月東行，臘月立春夜，秀州船場橋玩月，甲辰正月廿四日出都城，廿七日曉行即事，文淵閣四庫全書本。

〔註83〕　中國農業科學院蠶業研究所主編：《中國桑樹栽培學》，上海科學技術出版社，1985 年第 19、51 頁。

〔註84〕　（清）張履祥輯補，陳恒力等校釋、王達參校、增訂：《補農書校釋（增訂本）》農業出版社，1983 年，第 48 頁。

是典型的斜生型葉片。〔註85〕

　　南宋時期，杭嘉湖平原地區植桑養蠶與稻作在時間安排上已經具有特定的節律，爲合理安排蠶桑與稻作等農事，南宋時期青桑類型中已經有早生品種和中晚生品種的分化。種植早生青桑，可以差開養蠶與農忙的衝突。王炎開禧嘉定年間知湖州，他曾提到：「本州管內多係晚田」〔註86〕，農民養春蠶力求掌握在穀雨前收蟻飼養，以爭取在小滿以前上簇採繭。這樣做利於協調安排整個農業生產，蠶兒在小滿前上簇了，就可以將勞動力集中於栽插單季晚稻。桑樹的冬芽一般10度左右就可發芽，這時農家就要準備飼蠶了，陸游有詩描述這種關係：「土膏動後麥苗長，桑眼綻來蠶事興。」〔註87〕因此時溫度低，農家要購買大量的薪炭來增加蠶室的溫度，「九日三眠火力齊，五朝又報四眠時。」〔註88〕如詩中所言，南宋時期江南地區的人們使用火盆爲春蠶期蠶室加溫已經十分常見。種植早生桑品種還可避開梅雨期天氣對養蠶帶來的不利影響。徐光啓談到：「又要多種早桑，壅得肥，養得早，葉便可早成，脫了梅天也。」〔註89〕1950年代初中國農業科學院蠶業研究所的調查員在德清調查地方品種時，發現德清普遍栽培一種早生青桑，調查員將其命名爲「早青桑」，早青桑的發芽期早，栽培年代已經很久遠。〔註90〕青桑中應該還有一些中晚生品種，以滿足不同農家對於蠶業經營的需要。陸游詩中還提到：「中春農在野，蠶事亦隨作。手種臨安青，可飼蠶白箔。」〔註91〕這裏說種植臨安青這一品種農家可以靈活掌握養蠶時間，可見臨安青中有早生或者中晚生的不同類型。陸游講栽種臨安青也是一類豐產的品種，其單株桑葉產量大大優於其它品種，從臨安青這一名稱來看，可能是在臨安一帶首先選育出來，但到南宋慶元年間已經推廣到山陰地區普遍栽培了。

〔註85〕任德基：《關於桑園群體結構和光能利用的探討》，《蠶業科學》1979年第4期。

〔註86〕（宋）王炎：《雙溪類稿》卷23，申省論馬料箚子，文淵閣四庫全書本。

〔註87〕（宋）陸游著，錢仲聯校注：《劍南詩稿校注》卷74，初春，此詩慶元五年夏作於山陰，上海古籍出版社，2005年第4091頁。

〔註88〕（宋）陳起：《江湖小集》卷42，葉茵順適堂吟稿，蠶婦吟，文淵閣四庫全書本。

〔註89〕（明）徐光啓：《徐光啓詩文集》卷8，書牘，上海古籍出版社，2010年，第313頁。

〔註90〕中國農業科學院蠶業研究所編：《蠶桑生產經驗彙編》，上海科學技術出版社，1959年，第95～96頁。

〔註91〕（宋）陸游著，錢仲聯校注：《劍南詩稿校注》卷39，村舍雜書，上海古籍出版社，2005年，第2510頁。

南宋時期杭嘉湖地區蠶桑業興起的過程中，人們可能已經選育出一些三倍體品種進行栽培，但三倍體品種一般只能進行無性繁殖，《農桑輯要》曾引南宋《博聞錄》講，「白桑少子，壓枝種之。若有子，可便種，須用地陰處。其葉厚大，得繭重實，絲每倍常。」〔註92〕這種白桑可能就是某些三倍體品種的統稱，三倍體桑都有強烈的落果性，很少能獲得成熟的桑果，並且種子多不發芽。黃省曾在《蠶經》中提到一類「高而白者」的桑品種類型，「宜山崗之地，或牆隅而籬畔」。〔註93〕

明清時期的杭嘉湖水鄉在地勢較高的地區如宅基地附近，普遍栽植著一種發芽較早的桑種——火桑，明末湖州的沈氏是個較大規模的農場經營主，養蠶規模也大，他提倡植火桑，《沈氏農書》記載：「又有一種火桑，較別種早五、六日，可養早蠶。凡過二月清明，其年葉必發遲，候桑下蠶，蠶恐後期，屋前後種百餘株，備用可也。」〔註94〕農學專家徐光啓在北方時，曾要求家人寄火桑種子，「養好桑椹，曬乾寄來，最要緊。須揀好種早的火桑也。」〔註95〕徐光啓可能是考慮到火桑是早生桑，所以提出這一要求。火桑比一般的湖桑品種發芽早，杭湖平原蠶桑區鄉村習慣栽植火桑作為稚蠶期使用的早生桑，湖州地區的火桑又成為荷葉桑，清末里人張行孚《蠶事要略》中記載，「湖地桑有二種，其葉小者為剪桑，其葉大者為荷葉桑，故欲為剪桑者，則以剪桑之條接之，欲為荷葉桑者，以荷葉桑之條接之」，火桑也需要嫁接，但是嫁接時必須用火桑枝條，且嫁接方式不同，「所接之桑條大至一把，將本株截去，其所接之桑條不復剪去其梢，而僅采其葉」。剪桑即嫁接之後要施行伐條之拳桑，樹形矮小，荷葉桑即火桑嫁接之後不伐條，以喬木式養成，樹型高大，「有高二丈許，大至徑尺者」，到清代，拳桑即剪桑主要在專業化桑園中種植，火桑主要栽植在住宅周圍，「接在牆下，不過數株」。〔註96〕因宅基地周圍小環境的影響，火桑發芽早，是適宜於稚蠶飼養的早生桑，〔註97〕杭嘉湖鄉村的農家習慣用火桑飼養小蠶，此時蠶兒食葉量少，種植

〔註92〕（元）大司農司編，石聲漢校注：《農桑輯要校注》卷3，論桑種，農業出版社，1982年第80頁。

〔註93〕（明）黃省曾：《蠶經》卷1，叢書集成本。

〔註94〕（清）張履祥輯補，陳恒力等校釋、王達參校、增訂：《補農書校釋（增訂本）》農業出版社，1983年，第46頁。

〔註95〕（明）徐光啓：《徐光啓詩文集》卷8，書牘，上海古籍出版社，2010年，第13頁。

〔註96〕（清）張行孚：《蠶事要略》，刻本。

〔註97〕陳大良：《浙江杭縣蠶農培育火桑的經驗》，《蠶絲通報》，1958年第4期。

幾株就能滿足一戶家庭的飼養需要，直到 1950 年代，浙西餘杭、杭縣、崇德一帶的農家仍習慣在屋前屋後栽培少量火桑來飼養稚蠶。〔註98〕

四、品種的分化

南宋時期杭嘉湖地區關於桑樹的嫁接繁殖、栽培耕作、修剪整形等技術已經十分成熟，其技術特點、桑樹生理生態特徵已經與清代普遍栽植的湖桑無太大差異，因此，《中國科學技術史稿》中關於湖桑形成於南宋的推論應是完全正確的。湖桑這一群體品種名稱雖然在清末才出現，但是湖桑的一些特性，如粗長的枝條、葉形大、葉質好等優良性狀在南宋時期的杭嘉湖地區栽培的桑樹中已經得到了體現。南宋時期太湖南部平原區低濕地的大規模開發迫使人們通過各種技術培育適宜於水鄉種植的新品種，杭嘉湖平原水鄉在圩田開發過程中，一類適應於低濕地區種植的桑樹品種類型得到了普遍種植。南宋以來中國的蠶桑經濟就以杭嘉湖地區最為興盛，先進的植桑技術在這個區域內得以傳承和發展，明清時期湖桑又分化出更多優良的地方品種。南宋以來杭嘉湖地區各鄉村的農家對於當地桑樹品種的分類沒有統一的標準，有許多可能是依據皮色、葉形、芽眼著生狀況以及嫁接與否等方面進行簡單的分類，但每一桑樹地方名中實際上可能包含了許多具有不同遺傳基因的地方品種類型。直到 20 世紀 30 年代，隨著遺傳學及有關育種基礎理論的傳入，一批蠶桑專家在太湖流域進行了初步調查，對湖桑類型的桑樹品種才進行了科學的鑒定、分類與編號，1950 年代初浙江地區也進行了規模較大的桑樹地方品種調查活動，許多優質高產的農家品種真實面貌才被蠶桑界所知。

明清時期隨著嘉湖蠶桑經濟的繁榮，植桑技術的進步，農民已經注意到品種與繭絲生產的關係，也對桑種的適應性開始做出總結，同時選育出眾多的桑樹品種。《沈氏農書》記載了當地的桑樹品種並分析了優劣：「種桑以荷葉桑、黃頭桑、木竹青為上，取其枝幹堅實，不易朽，淹眼發頭，有斤兩，其五頭桑、大葉密眼次之、細葉密眼為最下。又有一種火桑，較別種早五、六日，可養早蠶。」乾隆《烏青鎮志》載清初張炎貞著《烏青文獻》中記載的品種 16 種：「密眼青、白皮桑、荷葉桑、雞腳桑、扯皮桑、尖葉桑、晚青桑、火桑、山桑、紅頭桑、槐頭桑、青雞窠桑、木竹青、烏桑、紫藤桑、望

〔註98〕宜霞章等：《浙江省桑樹地方品種調查報告》，《浙江農業科學》1962 年第 9
期。

海桑」。《補農書》中分析了桑樹各樣品種的優劣性，以富陽桑、荷葉桑、木竹青、黃頭桑爲上等；以密眼青、白皮桑、扯皮桑、尖葉桑、山桑、晚青桑、槐頭桑爲中等；以金桑、細葉密眼爲下等；野桑中又以望海桑爲上等，火桑、麻桑爲中等，雞腳桑最下等。〔註99〕同治《湖州府志》的編纂者汪日楨，後又將府志中的蠶桑部分節錄出來，加以增補，撰成《湖蠶述》，其中又增錄了大種桑這個品種，並描述，「秧長八尺者曰大種桑」。〔註100〕

對於新栽桑樹，首先要選好品種。《沈氏農書》中提到如何依據芽眼的情況做出選擇：「荷葉桑、黃頭桑、木竹青爲上，取其枝幹堅實，不易朽，眼眼發頭，有斤兩，其五頭桑、大葉密眼次之，細葉密眼最下。」〔註101〕「眼眼發頭」即是發芽率高的品種。沈氏評價荷葉桑、黃頭桑、木竹青是最好的品種，其中原因之一就是因爲這種桑種發芽率高。還有一個方面是要選擇枝幹堅實，即樹勢強的品種，在1950年代的吳興縣泉溪鄉，荷葉桑仍是當地種植的豐產品種，「荷葉桑」較其它品種有著樹性強、生長快、抗病力強等諸多優勢。〔註102〕也有些並非爲獲取飼蠶桑葉種植的桑樹。例如，在吳興千金鄉一帶的野桑，種植在門前屋後，不是爲了採葉，而是用於擱置曬衣竹竿，同時夏季也可以起到遮陰的作用。野桑容易栽活，當地農民形容比較「賤」，生長較快，根系很發達，對萎縮病的抗力很強，所以樹齡長，樹勢一般都很高。

對桑種的形成與人工肥育環境的關係有很多地方性知識。例如，他們認爲，不加限制地讓野桑生長，「肥者成望海桑，瘠者成雞腳桑。」〔註103〕因此積極地對栽培措施加以干預。當地農民選擇栽培技術又長期根據環境而定，這些桑樹地方品種的形成與桑樹樹型上的不同，也體現了人與技術、環境的關係。樹型養成必須依據當地自然環境而定：「高而白者，宜山岡之地，或牆隅而籬畔。短而青者，宜水鄉之地。」〔註104〕荷葉桑、望海桑這些樹型高大的桑樹，「須植土氣深厚之處」〔註105〕；紫藤桑就「宜邇於竈

〔註99〕　（清）張履祥輯補，陳恒力校釋，王達參校、增訂：《補農書校釋（增訂本）》，上卷，1983年，農業出版社，第46頁。

〔註100〕　（清）汪日楨撰，蔣猷龍注釋：《湖蠶述注釋》卷1，農業出版社，1987年。

〔註101〕　（清）張履祥輯補：《補農書校釋》（增訂本），農業出版社，1983年，第47頁。

〔註102〕　《泉溪鄉全鄉桑葉豐產經驗》，湖州市檔案館，1956年，W73-9-34。

〔註103〕　（清）費星甫撰：《西吳蠶略》，續修四庫全書。

〔註104〕　（明）黃省曾：《蠶經》，叢書集成本。

〔註105〕　（清）沈練著，仲昂庭輯補，鄭闢疆、鄭宗元校注：《廣蠶桑說輯補》卷上，農業出版社，1960年。

屋」；〔註106〕枝條較短的品種，則適宜於在地下水位相對較高的平原圩田區。

　　總體說來，桑樹類型的形成是因為農民對產葉量的追求。「青桑無子而葉不甚厚者是宜初蠶」，「紫藤桑其葉甚厚大」，〔註107〕白桑「葉大如掌而厚」，飼蠶「得繭重實」。〔註108〕明末黃省曾對桑種的選擇做了解釋：「凡擇桑之本也，皺皮者，其葉必小而薄；白皮而節疏芽大者，為柿葉之桑，其葉必大而厚，是堅繭而多絲。」〔註109〕即是依據樹皮的性狀和顏色來判斷桑種產葉質量的不同，以及桑葉用於飼蠶的不同效果。一般來說，長期在平原地區栽種的桑品種，如桐鄉青、荷葉白等，春秋生長均處於適宜的氣溫、雨水、日照條件下，都會呈現葉大、葉厚的生態類型。〔註110〕所以，湖桑的形成過程實際上是嘉湖地區的農民在平原地區的開發中，將桑樹這種多型性植物改良成能夠適應低濕環境生長的葉大、高產、優質地方性品種的過程。

五、樹型養成

　　嘉湖蠶區的農民在長期的蠶桑業生產中，積累了適宜於當地地理環境的栽桑經驗，通過控制桑樹的樹形，實行密植，並配合以各種肥培技術，培育出高產桑園。這些豐產桑園中桑樹的樹型不同於種植於北方高原地區高大的喬木桑。明清以來，嘉湖地區桑樹的樹型已經普遍矮化。清代嘉湖地區的桑樹與北方傳統高大的喬木桑相比已經有明顯的區別，嘉湖地區的桑樹不僅樹幹高度比傳統的高大喬木桑大為降低，農民根據桑樹不同的種植環境，通過人工來控制桑樹主乾和枝幹的分層配置，養成特定的樹型，使桑樹在有限的空間長出更多的枝條。

　　明清時期嘉湖地區的農書及蠶桑書中描述的桑樹樹型一般都是中、高幹桑。直到民國時期，「剪定形式仍以中幹為多，高幹次之，喬木桑間或有之，低幹桑則絕對稀少，惟政府設立之教育實業機關，及偶有新設之種場，而為近今栽植者，則多低幹。」〔註111〕對樹型的主幹高度的區分，當地農民以成年人的身高作為參照，將桑樹樹幹高度分為分平胸、平肩、平頭等三種（約

〔註106〕光緒《烏青鎮志》卷7，農桑。
〔註107〕（清）李聿求：《桑志》卷2，續修四庫全書。
〔註108〕（清）劉清藜：《蠶桑備要》卷1，續修四庫全書。
〔註109〕（明）徐光啟：《農政全書》卷32，引黃省曾：《藝桑總論》。
〔註110〕林壽康：《浙江不同地區桑樹品種生態型》，《浙江桑樹品種明錄》附錄，浙江省農業科學院蠶業研究所編印。
〔註111〕劉思贊：《浙江桑園之概況》，《中國蠶絲》栽桑專號，民國二十五年二、三月。

120〜180 釐米），高出人的高度稱高幹，〔註112〕樹幹高度在兩尺以下爲低幹桑，無干桑即地桑。根據主乾定型時的高度選擇，有高刈、中刈、低刈、根刈幾種方法，分別對應養成高幹、中幹、低幹桑，根刈養成地桑。地桑即無干桑，嘉湖地區不多見。明末黃省曾的《蠶經》中將「有地桑出於南潯」，那是因爲南潯地區瀕臨太湖，地勢低，桑樹一般栽種在低窪水田、魚塘埂地。不同於年年培土，土層深厚的圩岸，塘埂土層較淺，地下水位較高，在這樣的環境下，桑樹的根系分佈得較淺，所以低矮的地桑在南潯較爲普遍。〔註113〕這種灌木桑的栽培技術可能在南宋末年就已經出現，南宋末年的農書《種藝必用》載：「浙間植桑，斬其桑而栽之，謂之「嫁桑」，卻以螺殼覆其頂，恐梅雨損其皮故也。二年即盛。」〔註114〕

地形較高的地區，爲避免凍害，桑樹主幹相對要留高一些，這些地區的桑樹主幹一般控制在三尺左右。爲保溫，有經驗的老農還會將稻草及垃圾等鋪在桑地上，在桐鄉一帶，今天的人們仍在使用此方法。對樹型的控制，既要考慮到低溫危害，又要考慮到採葉及耕作的方便。《蠶桑述要》講述桑樹的樹型高度控制：「不宜太高，園裏牆外，不過高與簷齊，至高僅及一丈上下。桑之式樣，好者約三尺分椏，或雙或三四，再高尺餘分幹，每尺餘又分之，至七八尺即可圓頂。」根據桑樹定植後剪稍的不同，太湖南部平原區的桑樹還可分爲兩類：定型後每年都需剪稍的稱剪桑，其葉小；主乾定型後不再剪稍的爲荷葉桑，又稱紮桑，其葉大。剪桑樹型「至高不過一丈，至大不過一拱」，荷葉桑「有高至二丈許，大至徑尺者。」但是，「湖人育蠶全仗剪桑，而荷葉桑止以飼小蠶。」〔註115〕可見這種高度不過一丈的「一人一手高」的樹型深受農民喜愛，「自平地至圓頂，能持剪剪之，最爲相宜。」〔註116〕樹型高度的控制很大程度是爲了採葉、修剪操作上的方便。到 1950 年代，吳興縣

〔註112〕宣霞章等：《浙江省桑樹地方品種調查報告》，《蠶業科學通訊》1957 年第 2 期。
〔註113〕《吳興縣戴林區濱湖鄉第三代表區俞伯良桑園豐產戶情況調查》，湖州市檔案館，1954 年，W73-7-19。
〔註114〕（宋）吳懌撰，（元）張福補遺，胡道靜校注：《種藝必用》，農業出版社，1963年，第 20 頁。
〔註115〕（清）張行孚：《蠶事要略》，續修四庫全書。
〔註116〕轉引自：章楷編：《中國古代栽桑技術史料研究》，農業出版社，1982 年 9 月。第 142 頁，《蠶桑述要》係同治年間吳興人俞墉所作，此書是其在家鄉栽桑養蠶方面的親自嘗試後的記錄。

的桑園樹型養成仍以中、高桑為主，「中幹桑，主幹高 4～5 尺，絕大部分都屬這一類，這適宜於專業桑園收穫方便；高幹桑，主幹高 5 尺以上，一般在屋邊、路邊和過去就有間作的桑園，它適應於增加日照，利用空間，便於間作。」〔註117〕

桑農通過桑根的修剪來控制樹型，對桑根的要求是：「根不必多，刷盡根毛，止留線根數條，四方排穩，漸漸下泥築實，清水糞時時澆灌，引出新根。」〔註118〕在栽桑之初選種桑苗時就十分注意桑根的情況，《吳苑栽桑記》記載：「種之善者，幹大而根多鬚，如髮蓬蓬然不可櫛，是良種也。」一般情況下以主根小而側根多為佳，總體要求是：「節要密，根要多，直根大而少旁根者不良。」〔註119〕桑苗的主根一般在栽種之前被去除，這樣的桑苗栽種下去，桑樹根系向下生長的縱深程度不平衡，地上部分的生長也會受到相應的抑制，《蠶桑提要》中提到去直根：「移栽桑樹須剪去下面直根，只將橫根埋齊，掘鬆土栽之。」〔註120〕由於桑根的在土壤中的分佈直接影響樹冠的增大和擴展，植桑前要「治地」。墾桑地要求「二、三層起深。」即在墾翻過的原址上再翻耕一至二次。根據陳恒力等調查，「二、三層起深」之後，耕深為一尺左右。〔註121〕經過多次耕作鬆碎，可為桑根的發育生長創造良好的土壤環境。種桑深淺也因地理環境而異，桑樹的栽植深淺應根據地下水位的高低和土壤的性質而定。同治年間吳烜在家鄉江陰栽桑養蠶，因江陰較湖州平原水位低，故曾得出：「浙地栽桑不必太深，而吾江栽桑斷不可淺」〔註122〕的論斷。《廣蠶桑說》中講：「桑地宜高平不宜低濕，低濕之地，積潦傷根，萬無活埋。（高平處亦必土肉深厚乃可）按：地將栽桑，須鋤地分塯，使無積水。」〔註123〕「塯」是嘉湖地區農民的術語，即將地中開溝，

〔註117〕《吳興縣蠶桑生產調查報告》，浙江省檔案館，1957 年，J-116-13-98。
〔註118〕（清）張履祥輯補：《補農書校釋》（增訂本），農業出版社，1983 年，第 47頁。
〔註119〕《勸桑說》，轉引自：章楷編：《中國古代栽桑技術史料研究》，農業出版社，1982 年 9 月。
〔註120〕（清）方大湜：《蠶桑提要》，續修四庫全書。
〔註121〕（清）張履祥輯補：《補農書校釋》（增訂本），農業出版社，1983 年，第 26，44 頁。
〔註122〕（清）吳烜：《種桑說》，續修四庫全書。
〔註123〕（清）沈練著，仲昴庭輯補，鄭闢疆、鄭宗元校注：《廣蠶桑說輯補》卷上，農業出版社，1960 年。

將土疊加到溝邊的高地上，「埨」與「壟」相近，但壟較高凸，埨較低平。栽桑之前要挖溝堞土，形成畦壟。在地下水位高的地區，如果要養成高幹或喬木的樹型，必須通過疊加土層給根的生長創造好的環境，枝幹才能發育好。

在分栽桑苗的時候就要開始注意對枝幹部分的修剪整型，湖州地區將枝幹部分剪梢稱爲「攔頭」。攔頭的目的是疏去過密的弱小枝芽，以使留下的枝芽更好地表現其頂端優勢，攔頭的技術要點即樹型養成中如何合理配置樹幹。《湖蠶述》中錄入逐年攔頭法，一年攔頭時「須存粗葉芽三、四個。」存粗葉芽的意思是將主干上壯健的芽保留讓其發育留成第一枝幹；二年攔頭後所留枝條：「倘生枝過多，則將細枝、橫枝剪去」，第二年攔頭確定第一枝幹，此時也需開始考慮樹冠形狀的問題，使其第一支幹的修剪「望之如圓蓋」；第三年攔頭：「上年所攔之桑，次年發生有五、六枝，其枝在中而壯者，約一尺二、三寸長攔之可二、三枝，其枝在四旁者約七、八寸攔之。」這裏講到的「中而壯者」是指內部枝幹，留枝的長度應稍高一些，在四旁者指外圍枝幹留得稍低一些，在枝幹配置的時候，向上生長的「中長者爲頂」，外圍枝幹的頂芽向外生長，使樹冠向外擴展，這樣的攔頭方法可使枝幹分佈均勻，各占一定的空間，這種「形如傘，圓如蓋，望如覆鐘」的樹型有利於桑葉採光，利於豐產，且樹冠部分吸收光的表面大，下半部的遮蔭小，可達到「枝葉層層而上，其受雨露遍而無陂，葉易長大而多生」的目的。當地群眾講這種樹型：「桑枝可達七尺長，桑園裏見不到陽光。」〔註124〕

專業桑園中的樹型一般是中、高幹桑拳桑，這種專業桑園一般在圩岸和河道邊，也有分佈在河港邊，圩埂上，魚塘埂的小塊土墩上的。〔註125〕樹型高度與留拳的數目可依據栽種地區肥培條件及耕作制度做相應的調整：「樹大拳多，爲膏腴地之常。若瘠地及田旁，不能容多拳大樹，每樹只容三、四拳，接樹後兩年即可開剪，樹不欲高，使土膏易於灌頂，且免遮陰禾稼。」〔註126〕爲了防止遮陰稻田，稻田旁的畦畔式桑園採用的是低幹少拳樹型，畦畔的桑樹由於日光充足，通風良好，往往發育旺盛，發芽早，成熟速，養分豐富。這樣的種植方法可以做到糧桑兩不誤。

〔註124〕 《吳興縣第七農技推廣站現有桑園肥培管理工作總結》，湖州市檔案館，1956年，W73-9-42。
〔註125〕 潘傳銘、翟光宙：《浙江省桑樹豐產調查》，載《蠶業科學通訊》1957年第2期。
〔註126〕 （清）趙敬如：《蠶桑說》，續修四庫全書。

在專業桑園之外空隙土地上栽植桑樹，當地農民稱爲散桑。〔註127〕散桑
一般栽種在屋前屋後的空閒地上。《補農書》記載：「若牆下可以樹桑，宜種
富陽、望海等種，每株大者可養蠶一筐。」養一筐蠶需吃葉二百斤，就是說
一株高大的散桑能產葉二百斤左右。富陽桑的養成之後：「其大者可得葉數
石，倘不令蟲蛀及水灌，其根愈老愈茂，年遠不敗。」〔註128〕散桑採用的是
高幹無拳式養成的方法。無拳式養成即在確定好主幹的高度之後，每年剪伐
時，在枝條基部保留得比較高，定芽發生新條，分枝逐年增多，樹型高度也
逐年增高。《沈氏農書》提及一種「樓子樣」樹型，流行在「西鄉」，即德清、
崇德、杭州等山地丘陵地區。這種「樓子樣」樹型當地農民叫做「步步高」，
就是當地一種高幹無拳式樹型。步步高式養成時留主幹爲五到七尺，第二枝
幹向四方伸展留五到八枝，以後每年於各分枝上保留一、二個新梢任其生長，
年年這樣採葉剪條，樹型高大，產量穩定，樹齡長。〔註129〕

火桑也是散桑中的一種。《沈氏農書》說，「有一種火桑，較別種早五六
日，可養早蠶。凡過二月清明，其年葉必發遲，候桑下蠶，蠶恐後期，屋前
後種百餘株備用可也。」〔註130〕火桑因其不耐剪伐的品種特性，農民一般採
取一年剪一年養的方法或只採不剪的採養法。採養法是樹型養成後，桑樹一
年夏伐收穫，一年不剪條，春期枝條頂端留二個芽，其餘葉採光，一年採伐
一年養，這樣樹上經常有綠葉存在，有利於桑樹的生理，桑樹不易衰敗，樹
齡長，形成高大的喬木樹型。〔註131〕

在肥源缺乏的丘陵山區，爲了適應環境，當地群眾一般選栽樹性強的「草
桑」。又稱毛桑。草桑即野桑，現在也稱實生桑。草桑如果不進行嫁接直接定
植，一般養成喬木桑。喬木桑是在桑苗定植後，任其自然生長，只採葉不加
任何的人工修剪，樹型高大。

〔註127〕楊源時：《嘉湖地區蠶桑生產的若干歷史經驗》，《浙江農業科學》1963年第6
期。
〔註128〕（清）汪日禎撰：《湖蠶述》卷1，蔣猷龍校釋，農業出版社，1987年，第
16頁。
〔註129〕（清）張履祥輯補，陳恒力校釋，王達參校、增訂：《補農書校釋（增訂本）》，
上卷，1983年，農業出版社，第51頁。
〔註130〕（清）張履祥輯補，陳恒力校釋，王達參校、增訂：《補農書校釋（增訂本）》，
上卷，1983年，農業出版社，第46頁。
〔註131〕宣霞章等：《浙江省桑樹地方品種調查報告》，《蠶業科學通訊》，1957年第2
期。

為充分利用空間，嘉湖地區的農民還發明了一種搭龍頭式的樹型。搭龍頭式就是放甩條，又叫「劃跳」。將每株桑樹的一部分枝條用物理方法使之與地面或河面平行，與主幹成直角，這種方法可使桑樹利用老桑地桑樹零星空隙，或在河邊、路旁擴展、利用空間。〔註132〕還有一種水平式利用空間的樹型養成方法，其早在《四時纂要》就有所涉及，〔註133〕太湖南部地區養成水平式樹型，一般在移植時保留5～7尺高便割去樹梢，不留中心，使其向外開展，分層養成的步驟和中幹式相同，惟第一層枝乾和主幹的分歧部分必須成直角，在需要向水平方向伸長枝條的先端，掛上磚石，由磚石的重量壓成水平狀，或用草繩攀成。〔註134〕

六、拳桑

拳桑是嘉湖地區的桑園中最為常見的樹型，何杖在《種桑說》中形象地描述拳桑：「乙卯仲冬（同治年間），道經於越，顧見兩岸多嘉樹林，其行列極整齊，而形狀極奇嶇，高不過五、六尺，然槎枒叢起，如力士支拳，如藥叉探手生氣遠出，若有勒之使還者。少則數畝，多則數十畝，了無雜木參錯其間。」〔註135〕趙翼路過嘉興時，曾作詩描述拳桑，「長水塘邊四月天，女桑禿似小兒拳。不知葉為蠶娘剪，擬賦婆娑枯樹篇。」〔註136〕拳桑的養成方法在清代的蠶桑書中頗為常見。拳桑的養成是於主幹、枝幹部分定型之後，每年剪伐時，在最後剪定的一層枝幹（也就是收穫母枝），齊枝條基部或留極短的一段進行伐條，利用殘留部分的潛伏芽生長出新條。因每年幾乎都在同一部位發芽抽條，經多年積累生長，枝條基本形成逐漸膨大突起，增大成拳頭狀樹型，此即「拳桑」，樹型養成上也叫拳式養成法。拳式養成的桑樹因樹型整齊，便於伐條管理和大規模地收穫作業，清代以來被嘉湖地區的農民普遍採用。清代以來的許多蠶桑書都詳細記載了如何養成拳桑，方法大多趨同，沈秉成的《蠶桑輯要》圖文並茂地說明了拳桑的養成過程明：

〔註132〕潘傳銘、翟光宙：《浙江省桑樹豐產調查》，《蠶業科學通訊》1957年第2期。

〔註133〕韓鄂：《四時纂要》卷1《正月》條中提到：「每年及時科斫，以繩繫石墜四向枝，令婆娑。」

〔註134〕顧青虹：《桑樹的剪定問題》，《蠶業科學通訊》1957年第3期。

〔註135〕（清）趙敬如：《蠶桑說》，續修四庫全書。

〔註136〕（清）趙翼：《趙翼詩編年全集》，第3冊，《嘉禾道中》，天津古籍出版社，1996年。

在冬春萌芽時只留一芽，深秋肥者長成五、六尺高，冬令又剪去上條，離地一尺五寸，來春頂上又留兩芽，長成雙條，冬令又剪去，清明出芽，頂上又留兩芽，冬又剪，春芽又如前法留之，冬令又剪成八頭，如此樣，自此以後，年年在此剪之，即成拳樣。又如前留芽十六條，自此冬令不剪，在立夏后連枝剪下，抹葉飼蠶。全在樹本之下出芽，年年抹盡，只留頂上者。要緊不時捉蟲，毋使蟲食頂葉。

拳桑樹型「頭一段一尺五、六寸高，二、三、四段約留一尺三、四寸高，共成樹本五、六尺為定。立夏后在此頂上平剪，再發芽為徵條，次年仍在此處剪之。」〔註137〕這種樹型養成，在當地被農民稱作「四腰八拳」，但更為常見的是「三腰六拳」。腰即桑樹枝幹的層次，三腰即主幹、第一枝幹、第二枝幹三層，養成桑拳的多少可視桑樹樹勢而定，樹勢強的可多留幾拳，樹勢弱的少留；在有空隙的地方也可進行補拳，讓其增加拳數，多發枝條。桑拳上長出的枝條稱為「徵條」，當地農民又稱「正條」，即拳上直立向上的枝條。〔註138〕趙敬如的《蠶桑說》中記載，「桑樹歲久成拳，拳上所長之條，謂之征條，壅糞厚者，徵條有八九尺長。」〔註139〕拳桑的養成形式至 1950 年代，在嘉湖地區仍相當普遍。1950 年代德清西鄉幸福合作社的 400 畝桑地，採取的都是中幹三拗六拳（即三腰六拳）的剪定方法，吳興縣白雀鄉俞伯良的桑園採用也是如《蠶桑輯要》中的拳桑養成法，只是枝幹層次降低，留拳數減少。「當第一年種植時，離地 1.5 尺剪去苗梢，留 2～3 個健芽，翌年進行春伐，新梢上留高 4～5 寸剪去，每條發 2～3 個新梢，秋季採葉養蠶；第三年不伐條，摘片葉留梢芯；第四年夏伐，條留高 4～5 寸。此後一年夏伐，留高 4～5 寸，一年養條，採葉飼蠶，交叉進行。至第八、九年養成中幹拳式，幹高三尺，養成後才年年夏伐，桑樹留芽的多少，看桑樹生長好壞和四周的空隙而決定，一般每拳留 4～5 根條。」〔註140〕養成拳桑的時間仍以十年為率，十年後才可以正式伐條。1949 年前後，當地有些農民仍然用這麼長的時間來養成桑樹。如吳興縣織里區雲村鄉第六村蠶戶陳阿大的桑地，「七

〔註137〕（清）沈秉成：《蠶桑輯要》卷 11。
〔註138〕吳興縣人民政府農林科：《菁山鄉明星社桑葉豐產經驗》，1955 年，湖州市檔案館，W73-8-28。
〔註139〕（清）趙敬如：《蠶桑說》，續修四庫全書。
〔註140〕《吳興縣白雀鄉俞伯良桑園豐產經驗》，湖州市檔案館，1958 年，W73-11-14。

年開剪，八年養，九年開剪，十年養，十年後才可以年年伐去。」〔註141〕

拳桑作爲樹型養成的方法被嘉湖地區農民所採用應不早於南宋。在咸淳《臨安志》中，拳桑還被誤列爲品種。〔註142〕拳桑養成的技術要點之一在於伐條。拳桑伐條稱爲夏伐，夏伐是一種收穫桑葉的方法，每年春蠶的壯蠶期，從枝條基部將桑拳上的枝條伐下。夏伐技術是農民養成樹型，提高桑葉產量和質量的有效途徑之一。宋元時期湖州地區對桑樹施行夏伐已十分普遍。《嘉泰吳興志》記載，「蠶月條桑，釋者曰：斫取其條，而摘葉以用也。今浙間則然，歲生歲伐，率皆稠行低幹，無有高及二丈者。」〔註143〕「蠶月條桑」、「歲生歲伐」表明南宋時期，農民在春蠶養育時已用伐條的方法收穫桑葉，「斫取其條」即是一種砍伐桑樹枝條的技術。條桑在太湖地區一般是婦女的工作，「妻條桑葉催蠶起，兒脫莎衣傍牛犢。」〔註144〕太湖地區稱四月爲忙月，此時農家既要種稻又要養蠶，蠶桑事務一般由女子負責，男子則擔負起戽水等其它更重的農活，如詩中所描述：「耕田有糧蠶有種，丁男戽水女條桑。」〔註145〕

趙孟頫的《耕織圖詩》中對條桑的過程做了描述：

> 三月蠶始生，纖細如牛毛。婉孌閨中女，素手握金刀。切葉以飼之，擁紙散周遭。庭樹鳴黃鳥，發聲和且嬌。蠶饑當採葉，何暇事遊邀。田時人力少，丈夫方種苗。相將挽長條，盈筐不終朝。數口望無寒，敢辭終歲勞？

「相將挽長條，盈筐不終朝」講的是春蠶壯蠶期之前的採葉情形。蠶兒在大眠以前，食葉量不甚多，此時桑葉收穫用「挽長條」摘下桑葉即可。農曆四月份，蠶三眠以後，食葉量猛增，這時結合桑樹的生長狀況，開始伐條收穫桑葉。趙孟頫接下來的詩如此言：

> 四月夏氣清，蠶大已屬眠。高首何昂昂，蛾眉復娟娟。不憂桑葉少，遍野如綠煙。相呼攜筐去，迢遞立遠阡。梯空伐條枚，葉正霜未乾。蠶饑當早歸，秉心靜以專。飭躬修婦事，黽勉當盛年。救

〔註141〕《浙江省1952年桑葉豐產情況調查表》，湖州市檔案館，1952年，W73-5-13。

〔註142〕《咸淳臨安志》卷58：桑，數種，曰青桑、白桑、拳桑、大小梅紅、雞爪之類。

〔註143〕（明）董斯張：《吳興備志》卷26引。

〔註144〕（宋）陳起：《江湖後集》卷10，《歸耕》，文淵閣四庫全書本。

〔註145〕（宋）陳起：《江湖小集》卷41，《田父吟》，文淵閣四庫全書本。

忙多女伴，笑語方喧然。

在這首詩中就描寫了伐條採桑的情況。「不憂桑葉少，遍野如綠煙」，形容的是此時桑樹已經枝繁葉茂。「梯空伐條枚」就是在桑梯上伐條，即夏伐。趙詩中講伐條仍需要借用桑梯，可知雖然此地桑樹主幹已較北方喬木桑低矮，但是，元代的桑樹仍以採用高幹的樹型為主。夏伐的枝條運回家中，摘下桑葉飼養春季的壯蠶，這些剩下的枝條則被用來當作薪柴。

> 釜下燒桑柴，取繭投釜中。纖纖女兒手，抽絲疾如風。田家五六月，綠樹陰相蒙。但聞繅車響，遠接村西東。旬日可經絹，弗憂杼軸空。婦人能蠶桑，家道當不窮。更望時雨足，二麥亦稍豐。酤酒田家飲，醉倒嫗與翁。〔註146〕

「釜下燒桑柴，取繭投釜中」講的是用桑柴來做柴火煮收穫的春蠶繭，五六月間，正值桑樹夏伐過後，桑樹又抽長出新條，此時的鄉村又是一片綠樹成蔭的景象。元末明初俞宗本《種樹書》中提到桑樹夏伐的最遲時期是五月，春蠶飼養完畢，將桑樹的枝條全部伐去：「採後即斬，不可過夏至節，過則脂漿已上，根無力。」〔註147〕

夏伐是樹型矮化的基礎，但如果伐條的部位留得過長，樹型仍得不到控制。宋元時期由於條桑工具的限制，在這個技術要點上往往比較粗放。當時桑樹伐條的工具是刀。《王禎農書》記載：「劐刀，南人斫桑剝桑俱用此刃。」〔註148〕「桑斧刊春色，漁歌唱夕陽。」〔註149〕宋人詩中還有用桑斧伐桑者。用刀或斧難於在一確定的部位正確伐條，所以宋元時期，拳桑的樹型並沒有完全形成。拳桑形成最重要的技術點在於準確掌握伐條的部位。宋代詩人范成大的《科桑》詩：「斧斤留得萬株枯，獨速嵯岈立瞑途」〔註150〕，描寫的就是夏伐後桑樹參差不齊的樣子。

雖然拳桑現在是為嘉湖地區桑園中普遍使用的樹型，但是直到明末，拳桑卻還並未受到全面的推廣。直接將拳桑作為樹型的記載始於《沈氏農書》，

〔註146〕（元）趙孟頫著，任道斌輯集、點校：《趙孟頫文集》卷 2，《題耕織圖二十四首奉懿旨撰》，上海書畫出版社，2010 年，第 24～25 頁。

〔註147〕（明）俞宗本：《種樹書》，康成懿校注，農業出版社，1962 年。

〔註148〕《王禎農書》卷 21。

〔註149〕（宋）吳處厚撰，李裕民點校：《青箱雜記》卷 6 引王公隨《野步》詩，中華書局，1985 年，第 61 頁。

〔註150〕（宋）范成大著，富壽蓀點校：《范石湖集》卷 7，《科桑》，上海古籍出版社，2006 年，第 86 頁。

明末沈氏對拳桑並不是十分滿意。《沈氏農書》評價：「試看拳頭桑，桑釘眼多，身如枯柴，一年缺壅，便不能發眼，即行悶死矣。」〔註151〕「身如枯柴」形容的是拳桑的枝幹形態，拳桑因爲主幹的發育生長收到抑制，時間一長，主幹部分逐漸枯萎變形，樹型上比較起「樓子樣」來不甚美觀；同時，如果所施肥料不足，拳上的冬芽就不能萌發，對於發芽率不高的品種來說，如果肥培條件不到位，還不如無拳式樹型的產葉量高。所以沈氏不提倡拳式養成的樹型。

在《沈氏農書》以前明代嘉湖地區的方志記載中，最常見的樹型是條桑與高桑。成化《湖州府志》記載，「桑有兩種，飼蠶後剪其條，謂之條桑，其葉大；不剪者謂之高桑。」〔註152〕崇禎《烏程縣志》中亦載條桑與高桑兩種，只是將條桑的養成方法講得更加具體，「桑條貴剪，初種時剪去其幹。獨留根以糞水澆之，令其發生。凡剪三年，而後留其幹，至摘葉後尤剪其長條。不然葉不發生，故曰條桑。」〔註153〕此時條桑已經從宋元以來的一種桑樹伐條技術，轉變爲樹型的稱呼，這正是桑樹夏伐技術在嘉湖地區得以普遍推行的結果。明代以來嘉湖地區對桑樹施行伐條相當普遍，因爲伐條能帶來桑葉的豐產與桑葉質量的提高，「蠶之時，其摘也，必潔淨，遂剪焉。必於交湊之處空其幹焉，則來年條滋而葉厚，歲歲剪條則盛。」〔註154〕萬曆《湖州府志》記載：「摘去葉後，剪去長條，不然葉不發生，故曰條桑。又剪而禿者，曰鼓椎桑。」鼓椎桑是形容桑樹枝幹頂端膨大，與拳桑的形態相同。〔註155〕「又」表明，「鼓椎桑」屬於條桑的一種。鼓椎桑是基於條桑的養成技術之上，又達到「剪而禿」的程度而形成的。

鼓椎桑的最終形成，與採桑工具的進步是分不開。明代嘉湖地區的採桑工具已發生了變化，普遍地使用了桑剪。《天工開物》記載嘉湖地區：「凡取葉必用剪，鐵剪出嘉郡，桐鄉者最犀利，他鄉未得其利。」〔註156〕《蠶經》

〔註151〕（清）張履祥輯補，陳恒力校釋，王達參校、增訂：《補農書校釋（增訂本）》，上卷，1983年，農業出版社，第49頁。
〔註152〕成化《湖州府志》卷8。
〔註153〕崇禎《烏程縣志》卷4，土產。
〔註154〕（明）黃省曾：《蠶經》卷1，叢書集成本。
〔註155〕萬曆《湖州府志》卷3。
〔註156〕（明）宋應星著，潘吉星譯注：《天工開物譯注》，乃服第六，上海古籍出版社，2008年，第88頁。

上講桑剪：「南潯之剪價七分」。〔註157〕《沈氏農書》中講買桑剪「須在石門鎮買，五分一把」。〔註158〕從桑剪價格之低廉可以看出，桑剪在嘉湖地區已是十分平常的農具。在使用和操作方面，比較起斧和劙刀，桑剪攜帶輕便，使用時「握以食指，居兩股之間，則開闔自如，截長留短，得心應手。」〔註159〕利用桑剪可以準確地掌握桑樹伐條的部位。拳桑的一個典型特點是「桑釘眼多」〔註160〕桑釘就是伐條時留下的枝茬。高銓《蠶桑輯要》言：「剪剩之短枝俗稱桑釘，亦稱油瓶嘴，晴時堅硬難剪，須雨後乘濕剪之。」〔註161〕這些殘留的枝茬每年需要用桑剪修去，使拳上的光滑，拳桑的樹型才得以維護。當地農家將這些剪下的桑樹枯茬，都運回家中作薪柴，《補農書》中講：「細而桑釘、稻穩，無非家所必需之物。」〔註162〕

剪桑技術的推廣，同時伴隨著桑樹逐漸矮幹化。《天工開物》中記載，「欲葉便剪，則樹至七、八尺，即暫截當頂，葉則婆娑可扳伐，不必乘梯緣木」。比較起宋元時期的樹型，明代以來的樹型已經從至高「二丈」矮幹化至「七、八尺」。清代的標準樹型高度是「一人一手高」，即所留桑拳高度不能超過一般人舉起手的高度，超過這個高度，摘葉和剪桑操作起來就不方便，「桑樹太高，不便採葉，所以要剪，只留五層。」〔註163〕《沈氏農書》中講拳頭桑，在「東鄉」已被普遍採用。相對於沈氏所在的歸安璉市，東鄉指的是嘉興桐鄉地區。比較起養成技術較高，時間較長，採桑又不易的「樓子樣」的樹型來說，拳桑有著操作簡便，培育生長相對較快的優勢，適應了明清以來蠶桑經濟大規模發展的需要，故廣受歡迎。

拳桑的養成與年年攔頭有很大的關係。攔頭在當地叫腰頭，〔註164〕是集

〔註157〕（明）黃省曾：《蠶經》卷1，叢書集成本。

〔註158〕（清）張履祥輯補，陳恒力校釋，王達參校、增訂：《補農書校釋（增訂本）》，上卷，1983年，農業出版社，第49頁。

〔註159〕《蠶桑述要》，轉引自章楷編：《中國古代栽桑技術史料研究》，農業出版社，1982年，第169頁。

〔註160〕（清）張履祥輯補，陳恒力校釋，王達參校、增訂：《補農書校釋（增訂本）》，上卷，1983年，農業出版社，第49頁。

〔註161〕（清）高銓：《蠶桑輯要》卷上，續修四庫全書。

〔註162〕（清）張履祥輯補：《補農書校釋》（增訂本），農業出版社，1983年，第147頁。

〔註163〕（清）趙敬如：《蠶桑說》，續修四庫全書。

〔註164〕（清）汪日楨撰，蔣猷龍注釋：《湖蠶述注釋》卷1，農業出版社，1987年。

截頭、整枝、造型的桑樹整型技術。「桑必攔頭而有桑拳，四、五年後枝指紛出，葉乃茂密，否則直上而葉少。」〔註165〕要使樹型矮化，便於桑園管理，嘉湖地區農民對桑樹普遍施行攔頭法。方大湜在《蠶桑輯要》中將攔頭稱為「去稍子」，「去稍子」的目的就是為了控制樹型，用去稍子的辦法養成樹型，「樹頭皆成拳形，條柔枝嫩，葉闊如掌，且樹身大而不高，尤便採摘。」〔註166〕

第二節　桑葉採收與利用

合理的收穫方法，不僅能獲得飼蠶的優良飼料，而且能夠充分發揮桑樹的生產潛力。嘉湖地區的農民不僅對桑樹的生理特點十分熟悉，還根據不同的樹型養成形式與湖桑的品種特性，將桑葉的採收與蠶期用葉、湖羊飼養用葉與桑樹生長發育相配合，創造了精細的桑葉採收技術。嘉湖地區桑葉採收一般是摘葉與伐條兩種技術方式相結合。

一、頭葉收穫與春蠶飼養

「蠶食頭葉者謂之頭蠶，食二葉者謂之二蠶。」〔註167〕頭蠶即春蠶。頭葉即著生在上一年枝條上的桑葉。桑葉收穫必須兼顧養蠶與桑樹的生理。桑樹的生長發育與氣候條件的關係極為密切。一般在地溫5℃時，桑根開始營吸收作用；當氣溫上陞到10℃左右時，冬芽萌發生長。在3～5月份的春葉生長期，如果晴天多，氣溫高，日光足，桑樹同化作用盛，桑葉生長快，如果低溫陰雨，日照足，桑葉則生長慢。特別是在春分到清明間，如果氣溫低，桑葉生長發育慢，到清明桑芽還未脫苞開葉，如「一粒穀」，不但桑葉產量減產，桑葉質量亦差。如果在小蠶期採不到營養好的適熟桑葉，春蠶飼育就會受到影響。當地農諺「清明以前葉開苞，買葉的人向葉笑；清明以前一粒穀，買葉的人向葉哭」，形象地說明了這種關係。〔註168〕

春蠶稚蠶期採用摘葉的方法，「小蠶時只採葉片，出火然後開剪。」〔註169〕桑葉採摘的技術要求比較高，「採桑須有次第，擇其色之老者先採之，留其嫩

〔註165〕民國《德清縣志》卷4，食貨，農桑。

〔註166〕（清）方大湜：《蠶桑輯要》，續修四庫全書。

〔註167〕（清）汪日楨撰，蔣猷龍注釋：《湖蠶述注釋》卷1，農業出版社，1987年。

〔註168〕陳清奇：《浙江農諺選注》蠶桑（二）養蠶，《浙江農業科學》1963年第3期。

〔註169〕（清）汪日楨撰，蔣猷龍注釋：《湖蠶述注釋》卷2，出火：小蠶用火，三眠去之，故名出火，農業出版社，1987年。

者以待其長，尤不可傷其芽嘴，蓋芽嘴方長略遲，旬日便數十倍於此時，且其味苦澀，非蠶所宜食也。」先是採小葉，「三眼前所採之底瓣瞎眼謂之小葉。」採下的小葉可用於飼養春蠶。小葉中先採底瓣：「蠶初生時，食葉甚少，只可采其底瓣。」底瓣即枝條下部的止芯芽，「其色較老，雖留之亦不甚長」；之後是採瞎眼：「二眼以後食葉漸多，若底瓣已盡，則採瞎眼。」瞎眼即枝條上部的新稍芽，「雖留之長亦不多」。採小葉即現代技術中的摘芯，摘芯得當可促使枝條上部新稍生長，利於增產春葉。但過度採摘影響桑樹生長發育，所以《湖蠶述》中也提到：「年年採小葉，桑亦易敗。以隔年一採每年輪換爲妙。」嘉湖地區舊有「假攔桑」，又稱攔白條，即延遲剪條的技術，具體方法是：「凡桑枝已攔過兩年者，一本必生六、七枝，枝有葉芽而遂攔之。」爲將桑樹修剪與採葉飼蠶相適應，汪日楨認爲：「葉未張而先去之，殊爲可惜。」應該「待收蠶後陸續攔之，其葉小恰宜飼小蠶，不致狼藉。」〔註170〕

　　根據嘉湖地區桑樹生育規律，春葉一般在穀雨邊成熟，農民依據這個規律來安排養蠶。當地諺語這樣說「穀雨三朝蠶白頭，好蠶不吃小滿葉」。養春蠶需掌握在穀雨前收蟻飼養，爭取在小滿以前上簇採繭。這樣安排，一方面能使蠶的發育與桑葉的生長相適應，另一方面可以避開壯蠶期遇到高溫危害。而且，桑樹的伐條時間亦較適時，也有利於新梢的生長。同時，這樣安排對整個農業生產也有好處，蠶在小滿前上簇了，就可以將勞動力集中於收穫春花和栽插單季晚稻。〔註171〕

　　春季壯蠶期桑葉的收穫一般採用的是夏伐的方式。此時將桑樹上的嫩枝條及新長出的桑葉全部剪去。〔註172〕桑樹夏伐後，枝條基部休眠芽萌發，加強肥培管理，即會迅速長出新枝。所以在剪桑之後，農民對桑地都及時施以「謝桑肥」。

二、勻二葉

　　嘉湖地區的農民根據養蠶的周期和次數來決定桑葉收穫的周期和形式。「蠶有頭蠶、二蠶，故曰葉有頭葉、二葉。」〔註173〕在嘉湖地區一年中用於

〔註170〕　（清）汪日楨撰，蔣猷龍注釋：《湖蠶述注釋》卷1，農業出版社，1987年。
〔註171〕　陳清奇：《浙江農諺選注》蠶桑（二）養蠶，《浙江農業科學》1963年第3期。
〔註172〕　（清）張履祥輯補：《補農書校釋》（增訂本），農業出版社，1983年，第50頁。
〔註173〕　（清）汪日楨撰，蔣猷龍注釋：《湖蠶述》卷1，栽桑，農業出版社，1987年，第24頁。

飼蠶的周期有兩次，當地因為飼蠶周期的不同，對相應的養蠶周期中收穫的桑葉，有特定的稱呼。《湖蠶述》記載：「蠶食頭葉者謂之頭蠶，食二葉者謂之二蠶。」〔註174〕頭蠶飼以頭葉，二蠶飼以二葉，嘉湖地區當地農民對桑葉一般的利用原則是：「頭葉剪條，二葉留條，秋葉不採。」〔註175〕頭葉剪條指的是春蠶飼養到三、四齡時養蠶所需的桑葉量激增，桑葉的收穫形式為伐條採桑，伐條的過程中也兼以對桑樹施行夏伐，將桑樹上帶葉的枝條都剪下飼養春蠶，這時收穫的桑葉仍稱頭葉；春蠶飼養完畢之後，夏伐之後的桑樹重新長出枝條，新長出的枝條和桑葉就是二葉，二葉要留在枝條上採摘，「桑之萌芽，於二三月間者，謂之初桑（俗謂之頭桑），既剪後，旋復抽條放葉者曰二桑（俗謂之二葉）。」〔註176〕這裏說夏伐時用桑剪剪下枝條，《天工開物》中稱「鐵剪出嘉郡桐鄉者最犀利，他鄉未得其利，剪枝之法，再生條此月葉愈茂，取資既多，人工復便。」〔註177〕嘉湖夏伐桑樹用剪而不用斧，對桑樹剪枝的過程就是夏伐，再生條指的就是夏伐後抽出的新條，即二葉。「勻二葉」是在春蠶飼養之後，對桑樹所實行的集疏芽、採葉、樹型維護等程序於一身的技術總和，也是一種地方性的桑樹豐產經驗。陳恒力先生曾提出「勻二葉」是嘉湖地區育桑的一個極為重要的環節，有很高的技術要求。〔註178〕

　　明清時期嘉湖地區的桑樹樹型較北方常見的高大的喬木桑已發生改變，至清代，拳桑的樹型形成，〔註179〕拳桑現在仍是嘉湖地區的桑園中最為常見的樹型。趙翼路過嘉興時，曾有詩，「長水塘邊四月天，女桑禿似小兒拳。不知葉為蠶娘剪，擬賦婆娑枯樹篇。」〔註180〕在這裏，趙翼看到的應該是一片幼齡的桑園，桑拳還比較小，像小孩的拳頭。「二葉皆從桑拳上報苗」，〔註181〕

〔註174〕（清）汪日楨撰，蔣猷龍注釋：《湖蠶述》卷 1，總論，農業出版社，1987年，第 1 頁。

〔註175〕民國《德清縣志》卷 4，食貨志，農桑。

〔註176〕（清）沈練著，仲昴庭輯補，鄭闢疆、鄭宗元校注：《廣蠶桑說輯補》卷上，農業出版社，1960 年。

〔註177〕（明）宋應星著，潘吉星譯注：《天工開物譯注》，乃服第六，上海古籍出版社，2008 年，第 88 頁。

〔註178〕（清）張履祥輯補，陳恒力校釋，王達參校增訂：《補農書校釋》（增訂本），農業出版社，1983 年，第 53 頁，陳恒力校釋部分。

〔註179〕周匡明：《蠶桑史論文選》，中國文史出版社，2007 年，第 270 頁。

〔註180〕（清）趙翼：《趙翼詩編年全集》，第 3 冊，《嘉禾道中》，天津古籍出版社，1996 年。

〔註181〕（清）鄭文同：《蠶桑輯要》，續修四庫全書。

夏伐過後，桑樹桑拳上的休眠芽或潛伏芽一萌發，這些新芽密集在桑拳上。新長出的枝條雜亂叢生，這時要對枝條要進行勻採工作，選取茁壯的嫩條留養，刪去雜亂瘦弱的枝條。當地將「勻二葉」又寫作「耘二葉」，人們將二葉的處理工作與稻田中的耘田工作進行類比，耘田的重點是稻田除草，勻二葉是刪去桑樹枝條生長過程中那些過密的葉片、瘦弱的枝條。

夏伐後桑拳上長出的新枝條稱爲「徵條」，趙敬如的《蠶桑說》中記載，「桑樹歲久成拳，拳上所長之條，謂之征條，壅糞厚者，徵條有八九尺長。」〔註182〕當地農民又稱這些新留的枝條爲「正條」，即拳上直立向上的枝條。〔註183〕《沈氏農書》中講「二葉須老農善探者留其條爲來歲生葉之地」〔註184〕，勻二葉過程中一項具體的技術是留條，因所留的嫩條即明春桑葉著生的枝條，也就是第二年飼養春蠶的頭葉著生的枝條，所以極爲關鍵。留取什麼樣的枝條需要具備一定的技術經驗才能判別出來，一般由有經驗的老農來做這個工作。如 1950年代嘉興的錢介浜生產隊，是一個勻二葉工作進行得好的隊，但這個隊幾個年輕的不懂刪法，在刪葉工作進行時，仍要由老農進行技術指導。〔註185〕

選取好的枝條留養之後，還要保證這些枝條發育良好，促使這些枝條在生長過程中形成合理的樹冠，從而使桑樹整體枝條都保持良好的生長態勢。爲使新生的枝條生長分佈均勻要進行疏芽，此時勻二葉一般的原則是疏去細弱的枝條，留下生長旺盛的枝條，「須於枝之過密處及枝之少力者，酌量刪下。」〔註186〕在枝條密集的地方要多疏少留，總之要使整株桑樹的新長出的枝條分佈均勻。在新梢的成長過程中，還要保證這些新長的枝條形成一定的層次，使所留的枝條都能充分利用光能。一般桑樹的留條數視每株桑樹的拳數而定。每拳上「約留三、四條，餘均攀下摘葉喂蠶」〔註187〕，這樣一株桑樹留條一般在 24～32 條之間。在 1952 年，吳興雙林農民沈阿祥的豐產桑地中，每株桑樹每個拳上只留 4～5 枝葉條，這些枝條中最長的有 7 尺高，短枝條 4

〔註182〕（清）趙敬如：《蠶桑說》，續修四庫全書。

〔註183〕吳興縣人民政府農林科：《菁山鄉明星社桑葉豐產經驗》，1955 年，湖州市檔案館，W73-8-28。

〔註184〕同治《湖州府志》卷30。

〔註185〕嘉興縣農業局：《本縣有關農技站關於蠶桑生產的調查資料》，嘉興縣農業局，1960 年。

〔註186〕（清）沈練著，仲昂庭輯補，鄭闓疆、鄭宗元校注：《廣蠶桑說輯補》卷上，農業出版社，1960 年。

〔註187〕（清）沈秉成：《蠶桑輯要》卷 11，續修四庫全書。

尺 5 寸，一般的枝條 5 尺多長，這樣安排桑拳上發出的枝條，所構成的葉層分佈才合理，如果枝條過多，且任其發育，反而會造成樹冠內部鬱蔽，降低整株桑樹桑葉的光合作用強度。湖州一帶的農民在勻二葉時，「把不正、斜、曲的枝條全部剪完，不可以留枝條旁產生的枝條，否則影響豐產，而且葉子容易脫掉，歪曲的桑枝則用繩縛直，形成圓形拳式。」〔註 188〕最後養成一種「形如傘，圓如蓋，望如覆鍾」的樹冠〔註 189〕，這種樹型最後支撐的是十分有利於採光的葉幕。

三、桑葉採摘技術

嘉湖地區農民在這個階段中不但要注意樹型，還要兼顧處理好整枝與養樹之間的矛盾。勻二葉首先必須需考慮到夏伐後桑樹的生理狀態。二葉初勻時，桑樹剛進行夏伐，這時桑樹的地下部分與地上部分之間的平衡突然被打破，桑樹的枝條在短時間內被大量伐去，桑樹鬚根暫時大量枯死。夏伐後的桑樹，約要經過 7～10 天的恢復生長，才能產生新的鬚根，地上部分也在逐漸長出新的枝葉。《沈氏農書》提出勻二葉開始過程中要注意的事項：「二葉初勻時，不可多打葉片，致嫩條軟折，此時預防損抑，不免多留。」〔註 190〕在這個恢復階段，生長出的新葉不能過度採摘，因為這時桑樹根系生命活動的恢復過程與這些新長出枝葉的生長同時進行。同時，頭葉採摘過後的枝條如有殘留在樹上的，也要刪去，《沈氏農書》中也一再強調這項步驟的重要性：「採畢仍舊剪光，清糞連澆兩番，自然嫩枝葉茂，明春加厚壅之，葉仍不少。斷不可仍留老條，致桑朽壞，此屢試明驗，斷在勿疑。」這些老枝條留在桑樹上，不僅與新生的枝條競爭養分，並且一株桑樹新枝條與根系之間新的平衡也難以建立，「老桑留一年頭葉，根本衰壞，後雖培壅，終必朽壞敗，萬萬不宜留養。」〔註 191〕所以，勻二葉開始的一個步驟就是去掉桑樹上遺留下來的枝葉，湖州歸安人章震福在《廣蠶桑說輯補校訂》中也特別強調二葉必須要去掉，「使樹留有精神。吾鄉每當蠶食不盡時，四處競賣，以便剪去，不致

〔註 188〕《浙江省 1952 年桑葉豐產情況調查表》，1952 年，湖州市檔案館，W73-5-12。
〔註 189〕轉引自：章楷編：《中國古代栽桑技術史料選編》，農業出版社，1982 年，第 145 頁，《勸桑說》。
〔註 190〕（清）張履祥輯補，陳恒力校釋，王達參校增訂：《補農書校釋》（增訂本），農業出版社，1983 年，第 49 頁。
〔註 191〕（清）張履祥輯補，陳恒力校釋，王達參校增訂：《補農書校釋》（增訂本），農業出版社，1983 年，第 83 頁。

傷樹。」〔註192〕這樣做主要是爲桑樹下一輪枝條的發育做好準備。

　　桑樹重新進入旺盛生長期，桑樹的根系活動重新恢復以後，勻二葉的工作才正式開始。「及種田畢，但多留嫩條及新發叢葉，盡情裁去。」〔註193〕隨著夏伐後桑樹的枝條恢復生長過程的完成，這時候勻二葉的措施是「於葉密、枝叢處耘採之」。〔註194〕即可以對桑樹叢生的枝葉進行正式的耘採工作。「此法妙處，全在每杈留三、四條，餵養夏蠶之葉，均繫應去之條。」〔註195〕每個枝椏上留三四條健壯的枝條，其它的都刪去，這些刪下的枝葉可以用來餵養夏蠶。但夏蠶養育完成，並不代表勻二葉的工作就結束了，「若拳下及桑丫集生之枝葉，即二蠶過時宜一概刪去，俗謂之刪黴丫。」〔註196〕這些拳下及桑丫集生之枝葉，由於桑樹枝條的發育成熟，樹冠部分枝葉繁茂，遮蔽陽光，下部的枝葉已無再生長的可能行，如不刪去，只會影響整體的樹勢和桑拳上枝葉的生長，並且妨礙主幹部分的通風與透光，現代的疏芽技術一般也根據品種要求，在新梢長到5、6寸長的時候疏去過密的新芽。〔註197〕

　　對於這些留下來的新生枝條，用的是摘葉的方法，摘葉也有技術要求，同一枝條上的桑葉，摘多少，摘哪一部分，有其先後次序。「蕻條上之葉，可摘取，節取，不宜攀折。」〔註198〕蕻條即桑樹新生的嫩條，桑樹嫩條在其新梢抽葉5、6片之前，仍不可多採葉，此時如果採葉過度，所留葉面積過少，導致光合產物減少，會削弱此時新梢生長速度和營養物質的積累，最終將導致枝條上重新生長桑葉減少，甚至會影響明春桑葉產量，所以對長出新稍上桑葉的採摘仍有要求，「二葉不可多採，多採則新條軟折，如遇葉貴之年，防人偷竊攀損，不得已而勻至頂，必用剪修取，留蒂在條，方無損害。」〔註199〕

〔註192〕（清）章震福校訂：《廣蠶桑說輯補校訂》卷1。
〔註193〕（清）張履祥輯補，陳恒力校釋，王達參校增訂：《補農書校釋》（增訂本），農業出版社，1983年，第49頁。
〔註194〕（清）沈練著，仲昴庭輯補，鄭闢疆、鄭宗元校注：《廣蠶桑說輯補》卷上，農業出版社，1960年。
〔註195〕（清）方大湜：《蠶桑提要》卷2，蠶事，續修四庫全書。
〔註196〕（清）沈練撰：《廣蠶桑說輯補》卷上，叢書集成。
〔註197〕蘇州蠶桑專科學校主編：《桑樹栽培及育種學》，農業出版社，1980年，第119頁。
〔註198〕轉引自：章楷編：《中國古代栽桑技術史料選編》，農業出版社，1982年，第203頁，《蠶桑述要》。
〔註199〕轉引自：章楷編：《中國古代栽桑技術史料選編》，農業出版社，1982年，第199頁，《吳興蠶書》。

這裏說在勻二葉時，不得已勻到新稍頂部的桑葉，要用桑剪來剪葉，而平時桑剪一般是用作剪枝條之用。留蒂是指剪葉之後還要將葉柄留在枝條上，這樣做能儘量減少對枝條的損傷。直到 1950 年代，吳興農民對老桑樹進行疏芽，勻至頂時一般仍要用剪刀剪，不用手剝，用桑剪同時還可以剪去一些病芽，使其餘的枝幹部分也不致受傷。〔註200〕

摘二葉也有其次序。「各枝上刪葉飼蠶，每枝只刪三分之一，於近拳處刪下。」〔註201〕為了保證上部枝條的繼續生長，應先採摘靠近桑拳部位的桑葉，這是因為隨著桑樹枝條的成熟老化，同一枝條上營養物質的輸送方向不一樣。枝條靠近頂端部分，葉片的光合產物是向上流傳，供給稍端葉片的不斷生長，枝條下部靠近桑拳的部分已成熟葉片的光合產物，則大多向樹乾和根部流轉，〔註202〕當地農民將這種技術方法稱為「夏葉勻下條」〔註203〕。夏伐後桑樹的枝條重新生長，必須考慮整株桑樹的生理生態平衡問題，保證桑樹整個植株都能獲得充足的營養物質和貯備養分，如果採摘枝條上部的桑葉，則下部桑葉的光合產物幾乎全部轉運到枝梢，供枝梢生長點的繼續發育。所以，整個勻二葉的技術過程中，關鍵是如何處理好採與養的關係，採葉的過程中需要密切留意和控制枝條生長的頂端優勢，現在我們看到的湖桑枝條一般都斜向上方開展，這種枝條的生長姿勢是當地農民長期的定向培育的結果。傳統時代，像勻二葉這樣的技術總結是農民對桑樹生理進行長時間觀察和瞭解的結果。

可以看出，勻二葉明顯已經不是傳統意義上的用以飼蠶的桑葉收穫技術，而是於夏伐之後，對桑樹進行疏芽、整枝、養樹等一系列技術事項的總稱。嘉湖地區的農民歷來以養育春蠶為主，「湖所重在頭蠶，飼養頗廣，二蠶之生，正在插秧時候，田工甚忙，不能多育，較頭蠶不過三分之一。」〔註204〕春蠶的飼養育數量為最大，二蠶養得很少或幾乎不養。《西吳蠶略》稱嘉湖當

〔註200〕吳興縣人民政府蠶業指導所：《1953 年春期吳興縣蠶業豐產代表座談總結會》，1953 年，湖州市檔案館，W73-6-4。

〔註201〕（清）沈練著，仲昂庭輯補，鄭闢疆、鄭宗元校注：《廣蠶桑說輯補》卷上，農業出版社，1960 年。

〔註202〕蘇州蠶桑專科學校主編：《桑樹栽培及育種學》，農業出版社，1980 年，第88頁。

〔註203〕吳興縣人民政府農林科：《菁山鄉明星社桑葉豐產經驗》，1955 年，湖州市檔案館，W73-8-28。

〔註204〕轉引自：章楷，余秀茹編著：《中國古代養蠶技術史料選編》，農業出版社，1985 年，第 4 頁，《吳興蠶書》。

地在春蠶之後一般情況下不再養蠶,「間或有種連收藏不慎,夏月輒生小蠶,好事者擔取養之。」養二蠶的人當時被稱作「好事者」,對於二葉,嘉湖當地人鄭文同說:「雖不養夏蠶亦須如法耘之」,〔註205〕所以,勻二葉的重點乃在「勻」,使夏伐後桑樹的枝葉恢復有序的生長態勢,而不是以收穫第二輪桑葉為主要目的。

勻二葉也有其技術淵源。春蠶之後馬上大量採摘桑葉進行第二次育蠶,蠶業史中並沒有這個習慣。陳旉《農書》提到「又有一種原蠶,謂之再生,言放子後隨即再出也。切不可育,既損壞葉條,且狼籍作踐,其絲且不耐衣著,所損多而為利少,育之何益也!」〔註206〕原蠶為「再生」,指原蠶是二化性的蠶種,原蠶即在春蠶之後所養育的二蠶。陳旉提到原蠶不能養,首要原因是對桑樹的枝葉生長不利。《周禮》中有「原蠶之禁」,在《周禮·夏官》中「禁原蠶」是由「司馬」中的「馬質」來掌管,由官方設專職人員來禁止養夏蠶。為何要由司馬中的馬質來掌管禁原蠶之事?鄭玄為《周禮》作注時這樣認為:「原,再也。天文,辰為馬;《蠶書》:蠶為龍精,月直「大火」,則浴其蠶種,是蠶與馬同氣。物莫能兩大,故禁再蠶者,為傷馬與?」鄭玄從五行說解釋蠶與馬同氣,因馬地位比蠶更重要,所以不允許養原蠶。但《淮南子》將這個問題講得更清楚。《齊民要術》中引《淮南子》曰:「原蠶一歲再登,非不利也,然王者法禁之,為其殘桑也。」〔註207〕《齊民要術》利用這條禁原蠶的史料,表明賈思勰是認同禁原蠶的做法,《淮南子》中講禁原蠶乃是因為「殘桑」,鄒景衡解釋為秋桑葉為飼馬的優良食料,禁養原蠶,可以保證養馬肥壯,減少過多死亡的數量。〔註208〕

清末湖州人沈秉成在《蠶桑輯要》這樣綜合分析二蠶飼養:「一則時屆農忙,恐妨田務;二則蠶盛妨馬,故《周禮》有原蠶之禁;三則春蠶畢後,桑葉無多,再戕伐其葉,樹本受傷,來年之葉必不繁茂。」他總結養二蠶是「利本不取」,〔註209〕也就是有損無益,原因之一是夏伐之後,桑樹本身還

〔註205〕（清）鄭文同:《蠶桑輯要》,續修四庫全書。

〔註206〕（宋）陳旉撰,萬國鼎校注:《農書》卷下,收蠶種之法篇,第二,農業出版社,1965年,第57頁。

〔註207〕《齊民要術》種桑柘第四十五。

〔註208〕（清）汪日楨撰,蔣猷龍注釋:《湖蠶述注釋》,農業出版社,1987年,第5頁,蔣猷龍注釋部分。

〔註209〕（清）沈秉成撰:《蠶桑輯要》雜說,續修四庫全書。

在恢復階段；春蠶養育過後，緊接著就要投入到繁忙的稻田農作之中，農民也沒有多餘的精力來養夏蠶。在嘉湖地區的整體農業生態系統中，農作物系統，也是其中最為重要的一個子系統，蠶桑生產、水田種植，都依賴於當地居民的勞力耕作。在農業經濟高度集約化的嘉湖地區，必須在人力投入方面做出適當的調配。二蠶不能多養，因為「二蠶之生，正在插秧時候，田工甚忙。」〔註210〕同時二蠶養育過程中，「自眠至老，皆值黃梅時候。」這段時間天氣逐漸轉為濕熱，此時正值江南的黃梅時節，陰雨連綿，飼蠶又最忌濕熱，這種的氣候條件下不宜養蠶過多，「時入夏季也，繩蚋咕喂臭穢生蛆，繭多穿頭絲少堅韌。」〔註211〕春蠶之後養蠶不僅受天氣的限制，還要費力避開各種蟲害。《農政全書》中提到「夏、秋蠶俱要計算蚊蠅。」徐光啓指出夏、秋蠶不好養，原因就是需要避「蚊蠅」之害。〔註212〕所以，在歷史傳統、生態環境與農作周期的影響之下，嘉湖農民養成了養育頭蠶為主的蠶桑生產習慣，「育頭蠶最為精心，頭兒蠶與二蠶，不若頭蠶之十分重要也。」〔註213〕

　　進入夏季，桑樹的枝條重新發育成熟，此時新長出的桑葉很多。一般夏秋季節，桑樹枝條和葉的生長量約占到全年總生長量的三分之二左右。「頭葉剪條，二葉留條，秋葉不採。」〔註214〕頭葉收穫過後，飼蠶所用的桑葉是很少的，而匀二葉之後所留的枝條上生長出的桑葉，如果不養蠶，將作何用呢？《沈氏農書》逐月事宜中，記載五月份匀葉，至七月就把桑，即將枝條束捆起來，這些枝條上的桑葉已不再做養蠶之用，但六月份的時候，沈氏仍然還要向外「訂枯桑葉」，沈氏囤積桑葉是為了養湖羊。〔註215〕《天工開物》中有：「二葉摘後，秋來三葉復茂，浙人聽其經霜自落，片片掃拾以飼綿羊，大獲絨氈之利。」〔註216〕這裏的綿羊指的是湖羊。湖羊的飼養主要

〔註210〕　轉引自：章楷，余秀茹編著：《中國古代養蠶技術史料選編》，農業出版社，
　　　　　1985年，第4頁，《吳興蠶書》。
〔註211〕　（民國）《德清縣志》卷4，食貨志農桑。
〔註212〕　（明）徐光啓：《農政全書》卷31。
〔註213〕　（清）章震福校訂：《廣蠶桑說輯補校訂》卷1。
〔註214〕　（民國）《德清縣志》卷四，食貨志，農桑。
〔註215〕　（清）張履祥輯補，陳恒力校釋，王達參校增訂：《補農書校釋》（增訂本），
　　　　　農業出版社，1983年，第11～21頁。
〔註216〕　（明）宋應星著，潘吉星譯注：《天工開物譯注》，乃服第六，上海古籍出版
　　　　　社，2008年，第88頁。

在嘉湖地區，嘉湖地區的農民長期用桑葉飼羊，在江南地區形成了特有的白色羔皮羊種。〔註 217〕湖羊的發展與蠶桑的發展密切相關，匀二葉最後長成的桑葉，基本上是用來養羊。

吳興蠶區的農民養蠶一直都以春蠶為主，秋桑葉都用來養羊。〔註 218〕蠶區冬季主要以枯桑葉飼羊，當地群眾把秋桑葉叫為「羊葉」：「經桑之葉，俗名羊葉。當九、十月間，葉已半黃未枯，可於暇時，逐條捋下滿地，用稻草搜羅成包，以備羊無草食之時取以喂之。洵屬兩得。每包約三十斤，每斤值制錢三文。」〔註 219〕這種桑葉包由稻草編成，在 1950 年代，菱湖鎮附近養羊多的鄉村的農民秋季仍習慣將桑葉曬乾儲存，作為湖羊過冬的飼料，桑葉一般用於公羊、羔羊、懷孕和帶仔母羊、瘦弱羊的補充飼料。〔註 220〕桑葉的買賣自明末在嘉湖農村已是很平常的事情，《沈氏農書》的逐月事宜的六月置備一項中有「定枯桑葉」，六月份就要預先訂購冬天的枯桑葉作為湖羊飼料，說明枯桑葉在嘉湖地區是緊俏的商品。〔註 221〕嘉湖蠶桑區一般的情況是養蠶的人家即養羊，桑樹種植多的人家養羊更多。〔註 222〕據桐鄉農民反映，用枯桑葉作羊過冬的飼料，有五大好處，即羊身肥壯、羊毛好，羔皮質地佳，冬季耐寒，特別是出胎率和小羊成活率高。〔註 223〕嘉湖地區湖羊的飼養方式均為舍飼，這樣湖羊飼養所積攢的糞肥又是上好的壅桑地的肥料，農民一般在羊舍內墊柴草，柴草經過一段時間也是好的肥料，這些肥壅，被視為「樹桑之本」。

《沈氏農書》中詳細記錄了經營飼養湖羊的方法，提到養湖羊十一隻「每年淨得肥壅三百擔」，〔註 224〕這是沈氏養湖羊的主要目的，乃是為了得肥料。嘉湖地區的農民認為羊糞「性熱」、「力長」，「羊壅於地」〔註 225〕，農民將羊糞專施於桑地上。這樣，當地農家在湖羊的飼養與桑園的桑葉產量、肥料投

〔註 217〕 李群：《湖羊的歷史來源及探索》，《中國農史》1997 年第 2 期。

〔註 218〕 何春華：《吳興桑螟防治的過去、現在和將來》，《蠶桑通報》1979 年第 3 期。

〔註 219〕 （清）章震福校訂：《廣蠶桑說輯補校訂》卷 1。

〔註 220〕 內江專區商業局外貿科翻印：《怎樣養好湖羊》，1967 年，編印本，第 13 頁。

〔註 221〕 （清）張履祥輯補，陳恒力校釋，王達參校增訂：《補農書校釋》（增訂本），農業出版社，1983 年，第 18 頁。

〔註 222〕 鄭丕留主編：《中國家畜生態》，農業出版社，1992 年，第 211 頁。

〔註 223〕 《浙江省蠶桑志》編纂委員會編：《浙江省蠶桑志》，浙江大學出版社，2004 年 8 月，第 100 頁。

〔註 224〕 （清）張履祥輯補，陳恒力校釋，王達參校增訂：《補農書校釋》（增訂本），農業出版社，1983 年，第 177，64 頁。

〔註 225〕 （清）汪日楨撰，蔣猷龍注釋：《湖蠶述注釋》卷 1，農業出版社，1987 年。

入之間形成了很好的生態循環，一般來說，1 畝桑園枯桑葉，可供 1 頭羊越冬飼料，1 頭羊所產的羊肥，可以解決 1 畝桑園的基肥。〔註 226〕據計算，一頭湖羊全年排出糞水 1600 餘斤，含氮素 16.8 斤，相當於硫酸亞 80 餘斤，而且羊糞肥肥效持久，經常施用羊肥，能夠疏鬆土壤，有利於土壤改良。嘉湖地區的湖羊都是舍飼，積肥是傳統時代農家養湖羊的主要目的。〔註 227〕

鍾功甫的研究中認為，長江三角洲的桑基魚塘水陸相互作用比較複雜，其中主要以桑葉的利用複雜為主要特點，生產集約化程度比珠江三角洲要高，生產聯繫環節比較多，其中顯著的特點是湖羊參與水陸相互作用比較普遍。〔註 228〕從嘉湖地區農業生態系統中的能量流動和物質流動來考察，桑葉同時作為蠶桑系統和桑畜系統的初級生產物，桑樹在一年生長期內進行光合作用產生的能量，不僅要供給於蠶桑系統中的蠶的生長，還要供給畜牧系統中的湖羊生長，嘉湖地區的農民在桑地的經營中，不僅通過疏芽、修剪等技術為桑樹塑造了良好的樹型，保證了蠶桑系統中的春蠶的桑葉供給，又為畜牧系統中的湖羊的提供飼料來源。正是眾多這種如「勻二葉」這樣細緻的農業技術支撐著嘉湖地區整個農業生態系統的高效運轉。農民通過桑樹採收技術平衡兩個系統對桑葉的需求，銜接並保證了桑畜系統桑葉的供給，從而使這一複雜的農業生態系統的循環成為可能。近代以來，隨著嘉湖地區蠶桑經濟的逐漸衰落，當地蠶桑方面的經營也趨於簡化，特別是現代植桑技術推廣以來，桑樹樹型不斷矮化，桑葉收穫的形式也轉為以機械操作為主；同時伴隨著城市化、工業化的進程，傳統的農業技術特色以極快的速度消失，許多經過傳統時代相當長時間內積累起來的寶貴的農業技術經驗，現在已經不為當地農民所熟知。

第三節 桑樹種植的專業化與生態經濟環境

旱地是嘉湖平原蠶桑業發展中最為稀缺的資源，尤其是湖州蠶業中心，由於地理條件限制，植桑不能滿足養蠶的需求。在需求的推動下，市場自動尋求出適宜於更大規模效應的專業化植桑區域。專業化也是江南經濟史研究

〔註 226〕俞榮梁：《建立生態農業是農業現代化必由之路——《補農書》的啟示》，《農業考古》1985 年第 1 期。

〔註 227〕內江專區商業局外貿科翻印：《怎樣養好湖羊》，1967 年，編印本，第 1 頁。

〔註 228〕鍾功甫等：《基塘系統的水陸相互作用》，科學出版社，1994 年，第 11～12 頁。

中的重要問題，關於蠶桑經濟專業化，有諸多學者論及，這裏試以植桑技術的研究爲中心，探討明末清初嘉湖地區專業化桑園經濟形成的歷史過程，分析專業化桑園區域逐漸集聚的歷史地理原因。

一、桑園土壤分佈的基本規律

嘉湖平原的桑園土壤是在河湖相沖積母質基礎上，經人工開挖堆疊泥土熟化而成。按中國土壤系統分類，嘉湖平原桑園土壤屬於泥墊旱耕人爲土科，又稱桑園堆疊土。這類土壤土層深厚，高爽瀝水，通氣性好，肥力穩長，適於桑樹的生長。〔註229〕桑園堆疊土在嘉湖地區是當地旱地土壤的一種，零星分佈，地勢一般高出平原水田 1～2 米，高的可達 3 米以上，成狹條狀，環繞在河浜邊岸、低蕩田或湖塘四周，一部分爲孤立的小高地，每片面積約十餘畝到幾十畝，百畝以上的地片較少。〔註230〕堆疊土層的厚薄多隨河道遠近而不同，近者厚，遠者薄。頭進田地形位置最高，距河近，人工土層也最厚。二進田地形稍低，土層較頭進田爲薄；〔註231〕從土壤分佈的情況來看，一般頭進田、二進田，地形較高，多黃斑土，圩頭田或河港上游兩岸的地帶，多小粉土，一般裏進田，地形低窪，多青紫泥。靠近圩岸或頭進田的地方，土壤以黃斑土爲主。黃斑土的桑園大部分都成帶狀圍繞在沿河兩岸的高地上。這些桑地大部分都是由人工挖河泥，挑稻乾泥堆積起來的。〔註232〕

總的來說，在同一地區內水田土壤和旱地土壤母質條件一般是相同的。尤其是在圩蕩田中，旱地土壤和水田土壤密切相關。當地農民反映，一般情況下，「水田是啥土，旱地也是啥土」。〔註233〕但是，土壤經過不同的耕作利用後，剖面會發生變化而趨於不同，由於人們不斷地施用河泥，也會形成小粉底青紫泥，白土青紫泥等現象。〔註234〕

〔註229〕周奇跡，張益農：《浙北嘉湖平原桑園土壤調查研究》，《土壤通報》1999 年第 2 期。

〔註230〕浙江省土壤普查土地規劃工作委員會編：《浙江土壤志》，浙江人民出版社，1964 年，第 93 頁。

〔註231〕李偉波、徐淇：《地形因素對太湖地區水稻土的發生與肥力的影響》，《土壤》1982 年第 6 期。

〔註232〕嘉興專區土壤普查土地規劃工作委員會編：《土壤志》，1959 年，第 71 頁。

〔註233〕嘉興專區土壤普查土地規劃工作委員會編：《土壤志》，1959 年，第 23 頁。

〔註234〕浙江省土壤普查土地規劃工作委員會編：《浙江土壤志》，浙江人民出版社，1964 年，第 21 頁。

傳統時代一般依據顏色來判斷土壤的優劣。土壤的色澤的狀況可以說明土壤中的腐殖質含量、水分含量、通氣性等情況。桐鄉人趙敬如在《蠶桑說》中講，「桑不厭肥，故以黑壤爲上，黃壤次之。」〔註235〕據民國時期《嘉興一瞥》的記載，「嘉興、桐鄉等縣，土質分黏土、壤土兩種，黏土占80%，壤土占20%，農民把黏土叫『青紫泥』，把壤土叫『黃泥頭』。」〔註236〕1950年代，桐鄉縣進行土壤普查時，當地農民仍依傳統習慣，按顏色將旱地土壤分類爲青土、紅土、白土三種。〔註237〕青土主要是青紫泥，一般分佈在地勢較低的二、三進田，裏進田或圩心田，其母質主要是湖沼淤積物和沼澤腐泥，由於成土年齡較輕，土壤剖面還保留著原來的母土形態，呈黑色或黑棕色；紅土屬黃斑塙土，嘉湖農民又有硬紅砂、紅砂等稱呼，通常分佈在地形高處的頭進田。因排水條件較好，空氣流通，團聚體多，泥質略帶砂，心底土繡紋、鏽斑比較多，經耕作後，一部分鐵質被氧化。如果鏽斑特別多，整個土層一般會呈現出略紅的顏色；白土中以小粉土和夜潮土爲主。小粉土大多分佈在水田四周或圩頭周圍，由河流沖積母質形成。母質是細沙，粉沙泥質，一般有機質含量非常貧乏，土壤結構很差，耕性較好，施肥見效快，因整個土壤剖面呈灰白色，所以被稱爲白土。〔註238〕

農民依據土壤性質決定桑樹栽植的形式。「黑壤土肥而鬆，樹易行根，故分行要寬，雖相去七八尺或一丈，而樹愈大，葉愈多；黃壤土瘠而堅，行根不遠，故分行要狹，約離五尺一株，樹亦不可高，大約樹之高矮以分行之寬狹爲要度。」〔註239〕黑壤即旱地青紫土是理想的桑園土壤，1950年代嘉興專區《土壤志》記載：「旱地青紫土上，桑樹生長比其它土都要好。各縣農民一致反映，青紫土地裏土質堅硬，桑苗不易紮根，幼苗發育很慢。旱地黃斑土桑苗三年後可以嫁接，旱地青紫泥需要四年。但青紫土蓄肥力強，後力長。因此，旱地青紫土上生長的桑樹，樹幹粗大，結實，不空心，枝條長，樹梢的再分枝多，桑樹壽命長，一般可生長30年以上。」〔註240〕對於像黃壤這樣

〔註235〕（清）趙敬如：《蠶桑說》，續修四庫全書。

〔註236〕陳恒力等：《補農書研究》，中華書局，1958年，第21頁。

〔註237〕浙江省桐鄉縣土壤普查土地規劃工作委員會編：《土壤鑒定土壤規劃報告》，1959年，41-5-359。

〔註238〕嘉興專區土壤普查土地規劃工作委員會編：《土壤志》，1959年。

〔註239〕（清）趙敬如：《蠶桑說》，續修四庫全書。

〔註240〕嘉興專區土壤普查土地規劃工作委員會編：《土壤志》，1959年，第87頁。

較貧瘠的土壤，當地農民一般通過下壅與罱泥施肥等手段，來改良土壤性質，「要知黃壤雖瘠，時時壅污泥肥土，生葉亦不減黑壤也。」〔註241〕在練市，分佈於靠近村莊附近的黃泥土，由於交通便利，施肥方便，管理得精細，黃泥土就發育成顏色深暗、土壤肥沃、土質鬆軟的灰土，土壤效力也可以達到旱地青紫泥的水平。〔註242〕

　　旱地青紫泥肥性雖好，但易生雜草。旱地青紫泥桑園中大多生千年久草，〔註243〕千年久」又稱「莎草」（*Cyperus* L.），其地下莖叫「香附子」，是一種宿根性草本植物。同治《湖州府志》記載：「倘地多千年久，理之不盡，可大伏中墾之，日出昊昊，曝其子，遂易除矣。」〔註244〕《沈氏農書》「逐月事宜」八月份的雜作中有「翻千年久並去根」一項，由此可知，千年久做爲嘉湖地區青紫泥桑園中的主要雜草，早被植桑之家所重視；同時，旱地青紫土因土層深厚，質地黏重，耕作較困難，墾地一般在天晴時進行。《沈氏農書》中講墾桑地的時間「非天色極晴不可」。〔註245〕1950年代石門縣的農民這樣評價青紫泥的耕作情況：「幾天不下雨，泥頭就硬，不能削地，削地時有「浜郎浜郎」的聲音響起來，它底下能積水，帶有黏性，地墾得較深，下面孔內能見水，一下雨就「炳」（不鬆的意思）。日曬後就硬，人走在上面，覺得戳腳痛。剛下雨又不好削地，會把泥一併一併地黏在鋤頭上，因此生活不好做。」〔註246〕

　　在整個嘉湖平原區，桑地土壤主要可分爲小粉土、黃斑塥土、青紫泥、青紫塥黏土、堆疊土等五個土科。這五個土科在嘉湖平原上的分佈有著明顯的規律性。概括地說，小粉土主要分佈在平原的高片田、塘田區（地勢較高的平臺地）以及河浜和湖邊地段。青紫泥分佈在地形低窪的古河沼地區，及畈心或裏進田部分。黃斑塥土的分佈，常介於小粉土和青紫泥之間，其排水

〔註241〕（清）趙敬如：《蠶桑說》，續修四庫全書。

〔註242〕吳興縣農林局：《練市人民公社土壤鑒定報告》，1959年，湖州市檔案館，W73-12-77。

〔註243〕浙江省桐鄉縣土壤普查土地規劃工作委員會編：《石門公社五徑受理區土專家土壤鑒定報告》，桐鄉縣檔案館，1959年，41-5-359。

〔註244〕同治《湖州府志》卷30。

〔註245〕（清）張履祥輯補，陳恒力校釋，王達參校、增訂：《補農書校釋（增訂本）》，上卷，運田地法，1983年，農業出版社，第43頁。

〔註246〕浙江省桐鄉縣土壤普查土地規劃工作委員會編：《石門公社五徑受理區土專家土壤鑒定報告》，桐鄉縣檔案館，1959年，41-5-359。

條件比較好。堆疊土主要是零星小片的孤立高地土壤，這些基本上是穿插在平原中的桑埂地。

二、專業化桑園

　　宋元時期嘉興一帶的蠶桑業還未興起，湖州的蠶業生產則主要集中於安吉、武康等西部丘陵山區，平原地區的蠶業仍未興起，織物仍以苧麻和黃草爲主原料，「黃草布，出東鄉有極輕細，織成花紋者，暑月可以爲衣。」〔註247〕西部山區地帶蠶桑業的發展迅猛是因爲山區高亢地帶「無乾旱水溢之苦」，〔註248〕而平原區域「眾溪交流，地勢平下，素號澤國。」〔註249〕因上承太湖湖高水位頂托，西接苕溪水傾注，東部崗身地區又受海潮影響，故常受水潦之害。「桑地宜高平不宜低濕，低濕之地，積潦傷根，萬無活埋。（按語：高平處亦必土肉深厚乃可）。」〔註250〕這種長期積水環境不利於桑樹的種植，平原圩田區域中只有圩岸和其它零散的高地土墩可以用來植桑。所以早期的桑園主要集中於圩岸。宋元時期的詩文中留有許多關於圩岸桑園的描述，桑與麥是江南春季兩種最常見的農作物。范成大曾有詩：「落日青山都好在，桑間蕎麥滿芳州。」〔註251〕元時方瀾經由石門時，也曾留下「桑巡綠如沃，麥風寒不已」的詩句。〔註252〕描寫了春季圩岸桑園與圩內麥田相間的景觀。

　　明中葉以來，嘉湖地區所產「湖絲」，在國內外負有盛名。明末清初，蠶桑業在這片「北不逾淞，南不逾浙，西不逾湖，東不至海，不過方千里」的地區獨盛起來，〔註253〕並成爲嘉湖平原的主導經濟產業。隆慶、萬曆年間嘉湖地區繅絲技術的改進，也本區域內織品的多樣性增加，並形成了地區性的著名品牌「湖絲」。明中葉以後湖絲無論在品質上，還是在花樣上，都在絲織市場

〔註247〕嘉泰《吳興志》卷20，物產，嘉業堂刊本，成文出版社，1983年。

〔註248〕（宋）陳旉撰，萬國鼎校注：《陳旉農書校注》卷下，農業出版社，1965年，第55頁。

〔註249〕嘉泰《吳興志》卷20，物產，嘉業堂刊本，成文出版社，1983年。

〔註250〕（清）沈練著，仲昴庭輯補，鄭闓疆、鄭宗元校注：《廣蠶桑說輯補》卷上，培養桑樹法十九條之桑地說一條，農業出版社，1960年，第1頁。

〔註251〕（宋）范成大著，富壽蓀標校：《范石湖集》卷3，遊城西道中：《香山》（吳王種香處），上海世紀出版股份有限公司，上海古籍出版社，2006年，第35頁。

〔註252〕（元）方瀾：《石門夜泊》，（清）沈季友撰：《檇李詩繫》卷38，文淵閣四庫全書本。

〔註253〕（清）唐甄：《潛書》下篇下·教蠶，續修四庫全書。

上取得了優勢地位，「其法益加講求，爲法愈密，所產甚良，前後幾二十年，歲無敗者。」如朱國楨所說，萬曆年間，湖絲中的著名品牌七里絲在國內外絲綢市場上的地位已無可替代，這種地位一直保持到近代，在世界蠶絲市場七里絲仍負有盛名。錢天達這樣總結：「至輯里區則概括湖州以東，崇德以北，嘉興以西，太濱一帶。」〔註254〕可見，七里絲的產區主要集中於湖州的歸安、德清、南潯一帶。《烏青文獻》記載，四鄉蠶業「西路爲上，所謂七里絲也，北次之。」這裏的西路，指的就是烏青鎮以西的湖州一帶，北部的震澤、盛澤等地多機戶，也多赴西路湖州菱湖、南潯等地「買經緯自織」。〔註255〕

在湖州的蠶業集中區域，「諸利俱集於春時看蠶，一月之勞而得厚利。」〔註256〕蠶業的大發展必然引發集中的桑葉生產，但就植桑所需的地理環境而言，太湖南岸的嘉湖平原並不俱備良好的植桑條件。明中葉以來，在江南絲織業市場的推動下，以湖州爲中心的嘉湖地區蠶業規模不斷擴大，原本不利於植桑的嘉湖平原卻發展成爲全國首屈一指的蠶桑經濟繁盛地區。對於嘉湖地區蠶桑經濟的發展，已經有諸多學者在相關的研究中論及，〔註257〕明末清初嘉湖地區專業化桑園區域形成有其特殊的生態經濟環境。明季自隆慶海禁開放以來，中國蠶絲大量輸出海外，江南的蠶桑經濟逐漸捲入世界市場，至清康熙厲行海禁，江南絲織品的國外貿易又有一個短暫的衰落期。〔註258〕在明末清初的這段時間內，因國內外市場對絲織品需求的增加，江南所產的絲與絲織品大宗輸出。巨大的國內外絲業市場，繁榮的蠶業經濟是專業化桑園得以產生和集聚的前提。〔註259〕

〔註254〕錢天達：《中國蠶絲問題》第一章，概論，黎明書局，民國 25 年。

〔註255〕（清）張炎貞：《烏青文獻》卷 3，春草堂藏板刻本。

〔註256〕（明）徐獻忠撰：《吳興掌故集》卷 13，嘉靖三十九年刊本，成文出版社，1984 年。

〔註257〕范金民：《江南絲綢史研究》，農業出版社，1993 年；樊樹志：《江南市鎮：傳統與變革》，復旦大學出版社，2005 年；濱島敦俊：《明代江南農村社会の研究》，東京大學出版社，1982 年版；王家範：《晚明江南士大夫的歷史命運》，《史林》1987 年第 2 期；李伯重：《多視角看江南經濟史（1250～1850）》，三聯書店，2003 年；陳學文：《明清時期湖州的絲織業》，《浙江學刊》1993 年第 3 期。

〔註258〕范金民認爲，日本江戶時代對華絲需求減少也是原因之一，范金民：《江南絲綢史研究》，農業出版社，1993 年，第 278 頁。

〔註259〕據李伯重的估計，到 17 世紀初，江南絲輸出量每年達 11000 擔左右，李伯重：《江南農業的發展（1620～1850）》，上海古籍出版社，2007 年，第 111 頁。其它相關研究：吳承明：《論明代國內市場和商人資本》，《中國社會科學院經

　　明季以來，國際市場上對湖絲的需求漸漲，湖絲成爲絲貨中出口的大宗。到萬曆、崇禎年間，湖絲基本上壟斷了國內外的生絲市場。〔註 260〕本國內部的官營製造點中，生絲原料也多來自嘉湖。「凡織花文必用嘉湖，出口出水，皆乾絲爲經，則任從提載，不憂斷接，他省者即勉強提花，潦草而已。」〔註 261〕湖絲質地優良，較其它地區所產蠶絲韌性尤其好。天啓、崇禎年間，海禁廢弛，湖絲在海外市場得到更加迅速的推廣，「至蠶桑所成，供三尙衣諸織局，衣被華夷，重洋絕島，翹首企足。」〔註 262〕湖州逐漸發展成國內外絲織原料的主要供應地，隆慶、萬曆以來，蠶桑利厚，「吳、越、閩、番至海島，皆來市焉。五月載銀而至，委積如瓦礫。吳南諸鄉，歲有百十萬之益。」〔註 263〕在繁盛的蠶業經濟刺激下，蠶絲業中心對桑葉的需求猛增，桑樹的種植開始在有限的旱地上四處擴展，如德清一帶，嘉靖年間已是「桑稻連疇，煙火連接」的景象。〔註 264〕這時期嘉湖平原植桑業發展的趨勢是一方面在絲業發達的地方地盡其利，另一方面絲業欠發達的周邊地區開始爲絲業中心地提供桑葉。

　　嘉湖地區有幾個絲業的中心和次中心，在這種地區差異也導致了蠶業區與植桑區的分化。第一個產絲中心是菱湖、南潯、雙林等地，這裏是嘉湖平原內的中心低窪地帶，水域面積廣闊，難有旱地。「三鄉概湖蕩，積水之區，田不可耕。幸賴一二桑地，聊以存生。」〔註 265〕蠶業興盛之時，「家家門外桑陰繞，不患葉稀患地少。」〔註 266〕雙林地區亦「自牆下簷隙以及田之畔池之上，雖惰農無棄地。」〔註 267〕這些地區因水多地少，「桑地大部分在蕩埂、圩埂上，整片的很少，水澇發生時，樹幹浸泡在水中，表土經久雨後地力消失，

　　　　濟研究所集刊》第 5 集；范金民：《明代江南絲綢的國內貿易》，載《史學月刊》1992 年第 1 期；《清代江南絲綢的國內貿易》，《中國經濟史研究》2001年第 2 期。

〔註 260〕全漢昇：《自明季至清中葉西屬美洲的中國絲貨貿易》，《中國經濟史論叢》，（香港）香港中文大學新亞書院新亞研究所，1972 年，第 451～472 頁。

〔註 261〕（明）宋應星著，潘吉星譯注：《天工開物譯注》卷上，乃服第六，上海古籍出版社，2008 年，第 99 頁。

〔註 262〕光緒《嘉興府志》卷三二，藝文二，《張東侯郡守屏風記》。

〔註 263〕（明）顧炎武：《日知錄》卷 10，《紡織之利》。

〔註 264〕嘉靖《德清縣志》卷 3，《食貨考》。

〔註 265〕（明）孫銓：《上郡守論田地六則》，（清）孫志熊撰：《菱湖鎮志》卷 42，事紀。

〔註 266〕（清）董蠡舟：《稍葉》，民國《新塍鎮志》，卷 3，桑。

〔註 267〕（清）蔡容升原纂，蔡蒙續纂：《雙林鎮志》，卷 14，蠶事。

桑根暴露。」〔註268〕所以當地桑葉供應遠不能滿足養蠶的需要,「本地葉不足,又販於桐鄉、洞庭。」〔註269〕養蠶所需的大部分桑葉都依賴於外部市場的供給。

另一產絲中心爲震澤、盛澤鎮等地。震澤、盛澤一帶位於嘉興府北部,屬澱泖湖區低地,「秀邑之腹裏及偏北隅,最爲卑窪。」〔註270〕蠶業興盛之時,此地蠶戶也須購葉於外。《醒世恒言》中記有嘉靖年間,盛澤鎮上蠶戶施復遠赴洞庭山買桑葉時發生的故事。

> 那年又值養蠶之時,才過了三眠,合鎮闕了桑葉,施復家也只
> 勾兩日之用,心下慌張,無處去買。大率蠶市時,天色不時陰雨,
> 蠶受了寒濕之氣,又食了冷露之葉,便要僵死,十分之中,就只好
> 存其半。這桑葉就有餘了。那年天氣溫暖,家家無恙,葉遂短闕。
> 且說施復正沒處買桑葉,十分焦躁,忽見鄰家傳說洞庭山餘下桑葉
> 甚多,合了十來家過湖去買。施復聽見,帶了些銀兩,把被窩打個
> 包兒,也來乘船。〔註271〕

赴太湖洞庭山買桑葉,一則路程太遠,二則需要擔太湖中風浪的危險。所以在嘉湖平原內部,崇德(清康熙年間改稱石門)、桐鄉成爲當時嘉湖地區養蠶所需桑葉的主要供應地。「葉莫多於石門、桐鄉。」〔註272〕因這一地區相對大運河以西和以北地區,地形稍高,可植桑的旱地和可以轉化爲旱地的高地較多。「湖州之圩低,其港常闊,人憚於增外,僅爲修內,故水益闊易沖,而湖州多淹;崇、桐土高,其港常窄,人憚於開外,日爲填出,故水益窄易涸,而崇、桐多幹。」雖同爲水網平原區,但「湖州地下無土,崇、桐地高土多。」〔註273〕崇德、桐鄉一帶地勢總體上比湖州平原區高2米左右,〔註274〕

〔註268〕吳興縣農林局:《雨澇後桑園管理經驗》,1954年,湖州市檔案館,W73-7-10。

〔註269〕(明)朱國楨:《湧幢小品》,卷2,《蠶報》,中華書局,1959年,第45頁。

〔註270〕(清)王鳳生:《浙西水利備考》,《秀水縣水道圖說》,(成文出版社,1985年。

〔註271〕(明)馮夢龍:《醒世恒言》卷18。

〔註272〕(清)汪日楨纂:《南潯鎮志》卷21,農桑,董蠡舟:《稍葉》。

〔註273〕(明)徐光啓撰,石聲漢校注:《農政全書校注》卷3,農本,《國朝重農考》,上海古籍出版社,1985年,第76~77頁。

〔註274〕中國科學院南京地理研究所,水利電力部太湖流域管理局:《太湖流域水系與地形圖》,1987年10月。

這一帶較湖州低鄉具有更好的排水條件，發展植桑更具比較優勢，當湖州桑葉供應滿足不了本地區蠶業大規模發展時，處於湖州府邊緣的崇德、桐鄉高地的地理優勢立即凸現出來，植桑業逐漸集聚於此區域內。

張履祥居住的桐鄉楊園村就在這一片高地之中，有田「半百畝之入」，〔註275〕張履祥經營的規模並不大，「歲耕田十餘畝，地數畝，種穫兩時，在館必歸，躬親督課。」〔註276〕他親自從事勞作，除自留耕作的植桑地之外，仍有多餘的桑地出租給佃戶。張履祥的租佃契約條例中記載有桑地用於出租，「某字圩地幾畝幾分幾釐，額該租桑銀幾兩幾錢幾分幾釐，內收綿十分之一。」〔註277〕崇、桐地區地高土多，能直接利用來種桑樹的旱地較西部湖州更多。在平原圩田區植桑，旱地是最為稀缺的資源，《補農書》稱：「桐鄉田地相匹，蠶桑利厚；東而嘉善、平湖、海鹽，西而烏程、歸安，俱田多地少。」〔註278〕桐鄉一帶水利條件也較其它地區優越，張履祥講，「吾里田地腴美，宜桑穀而不病水旱。」〔註279〕這使大面積的桑園集中於此地，在其區域內形成了獨特的以桑園為主體的景觀模式：「地皆種桑，家有塘以養魚。村有港以通舟，麥禾蔚然，茂於桑下。」〔註280〕李日華於萬曆三十七年三月十四日路經桐鄉城時，看到的也是「繞城桑柘，犬吠竟夕，恍如深村」的景觀。〔註281〕

相比之下，處於低鄉湖州的大部分地區則不具備這種植桑的地理優勢。張履祥也稱湖州一帶少有旱地，「田寬而土滋」，張氏因這裏地勢相對於其所居住的桐鄉為下，長期積水，又將其稱之為「下路湖田」。這些「湖田」因潛水面高，冬季常處於淹水狀態，土壤多發育成潛育性水稻土，且不宜種植春花，「湖

〔註275〕（清）張履祥著，陳祖武點校：《楊園先生全集》卷8，《與孫商聲》，中華書局，2002年，第244頁。

〔註276〕（清）張履祥著，陳祖武點校：《楊園先生全集》附錄，《張楊園先生年譜》，中華書局，2002年，第1498頁。

〔註277〕（清）張履祥著，陳祖武點校：《楊園先生全集》卷19，《耕賃末議》，中華書局，2002年，第571頁。

〔註278〕（清）張履祥輯補，陳恒力等校釋：《補農書校釋》（增訂本），農業出版社，1983年，第101頁。

〔註279〕（清）張履祥著，陳祖武點校：《楊園先生全集》卷48，《重世業》，中華書局，2002年，第1376頁。

〔註280〕（清）孫嘉淦：《南遊記》，（清）張潮輯：《虞初新志》卷17。

〔註281〕（明）李日華著，屠友祥校注：《味水軒日記》，上海遠東出版社，1996年12月，第67頁。

州無春熟，種田蚤（早），收穫遲，即米多於吾鄉。」在這樣的土壤環境下，
農民將肥料全部都投入到單季稻作上，使之高產。張履祥稱這些湖州低鄉的水
田，「有畝產三、四石者。」〔註282〕這種畝產達千斤以上的豐產的水稻田，尚
可供應鄰郡杭州，王士性稱杭州「城中米珠取於湖」。湖州的高產稻田不僅可
以養活本地的大量人口，為養蠶業的興盛提供充足的勞動力條件，同時由於當
地的稻田不適合春花作物，又使春季有大量的閑暇勞動力空置出來，頭蠶的養
育在農曆春季四月份，正好利用了這一空餘勞動時間。「浙十一郡惟湖最富，
蓋嘉、湖澤國，商賈舟航易通各省，而湖多一蠶，是每年兩有秋也。」〔註283〕
就是說養蠶解決了當地春季勞動力的就業問題。而養蠶業又推動植桑。依附於
養蠶業的植桑業，既然受制於湖州低鄉不宜種桑的地理條件，不得不尋求新的
發展途徑，即在嘉湖平原內部形成區域分工：湖州低鄉成為養蠶較為集中的地
區，崇德、桐鄉、海寧高地成為植桑較為集中的地區。

　　嘉湖平原內部高、低鄉之間的地理差異是導致養蠶業與植桑業分離，專
業桑園得以集聚的根本原因。「崇、桐、海寧之間，煙火相接，河港具存，又
皆平壤，高卑之勢不大相去，實非他州之比。」〔註284〕明中葉以來，在湖州
低鄉地區高度繁榮的蠶絲業刺激下，專業桑園在大運河以東，以南的高阜地
區擴展，至正德年間，桐鄉一帶早已是「高原樹桑麻，下隰種禾稼，尺土無
曠者。」〔註285〕專業化桑園在地理區域上集中於崇德、桐鄉、海寧，即今大
運河以東，滬杭線以西這一近似平行四邊形的區域內，這種集中分佈的格局
一直保持到 1950 年代。〔註286〕

　　專業化區域分工得以實現，也因嘉湖平原作為水網平原區，內部具有極
為便捷的水運交通條件。桑葉貿易的即時性要求快速的運輸條件，嘉湖地區
四通八達的水路，使專業桑園中出產的桑葉，在蠶忙時節，可以通過運河及
各支港，將桑葉快速運至周圍的市鎮進行交易。桑葉買賣是鮮貨貿易，其作

〔註282〕（清）張履祥輯補，陳恒力等校釋：《補農書校釋》（增訂本），農業出版社，
　　　　1983 年，第 101 頁。
〔註283〕（明）王士性撰，周振鶴點校：《廣志繹》卷 4，江南諸省，中華書局，2006
　　　　年，第 266 頁。
〔註284〕（清）張履祥輯補，陳恒力等校釋：《補農書校釋》（增訂本），農業出版社，
　　　　1983 年，第 163 頁。
〔註285〕正德《桐鄉縣志》卷 9。
〔註286〕嚴重敏等：《杭嘉湖地區水土資源的綜合利用問題》，《地理學報》1959 年第 4
　　　　期。

為商品販賣極易腐壞，夜間溫度較低，低溫在一定程度上能使桑葉保持在運營中的新鮮度，所以蠶農一般選擇「夜泛輕航買女桑」。〔註287〕如果到白天，氣溫升高，「則葉蒸而爛，不堪飼蠶矣。」〔註288〕桑葉運輸的路途亦不能過長，「如買葉於數十里外，而儲之不得不堅，則須於中道放風。放風者，擇有風無日之處，發而鬆之也。約行二十餘里，便須放風一次。」〔註289〕傳統時代水運運輸速度及桑葉運輸時間上的限制，決定了供給大規模蠶業需要的專業桑園必須向蠶業中心聚集，所以大量的專業化桑園在緊依絲織業地區的邊緣地帶出現。

三、湖桑專業苗區形成的技術與環境背景

　　嘉湖平原專業化桑園集聚的同時，專業化桑樹育苗區也在這個過程中出現。嘉湖地區培育的桑苗，很早就作商品出售。《蠶經》記載：「有地桑出於南潯，有條桑出於杭之臨平。其鬻之時，以正月之上中旬，其鬻之地，以北新關內之江將橋，旭日也，擔而至，陳於梁之左右，午而散。（大者株以二釐，其產八尺）」〔註290〕張大昌《臨平記補遺》中也這樣記載：「餘杭之臨平鎮產條桑，以正月上中旬，至湖墅北新關內之江將橋（即江漲橋）出售，每晨擔於橋之左右，至午而散，桑苗長八尺許，每株鬻二釐。」〔註291〕明清時期桑苗的出售已有定期時間和集散地點。餘杭、臨安一帶所產桑種在宋代已很有名，陸游有「手種臨安青，可飼蠶百箔」〔註292〕的詩句。後世亦有詩言：「春燈節未過，壓擔橋邊停，臨平有專產，不數臨安青。」〔註293〕這首詩講的是正月中下旬在臨平的進行桑苗交易情形。明清時期江南運河沿線桑苗業逐漸發展，同治年間《湖蠶述》記載：「近時桑秧，大抵販自杭州、石門……等處。」〔註294〕南宋以來著名的「臨安青」也變成「石門青」了，清人朱彝尊坐船經過崇德時，曾留有：「曲罷殘陽人不見，陰陰桑柘石

〔註287〕（清）張燕昌：《鴛鴦湖棹歌》，（清）王昶：《湖海詩傳》卷41，嘉慶刻本。
〔註288〕乾隆：《海鹽縣志圖經》卷1。
〔註289〕（清）沈練著，仲昂庭輯補，鄭闢疆、鄭宗元校注：《廣蠶桑說輯補》卷下，飼蠶法六十六條，農業出版社，1960年，第45頁。
〔註290〕（明）黃省曾：《蠶經》卷一，叢書集成本。
〔註291〕（清）張大昌輯：《臨平記補遺》。
〔註292〕（宋）陸游：《劍南詩稿》卷三九，《村舍雜書》之二，文淵閣四庫全書本。
〔註293〕朱點：《本郊土產詩》，《武林掌故叢編》。
〔註294〕（清）汪日楨撰，蔣猷龍注釋：《湖蠶述注釋》卷一，農業出版社，1987年。

門青」的詩句。〔註295〕到民國時期「浙西各縣，桑苗均購自海寧、崇德兩縣屬之桑苗區。」〔註296〕海寧、崇德地區的桑苗業近代發展得很快，取代了以前臨平，成爲桑苗業的中心。

海寧崇德所產的桑苗集中在石門鎮等處交易。桑苗的出售方法，海寧縣俗有兩種，「一爲裏河桑，乃桑農將桑苗木加以挑選後自行往吳興一帶銷售，價值較高，一爲掘桑，係將矮小之苗木，售於苗行，轉售於公私機關，其所得之值，恒較低廉。」桑苗的銷售亦有兩種，「崇德、桐鄉兩縣之銷售，則分京莊與本莊，所謂京莊乃矮小者，運銷江蘇無錫、溧陽一帶，本莊係售於附近各縣及太湖南。」桑苗交易十分興盛時，交易形式也多樣化，「除直接販賣者外，其它之苗木放款及預約購買等事情，前時甚爲風行，而今因苗價之低落而銷路減少，不代賒欠，以免損失，至苗行及中紀人之利益，除可由代辦之苗價上賺得外，並按值五百抽五至值百抽九取傭。」在崇德海寧一帶的市鎮有很多這樣的桑苗行，春初經營桑苗業。著名的有周鎮的趙泰昌、義茂鴻桑苗行，崇德石門灣的祥記、鼎豐桑苗行等。桑苗貿易的總體情況是：「苗木之買賣，近雖有裏河桑之名目，但實際多售予苗行，往往一株桑苗，須經二、三重中間人之手續，如由苗行而小販而農民，其傭金雖規定爲百分之五至百分之九，但在事實上竟有超過百分之四十者。」〔註297〕

培育一株品種優良的湖桑苗一般需要三年時間。桑籽種下之後，當年秋多即可長至六、七寸至一尺多高。當地農民稱這種一年生實生苗叫廣禾，栽種到第二年的實生苗叫毛桑。桑苗的嫁接有三種情況：（一）以一年生廣禾爲砧木而嫁接的叫廣接苗，又稱小號苗；（二）以二年生毛桑爲砧木而嫁接的叫毛接苗，又稱大號苗；（三）在廣禾或毛桑移栽後二周就實行嫁接，又叫火焙接，是一種快速嫁接法，這種苗又叫中號苗。經過嫁接之苗，又有單槍、雙槍之分：「直幹無枝，浙人謂之單槍，…僅留兩芽，發成兩枝，明春謂之雙槍。」〔註298〕「單槍」是指嫁接當年，留一芽促其生長，長成一枝；如單槍當年不能脫售或者想培養成雙槍，就在翌年（從培養廣禾起爲第三年或第四年）的

〔註295〕（清）許瑤光等纂修：《光緒嘉興府志》卷二十三，農桑。

〔註296〕劉思贊：《浙江桑園之概況》，載《中國蠶絲》栽桑專號，民國二十五年二、三月。

〔註297〕趙鴻基、周可湧、呂繼端：《海寧崇德桐鄉桑苗調查報告》，載《中國蠶絲》第2卷第7號。

〔註298〕（清）吳烜：《種桑說》，同治刻本。

驚蟄期間剪去其上枝，頂端留兩芽，形成分叉的兩個枝丫。〔註299〕

　　直到明代，嘉湖地區仍比較青睞用壓條繁殖桑苗。《天工開物》記載：「凡桑葉無土不生，嘉湖用枝條垂壓，今年視桑樹傍生條，用竹鉤掛臥，逐漸近地面，至多月則拋土壓之，來春每節生根，則剪開他栽。」〔註300〕張履祥也認為，自壓桑條很重要，「治地必宜壓桑秧。蓋桑秧出自己有，則易選擇，而根幹枝枝相似，隨起隨種，無不活者；又省一項急銀，買來者，百枝只可活四、五十枝，蓋百凡樹木，根俱不耐凍，風霜一觸，生意即傷也。若天色或遇雨雪或人工不湊，便不可知矣。一枝不活不足惜，所惜者又遲一年之葉，且來年所種，能保必活乎？」張氏反覆聲明自家壓條育桑之重要，「歲壓三、四分以供家用，必不可少，記之！」壓條繁殖如張氏所說，有著保持母株性狀的優點，而且「得利厚而力又不弗」。〔註301〕

　　明末清初農民自家繁育桑苗的形式主要是依靠壓條、埋條。購買專業桑苗區出產的桑秧栽種在嘉湖地區也是常見的事情，如當地農民喜愛買大種桑這種桑苗來種，「其鬻之也，於多之杪，春之初，遠近負而至，大者株以二釐，其長八尺，所謂大種桑也。」〔註302〕近代以來本區蠶桑經濟興盛，嘉湖「無不桑之地，無不蠶之家」〔註303〕。與此同時，全國其它地區受絲織業經濟的刺激，紛紛學習赴嘉湖的先進蠶桑技術，到嘉湖購買湖桑苗栽種。這樣更加促進了本地區育苗業的繁盛。桑苗的嫁接繁殖技術袋接法，在這種情況下得到普遍推行。嫁接育苗的技術與嘉湖傳統的嫁接技術不同，傳統上所說的嫁接過的家桑，是對桑園中定植後的桑苗的嫁接。這樣嫁接的桑樹必須等到「桑秧種至三年，秧身粗狀」時方可進行，〔註304〕具體的方法是：「於剪斷以下擇光潤無傀儡處，用快刀豎劃破其皮寸半，隨將刀略一擺動，則皮已離骨，

〔註299〕浙江省農業廳特產局蠶桑科：《加興地委關於加湖蠶桑資料（第二部分 民國時代生產概況）》中共浙江省嘉興地方委員會政治研究室編，浙江省檔案館，1961 年 12 月，J-116-15-301，五、國民黨政府在蠶桑生產技術上採取的若干措施及人民創造的經驗。

〔註300〕（明）宋應星著，潘吉星譯注：《天工開物譯注》，乃服第六，上海古籍出版社，2008 年，第 88 頁。

〔註301〕（清）張履祥輯補，陳恒力校釋，王達參校、增訂：《補農書校釋（增訂本）》，1983 年，第 113 頁。

〔註302〕光緒《嘉興府志》卷 32 農桑引《烏青文獻》文。

〔註303〕（民國）周慶雲：《南潯志》，卷 30，農桑，

〔註304〕《吳興蠶書》，轉引自：章楷：《中國古代栽桑技術史料研究》，農業出版社，1982 年，第 63 頁。

取小竹釘長二寸許者，削如馬耳樣，嵌入皮內，嘉湖人謂之桑餂剪。接條三寸，削一寸如馬耳樣，上二寸留芽嘴二，取出桑餂，而以是條嵌入。」〔註305〕這種嫁接的方法所耗費的時間過長，如果要大量快速地繁殖優良性狀的湖桑苗，必須尋求更加簡便的繁殖方法。

《廣蠶桑說》中記載了對桑秧進行嫁接培育的快捷方法：「至其大如指者則可以接之，使變家桑矣。」這種接法，「樹身齊土面剪斷，嵌入接條，俗名平頭接。」〔註306〕平頭接就是現在嘉湖農民所普遍使用的袋接法，其法簡便易行，且成活迅速，適於大量苗木繁殖，所以很快被推廣，清末《蠶桑輯要合編》中講，「種秧二年後方能接活，殊覺遲緩，莫若栽湖州接過桑條較爲迅速，務於本年大寒節內往仙女廟載橋章墅村一帶購買，約定次年二月送浦，包栽包活。」〔註307〕說明此時本地的專業性桑苗業已經相當普遍，並有專門從事桑苗販運的行商運銷外地。〔註308〕用袋接法嫁接成的苗木在當地俗稱「尖稍」、「獨條」或「單春」。袋接法因培植砧木的方式不同，又分「廣接」、「火焙接」和「普通接」三種。「火焙接」是把一年生的大苗，在冬季掘起移植後次年春季嫁接，「普通接」是用播種生產的小實生苗，經移植培養一年後就地嫁接，俗稱「排桑」或「杜仲桑」，「廣接」是在上年播種的苗圃裏，刪去一部分細小苗木，留較大的苗木作砧木就地嫁接。崇德桐鄉所產的普通接苗較小，俗稱「二條頭」（每畦植苗二行，出苗較大）及「三條頭」（每畦植苗三行，出苗較小）。〔註309〕

桑苗嫁接育苗技術的突破與推廣，使良種桑苗的大量培育有了技術上的可能性。同時，崇德、海寧地區的農民，根據當地土壤特性，大規模地發展種植桑苗，使當地成爲近代著名的桑苗產區。這種情形維持到民國初年，「長安和石門周邊地區的農民有栽培桑苗的專長。這是華中地區唯一能生產桑苗的地方。除供應華中本地區外，還能供應給外省。桑苗由蠶桑研究機構或不同地點的小型私人企業生產，其它地方生產的桑苗比之長安是微不足道

〔註305〕（清）沈練著，仲昴庭輯補，鄭闓疆，鄭宗元校注：《廣蠶桑說輯補》卷上，農業出版社，1960年。

〔註306〕（清）沈練著，仲昴庭輯補，鄭闓疆，鄭宗元校注：《廣蠶桑說輯補》卷上，農業出版社，1960年。

〔註307〕尹紹烈：《蠶桑輯要合編》。

〔註308〕周匡明：《我國桑樹嫁接技術的歷史演變》，載《蠶業史論文選》，中國文史出版社，2005年。

〔註309〕陳師顥：《浙江的桑苗培育》，《浙江蠶業史研究文集》第一集，編印本。

的。……平行於鐵路和長安、斜橋之間的桑苗種植園十分壯觀。原有 50 平方英里的稻田改作桑苗圃，年產量估計 5 億株，產值 60～70 萬元，二個生產和配售中心是周王苗和天花蕩。（原文作 Tienhuadong，，周德華先生譯作天華塘，現據當地桑苗產區天花蕩地名改，下同。）周王廟和長安生產的湖桑苗或大型桑苗對杭州、嘉興、輯里和紹興地區都合適。偶然也有來自山東、河南、安徽的買主。天花蕩生產的魯桑苗或山東型的小桑苗，這些桑苗銷往無錫、常州及江蘇其它城市。」〔註 310〕

《中國實業志（浙江省）》詳細記載了海寧、崇德、桐鄉地區桑苗業區域：「海寧縣自長安鎮起沿滬杭線而西，兩旁之文進鄉、條東鄉、井田鄉、沅店鄉、周鎮、富貴鄉、廣福鄉、檜林鄉、蓮花鄉、郭店鎮、桐陰鄉、新道鄉、義仰鄉等盡爲苗區，桐崇二縣之苗區，則在崇德縣西第五區之惠利鄉、雲南鄉、與桐鄉縣東交界處之日暉區、天蕩鄉，即昔日天花蕩地域。」〔註 311〕天花蕩一帶培育的桑苗至清末已十分有名，同治年間江陰人吳烜在其《種桑說》中提到，「春分以前，至浙江石門天花蕩揀買接過單槍紅皮大種，甫經出土根須淡黃而潤者載歸栽種。」〔註 312〕桑苗區以石門灣爲中心，「石門灣之產地，又以北蕩里爲最著，產苗數量，今昔懸殊，海寧縣屬最盛之時，年可產接苗七、八百萬枝。毛桑一、二百萬枝，石門灣可產接苗百萬株以上。」〔註 313〕桑苗業單單集中於這一個區域，故然與近代以來嘉湖地區蠶桑經濟繁榮相關，又與崇德、海寧一帶的地形和土壤因素密不可分。

〔註 310〕周德華譯：《華中蠶業的調查》（1925 年，上海萬國生絲檢驗所），《絲綢》2000 年第 1 期。

〔註 311〕《中國實業志（浙江省）》第四篇，農林畜牧，第八章，蠶桑。

〔註 312〕（清）吳烜：《種桑說》，同治刻本。

〔註 313〕劉思贊：《浙江海寧、崇德桑苗業之概況》，《中國蠶絲》栽桑專號，民國二十五年二、三月。

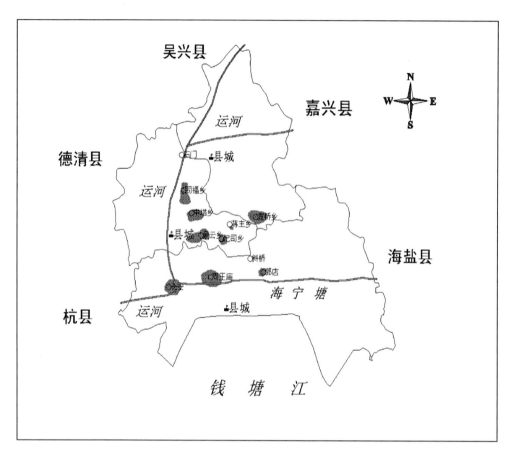

圖 35：民國年間海寧、崇德、桐鄉桑苗分佈概況圖〔註 314〕

　　從圖 35 中可以看出，民國年間海寧、崇德、桐鄉的桑苗業主要集中於運河與海寧塘沿線。這一片地區爲運河上游，以大量粉砂、細砂在這一帶沉積，靠近運河的崇德（石門）、桐鄉一帶土壤多爲小粉土。小粉土質地爲細砂──粉砂泥質，有輕微的石灰性反映，酸鹼度 6.5～7.5，可種蘿蔔、煙片、甘薯、南瓜、花生等，煙片產量很高，質量也很好。〔註 315〕在崇德、桐鄉的桑苗園裏，根據小粉土的這種特性進行輪作，第一年種桑苗廣禾，第二年接木苗，第三年煙草（或茶菊），蠶豆（或小麥）；〔註 316〕海寧長安、周王廟、許村一

〔註314〕圖片改繪自趙鴻基、周可湧、呂繼端：《海寧崇德桐鄉桑苗調查報告》，《中國蠶絲》第二卷第七號，《海寧、崇德、桐鄉桑苗分佈概況圖》。
〔註315〕嘉興專區土壤普查土地規劃工作委員會編：《土壤志》，1959 年，第 61 頁。
〔註316〕趙鴻基、周可湧、呂繼端：《海寧崇德桐鄉桑苗調查報告》，《中國蠶絲》第 2 卷第 7 號。

帶，主要分佈的是淡塗泥土，其土壤母質是近代淺海沉積物，因緊靠杭州灣，受海水沖積影響較大。長時期來，海水沖積所挾帶的泥沙，首先在這一狹長地帶沉積下來。海塘修建後，由人為的耕作利用及淡水灌溉，使這片地區的土壤逐漸脫除鹽分的影響，農民稱之為「淡土」或「鹹性小的土」，在長安、周王廟一帶，因離海稍遠，又與平原水網區相鄰，淡土的沉積物以細砂為主，並帶部分泥質，耕作利用較長的，土壤適宜種植棉花、絡麻等旱作。〔註317〕所以海寧地區的苗農，在田中這樣輪作：第一年毛桑，（間植棉花），第二年接木苗，第三年稻、蠶豆（或小麥）。〔註318〕淡土泥因土層深厚（一般3尺以上），地下水位又不像運河沿岸小粉土那麼高，所以「海寧所產之桑苗，以長、大者為多」，石門灣一帶因地下水位高，地下水易通過小粉土中的毛細管上陸，有些還有明顯的夜潮現象。所以小粉土上種植桑苗，桑樹長不高，且易發生爛根、爛葉現象，桑樹敗得快，壽命較短。〔註319〕尤其是地形位置低的夜潮土，對桑樹生長更加不利，所以桑苗「石門灣所產者，以矮小為多，所謂廣接是也。」〔註320〕

　　小粉土和淡泥土有一些共同的特點，質地都偏砂，這樣的桑地肥效快，耕作省力。種植桑樹，播下桑子也容易發育成苗，且桑苗生長快。也就是說，這塊區域有用來培育桑苗，有著得天獨厚的土壤條件。

四、桑園的經營與生態經濟

　　明中後期桑葉在嘉湖地區已經成為一種常見的商品。因為蠶業經營利潤豐厚，嘉湖地區的小農家庭將養蠶視為一種投機事業，養蠶多少並不是根據家庭植桑多少而定，農戶可以全家出動，在一個月間養育大量的春蠶，一旦成功當年即可獲取鉅額利潤，但桑樹種植卻需要農家投入長時段的精力才能獲利。這種情況下，嘉湖地區桑葉貿易在一定程度上形成了期貨特徵。萬曆間湖州烏程人朱國禎說：「湖之畜蠶者多自栽桑，不則預租別姓之桑，俗曰稍葉。」〔註321〕桑葉買賣一般發生在農曆四月春蠶養育期間，嘉湖地區人稱買

〔註317〕嘉興專區土壤普查土地規劃工作委員會編：《土壤志》，1959年，第42頁。
〔註318〕趙鴻基、周可湧、呂繼端：《海寧崇德桐鄉桑苗調查報告》，《中國蠶絲》第2卷第7號。
〔註319〕嘉興專區土壤普查土地規劃工作委員會編：《土壤志》，1959年，第60頁。
〔註320〕劉思贊：《浙江海寧、崇德桑苗業之概況》，《中國蠶絲》栽桑專號，民國二十五年二、三月。
〔註321〕（明）朱國禎：《湧幢小品》卷2，《蠶報》，中華書局，1959年，第45頁。

賣桑葉爲「稍葉」：「有餘則賣，不足則買，謂之稍。」〔註322〕明末以來，太湖南部地區產生發達的桑葉貿易，甚至出現了桑葉投機。日本學者上原重美認爲，養蠶的不穩定性和當地人對栽桑養蠶的投機型心理造成了桑葉的買賣，桑葉貿易並非出於栽桑技術上的發展而帶來的正常商品流通。田尻利認爲，一方面有大量的人在養「空頭蠶」，一方面大量人在專業植桑。正是「空頭蠶」的養育支撐了嘉湖地區桑葉貿易的盛況。〔註323〕

中國傳統的農家蠶桑經濟中，栽桑與養蠶相對平衡，在嘉湖地區，這種平衡被打破，有識之士雖提倡「栽與秒最爲穩當」，但靠買桑葉飼蠶的「看空頭蠶」現象仍十分普遍。〔註324〕因爲飼蠶的桑葉可以通過市場購得，這使嘉湖地區農家的養蠶規模，不必受制於桑地農作，當地農家可以依據絲繭的市場價格情況，擴大其養蠶的經營規模，一年之中，有多少人養空頭蠶，即有多大潛在的桑葉需求。正德年間，德清等地桑葉買賣已十分普遍，「每清明後蠶育，群紮而聚於市衢以賣，早晚先後時價不同。」葉行爲專門進行桑葉貿易的中間商，「鬻桑盛時呼爲葉行」。〔註325〕買賣之時許多人投機葉市，囤積居奇，桑葉交易過程中，中間商哄抬桑葉價格，使葉價波動很大，「價隨時高下，倏忽懸絕，諺云：儍人難斷葉價。」萬曆年間，烏程朱國楨一位姓章的鄰居即「豫占桑價，占賤即畜至百餘斤，凡二十年無爽，白手獲厚。」〔註326〕在如此發達的桑葉市場上，專業化較強的桑園經營必然會追求經濟效益，強化其集約化生產。

專業化桑園的規模，各種農家各有不同。一般情況下有兩種專業化桑園，一種是雇工經營的桑園，一種是小農經濟下的專化化桑園。雇工經營的專業化桑園以歸安茅坤所記錄的例子最爲典型。雙泉靠植桑致富起家，桑園規模達到數十萬株：

> 君起田家，子少即知田，年十餘歲隨府軍督農，隴畝間輒能身操畚鍤，爲諸田者先，其所按壤分播，薙草化土之法一鄉人所共首推之者。已而樹桑，桑且數十萬樹，而君並能深耕易耨，輦糞菑以饒之，桑所患者蛀與蛾，君又一一別爲劘之拂之，故府君

〔註322〕（清）孫志熊撰：《菱湖鎮志》卷12，蠶桑，稍葉。
〔註323〕田尻利：《清代农业商业化の研究》，汲古書院，1999年。第六章、太湖南岸地方における桑葉売買。
〔註324〕（明）朱國禎：《湧幢小品》卷2，《蠶報》，中華書局，1959年，第45頁。
〔註325〕正德《新市鎮志》卷1。
〔註326〕（明）朱國楨《湧幢小品》卷2，《蠶報》，中華書局，1959年，第45頁。

之桑首里中。而唐太史應德嘗銘其墓曰：唐村之原有鬱維桑兮生也，遊於斯死以爲葬兮。蓋善府君之治桑而沒，且歌於其墓也。而不知於中君之力爲多，故其桑也亦一鄉人所共首推之者。君之田倍鄉之所入，而君之桑則又什且伯鄉之所入，故君既以田與桑佐府，君起家累數千金而羨其繼也，君又能以田與桑自爲起家，累數萬金而羨。〔註327〕

雙泉在經營過程中，還十分注意桑園的肥培管理，「輦糞蓄以饒之」，他從各處載糞壅來施肥於桑地，達到高產的效果。專業化桑園經營需要大量的肥料投入，春天向桑地施肥，每畝「垃圾必得三、四十擔」，傳統時代，一家一戶所積攢的農家肥根本無法滿足其桑園的肥料需求，更不用說經營大規模專業化桑園。尋找這些肥料，「平望一路是其出產」。平望因碾米業發達，作坊用牛來拉碾，在牛來回拉轉的路上墊有碎草和土，經牛來回踐踏後，與牛糞便混在一起，這種肥料叫「磨路」，肥力很大，是買來壅桑地的上好肥料。夏伐後的桑樹應即時施肥，當地稱此時施肥叫「謝桑」，及時施「謝桑」肥，桑樹以後發出的枝條才可能茂盛。因謝桑在蠶事繁忙之時，一般選擇「在近鎮買坐坑糞。」即到附近的鎮上去買廁肥，「上午去買，下午即澆更好」。〔註328〕這些市鎮所產出的廢物，被附近的鄉村利用起來施於桑地上。

雙泉對桑園的專業化管理十分成功，「府君之桑首里中」。這也讓他獲利甚多，「君之田倍鄉之所入，而君之桑則又什且伯鄉之所入」。可以看出，他對水田的經營，規模遠遠小於對桑園經營的規模，其依靠桑園經營所積累的財富十倍於治田經營所得。因植桑利潤遠高於種田，南潯的莊元臣則完全放棄了水田的經營，集中精力將二十畝地經營爲專業桑園。莊元臣在其《莊忠甫雜著》「治家條約」中寫道：

凡桑地二十畝，每年雇長工三人。每人工銀二兩二錢，共銀六兩六錢。每人算飯米二升，每月該飯米乙石八斗，逐月支放，不得預支。每季發銀二兩，以定下用，四季共該發銀八兩。其葉或稍或賣，俱聽本宅發放收銀。管莊人不得私自作主，亦不許莊上私自看

〔註327〕 （明）茅坤：《玉芝山房稿》卷10，《文林郎大寧都司參軍亡弟雙泉墓誌銘》，四庫存日本；張大芝，張夢新點校：《茅坤集》卷23，《亡弟雙泉墓誌銘》，浙江古籍出版社，1993年，第681頁。

〔註328〕 （清）張履祥輯補，陳恒力等校釋：《補農書校釋》（增訂本），農業出版社，1983年，第12、56、57頁。

蠶。如沈澳要討租田，照例七石還租。其載下用，鬚髮竹籌與沈澳，
每一載米交一籌。計一季收籌幾根，以驗載數多寡。仍發自家一人，
眼同去載，以報淺滿虛實，則無由作弊矣。欲種菱，可量發菱種銀
三錢，不得過多。其桑條二葉，俱歸本宅，管莊人不得有份。其看
葉人，量與種銀四錢，以賞其勞，有失即責令賠償不貸。〔註329〕

　　莊氏有桑地二十畝，沈澳代為管理。莊氏所經營的桑園所產桑葉「或稍或
賣」，並且「不許莊上私自看蠶（養蠶）」。由此可見，此桑園以專供出售桑葉為
目的。專業化桑園經營另一個例子是《沈氏農書》提到的沈氏的桑園，這種桑
園已經專業化到雇工經營，甚至還有專門剪桑的雇工和包捉桑蟲之人。「長工每
一名工銀五兩，吃米五石五斗，平價五兩五錢，盤費一兩，農具三錢，柴酒一
兩二錢，通計十三兩。計管地四畝，包價值四兩。」陳恒力等認為：「包價值四
兩」是指這四畝桑地如果自己不雇人耕種，包給人家耕治，需付工銀四兩，現
在自己雇工來家耕治，就可以省了這四兩銀子的開支。〔註330〕李伯重則認為「包
價值」為桑園主包賣桑葉的預約定金，也就是說這四畝桑園雇人耕治後，能獲
利至少四兩的賣桑葉的預約定金。〔註331〕對「包價值」的意義雖有爭論，但沈
氏的桑園與茅氏及莊氏的桑園都屬於大農場雇工模式的經營。明末清初嘉湖地
區的土地佔有情況如張履祥所言，「四十畝之家，百人而不得一也。其躬親買置
者，千人而不得一也。」〔註332〕張履祥也曾提到：「歸安茅氏，農事為遠近最，
吾邑莊氏，治桑亦為七區之首。今皆廢棄。」〔註333〕可見至少到清朝初年，這
種以大規模莊園形式出現的專業化桑園在嘉湖地區並不典型。

　　一般的小農家庭而言，既沒有如數的土地，也無法獲得相對應數量的資金、
肥料與勞力投入。張履祥稱：「吾里田地，上農夫一人止能治十畝。」〔註334〕

〔註329〕轉引自：濱島敦俊：《明末江南鄉紳の具体像》，第192～195頁。谷口規矩雄、
　　　　岩見宏編：《明末清初の研究》，京都大学人文科学研究所，1989年。
〔註330〕（清）張履祥輯補，陳恒力等校釋：《補農書校釋》（增訂本），農業出版社，
　　　　1983年，第1、47、54、66頁。
〔註331〕李伯重：《對〈沈氏農書〉中一段文字的我見》，《中國農史》1984年第2期。
〔註332〕（清）張履祥著，陳祖武點校：《楊園先生全集》卷8，《與徐敬可》，中華書
　　　　局，2002年，第227頁。
〔註333〕（清）張履祥輯補，陳恒力等校釋：《補農書校釋》（增訂本），農業出版社，
　　　　1983年，第152頁。
〔註334〕（清）張履祥輯補，陳恒力等校釋：《補農書校釋》（增訂本），農業出版社，
　　　　1983年，第148頁。

其好友鄔行素過世，張為鄔遺下老母、寡妻、幼子策劃如何經營生計，「瘠田十
畝，自耕僅足一家之食。若雇人代耕，則與石田無異。若佃於人，則計其租入，
僅足供賦稅而已。……莫若止種桑三畝，種豆三畝，種竹二畝，種果二畝，畜
池魚。……計桑之成，育蠶可二十筐。」〔註335〕這裏規劃的桑地只有三畝，且
與其它旱地作物並列，更體現小農經濟種植多樣化的特點。育蠶二十筐，以一
筐蠶需葉八個計，〔註336〕共須吃葉三千二百斤，也就是說這三畝桑地平均畝產
葉的水平為千斤。上文所提種桑三畝，實際上也是一年中一個勞動力在一畝桑
地上勞力投入的極限。由此可見，小農經濟的桑園規模往往正好是其養蠶需求
的偶合。這種小農桑園的維持，需要付出很多的勞動力。小農桑園雖也有一定
的專業化，卻更普遍且更與小農經濟相聯繫。但這種桑園更具有商品化和專業
化生產的特徵，有點像1980年代農村的專業戶，一方面有專業化的種植，同時
還兼業養蠶和其它農作。

　　對小農戶來說，植桑投入的勞動時間長，收益見效慢。尤其是對湖州府低
鄉的小農家庭來說，植桑還需面對的是抵抗頻繁的自然災害的風險。明末以來，
嘉湖地區自然災害頻繁，「自水利不講，湖州低鄉，稔不勝淹。」〔註337〕一遇
雨澇災害，「何則水淹田地，禾敗而桑亦枯也。種桑必五歲而後可蠶，是天荒一
載，桑淹五年，故一遇水災，致數年逋欠。」〔註338〕而「桑之大利，總以十年
為期」，〔註339〕一株高刈桑樹從育苗到成形周期為10年。蠶的養育周期短，如
果只養春蠶，所需時間為一個月左右。相比之下，養蠶較植桑所擔負的風險更
小。所以在湖州，小農選擇只養蠶，不植桑，或只種少量的桑樹。如南潯一帶
直到民國時期至1950年代，當地的農民仍喜歡養空頭蠶。〔註340〕

　　一般的小農家庭要擴大植桑規模絕非易事。養蠶的規模卻可相對地擴
大，因為養蠶所需的時間短，擴大規模只需增加短時間內勞動的強度，所需

〔註335〕（民國）劉大鈞：《吳興農村經濟》，中國經濟統計研究所，1939年，第8頁。
〔註336〕（清）張履祥輯補，陳恒力等校釋：《補農書校釋》（增訂本），農業出版社，1983年，第81～82頁。
〔註337〕（清）張履祥輯補，陳恒力等校釋：《補農書校釋》（增訂本），農業出版社，1983年，第132頁。
〔註338〕（清）凌介禧：《程安德三縣賦考》卷2，同治三年木活字本。
〔註339〕（清）沈練著，仲昴庭輯補，鄭闢疆、鄭宗元校注：《廣蠶桑說輯補》卷下，雜說九條，農業出版社，1960年，第62頁。
〔註340〕吳興縣農林局：《南潯區蠶桑生產情況》，1956年，湖州市檔案館，W73-9-43。開葉船，參閱汪日楨纂：《南潯鎮志》，董蠡舟，《稍葉》：「三眠後買葉者以舟往，謂之開葉船。」

投入的資金可通過借貸的方式獲得，在絲繭收益豐厚的年份，可立即獲得回報。明末孫銓這樣描述小農種桑的艱辛：「每地一畝種植桑柯，終歲勤動工以百數計。運泥培糞，修枝去蟲，寒暑不輟，費銀有餘，一或墮失，五、六年始或可復，至於育蠶之際，男婦勤劬，寢食無暇，大小協力，柴炭工食，煩費尤難，少或怠忽，工本倍失矣。」〔註341〕種植一畝桑地，每年「動工以百數計」。如果要管理三畝桑地的耕作，幾乎佔據了整個農民一年中的時間。所以一般的家庭最多也只是種桑三畝左右，並且肥培管理上遠遠不可能達到《沈氏農書》中所要求的水平。這種傳統在湖州地區一直保持到民國時期，「大約每戶有田十畝，桑地即占其三、四。」〔註342〕

對小農來說桑園經營也面對著生態變化，小農會根據生態的變化配置市場要素。桑葉價格低廉之年，農戶蠶桑業上所得收入不足抵消對桑地的投入。「十五年絲綿稍稍得價，而葉賤如糞土，二蠶全白無收。所留頭葉在地，並新抽二葉，幾及一半生息，悉剪耗耘耕拋地，反費工食。」〔註343〕小農無法對市場做出準確的把握，在桑葉供應過剩之年，多餘的桑葉縱使用來養二蠶，且二蠶豐收，也收不回經營桑園時所投入的資金。一般情況下，當地通過稍葉的方式，農民可以將風險轉嫁給市場，使桑園獲得穩定化的收益。「稍者先期約用銀四錢，謂之現稍，既收繭而償者約用銀五錢，再加雜費五分，謂之賒稍。」〔註344〕這樣通過定貨的方式，使蠶戶將養蠶的風險也轉之於市場未來的收益。如果無人稍葉，農戶還能通過多養二蠶來消耗多餘的桑葉。《沈氏農書》提及：「近年夏葉竟無稍主，不得不稍養幾筐二蠶，以防二葉丟空。」按當地的習慣，並不養二蠶，在當年桑葉無人購買的情況下不，沈氏不得已而養二蠶，養二蠶的目的是為了避免桑葉的浪費。

一般的小農進行蠶桑經營時，均衡考慮資金、勞力的投入和桑葉市場價格的變化，靈活地在養蠶與桑葉買賣之間作出選擇。購葉飼蠶的一個重要生態因素是蠶病問題，對農戶來說，首先要擔當養蠶後期的蠶病風險，蠶成之

〔註341〕（清）孫志熊撰：《菱湖鎮志》卷 42，事紀，引明孫銓上郡守，論田地六則。

〔註342〕（民國）劉大鈞：《吳興農村經濟》，中國經濟統計研究所，1939 年，第 29，103 頁。

〔註343〕（清）張履祥輯補，陳恒力等校釋：《補農書校釋》（增訂本），農業出版社，1983 年，第 170 頁。

〔註344〕（清）張炎貞：《烏青文獻》卷 3，春草堂藏板刻本。

後，還要考慮絲價的漲跌。桑葉價格奇高之年，直接售桑葉比買葉飼蠶更有利潤。這種情況在專業化桑園集中的崇德、桐鄉地區最爲常見：

> 崇西北十九都與湖之歸安接壤，有余二、余四兄弟各育蠶十五筐，時嘉靖元年葉貴甚，余二兄弟盡欠葉，乃相與語曰，葉貴難買，即買葉得絲，不如賣葉得價，乃相與傾蠶於垃圾潭中，以泥蓋之，乘早採葉駕舟來崇行至三里橋，忽水中躍一大魚入舟，余四急以平板掩之，二人大喜，既至崇，則葉價貴益甚。〔註345〕

　　余二、余四兩兄弟一共養了三十筐蠶，他們的桑葉不夠飼蠶之用，本來需要從市場上購買不足的桑葉來飼蠶，但當年桑葉價格又特別高，兩兄弟計算花高價買桑葉飼育這三十筐蠶繅絲所得的收入，不如將自家現所持有的桑葉售出所得利潤多，同時還能規避當年養蠶繅絲的辛勞，他們索性將蠶丟棄而將自家桑葉採了賣錢。

五、桑爭稻田

　　蠶絲業的繁榮帶來日益增長的桑葉需求，專業化桑園的植桑開始向稻田進軍，箱子田農田利用模式就是在這個背景下形成。治地種桑，比種田得利豐厚得多，「地之利爲博，多種田不如多治地」，〔註346〕這一點明末以來已爲當地所共識，導致農民人爲地將桑地由圩岸向稻田擴展。桑樹是深根性植物，在嘉湖水網平原區，圩田中的稻田因地勢低窪，並不具備植桑的條件。農民需要培高地基來植桑，而非直接在稻田中種桑樹。明末以來，「桑爭稻田」這一過程就在微地形地貌上展開。以高地桑田爲出發點，桑基逐步以蠶食的方式向周邊水田侵蝕。

　　植於稻田桑埂之上的桑樹，每年需要大量施用稻乾泥，《沈氏農書》提到要提高新壓條的桑秧的成活率，「宜新墳地，或近水地埂，冬天挑稻乾泥一次。」〔註347〕稻乾泥易發根，種桑秧的時候，「開六寸深平潭，宜大不宜小。一人持秧枝放準潭中，將根理挺鋪直，如有長根，亦須將潭開長，根不宜曲，一人墾取田中稻乾泥，鋪壓根上，繼以地上燥泥，蓋滿其潭，以足踏平，再用手

〔註345〕萬曆《崇德縣志》卷12，《蠶桑》。
〔註346〕張履祥輯補，陳恒力等校釋：《補農書校釋》（增訂本），農業出版社，1983年，第101頁。
〔註347〕（清）張履祥輯補，陳恒力等校釋：《補農書校釋》（增訂本），農業出版社，1983年，第101頁。

將桑枝輕輕一提，再覆上細泥，略踏之。」稻乾泥能促進根系快速發育，施稻乾泥一般用灌施的形式，這樣可防止養分的流失，農民在蠶桑衰落的民國時期仍然挑稻乾泥到桑地上：

> 吳興農民，既萬分重視蠶桑，那麼對於桑地的經營，當然也就不遺餘力。本來在湖屬一帶，土地的分別，各有簡易的名稱：如種稻的稱田，植桑的稱地，田地的性質，有似涇渭的不同。此乃由於農民重視桑地的緣故，平日不惜將稻田的泥土，隨時隨地移到桑地上去，使桑地易於發芽滋長。因此田地高低的參差有很大的距離。〔註348〕

圩岸的桑園可能是一些時間較長的老桑園，稻田中的桑埂大都是以培高原稻田中的田埂而新填出來。這些桑埂面積一般幾分大小，多為長條狀，且分佈零散。明末清初的桐鄉地區，當地農民長期在稻田中挑泥給桑地施肥，「計岸土取土於田，岸寬則田窄小。」〔註349〕田埂上的桑園處於離居住地較遠的水田中間，積肥運肥比較困難，「罱泥固好，挑稻乾泥亦可省工」，〔註350〕當地農民一般採取挑兩旁稻田中的稻乾泥的辦法來給田埂桑園的桑樹施肥。位於田埂的桑園，表土一般不深，且易淋失，每年冬天需通過挑稻乾泥來給桑地加土。稻乾泥發根能力強，在桐鄉縣屠甸鎮，改造生產不良的專業桑園，最有效的辦法就是挑稻乾泥。甚至像在桃園鄉港子頭、三路頭這樣近河港圩頭上的專業桑園，因土壤流刷，表土層薄，仍是用從附近稻田挑稻乾泥來加土的方法來加土。〔註351〕

年年挑挖稻田中的泥土來施肥於桑地，使桑地兩旁的水田耕作層變淺，養分缺失，且田底高低不平，耕作不便。結果導致當地稻田糧食產量不高。張履祥稱清初桐鄉「田極熟，米每畝三石，春花一石有半，然間有之，大約共三石為常耳。」桐鄉一帶豐收的年份的稻田產量為四石半，平常的年份春花加米的產量才三石。與之相比，湖州一帶的水田一畝，能收四、五石。上

〔註348〕吳曉晨：《蠶桑衰落中的吳興農村》，《東方雜誌》，1935 年第三十二卷第 8 號。

〔註349〕民國《南潯志》卷 4，《河渠》。

〔註350〕張履祥輯補，陳恒力等校釋：《補農書校釋》（增訂本），農業出版社，1983 年，第 60 頁。

〔註351〕桐鄉縣屠甸人民公社：《本社關於桃園管理區水田、旱地、花白、桑林、什地土壤種類方面匯總普查表》，1959 年 3 月～1959 年 4 月，桐鄉縣檔案館，87-1-138。

文中提到湖州種春花尚不普遍，那麼這一畝的產量指的就是產米量。〔註352〕
設若處於平常年份的一般水平，湖州水稻的平均產量，也幾乎爲桐鄉的兩倍
左右，這種狀況一直延續到 1950 年代。

　　嘉興縣洪合鄉也是一個專業桑園集中的典型地區，當地因產桑葉量大，一
直被稱爲「葉山」，甚至到 1950 年代蠶桑經濟極其衰落的時期，仍有桑園 1870
畝左右。據當地的調查資料，民國十年前後，當地雙園（桑園）面積占總耕地
面積的 65.57%，超過水稻面積的 17.57% 那時繭價每斤爲 7～8 角，每擔鮮繭
價值 75 元左右，當時米價每石爲 7 元，蠶繭大米的比價爲 1：10.7，因此大大
促進了雙園（桑園）肥培管理的積極性。加上那時的水田產量不高，蟲害嚴重，
每畝水稻田僅能收 200 斤到 280 斤的稻穀。當地農民對水稻產量有「石伯伯」，
「石二老相公」的說法，形成了『重蠶雙（桑）輕水稻』的現象。〔註353〕

　　綜上，明末以來嘉湖地區最典型的「桑爭稻田」模式所表現出的典型特
點是專業化桑園經濟的發展過程中，培植桑園時取土取肥於稻田，稻田減產，
同時桑地面積擴展。康熙年間，何金蘭路經此地，曾記述：「余行桐鄉道中桑
圃間，提筐者忘其勞苦，甚是適言，吾鄉以蠶代耕者十之七。」〔註354〕經濟
史研究中的「桑爭稻田」現象，是當地的植桑經濟排擠稻作經濟的結果。另
外，「桑爭稻田」也是人們因爲蠶桑利潤豐厚，對桑樹種植業的經營投資比稻
作經營投資更多的緣故，在嘉湖蠶桑區中，農家將大部分肥料都投入到了桑
地上。比如 1950 年代的湖州苕南鄉三田漾，九月份村民就忙著爲桑地準備肥
料，到來年一月，已經積了菱蔓頭和水草 720 船，河泥 900 多船，豬羊垃圾
4000 擔，又向雙林清衛所買了人糞 1600 擔，在桑地上還挑上了 380 畝地的稻
乾泥，這些肥料都施上了桑地。〔註355〕

第四節　水土環境與桑基魚塘

　　桑基魚塘是經典的生態農業模式。東苕溪下游湖州平原的低窪地自明末
以來就形成了蠶桑業、淡水魚養殖、湖羊飼養三者結合的循環生態農業經營

〔註352〕陳恒力等：《補農書研究》，中華書局，1958 年，第 27～29 頁。
〔註353〕《嘉興專署關於嘉興縣洪合鄉五星農業社蠶桑調查研究工作的總結報告》，
　　　　　1957 年，湖州市檔案館，68-9-19。
〔註354〕康熙《桐鄉縣志》，卷 4，何金蘭：《課蠶》。
〔註355〕《吳興報》第 154 期，1957 年 2 月 22 日，星期五。

模式。鍾功甫認爲這裏的桑基魚塘是長江三角洲地區的特色生態系統，[註356]
俞榮梁、聞大中、閔宗殿等對杭嘉湖平原桑基魚塘系統的結構特點進行過討
論，[註357] 但是清民國時期太湖南部平原地區桑基魚塘生態農業規模仍在擴
大，循環結構更加穩定，同時本地區的桑基魚塘農業經營模式與這裏特殊的
水土環境有著密切的聯繫。對本區域清代民國時期桑基魚塘系統所依託的水
土環境及經營實態進行分析，可以更清晰地展示傳統時代末期中國最經典的
生態農業模式在江南地區運行的圖景。

一、水土環境

東苕溪下游的菱湖、長超平原水網區是湖州平原中地勢最低的地區，這
一帶海拔高程多在 3.0～3.2 公尺之間，這裏是受洪澇災害最嚴重的地區，如
《菱湖鎮指》中所描述：「湖以水雄於東南，菱湖之水又雄於一郡」[註358]，
菱湖及周邊地區的水域面積廣闊，由於東苕溪下游的古河道在這裏蜿蜒北上，
沿途地區還有眾多湖泊交錯密佈。東苕溪尾閭在菱湖附及近鄉村的鄉村蜿蜒北
上，沿途還有眾多溪流交匯，可以捕捉到大量的魚苗，當地可以利用這些魚苗
資源在池塘中進行肥育。如菱湖鎮附近的前邱、竹墩、射村等村莊位於寶溪和
前溪與東苕溪匯流之處就是桑基魚塘區，「寶前兩溪間水深溪曲，池蕩湊密，
土人不獨田禾爲重，而以魚、蠶爲業。」[註359]

明清時期杭嘉湖地區蠶桑業興盛，但水利治理不力，明末以來許多農家將
長期淹水、產量低的水田改造成魚塘，把田中泥土挑到地上來培育桑樹，轉以
經營桑蠶、漁業爲主，《沈氏農書》言：「自水利不講，湖州低鄉，稔不勝淹。
數十年來，於田不甚盡力，雖至害稼，情不迫切者，利在畜魚也。」[註360]
農家將稻田改成池塘和桑地，特別在水災頻發時期，植桑業和水產養殖業能獲
得更多利潤，張履祥稱：「田者卑下，歲患水，十年之耕不得五年之獲，而稅

[註356] 鍾功甫等：《基塘系統的水陸相互作用》，科學出版社，1994 年。

[註357] 俞榮梁：《建立生態農業是農業現代化必由之路——《補農書》的啓示》，《農
業考古》1985 年第 1 期；聞大中：《三百年前杭嘉湖地區農業生態系統的研
究》，《生態學雜誌》1989 年第 3 期；閔宗殿：《明清時期浙江嘉湖地區的農
業生態平衡》，《中國農業科學》1982 年第 2 期。

[註358] （清）孫志熊撰：光緒《菱湖鎮志》卷 4，河渠。

[註359] （清）《寶前兩溪志略》卷 1，嘉業堂刻本。

[註360] （清）張履祥輯補，陳恒力等校釋：《補農書校釋》（增訂本），農業出版社，
1983 年，第 132 頁。

最重。其地，桑蠶之息既倍於田，又歲登，而稅次輕。其蕩，上者種魚，次者菱、蔦之屬，利猶愈於田，而稅益輕。」〔註361〕這些地區因隨時面臨著山溪洪水危脅，經常受澇，清中後期開挖桑基魚塘仍是更有利的經營模式，乾隆八年，荻港鈔田村地主叫章有大，那時該人在城裏做官，家中有田 1000 畝，年年被水淹，他就雇人將 1000 畝田開成了塘，此事村中老年人均有傳說。〔註362〕

明代中後期以來桑基魚塘已是湖州東苕溪下游地區的主要農業開發模式。湖州菱湖鎮查家簖村是位於東苕溪旁的一個古村，又名葑里，明萬曆年間龐太元曾隱居於此地，這裏水流平緩，清吳振域有詩描述此村景觀：「漁村殘柳淡斜暉，葑里依稀記舊聞。溪水不波秋更碧，荻花飛上侍郎墳。」〔註363〕查家簖村及附近地區漁村和桑園密佈，光緒《歸安縣志》言：「查家簖以販魚、種菱為業」。〔註364〕《菱湖鎮志》中有描述查家簖村的一首竹枝詞：「林下風流若個存，河西望盡是桑園。查家簖上梅如雪，苦憶高人龐太元」，〔註365〕查家簖及周圍的村莊平均每戶有一口池塘，這裏的池塘又叫魚蕩，魚蕩多是以人工挖掘而成。〔註366〕桑基魚塘集中的菱湖地區一般地勢較高的旱地都用來種植桑樹，「漾腳藕花三四里，堤根桑樹萬千株」是這裏的典型景觀。〔註367〕到民國時期，以菱湖為中心，周圍數十里之間，到處有養魚池，一萬五千家中，有一萬二千家有魚池，不養魚而僅事農耕者極少。桑基魚塘一般都沒有排灌水口，需用水車進行排灌，如菱湖地區的老魚塘：「多用舊式水車，藉勞力為補救，每屆七八月間池水減少之際，水量不足，養分減少，生產力為之減低，故斯時極力用車灌水，甚形勞苦。遇有水溢之時，亦須努力於排水工作。」〔註368〕因此外部水環境的好壞與池塘經營的收益直接相關，魚塘的價格在一個小區域視水環境有很大的差異，「每畝池價，佳者百餘元，劣者

〔註361〕（清）張履祥：《楊園先生全集》卷 20，書改田碑後，中華書局，2002 年，第 592 頁。

〔註362〕湖州市水產志編纂委員會編：《湖州市水產志》，1994 年，編印本，第 3 頁。

〔註363〕（清）吳振域：《花宜館詩鈔》，卷 4，《洋里》，同治四年刻本。

〔註364〕（清）陸心源等修，丁寶書等纂：光緒《歸安縣志》卷 6，光緒八年刊本，成文出版有限公司，民國五十九年，第 59 頁上。

〔註365〕（清）孫志熊撰：光緒《菱湖鎮志》，卷 9，鄉村附，《潘正誼竹枝詞》。

〔註366〕（民國）劉大鈞：《吳興農村經濟》，中國經濟統計研究所，1939 年，第 17 頁。

〔註367〕（清）姚彥渠撰：同治《菱湖志》卷 2。

〔註368〕洪賓：《菱湖養魚業調查》，《水產月刊復刊》，1946 年，第 1 卷，第 1 期。

三四十元，池之租價，普通每畝約十元左右。魚塘以在苕溪之東者爲佳，溪西因有山水沖沒之虞，故池價亦較低。」〔註369〕東苕溪下游菱湖鎮附近的地區因桑基魚塘不斷增挖，塑造出蜂窩狀的人工地貌景觀，據1940年代赴此調查水產的專家描述：「極目所致，只見桑林稠密，河道叉錯，魚池相接，有若蜂巢。」〔註370〕

除種植桑樹外，東苕溪下游的鄉村還在水濱種植多樣的濕生植物，桑基魚塘區一般多種楊樹，一方面養殖種魚的池塘可以誘導種魚在楊樹根上產卵，另一方面楊樹的枝條可以爲魚池遮蔭，也可供給農家部分柴薪，農家部分經濟來源依靠於這些濕生植物的栽培，「該地養魚者於池埂之上多植桑樹，池邊植白楊，栽種扁豆，用草繩牽於楊枝之上，桑葉，木柴，扁豆三種副產，據云每年收穫亦多。」〔註371〕農家一般還多栽柳。湖州地區農家經常栽培利用的柳是蒲柳，即水楊、綠楊。汪日楨在《湖雅》中稱蒲柳，「出水濱，其枝織爲量器」。〔註372〕這種柳樹就是小枝呈淡綠色的簸箕柳（*Salix suchowensia* Cheng.），〔註373〕枝條強韌，農家多種植來編製筐、匾等用具，汪日楨有詩描述東苕溪運河沿線的村居以種植水楊爲特色，「茅屋臨溪橋壓水，人家都在綠楊村」。〔註374〕在水域面積較廣的地區如湖州竹墩村，因旱地少，農家缺少菜圃地，因此在水邊種柳，讓豆類植物沿其攀援，張履祥曾館學菱湖，他注意到這種頗有特色的鄉村景觀：「予旅食歸安，見居民於水濱遍插柳條，下種白扁豆，繞柳條而上。」〔註375〕白扁豆是菱湖一帶的特產，當地又稱「羊眼豆」，種子呈白色，喜溫暖濕潤的環境，菱湖地區都將其栽植在水邊，蔓生的莖攀援在池塘水面柳條上：「堤岸遍植桑柳，夏季復種羊眼豆（即白扁豆），纏繞於柳枝之間，即可收穫副產，復可藉避溽暑日光。」〔註376〕濱水之處，芋也

〔註369〕建設委員會經濟調查所統計課編：《中國經濟志‧浙江省吳興縣》，民國二十四年鉛印本，第46頁。
〔註370〕王雪峰：《浙江吳興地區淡水魚產銷的調研報告》，大眾書店，1949年，第2頁。
〔註371〕《菱湖水產養殖業調查報告》，《上海市水產經濟月刊》，1933年，第2卷，第7期。
〔註372〕（清）汪日楨撰：《湖雅》卷4，木，光緒刊本。
〔註373〕《中國植物志》第20卷第2冊，第377頁。
〔註374〕（清）汪日楨：《玉鑑堂詩集》卷2，《舊館村小泊》，續修四庫全書，集部，別集第1543冊，第614頁。
〔註375〕（清）張履祥輯補，陳恒力校釋，王達參校、增訂：《補農書校釋（增訂本）》，《沈氏農書》上卷，運田地法，1983年，農業出版社，第129頁。
〔註376〕王雪峰：《浙江吳興地區淡水魚產銷的調研報告》，大眾書店，1949年，第2頁。

是常見的作物，芋歷來是江南最受歡迎的蔬菜作物之一，農家先在屋旁培育好芋苗，之後移栽，「擇近水肥地移栽，二尺一科，寬則透風，深則根大，此利甚大，勝於種稻也。」〔註377〕明末時太湖地區有芋品種十多種類型，湖州地區最有名的是適宜於水邊種植的名叫紫梗水芋的品種。〔註378〕這種品種今天在菱湖周邊鄉村靠近河港的桑地外種植仍十分普遍。

農家也在村莊周圍的河港中種植各種水草，以獲取肥料。清代東苕溪流域菱湖一帶有專門培育菱苗的農家，四月間菱農於河蕩中用腳趾夾取新生的菱毛，分賣給各農家栽植。河蕩中水深，栽植菱苗的方法是：先用竹竿，在杆端捆著一束菱毛，將竹竿入河蕩泥土中，如此依次在水中排列成功一個竹牆籬，防止菱毛漂浮他處。在這個水中竹籬的範圍內，先將菱毛根部盛入淺匣內，向河底插入，再將竹竿稍稍傾斜，並向河底用力下壓，盛入淺鐵匣中的菱毛便已脫離鐵匣而杆入河泥中，到五月間菱苗放葉並大量分枝，蓬勃茂盛地漂浮在河蕩中，這些水草是農家最常見的肥料。菱是湖州的特產，霜降以後菱實老熟，每年有江北來的客民來收買。〔註379〕當地農民用俗語「樹上掛珍珠，水裏浮元寶」來描述水面的立體景觀，珍珠指白扁豆，元寶指菱。眾多水生植物的栽培，營造出十分優美的鄉村環境，「西溪水迴環，地形若鳳，桑柘遍壟，桃李成陰，水際多植綠楊、烏桕，紅蓼、芙蓉望如錦繡。」〔註380〕

鄉村農家主要的肥料來源是河泥，「肥桑之物不一，人糞力旺，畜糞力長，垃圾最鬆地，而河泥之為益尤鉅。蓋一歲中雨淋土剝，專藉此泥陪補，根乃不露，諺所以有桑不興少河泥之說也。」〔註381〕《沈氏農書》逐月事宜中，罱河泥是農家一項經常性的工作，每月無論陰晴都有這一事項。清初張應昌在詩中描述了嘉湖一帶農家在清晨撈河泥施於桑地上的場景：「村路禽言滑滑泥，欲行不得怕扶藜。閒看溪父培桑本，潑潑光瀰照曉隄。」〔註382〕河泥一般要加入水生植物漚製成草塘泥，「其法先探泥土，埋附近凹處，和之以周邊

〔註377〕（明）戴曦：《養餘月令》卷3，春，二月上，中華書局，1956年，第27頁。
〔註378〕（清）汪日楨：《湖雅》卷1，蔬，光緒刊本，第28頁。
〔註379〕任三淵：《吳興民傑鄉的物產概況》《湖州月刊》第十一號第五卷，民國二十三年五月。
〔註380〕（清）《寶前兩溪志略》卷1，嘉業堂刻本。
〔註381〕（清）沈練著，仲昂庭輯補，鄭闢疆、鄭宗元校注：《廣蠶桑說輯補》，農業出版社，1960年，第3頁。
〔註382〕（清）張應昌：《彝壽軒詩抄》卷3，吳興歸舟，同治二年刻本。

所生之草以肥之」。〔註383〕湖州地區的鄉村素有用菱枝葉加河泥漚肥使用的習慣，1950年代的調查中發現一畝產菱枝葉15～25擔的水面可解決一畝田的基肥或一畝田的1～2次追肥。〔註384〕在桑基魚塘區，農家將水草和河泥都施於桑地上，如1950年代的湖州菁南鄉三田漾，九月份村民就忙著爲桑地準備肥料，到來年一月已經積了菱蔓頭和水草720船，河泥900多船。〔註385〕一些河港水面也可利用種菱。荻港是湖州種菱最多的地區之一，這裏的農家每年的三月間把上年所留的菱種撒到河蕩裏，或把菱種放到竹筒內，浸入河中，種菱也可增加河港底泥的肥沃度，而河泥又是桑地的重要肥源。種菱等水生植物的水域因有菱的莖葉和根腐爛沉積，河泥比較肥。〔註386〕

　　桑基魚塘區由於水稻田面積極少，稻草來源少，但稻草在農家有多項作用。稻草首先要準備在飼蠶期間使用。蠶大眠以後，蠶區不夠用的農家，將大蠶鋪地，這時需在地上鋪上稻草，「蠶身不可著地，須用稻草葉厚鋪一層，謂之草蓐，以預潮濕，然後布蠶。」此後還要將曬乾的稻草切成數寸長，撒於地上，以隔離蠶座，乾稻草還有吸濕的效果；蠶結繭時用稻草作簇，湖州地區養蠶的簇具都用精選稻草去殼製成，這種傳統的簇俱稱「湖州把」，又叫「帚頭」，「散佈登蠶其上，有至二、三重者」，菱湖一帶多用乾稻草製成傘形簇，「中折而盤旋之，如蓋如笠」，據說如果用糯稻稻稈製成的簇更好；〔註387〕此外，農家每年製繩索、做鋪床草褥都要精選好的稻草作。總之，稻草的用途很多，在缺少水田的桑基魚塘區，農家一般不會用作日常燃料。農家日常生活所需的薪柴主要來源於在水面灘地種植的芊戈，芊戈即蘆葦、菱草一類的水生植物，《補農書》中詳細介紹了種芊戈做薪柴的方法，張履祥所說的芊戈主要是指蘆葦：「種芊戈一畝，極盛可得萬斤，則每日燒柴三十斤之家，可供一歲之薪矣。」菱草也被普遍種植用作薪柴，「菰蔣之類，葉鋒如利刃，亦作幹科，而以生水涯者爲濕科，並刈爲薪。」〔註388〕農家在岸邊種植水楊、芊戈等植物也可以鞏固堤岸，「又密插柳枝，或植水楊，或種芊戈，隨土性所宜，使根植與塘腳

〔註383〕《農學報》第30冊，光緒二十四年閏三月下。

〔註384〕虞稽舜、董新一編著：《種菱法》，科技出版社，1953年，第4頁。

〔註385〕《吳興報》第154期，1957年2月22日，星期五，湖州市檔案館藏。

〔註386〕江蘇省水產幹部訓練班編：《水生植物種植資料彙編（第一輯）》俞巧生：《水生植物種植經驗初步總結——本輕利重的付業》，1962年，編印本，第32頁。

〔註387〕（清）汪日楨撰，蔣猷龍注釋：《湖蠶述注釋》，農業出版社，1987年，第56、60頁。

〔註388〕（清）汪日楨撰：《湖雅》卷4，草，光緒刊本。

蟠結，永無剝蝕崩圯，則塘工成而並獲杞柳薪蒭之利矣。」〔註389〕

　　眾多鄉土水生植物的栽培還可以改善湖泊和河港的水環境，如中國科學院南京地理湖泊研究所的研究結果表明，栽培菱的水域水較清澈，水體透明度高，含沙量小，水域內生物量明顯增加，螺、蜆等底棲動物的種類和個體數量明顯增加；同時植菱後水體中的溶解氧含量更爲豐富，植菱區水體的 PH 值與溶解氧的日變幅均較徜水區大。〔註390〕宋人釋道潛已有詩言：「松陵接苕雪，迤邐皆清源。」〔註391〕詩中描寫的東苕溪下游的水環境特點，這裏河網中的水流都是清水，天目山溪水提供了清潔的水源，水生植被的繁茂又創造了局部平緩、清潔的水環境，如「湖州菱湖水繰絲」是「東南之美」，〔註392〕煮繭淘洗、繰絲都需要大量清潔的河流水，東苕溪流下游地區以菱湖爲中心的地區成爲優質蠶絲的集中產區，首先得益於這裏良好的水環境。

二、池塘與水草

　　桑基魚塘系統中的子系統池塘的建立與維護與水環境直接相關。以菱湖爲例，這裏的池塘具有各種形狀：「有圓形、方形、長方形、及其它不規則之式，而以長方形爲最多。」池塘挖成長方形，有利於形成波狀水流，增加池塘的溶氧度。不同形狀的池塘又對應著不同的魚類養殖形式。菱湖地區池塘養魚主要有四種經營模式：專養魚苗者、專養種魚者、專養食用魚者、全期養成者，都需根據養魚的不同來布置池塘。例如養鯉魚種魚的池塘，「池不必大，水亦不必深。」不同魚類的養殖對池塘岸邊的植物栽培也要一定的要求，如養鯉魚就要需選擇水邊栽種了楊樹的池塘，以方便鯉魚產卵，「以水三四尺之池，水濱有楊樹根之處，取檞栬皮切成小片，編爲魚巢，而置於其旁，清明後，雌魚至期放卵，悉在此巢，而雄魚亦來此射精，鯉魚之產卵，共有數回，倘一巢上著卵已滿，須別編新巢以易之，而已附卵之巢，趕速移至另外之孵化池，產卵既畢，鯉魚亦移至別池。」〔註393〕魚蕩大小不等，「大者十五

〔註389〕民國《德清縣志》卷1，水利。
〔註390〕竇鴻身等：《試驗區植菱後某些環境因子變化的初步觀察》，載中國科學院南京地理與湖泊研究所編：《東太湖環境條件與水體農業試驗研究文集（第一集）》，編印本，1982年，第4-25-31頁。
〔註391〕（宋）釋道潛：《參寥子集》詩集卷9，《送錢持王主簿西歸》，四部叢刊景宋本。
〔註392〕（明）葉權撰：《賢博篇》，中華書局，2008年，第12頁。
〔註393〕洪賓：《菱湖養魚業調查》，《水產月刊復刊》1946年第1卷，第1期。

六畝，小者一畝半不等，以三四畝至十餘畝爲最普通。成魚之池，深約一二
丈，養魚苗之池，則較淺，約六七尺左右。池形方圓長狹不一，池底平坦。」
〔註394〕營建新魚蕩時要製造出肥沃的池底淤泥：「如有新創之池，則先以稻草
及桑葉若干，鋪於泥上，令牛踏之，至與泥混合而無區別爲止，然後以之浸
入池底，舊曆正二月間，再以人糞牛糞，傾之於池中，使之肥沃，經此一番
工作，庶可適用。」〔註395〕

　　眾多的湖沼水體滋生豐富的水生動植物，也爲池塘養魚提供了一部分飼
料來源。青魚也是湖州的池塘飼養的主要魚種之一，飼養青魚的池塘必須設
置在緊靠水源清潔的河道旁，魚池中不能有過多的藻類，池底的浮泥也不宜
過多，青魚只在遠離潮汐影響的湖州一帶的清水區域才能飼養，東苕溪下游
附近地區的池塘水質適宜養青魚，青魚在湖州東部蘇松地區的水文環境中就
不適宜，明宋詡言：「今餘處江南之地薄，海有沙，宜養鯔魚，鄰湖無沙，宜
養青魚、鰱魚。」〔註396〕但飼養青魚不僅要求養殖池塘有好的水質，還要有
更多的投入，如螺螄是養青魚必需的飼料，養魚的農民可以利用農閒駕船赴
周圍的漾蕩及太湖中水草豐茂的地區撈取螺螄，經營魚蕩的農家還大量從周
邊地區購入螺螄來養青魚，《補農書》言：「湖州畜魚，必取草、糶螺螄於嘉
興，魚大而賣，則價錢賤於嘉興。」《沈氏農書》在「逐月事宜」二月置備中
有「糶螺螄入池」。〔註397〕此外，池塘中養殖一二年食用成魚需要持續投入其
它的精飼料，如青魚及草魚之食料有螺螄、麥、豆餅、菜餅及草等，爲解決
飼料投入不足的問題，也實行立體混養，鯉魚之食料爲青魚及草魚所吃剩之
物。〔註398〕白鰱以植物性食料爲主，併兼食浮游動物與浮游植物，生活在淺
層，其糞便可作底棲魚的餌料，因此多養白鰱可以減少精飼料的投入，還能
保持水質，這裏的魚蕩一般養白鰱比例最大：「菱湖之一二年魚，以白鰱爲大
宗。」〔註399〕

〔註394〕建設委員會經濟調查所統計課編：《中國經濟志・浙江省吳興縣》，民國二十
　　　　四年鉛印本，第46頁。
〔註395〕洪賓：《菱湖養魚業調查》，《水產月刊（復刊）》1946年第1卷，第1期。
〔註396〕（明）宋詡：《竹嶼山房雜部》卷12，樹畜部四，養魚法，文淵閣四庫全書
　　　　本。
〔註397〕（清）張履祥輯補，陳恒力等校釋：《補農書校釋》（增訂本），農業出版社，
　　　　1983年，第13～14頁。
〔註398〕費石獅：《吳興錢山鄉調查》，《湖州月刊》第6卷，第十、九號合刊，1935年。
〔註399〕洪賓：《菱湖養魚業調查》，《水產月刊復刊》1946年第1卷，第1期。

湖州一帶河港、湖泊資源多，飼魚的水草多來源於養魚池塘之外的水域，《補農書》記載當時湖州鄉間的老農訓誡晚輩要多養魚，養魚投入的資本少，獲利多：「魚取草於河不須貲本，然魚肉價常等，奈何畜魚不力呼！」〔註 400〕一些公共水域的水草也是被人們採食的野菜，如「小梅港新塘等處水底有長條綠草，俗但呼爲水草，以長把取之，載以飼魚，今豆餅價昂，有取此草以糞田者，六七月間人多以此爲生菜。」〔註 401〕菱成熟以後的莖葉不能飼魚，但可以爲人取食。當地人稱菱的嫩莖葉爲「菱荞」，〔註 402〕饑荒年份當地人也會採菱的嫩莖來做菜，水鄉居民還常用菱科製成醃菜，《沈氏農書》記載：「九月內，西鄉晚菱拇正盛而未老，去根、葉淨盡，水浸半月，入鍋煮熟，細切笮幹，搗大蒜抄鹽半勺，入甕築實，直到春，味尚美，菜少之年，便臨採菱拇時，尚可取醃也。」〔註 403〕沈氏所說的西鄉是位於湖州平原西部深水區的鄉村，這一帶種菱較多，周圍許多鄉民到湖州西鄉種菱的地區採摘菱莖作醃菜。一些養魚的池塘中還有施行菱、魚輪換者。池蕩裏如果多年連續養魚，往往魚會生病，成群瘟死，所以一般在同一池蕩養魚兩年後便得種菱二年，養魚種菱輪流更替，魚壯而菱肥。〔註 404〕

良好的水文環境使湖州菱湖一帶的池塘可以用來養殖魚苗。《補農書》中提到：「湖州畜魚秧過池，名曰花子，其利更厚。」〔註 405〕花子即魚苗，菱湖一帶有養魚苗的傳統，春季由經驗熟練的人赴長江沿線青、草、鰱、鱅家魚的產卵地捕捉魚苗，飼養在當地的魚池中，魚苗的主要飼料是豆漿，飼養一個月後就可出售。〔註 406〕民國時期湖州菱湖一帶成爲中國最大的四大家魚種

〔註 400〕張履祥輯補，陳恒力等校釋：《補農書校釋》（增訂本），農業出版社，1983 年，第 132、179 頁。

〔註 401〕（清）汪日楨撰：《湖雅》卷 4，草，光緒刊本。

〔註 402〕虞稽舜、董新一編著：《種菱法》，科技出版社，1953 年，第 4 頁。

〔註 403〕（清）張履祥輯補，陳恒力校釋，王達參校、增訂：《補農書校釋（增訂本）》，上卷，家常日用，1983 年，農業出版社，第 96 頁。

〔註 404〕《浙江建設》戰時特刊第 3 期，民國二十九年十月出版，浙江省建設廳編印，《浙江民國史料輯刊》第二輯，第 44 冊，杭州師範大學民國浙江史研究中心選編，國家圖書館出版社。第 325 頁《吳興之經濟調查》。浙江大學農學院園藝吳耕民等著：《種菱》，中華書局印行，1950 年，第 2 頁。

〔註 405〕（清）張履祥輯補，陳恒力等校釋：《補農書校釋》（增訂本），農業出版社，1983 年，第 132 頁。

〔註 406〕羅延俊：《菱湖的水產害蟲》，《水產月刊（復刊）》1946 年第 4 期，上海市魚市場編印。

魚繁殖基地，「菱湖魚蕩，多畜魚秧，其魚種係來自長江上游，養成魚秧之銷路，遠則南達閩蜀，北至幽燕，近則紹興，金衢，各地蕩戶，皆向菱湖採辦魚秧。」〔註407〕民國時期菱湖一地就有池塘一萬三千餘口，大半飼養魚苗，每年分兩季出售，供給浙江、江蘇、福建、安徽、江西等省養魚者之用。〔註408〕魚苗的裝運、糞便、飼養都要求一定的技術經驗，菱湖人熟練掌握這些技術，「土人二三月間往江邊，待江水發漲時，鰱魚隨流生子，罾得其子，曰魚花，貯於缸筐，飼以鴨蛋黃，以巨舟載歸，蓄於池。待其大寸許，分蓄之，謂之分魚秧。」〔註409〕池塘養殖中養魚苗可以減少投資和風險，魚苗出售之後，當地人一般只留下部分青魚、草魚和鰱魚在池塘中繼續進行飼養，「鯇魚即草魚，鄉人多畜之池中，與青魚俱稱池魚，青魚飼之以螺螄，草魚飼之以草，鰱獨受肥，間飼之以糞，蓋一池中，畜青魚、草魚七分，則鰱魚二分，鯽魚、鯾魚一分未，有不常養者，冬天船販，南至錢塘，東北達於蘇松常鎮。」〔註410〕一般農戶養魚出售的情況要視經營狀況而定，「養魚的本錢相當大，須陸續支用，時間也相當長，起碼要一年二年，而魚的出息，不像絲一樣的一時可出多少，它是陸續長大，陸續脫售，還要陸續飼養的。」〔註411〕

三、桑與肥料

蠶桑業是清代東苕溪下游湖州平原中的農家的主要產業，「蠶桑之利厚，民勤於彼而惰於此，一切治田之法，不復講求。」〔註412〕明末以來嘉湖地區已有許多只養蠶不栽桑的「養空頭蠶」的蠶戶，當經營不善或葉價過高時，可將幼蠶轉賣給人飼魚，《沈氏農書》提到四月置備中有「買蠶蟻入池」一項。〔註413〕養蠶的過程中也產生大量的廢棄物，農家將蠶的糞便都上到桑地上，

〔註407〕（民國）劉大鈞：《吳興農村經濟》，中國經濟統計研究所，1939年，第17頁。
〔註408〕《浙江建設》戰時特刊第3期，民國二十九年十月出版，浙江省建設廳編印，《浙江民國史料輯刊》第二輯，第44冊，杭州師範大學民國浙江史研究中心選編，國家圖書館出版社。第325頁《吳興之經濟調查》。
〔註409〕（清）《寶前兩溪志略》卷1，嘉業堂刻本。
〔註410〕（清）汪日楨撰：《湖雅》卷5，獸，光緒刊本。
〔註411〕《浙江建設》戰時特刊第3期，民國二十九年十月出版，浙江省建設廳編印，《浙江民國史料輯刊》第二輯，第44冊，杭州師範大學民國浙江史研究中心選編，國家圖書館出版社。第325頁《吳興之經濟調查》。
〔註412〕（清）施補華：《澤雅堂文集》卷3，世藝編序，清光緒十九年陸心源刻本。
〔註413〕（清）張履祥輯補，陳恒力等校釋：《補農書校釋》（增訂本），農業出版社，1983年，第17頁。

《廣蠶桑說》中提到:「桑渣蠶砂,可肥桑土,然桑渣本不肥,經蠶踩躪則肥也。或儲土窖,水浸使爛作糞用。」〔註414〕1950 年代湖州菁山吳阿三在夏伐後的桑地上開潭埋上二張種的蠶沙,〔註415〕這種桑地施肥習慣在湖州地區自明末以來就已形成,《沈氏農書》逐月事宜的四月中,陰雨天工作事項有「窖蠶沙梗」一項,即將喂蠶時的桑殘渣與蠶沙入窖腐爛製肥料。〔註416〕

桑是蠶的惟一飼料,農家對桑地的經營不遺餘力,湖州蠶桑業的高度發達,當地人甚至專門種桑,放棄稻田耕作,「農民多培植桑地,田則委之客民,自耕者約占百分之二十。」〔註 417〕桑基魚塘地區桑樹的多為拳桑,這種樹形能使植株最大限度地利用旱地地表及水面空間以取得很高的光合效率。但拳桑的培養需要大量的肥料,肥壅不夠,桑條很難長好。《沈氏農書》中這樣評價:「試看拳頭桑,桑釘眼多,身如枯柴,一年缺壅,便不能發眼,即行悶死矣。」〔註 418〕農家首先根據能給桑樹施肥的多少來選擇栽植的桑樹品種,如大種桑,葉子大而厚,枝條長,比較吃肥,如果用同樣的肥料,產量同青桑差不多。青桑葉小而薄,葉柄較細,枝條較短,芽生得比較密,用肥比較省,硬化較遲,葉子容易挧。發芽比大種桑略早,用肥較省。當地有「有本錢栽大種桑,無本錢栽青桑」的說法。〔註 419〕另外農家幾乎將所有的肥料都施於桑地以獲得桑葉的豐產。垃圾人糞尿等一般作為速效性肥料施於夏伐過後亟待施肥的桑地,有些農家還到周圍的市鎮買垃圾給桑樹施肥:「至於謝桑,於小滿邊,蠶事忙迫之日,只在近鎮買坐坑糞,上午去買,下午即澆更好。」〔註 420〕無力從市場購入肥料的農家,桑地一般以施塘泥與河泥為主,如湖州泉溪鄉俞伯良有一塊魚池邊的桑地,冬肥每年施塘泥二

〔註414〕（清）沈練著,仲昴庭輯補,鄭闢疆、鄭宗元校注:《廣蠶桑說輯補》,農業出版社,1960 年,第 26 頁。

〔註415〕吳興縣農林局:《菁山鄉明星社桑葉豐產經驗》,1955 年,湖州市檔案館,W73-8-28。

〔註416〕（清）張履祥輯補,陳恒力等校釋:《補農書校釋》（增訂本）,農業出版社,1983 年,第 16 頁。

〔註417〕行政院農村復興委員會編:《浙江省農村調查》,民國二十二年,第 231 頁。

〔註418〕（清）張履祥輯補,陳恒力校釋,王達參校、增訂:《補農書校釋（增訂本）》,上卷,1983 年,農業出版社,第 49 頁。

〔註419〕吳興縣第七農技推廣站:《現有桑園肥培管理工作總結》,1956 年,湖州市檔案館,W73-9-42。

〔註420〕（清）張履祥輯補,陳恒力校釋,王達參校、增訂:《補農書校釋（增訂本）》,上卷,1983 年,農業出版社,第 56 頁。

寸厚，春肥則不施，夏肥則在夏至的二三個星期，視樹的發育情況來決定施肥，發育好的不施，如桑樹發育不好，或是夏伐時間比較遲的在桑樹旁開一尺溝施入人糞尿。〔註421〕

桑基魚塘區的魚蕩年年清塘，農家將塘泥挑到桑地上做肥料。如湖州泉溪鄉每年還清蕩兩次為桑樹施肥，第一此是在九月間，村民稱為「八月泥」，這次施肥正當桑樹抽稍苞芽迫切需肥；第二次是十二月捕魚後的清蕩挑泥肥桑，這次每畝桑園可施上五寸厚的水蕩泥，〔註422〕湖州地區養魚的池塘在每年冬季都要車乾一次，《沈氏農書》逐月事宜十二月雜作有車池潭一項，〔註423〕車乾池塘之後就可以挑蕩泥上桑地。蕩泥中有經冬腐爛的水草、還有魚類排泄物與殘體等，這種泥在湖州被稱為「火泥」。〔註424〕冬季清整魚塘，不但將淤泥託運到四周塘埂上作為桑樹肥料，同時還清理和暴曬了池底，清除了野魚，冬季的冰凍又可以清除魚池中部分害敵的卵蟲和寄生生物，農家在此時還要修補塘岸，鞏固池塘。〔註425〕因每年給桑地進行大量的施肥、罱泥等培土工作，桑地土層增厚並發育成典型的桑園堆疊土。〔註426〕一些養青魚的池塘周圍的桑地土壤中含有大量的螺螄殼，這裏的堆疊土往往土質比較疏鬆，因此這些的桑地耕作也與其它地區不同，《沈氏農書》記載桑基魚塘多的西鄉桑地耕作時只用翻倒即可。〔註427〕

菱湖附近鄉村的桑地一般呈梯形，桑地與魚塘之間塘坡被築成二級式，上坡陡直，下坡平緩，斜坡和平頂上都可以種桑樹。這種梯形塘堤可減弱雨水對桑地的水土沖刷作用，雨季桑地被淋洗的部分肥料還可沿斜坡流入池塘

〔註421〕吳興縣農林科：《吳興縣戴林區浜湖鄉第三代表區俞伯良桑園豐產情況調查》，1954年，湖州市檔案館，W73-7-19。

〔註422〕吳興縣農林水利局編印：《吳興縣1955年糧食、蠶桑、畜牧、水產典型經驗彙編》，編印本，湖州市檔案館，第43頁。

〔註423〕（清）張履祥輯補，陳恒力校釋，王達參校、增訂：《補農書校釋（增訂本）》，上卷，運田地法，1983年，農業出版社，第24頁。

〔註424〕湖州市郊區農業區劃委員會辦公室編：《湖州市郊區農業區劃彙編》，1986年7月，編印本，第312頁。

〔註425〕許甲庠編：《青魚飼養經驗》，科技衛生出版社，1958年，整理魚池的方法，第5頁。

〔註426〕嘉興專區土壤普查土地規劃工作委員會編：《嘉興專區土壤志》，1959年編印本，第23頁，湖州市檔案館。

〔註427〕（清）張履祥輯補，陳恒力等校釋：《補農書校釋》（增訂本），農業出版社，1983年，第44頁。

中，因塘的四周都是桑林，桑地的淝水流入塘中，增加了水質的肥濃，因此池塘中的鱅魚長得很大。〔註428〕1956年，嘉善縣曾組織人員去湖州菱湖泉溪鄉參觀，幹部們發現這裏的桑地都是梯形。〔註429〕這種地形的形成是人們在挖塘泥、施河泥的過程中特意營造出來的。據菱湖鎮的費月梅老人講述，1960年代以前當地池塘邊的桑地也是分兩級，秋冬季節罱大量河泥、清塘泥上桑地時，施於近水一級的桑地叫「扳頭塘」，施於較高一級階地叫「扳二塘」，逐級往上地施河泥的過程中，所需耗費的勞動量越大，「扳二塘」是一項十分艱苦的工作。〔註430〕

因水面積廣，旱地都用來種桑，農家對桑地的利用十分細緻，蔬菜一般與桑間作，湖州一帶的農家缺少固定的菜圃，做菜圃之地在冬季還要被築作場來貯放禾稻等物，張履祥在湖州鄉間看到：「秋收則築堅圃地爲場，以納禾稼，至來春，則又耕治之，以種菜茄，此意湖州鄉間往往見之。」因此秋冬也要間作一些蔬菜，桑地通常還要間作豆類，歸安沈秉成《蠶桑輯要》言：「空處宜種綠豆、黑豆等物」，〔註431〕1950年代的湖州錢山漾旁的錢山鄉，魚池多旱地少，村民利用桑地隙處種植豆類也可獲得可觀的收入，栽植豆類計分黃豆、扁豆、蠶豆、豌豆四種。桑地隙處除種豆外，還可以種植蔬菜，如油菜、芥菜、黃芽菜、白菜等。〔註432〕豆類可以提供給農家以充足的的植物蛋白來源，一部分可作爲飼養魚苗的飼料。

總之，東苕溪下游流域水域面積廣，這裏的桑基魚塘模式是諸多食物鏈有著穩定的能量供給，尤爲重要的是其中的水產部分，菱湖一帶的經營模式十分典型，這裏水草和蔬菜種植使眾多的植物資源普遍加入生態系統的大循環之中，構成一個複雜的水陸相互作用的人工生態系統。〔註433〕同時，在以

〔註428〕吳興縣農林局：《吳興縣菱湖區養魚豐產調查報告》，1954年，湖州市檔案館，W73-7-10。

〔註429〕《嘉善縣1956年參觀吳興縣蠶桑生產總結報告》，嘉善縣檔岸館，123-2-34，1956年。

〔註430〕周晴：《菱湖鎮採訪筆記》，2010年11月，費月梅老人訪談，手稿。

〔註431〕（清）沈秉成著，鄭辟疆校注：《蠶桑輯要》告示條規，農業出版社，1960年，第3頁。

〔註432〕費石獅：《吳興錢山鄉調查》，《湖州月刊》第6卷，第十、九號合刊，1935年。

〔註433〕鍾功甫等：《基塘系統的水陸相互作用》，科學出版社，1994年，第11～12頁。

蠶桑爲主導的農業經濟環境中如果桑地治理得不好在鄉民中也就沒有社會地位，據民國時期的調查，「在蠶區中蠶農栽桑，幾成定命，若荒蕪不治，將爲鄉里所不齒。」〔註434〕植桑和人們的物質生活和精神生活都息息相關，一片好的桑園，不僅能帶更多的養蠶收益，還能帶來鄉村鄰里間的聲望。以蠶桑業的周期爲中心的農業生態也促使形成了一些特有的習俗。如農家之間在一年中互相拜訪，大量饋贈禮品的時節是在春蠶收穫之後，春蠶收穫之後親戚之間相互走動，稱爲「望蠶信」：「繰絲時，戚、黨咸以豚、蹄、魚、鱐、果實、餅餌相饋贈，謂之望蠶信。有不至者，以爲失禮。」〔註435〕

四、湖羊與積肥

東苕溪流域農業循環經濟中的一個重要特色是湖羊普遍地參與生態循環。〔註436〕湖羊也是桑基魚塘系統最重要的組成部分，但嘉湖地區農村的羊圈通常位於農舍屋後，難爲外界見到。畜牧研究專家謝成俠曾經對湖羊的歷史進行過研究，他認爲湖羊是杭嘉湖地區長期以來養羊積肥、使漁米之鄉農業生產密切結合的繁殖性能十分強的畜種。因水面積廣，旱地稀缺，牧地少，但豐富的水草可供春夏季節湖羊的飼養。湖羊一般均是全年舍飼，初到江南地區幾乎見不到綿羊，但在村落裏常可聽到咩咩聲。〔註437〕

湖州地區長期將蠶桑業與養羊結合，培育了湖羊這種適應蠶桑區農業生態環境的特殊品種。這一帶以養春蠶爲主，桑樹在每年夏伐之後還有大量的枝葉剩餘，農民將多餘的桑葉飼養湖羊，菱湖一帶將投飼了桑葉的羊稱爲桑葉羊：「食以青草，謂之青草羊，草枯則食乾桑葉，謂之桑葉羊。」〔註438〕春夏季節水鄉往往有廣泛的飼料來源，冬季枯桑葉是湖羊的主要飼料，「其飼養食料，羊以春夏二季刈割野外雜草爲主要食料，此項工作多由年輕之兒童充之，秋冬則以枯桑葉爲唯一飼料，殆無其它濃厚飼料者；雖至交配期或分娩之後，亦不給以濃厚飼料。」〔註439〕湖州蠶區的秋桑葉都用來養羊，

〔註434〕徐世治：《抗戰前浙江之蠶絲業》，《浙江經濟》第1卷第3期，民國三十五年。
〔註435〕（清）汪日楨撰，蔣猷龍注釋：《湖蠶述注釋》，農業出版社，1987年，第97頁。
〔註436〕鍾功甫等：《基塘系統的水陸相互作用》，科學出版社，1994年，第11～12頁。
〔註437〕謝成俠編著：《中國養牛羊史》，農業出版社，1985年，第178頁。
〔註438〕（清）姚彥渠纂：同治《菱湖志》卷2。
〔註439〕趙文彪：《崇德德清售疫防治之經過及畜產調查》，《浙江省建設月刊》第八卷

人們把秋桑葉叫做「羊葉」。當地農家在秋季用稻草紮蒲包，將飼養湖羊的枯桑葉貯於稻草包內，「當九、十月間，葉已半黃未枯，可於暇時，逐條捋下滿地，用稻草搜羅成包，以備羊無草食之時取以喂之。洵屬兩得。每包約三十斤，每斤值制錢三文。」〔註440〕這裏說用於出售的桑葉每包重三十斤，而農家如果自己用來飼養的桑葉，則每包重 4～5 斤左右，貯藏起來等多日投飼。〔註441〕桑葉不足的農家，一般將其優先飼養公羊、羔羊、懷孕和帶仔母羊、瘦弱羊，用枯桑葉作羊過多的飼料有五大好處，即羊身肥壯、羊毛好，羔皮質地佳，冬季耐寒，特別是出胎率和小羊成活率高。〔註442〕枯桑葉在嘉湖地區是很緊俏的商品，夏季就要預先訂購冬天的枯桑葉作為湖羊飼料，《沈氏農書》的逐月事宜的六月置備中有「定枯桑葉」的事項。〔註443〕湖州蠶桑區一般養蠶的人家便養羊，桑樹種植多的人家養羊更多。〔註444〕在育蠶期間，一部分蠶沙也可以用來飼養湖羊。湖羊一般不喂精飼料，但作為飼料的桑葉、蠶沙蛋白質含量必許多優質精料還多，蠶沙和枯桑葉的營養價值和麥麩相當，發熱量高，羊吃後不易受凍。

　　湖羊的飼養的數量與飼養周期與農家的飼料投入及一年中的積肥周期相協調，「平時畜羊除利用糞尿充作肥料外，並不以剪毛為目的，自成熟後即出售，鮮有飼養至一年以上者。」〔註445〕多餘的湖羊只能冬季宰殺，這是適應桑地施肥需要的結果，冬季桑樹處在休眠期，桑基魚塘區還有蕩泥、河泥等可施於桑地，此時桑地對於羊壅的需求小。另外，湖羊的食量很大，一頭小母羊每天要採食青草 5～6 公斤，哺乳母羊和成年公羊則每天要採食青草 10～12 公斤和 8～10 公斤，冬季飼料來源少，因此農家出售或宰殺湖羊一般是在冬季進行。當地人存在著春夏秋禁食羊肉的民俗，以此來維護這一農業生

　　　　　第九期，畜牧獸醫專號，民國二十四年三月，浙江省建設廳，第 34 冊，第
　　　　　625～633 頁。
〔註440〕　（清）章震福校訂：《廣蠶桑說輯補校訂》卷 1。
〔註441〕　周晴：《菱湖採訪筆記》，手稿，2010 年 11 月。
〔註442〕　《浙江省蠶桑志》編纂委員會編：《浙江省蠶桑志》，浙江大學出版社，2004
　　　　　年，第 100 頁。
〔註443〕　（清）張履祥輯補，陳恒力校釋，王達參校增訂：《補農書校釋》（增訂本），
　　　　　農業出版社，1983 年，第 18 頁。
〔註444〕　鄭丕留主編：《中國家畜生態》，農業出版社，1992 年，第 211 頁。
〔註445〕　《浙江省建設月刊》第八卷第九期，畜牧獸醫專號，民國二十四年三月，浙
　　　　　江省建設廳。第 34 冊。趙文彪：《崇德德清售疫防治之經過及畜產調查》第
　　　　　625～633 頁。

態的周期特點：「俗以春夏秋羊食青草有毒，唯冬爲枯草羊，始食之。」〔註446〕湖羊有生長發育快的特性，視母羊乳量，農家也會賣掉或宰殺多餘的羊，「每胎可產少至一雙，多至四五雙，普通爲二雙，如每胎產四五雙，以其母體乳量不足供給，有殺去其二三，以促其速熟者。」〔註447〕

　　湖州地區的鄉村有養羊積肥的習慣。農家養羊多以 2～5 頭關養在一起，面積約 5～6 平方米，用幾根毛竹或木杆固定，一邊或二邊以木柵相隔，羊頭可以從橫擋中伸出頭在欄外自由採食。欄內墊稻草和吃剩的青草，或加入草木灰，墊草和糞尿腐爛後成爲上好的廄肥。每頭羊每年尿糞加上草稿共三千餘斤，其中氮、磷、鉀三要素的總量和比例能完全滿足一畝桑地全年對肥料的要求，「以桑養羊，以羊養桑」是這一帶農民的傳統經驗，「農家均皆蓄羊，家各四五頭」。〔註448〕農家飼養湖羊的數量與農戶經營桑地或水田的面積形成比例，「羊一頭可肥田三畝，故有田可耕者，無不畜羊，其數量以田畝之多寡而定。」〔註449〕湖羊飼養所積攢的糞肥又是上好的壅桑地的肥料。《補農書》中稱爲「樹桑之本」，《沈氏農書》中提到養湖羊十一隻「每年淨得肥壅三百擔」，〔註450〕羊舍內產出的肥壅一般都施於桑地。羊糞尿含水分少，爲其它牲畜肥料所不及。當地還有諺語稱：「農家養了羊，多出三月糧。」〔註451〕每頭羊每年尿糞加上草稿共三千餘斤，養一頭羊就可以滿足一畝水田或一畝桑地全年用肥的需要。蠶桑區在湖羊的飼養與桑園的桑葉產量、肥料投入之間形成了穩定的循環關係，一般 1 畝桑園枯桑葉，可供 1 頭羊越冬飼料，1 頭羊所產的羊肥，可以解決 1 畝桑園的基肥，而且羊糞肥肥效持久，經常施用羊肥，能夠疏鬆土壤，有利於改良桑地土壤。

〔註446〕（清）汪日楨撰：《湖雅》卷 5，獸，光緒刊本。

〔註447〕趙文彪：《崇德德清售疫防治之經過及畜產調查》，《浙江省建設月刊》第 8 卷第 9 期，畜牧獸醫專號，民國二十四年三月，浙江省建設廳，第 34 冊，第 625～633 頁。

〔註448〕行政院農村復興委員會編：《浙江省農村調查》，民國二十二年，第 151 頁。

〔註449〕趙文彪：《崇德德清售疫防治之經過及畜產調查》，載《浙江省建設月刊》第 8 卷第 9 期，畜牧獸醫專號，民國二十四年三月，浙江省建設廳，第 34 冊，第 625～633 頁。

〔註450〕（清）張履祥輯補，陳恒力校釋，王達參校增訂：《補農書校釋》（增訂本），農業出版社，1983 年，第 177，64 頁。

〔註451〕《浙江農諺選注·畜牧（三）》，載《浙江農業科學》1964 年第 3 期。

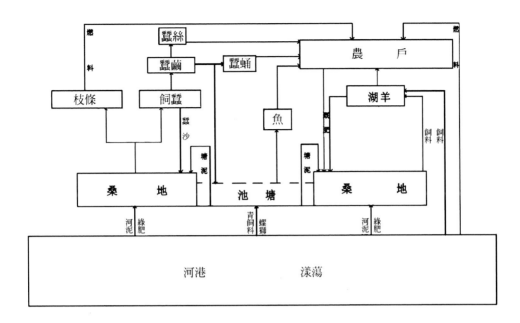

圖 36：東苕溪下游地區桑基魚塘循環農業結構示意圖

　　東苕溪下游湖州平原中的桑基魚塘系統最基礎的部分是優越的水土環
境，這裏的桑基魚塘農業生態系統每個環節都有比較可靠的能量和物質來
源，廣闊的河港與湖泊及其水生植物是維持這個地區農業循環經濟運行的基
礎，這個地區的桑基魚塘系統總體總體來說是由外部廣闊濕地水生生態系統
支撐的（如圖 36）。經過清代的發展和完善，湖州桑基魚塘區在作栽培、水肥
管理、各種動物、植物資源利用方面都達到了十分精細的水平，建立在精細
管理循環模式下的桑基魚塘農業生態系統也具有高度的穩定性。但這種循環
農業系統的維持需要投入大量的人力進行管理，如通過長期地罱河泥，種植水
生植物等手段在開放河流、湖泊生態系統和桑基魚塘之間建立普遍的聯繫，
同時廣闊的河港湖泊資源爲農業生態系統的運轉提供了較充裕的原料和飼料
來源。湖羊在這個桑基魚塘農業生態系統中起著重要的工程師作用。養蠶不
僅產出蠶絲，在整個養蠶過程中的所得副產品都返還到桑基魚塘系統中。繰
絲的廢水可以增加池塘的營養度，蛋白質含量極高的蠶蛹是平常農家的食
物。桑基魚塘系統中食物鏈眾多，食物鏈組合形成複雜的食物網絡，其中一
個食物鏈或環節發生變化，通過其它途徑也可以彌補維持系統的動態平衡，
湖州地區桑基魚塘農業經營模式產量高且穩定，這種良性循環經濟模式支撐

著明末以來該地區的教育事業的興盛，如清代桑基魚塘密集的湖州菱湖射中村產生過多名狀元、進士和舉人。在傳統桑基魚塘農業生態系統模式下，鄉村的生物多樣性極為豐富，土地的美學價值也很高，明清時期江南的許多知識分子在這樣的農業環境中耕讀，閑暇時結社集會吟詠，江南文化植根於這樣優美的鄉村環境之中。

本章小結

　　明清時期嘉湖地區的蠶桑生產空前繁榮，地理環境上的差異導致了嘉湖地區內部植桑養蠶上的不平衡，這種不平衡又促進了本地區桑葉經濟的商品化，專業植桑區由此形成。高度繁榮的蠶桑經濟也使嘉湖地區植桑技術十分先進，本章分別從桑樹品種、樹型養成與桑葉收穫等幾個方面討論了植桑技術與環境之間的關係。嘉湖地區的農民，依據當地的地理特徵，創造和發明了適宜當地生態環境的桑樹種植的技術。可以說，湖桑這一類桑樹品種是嘉湖農民經過幾百年，依據當地的生態環境作出技術總結而培育出來的。近代以來，這些傳統的桑樹種植技術逐漸簡化，甚至消失，桑樹的樹齡縮短，養成形勢也趨於簡便。在傳統農業時代，桑園施肥以有機肥如禽畜糞肥、塘泥、菜餅、綠肥為主，化肥使用普及以後，傳統農藝逐漸消失，這種經濟上快捷的現代植桑技術，卻直接導致了桑園土壤的酸度增加等生態問題。

　　明清時期嘉湖地區高度繁榮的蠶桑經濟，推動了蠶桑業內部養蠶業與植桑業的分化。由於地理條件上的限制，旱地成為嘉湖平原蠶桑業發展中最為稀缺的資源。崇德、桐鄉一帶處於嘉湖平原低地中相對較高的區域，地理環境上是嘉湖平原內部最適宜植桑的區域，在湖州蠶絲業的推動下，大量專業化桑園在本區內出現。專業化桑園在區域內的集聚使嘉湖平原蠶桑業的進一步分離，蠶桑業的分離又導致了養蠶業和植桑業的規模化。總之，專業化桑園經濟的形成順應並強化了蠶桑業內部的分工和協作，也給「湖絲」這一地區品牌提供了持久的競爭力。在植桑產業集中的區域，農民長期以來培土植桑，改變了專業桑園集中區域的農業經濟結構，塑造出以桐鄉為代表的水網平原地區高低不平的地面景觀。

結　語

　　9 世紀以後，太湖唯一出水主幹吳淞江逐漸淤塞，太湖南部低窪平原排水不暢，湖州平原區的絕大部分區域基本處於豐水的環境之下，唐宋時期在太湖湖流的作用下，太湖南岸形成一條地勢較高的濱湖沉積帶，吳越時在太湖湖濱開挖溇港，創建湖堤。入宋以後，在太湖南部碟型窪地的平原地形中，人工創建了「橫塘縱溇」的水利結構。橫塘與縱溇相配合主要是為成功向太湖排出平原洪澇水，後期對橫塘縱溇水利結構及其設施的完善主要體現為溇港的設閘與橫塘的加築。唐宋時期的水利建設奠定了後期太湖南岸地區農田水利開發的基本格局。

　　在 9～17 世紀這段時間內，太湖南部的低窪平原區曾處於長期積水的環境之中，宋元時期沼澤地中農業開發主要是在積水中進行圍田。從 9 到 17 世紀，嘉湖平原從長江三角洲內一個農業經濟落後區域轉變成為江南最富裕的地區，其中跨越了幾百年的歷史時期，真實地經歷了滄海桑田的變化。嘉湖平原蠶桑經濟的發展過程中，明末清初是十分重要的階段，專業化桑園的經營模式，區域的集聚在此時間段內形成，嘉湖平原的農業開發模式在 17 世紀左右也已經基本定型，嘉湖平原典型的人工地貌特點在 17 世紀已經形成。

　　太湖南部平原中的東苕溪流域承接天目山的山溪來水，較好的水質為這個地區的蠶絲業興起提供了條件，溪水提供了可繅上等白絲的清水環境。平原中水生植物菱的種植也為平原河網水環境的保持提供了水生植被條件。湖州平原因水環境的優勢，明清時期超過蘇州、松江等在太湖流域內原本農業經濟最發達的地區，成為明清時期長江三角洲地區，乃至全國農業經濟最發達的區域之一。總之，嘉湖地區明清時期成為江南的重心，是在這個湖沼濕

地中幾個世紀之中經營的結果。南宋末年以來平原中圍田的大量開發，大面積沼澤地得以被改造成為適宜種植水稻的稻田，前期繁盛的稻作經濟也為後期蠶桑經濟的繁榮提供了基礎，宋元時期隨著水利建設堤防與運河的完善，平原水網形成，期間被開墾的沼澤地增多，淺水區域被大量圍墾，明清時期的開發主要是深水區域的圩蕩田開發，本地區最發達的農業生態模式桑基魚塘、桑基稻田類型在 17 世紀均已出現，這些模式也是傳統中國最經典的生態農業模式的代表。

後　記

　　本書稿在博士論文《河網、濕地與蠶桑：嘉湖平原生態史研究》的基礎上修改而成，導師王建革教授在寫作過程中提供了重要的指導，在此謹向導師致以衷心的感謝。

　　感謝復旦大學歷史地理研究中心張修桂教授、鄒逸麟教授、周振鶴教授、姚大力教授、滿志敏教授、王振忠教授、李曉傑教授、吳松弟教授、張偉然教授、張曉虹教授、韓昭慶教授、朱海濱教授、楊煜達教授、鄒怡副教授、王大學副教授、孫濤老師、孟剛老師等的指導與幫助，感謝復旦大學生命科學學院李博教授、潘曉雲教授、馬志軍教授等的幫助。

　　感謝上海交通大學曹樹基教授、李玉尚教授、車群老師等的幫助；感謝中山大學吳滔教授、曹家齊教授、謝湜教授等的幫助；感謝南京農業大學李群教授、嚴火其教授、沈志忠教授等的幫助；感謝蘇州大學胡火金教授的幫助。

　　感謝華南農業大學農學院盧永根教授、駱世明教授、賴作卿教授的指導，感謝農史研究室周肇基教授、彭世獎教授、謝麗教授、倪根金教授、吳建新教授、魏露苓教授、衷海燕教授、楊柳老師等的指導與幫助。

　　感謝中國科學院南京地理與湖泊研究所佘之祥研究員通讀書稿，並爲本書提出修改意見和題贈書名；感謝廣州地理研究所梁國昭研究員、李永興研究員、張虹鷗研究員、黃光慶研究員等提供的有益意見。感謝廣州地理研究所潘梅花、陳聰幫助清繪書中相關圖片。

　　感謝諸多學長、學姐、師弟、師妹以及摯友的關心和幫助。

　　最後，感謝我的家人，感謝你們長期以來的忍耐、付出和支持。

　　本書稿中的錯誤與不當之處，概由本人負責。